U0922083

珍藏本
纪念版

汉译世界学术名著丛书

# 制度经济学

上册

〔美〕康芒斯 著

于树生 译

商务印书馆
SINCE 1897 The Commercial Press

2017年·北京

John R. Commons
INSTITUTIONAL ECONOMICS
ITS PLACE IN POLITICAL ECONOMY
THE MACMILLAN COMPANY
NEW YORK,1934
本书根据麦克米伦公司纽约 1934 年版译出

# 汉译世界学术名著丛书
# （120 年纪念版·珍藏本）
## 出版说明

2017 年 2 月 11 日，商务印书馆迎来 120 岁的生日。120 年前，商务印书馆前贤怀揣文化救国的理想，抱持“昌明教育，开启民智”的使命，立足本土，放眼寰宇，以出版为津梁，沟通中西，为中国、为世界提供最富智慧的思想文化成果。无论世事白云苍狗，潮流左右激荡，甚至战火硝烟弥漫，始终践行学术报国之志，无改初心。

迻译世界各国学术名著，即其一端。早在 20 世纪初年便出版《原富》《天演论》等影响至今的代表性著作，1950 年代后更致力于外国哲学和社会科学经典的译介，及至 1980 年代，辑为“汉译世界学术名著丛书”，汇涓为流，蔚为大观。丛书自 1981 年开始出版，历时三十余年，迄今已推出七百种，是我国现代出版史上规模最大、最为重要的学术翻译工程。

丛书所选之书，立场观点不囿于一派，学科领域不限于一门，皆为文明开启以来，各时代、各国家、各民族的思想与文化精粹，代表着人类已经到达过的精神境界。丛书系统译介世界学术经典，引领时代思想，为本土原创学术的发展提供丰富的文化滋养，为推动中国现代学术和现代化进程做出了突出的贡献。

为纪念商务印书馆成立 120 周年，我们整体推出“汉译世界学术名著丛书”120 年纪念版的珍藏本，寄望既利于文化积累，又便于研读查考，同时向长期支持丛书出版的译者、编者和读者致以敬意。

两甲子后的今天，商务印书馆又站在了一个新的历史时间节点上。我们不仅要铭记先辈的身影和足迹，更须让我们的步伐充满新的时代精神。这是商务人代代相传的事业，更是与国家和民族的命运始终紧密相连的事业。我们责无旁贷，必须做好我们这代人的传承与创造，让我们的努力和成果不仅凝聚成民族文化的记忆，还能成为后来人可以接续的事业。唯此，才能不负前贤，无愧来者。

商务印书馆编辑部

2017 年 10 月

# 《制度经济学》简评

《制度经济学》是美国资产阶级经济学家约翰·康芒斯（1862—1945年）的主要著作之一。除了这部著作，他还写了《财富的分配》（1893年）、《美国产业社会史料》（1910年）《美国劳工史》（1918年）、《资本主义的法律基础》（1924年）及《集体行动经济学》等书。《制度经济学》集中地反映了康芒斯公开地为垄断资本主义辩护的错误思想，是制度学派的一部重要代表作。

制度学派出现在二十世纪初叶的美国。这时美国在世界工业产量上已占首位，并且成为垄断资本主义最发达的国家。同时，正是在美国，资本主义的矛盾表现得最为露骨，工人运动日益展开。为了欺骗人民，垄断资本家需要为垄断资本主义进行粉饰，并寻找医治资本主义的灵丹妙药。制度学派就是适应这种需要而产生的。

康芒斯和制度学派的其他代表一样，认为“制度”乃是经济制度进化的动力。按照他的解释，“制度”就是所谓“集体行动控制个体行动”（本书第83页），而集体行动牵扯的范围很广，种类也是五花八门的，其中包括“无组织的习俗”，也包括家庭、股份公司、同业协会等，最主要的则是法制。康芒斯特别强调法律制度对于经济制度的变化所起的作用。他把资本主义制度的产生归功于法院：法院保证了资产阶级法制的胜利，破坏了封建社会制度，为资本主义的发展扫清了道路。他认为资本主义制度经历了三个发展阶段：“自由竞争的资本主义”、“金融资本主义”和“管理的资本主义”(他有时称之为“合理的资本主义”)。由“自由竞争的资本主义”发展为“管理的资本主义”,也是由于法制的作用,由于国家法律加强了对于私人企业活动的干预。这就是他所谓的“法制居先于经济”的论断。

康芒斯提出这种“理论”的目的是十分明显的。他企图证明:资本主义既然是法制所促成的经济制度进化的结果,因此它也就是一种永恒的自然的社会形态,这个制度所暴露出来的缺点,通过法律对私人企业的干涉就可以克服,不需要进行根本的改革。例如,他认为美国 1848 年的公司法“消除”了旧的经济制度的缺点,从而产生了现代资本主义;国家垄断资本主义的“缺点”则受到美国 1890 年的反托拉斯法(它是在工人群众和小农场主的压力下通过的)的最有效的“限制”。为了说明这一点,他举出了 1911 年美国最高法院解散了垄断资本家洛克菲勒的美孚石油公司的事例。

我们知道,法制是一种上层建筑,生产关系的改变引起法制方面相应的变化。资产阶级法制是在资本主义经济基础上产生和发展起来,并为这个基础服务的。垄断资产阶级之所以创立他们的法律这一上层建筑,正是要用它来为垄断资本服务。美国最高法院是和立法机关密切地配合起来,一致钳制和压迫人民的。不可能设想资产阶级法制,不去维护垄断资本的利益反来限制垄断资本组织。上层建筑对于社会发展可以起一定的影响,这个影响或者是促进基础的发展或者是阻碍它的发展,不管是什么结果,归根结底,法制这种上层建筑是决定于经济基础的。

康芒斯宣扬反托拉斯法的作用是经不起事实对证的。反托拉斯法颁布后,仅仅十年,美国的托拉斯组织就比颁布前的三十年增加了五倍多。美国最高法院即使偶尔判决一个公司违犯了反托拉斯法,顶多不过判处五千美元的罚款,这对任何一个大公司说来都算不了什么(美国通用公司一年的纯利即达十亿美元)。至于康芒斯举出的法院解散美孚石油公司案,更是欺骗人民的把戏。这个托拉斯不过在表面上分散了一下,变成三十四个分公司,实际上各公司的股票照旧由洛克菲勒控制。由此可见,美国反托拉斯法并没有妨碍垄断资本的发展。至于康芒斯说资产阶级法制的作用使资本主义变成了"管理的"或者"合理的",更是无稽之谈。国家垄断资本主义同任何形式的资本主义一样,是生产资料私有制占统治地位的经济制度,它的经济发展因而必然具有自发性,资产阶级国家、法制绝不可能改变这种自发性。事实上,由于垄断组织和金融寡头利用国家机器大规模地横征暴敛,实行积累,一方面使生产社会化进一步提高了,另一方面却使资本主义矛盾进一步加深和尖锐化了,从而资本主义生产无政府状态和经济危机也进一步加剧了。这是在资本主义生产条件下发生作用的一种客观的经济规律。康芒斯说什么法律使美国的资本主义变成了可以调节的经济制度,只不过是想掩盖垄断资本的实质。

"阶级利益调和论"是康芒斯的"法制居先于经济"的理论的核心。由于资本主义社会阶级利益的对立极其明显,康芒斯被迫承认资本主义社会存在"利益的冲突",但是他认为借助于各种措施,首先是国家法制,各种不同的利益可以得到调和。

康芒斯认为社会关系包括三层,一是冲突,二是依赖,三是秩序。"在每一件经济的交易里,总有一种交易的冲突,因为每个参加者总想尽可能地取多予少,然而每个人只有依赖别人……才能生存或成功。因此,他们必须达成一种实际可行的协议。由于这种协议不是完全可能自愿地做到,就总得有某种形式的集体强制来判断纠纷。"(本书第 140 页)康芒斯的意思是,虽然社会上人与人之间利益相互冲突,但他们也相互依赖、相互维系。冲突、依赖互相制约，社会秩序赖以维持。这三大因素通过“交易”“结合在一起”（本书第7页）。所以，他承认只有可以调和的“交易”冲突，没有什么对抗性的矛盾。“交易”中的冲突可以通过“公正”的仲裁人进行和平的调节，而调节一切“交易”冲突的“公正”仲裁人，他认为就是资产阶级国家（首先是法院）。康芒斯的这种论调是完全站不住脚的。资本主义国家的无数事实说明了这样一点，法院是维护垄断资本利益的工具，“法院调节利益冲突”是使垄断组织的巨额利润合法化的同义语，实际上是资产阶级国家和垄断组织结合在一起，为垄断组织攫取最大利润的一种手段。

康芒斯甚至认为劳动者和资本家之间，也不存在对抗性的阶级矛盾。他从对社会经济发展的法学解释出发，把经济关系的本质归结为法律上所有权的“交易”，把劳动者和资本家之间的关系也说成是具有平等权利的缔约双方的法律上的“交易”。按照他的说法，“社会里所有的不是一个阶级或两个阶级，而是许多阶级”（本书下册第557页），许多集团，许多由各种“交易”构成的有机机构。这种有机机构是每个企业的基础，它把该企业的全体人员，特别是劳动者和资本家团结起来。这样一来，他就把资本主义社会中两个基本阶级，“融化”到各种有机机构中去，一笔抹杀了无产阶级和资产阶级的阶级斗争的现实意义。

为了掩盖垄断资本的矛盾，康芒斯还不遗余力地歌颂和粉饰垄断资产阶级的统治，硬说现代的资本主义同十九世纪的资本主义是不一样的，它能够“免除”过去的资本主义所固有的“缺点”和矛盾。他说美国的法律已使资本的所有权分散。“这种所有权的扩大，可以称为投资者的好感的扩大，它使千百万的美国人对于保存资本主义感到兴趣，……”（本书下册第566页）“个人主义变成公司主义，私人财产变成法人财产。”（本书下册第558页）谎言掩盖不了事实，发行小额股票不过是加强垄断资本统治的办法，是垄断资产阶级欺骗、分化工人阶级和劳动人民的一种策略，阶级斗争决不会像康芒斯所期望的那样，由于少数工人持有少数小额股票而消灭。他还说，随着公司的发展，不但在所有权方面产生了分散现象，而且在垄断企业的经营管理方面，还发生了什么管理权和所有权分离的现象。他说："美国资本主义的另一种力量是人们可以白手起家，从最低的地位升到最高的地位。……最低级的计日的散工，出身于最穷的家庭，可以成为工头、厂长、总经理，然后董事长。……公司的行政首长，尽管他自己不是一个股份所有人，却对那傀儡董事会发号施令。"（本书下册第567—568页）这种论调也是错误的。所有权和管理权分离，不过是资本主义发展到它的寄生阶段的产物，而不是康芒斯所说的什么社会分工的结果，经理则不过是握有控制数股票的股东所任命的代理人，资本主义决不会因经理代行资本家的命令，而有丝毫的改变。

由于制度学派对美国资产阶级庸俗政治经济学的发展有一定的影响，现在的"人民资本主义"鼓吹者还在重弹它的某些旧调，商务印书馆把康芒斯的这一本书翻译出来，供学术界研究参考，是有意义的。

王 运 成

1962年6月

# 目　次

# 前　言

本书仿效自然科学教科学。书中所列入的每一种观念都追溯到它的创始人，然后陈述这种观念的逐步修正和变化，并且将各观念早期的双重的或三重的意义分开，直到使每种观念作为单一的意义和我理想中的政治经济科学里的其他观念结合起来为止。自从第一次世界大战以来，这种政治经济科学正在发展形成。在我所谓的“战争循环”中，在一些革命战争的前后，出现了新观念和新学说的创始者。由于我的分析是根据英美的习惯法，我就从1689年的英国革命开始；其次到1789年法国革命的世界战争；接着到1861年的美国革命（这是被抑制了的1848年欧洲革命的结果）；然后到1914年开始的许多革命的战争。

正如我在自传里解说过的，我亲身经历了这些革命循环中的两个周期：废除奴隶制的美国革命，和过去二十年的世界革命。我的第一本书《财富的分配》（1893年）受了十九世纪末叶流行的学说的支配；我的《资本主义的法律基础》（1924年）和这一本《制度经济学》（1934年）则受着在我们当前经历的革命循环中出现的种种学说的支配。

过去二十五年中，我从许多研究家和助手那里得到很多帮助，其中安娜·坎贝尔·戴维斯夫人协助我研究法律和经济问题七年，鲁本·斯巴克曼先生协助我研究经济问题四年。经济系的同事们给了我极其珍贵的协助,还有其他经济学者,包括以前的和现在的研究家在内,凡是我在写作和改写过程中,征求过意见的各位,都曾指出我的稿子的缺点,帮助我解决困难。

约翰·罗杰斯·康芒斯

马迪孙,威斯康星州,1934 年 8 月

# 第一章 观点

我的观点根据于我参加集体活动的经验,从这些活动中,我在这里得出一种关于集体行动在控制个人行动方面所起的作用的理论。这种见解可能适合也可能不适合别人对于制度经济学的观念。我的《资本主义的法律基础》一书以及这部《制度经济学》的各种油印稿本和修正稿本的读者提了一些评论和批评,意思是说他们不懂我的理论,也不了解我是什么目的,并且说因为我的理论完全是我自己个人的看法,所以也许没有人能了解;这些评论和批评使得我取消个人的抑制,大胆地把我自己当作一个五十年来参加了多种多样的集体行动的"客我"。

在这第一章特别是关于意外事故和失业问题的一节里,我要叙述参加集体行动的经过。我认为这本书并不是一种我自己个人的理论,而是一种符合集体行动中许多经验的理论,因此需要跟以往二百年的个人主义的和集体主义的学说调和一致。

我参加集体行动是在 1883 年加入俄亥俄州克利夫兰的印刷工会为会员时开始的。我带着一个"乡下印刷工人"的一团朴素和好奇心来到那里工作,具有在印第安纳州乡间一个小村落中一家小型报馆和小印刷店里得到的七年的多方面的训练。这种每天工作十二小时,每周做七天工,每周工资十五美元左右的新经验,以及工会努力控制一家大的日报社的雇主和印刷工人两方面的结果,再加上我在 1886 年以前作为一个流动印刷工人的旅行,改变了我，使我放弃了准备做新闻工作的一种模糊的打算，转而计划尽可能从各方面来研究整个的经济学问题。

在经济学说方面，我所读的第一本书是亨利·乔治的个人主义的和神学意味的《进步与贫困》。这是一个同事的印刷工人推荐给我读的。我始终不能像乔治那样，用演绎法达成结论。我不满意他谴责工会，[①]我知道，拿我自己的实例来说，工会所取得的就业条件胜过邻近的那家自由雇用的工厂[②]里现有的条件。

我第一次接触到法律和经济学的关系问题，是1888年在约翰·霍布金斯大学伊里教授所讲的课程里。1899年，我为美国产业委员会研究移民问题，这项工作使我实际上等于跑遍了所有全国工会的领导机构。这使我进一步研究资本家和劳工组织对产量的限制。1901年以后，我和代表“工人、雇主和公众”的全国公民联合会一起参加了劳动仲裁，1906年又和同一组织调查市营的和私营的公用事业。

我受威斯康星州州长福勒特的委托，1905年起草一种行政事务法，1907年又起草一种公用事业法。这一公用事业法的宗旨是由地方公用事业公司来确定和维持合理的价值和合理的措施。1906和1907年，我和其他的人一起给塞纪财团调查匹兹堡钢铁工业中的劳工情况。1910和1911两年，社会主义者控制着米尔沃基市的时候，我给他们组织了一个“经济和效率局”。1911年，我又给威斯康星州起草一种《产业委员会条例》，然后参加了两年这一条例的实施工作，我的目的是调查和实行有关雇主与雇员关系的合理的规章和措施。1913至1915年，我担任威尔逊总统所

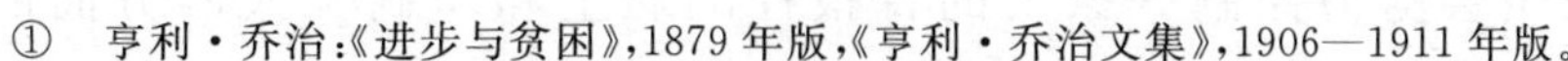

① 亨利·乔治：《进步与贫困》，1879年版，《亨利·乔治文集》，1906—1911年版。

② 这种工厂所雇用的工人不限于工会会员。——译者

指派的“产业关系委员会”的委员。1923年，费特尔教授、里普莱教授和我代表了四个西部的州，出席联邦商业委员会，处理关于美国钢铁公司所行的不公平办法的“匹兹堡附加案”。

1923和1924年，我以全国货币协会会长的身份，在纽约和华盛顿研究联邦准备银行制度的运行。在这以后，1928年我协助众议院议员斯特朗(堪萨斯州的代表)拟订他向众议院币制委员会提出的稳定物价法案。

在那当中，1924和1926年间，我担任了两年委员会的主席，在芝加哥的衣着业中实施一种自愿的失业保险计划。这个计划和我以前在1923年给立法机构拟订的计划相同。这种计划经过修正，最后于1932年由威斯康星州制定为法律。

我不了解，任何经过这五十年的参加实际工作的人，怎么能不得到两项结论：利益的冲突和集体的行动。甚至国家和城市也就是那些握有统治权的人们的集体行动。①



同时，我不得不研究了许许多多判例，主要是美国最高法院和劳动及商事仲裁法庭的判例，要看出这些法庭根据什么原则判决利益冲突的争执——法院系根据宪法上关于合法程序、保护财产和自由以及平等的法律保障这几方面的条款来行动的。这些判例我在《资本主义的法律基础》(1924年)里曾加以讨论，本书是一种和前书有关的对经济学家的各种理论的研究。我觉得经济学家中很少采取这里所发挥的观点，或是提出什么意见能把法律制度配合到经济学里面，或是能配合美国司法机构所采取的这种依据宪法的路线。

① 《美国经济评论》的主编允许我使用1932年6月份该报发表的一篇文章，内容略如下文所述。请再参阅在这以前某一期该报中约瑟夫·谢弗教授的评论，我因他的评论，才陈述这种个人的观点。

1907 年，我和法律家一同起草一种公用事业法时注意到的主要问题，是美国最高法院在 1890 年以后对“财产”这个名词的意义有了改变。这一改变在以前那种“有形的”财产的意义(例如，1872 年的“屠宰场案件”和 1876 年的“墨恩案件”中)以外，加上了新的“无形的”财产的意义，这是最高法院 1890 年以后给予“财产”一词的新的解释。这种补充的意义为 1897 至 1904 年间的若干判决完全肯定下来。

无形的财产，按照这些判决以及《资本主义的法律基础》出版以后，我所作的进一步的研究，它的意义是通过：把持住别人所需要而不具有的东西来规定价格的权利。无形的财产也包括自由的意思，以前这是分开讨论的。人们将发现，1890 年以来最高法院所有关于合理价值的判决，关键在于无形财产的这种意义以及依据这种意义而发生诉讼的利益冲突。

索尔斯坦·凡勃伦很有贡献，在 1900 年以后的一个时期中在经济学里采用了同样的无形的财产的概念，他之所以被称为“制度”经济学家，主要是为了这个原因。可是，所不同的是，凡勃伦从 1900 年向美国产业委员会作证的金融巨头们获得他的事实材料，因而他对于无形财产的概念最后成为马克思所说的那种榨取和剥削。可是，我的来源是参加集体行动、参加起草法案以及在参加这些工作中不得不研究有关时期内最高法院的判例；因而我对于无形财产的概念最后成为习惯法的合理价值的概念。

我分析这种概念，不仅从最高法院的判例而且从集体议价、劳动仲裁和商事仲裁的案件来分析，发现了这些法庭的判决当然是从利益的冲突开始，然后考虑那冲突的利益的显然互相依存；然后再由最高权力机构——最高法院或者劳动和商事仲裁法庭——作出判决，目的不是要产生利益的协调，而是要从利益的冲突中产生秩序，在法院这就叫做“合法程序”。

一方面我在设法解决可能用什么作为研究的单位，这种单位要包括冲突、依存和秩序这三种成分。经过许多年，我得到结论，认为它们只有在一种“交易”的公式里结合在一起，和商品、劳动、欲望、个人和交换那些旧的概念不同。

所以我用“交易”作为经济研究的基本单位，一种合法控制权的移转的单位。这个单位使我能够对法院和仲裁法庭所有有关经济的判决，就实际交易行为所涉及的各种不同的经济因素，进行分类。这样的分类使人可能作一种历史发展的研究，说明法院和仲裁法庭怎样驳斥了当时他们认为是交易中强迫的或是不合理的价值，同意了他们在当时情形下认为是双方愿意的交易和合理的价值。

我回顾从约翰·洛克到今天的正统派这些经济学家，发现他们主张了两种矛盾的财富的意义，就是：既说财富是一种物质的东西，又说它是那种东西的所有权。可是，所有权，至少就无形财产的现代意义来说，意味着限制数量以便维持价格的权力；另一方面，物质的东西却产生于利用生产甚至生产过剩的效率来增加东西的数量。所以，所有权成为制度经济学的基础，可是物质的东西是正统派和快乐主义经济学的基础，它们那种“有形体的”财产的意义，等于所占有的物质的东西。



直到十九世纪中叶的非正统派的经济学家——例如马克思、普鲁东、凯雷、巴斯夏、麦克劳德——模糊地觉察得所有权和物质不是同样的东西，制度经济学才有了一些萌芽。这些经济学家是模糊的，因为他们具有那种旧的“有形体的”财产的观念（甚至现在经济学家还保留着这种观念），认为所有权和所有的物质是相同的，或者仅仅区别“有形体的财产”和契约或债务那种“无形体的财产”。所以，直到十九世纪末叶从惯例和商业巨头的实际用语中产生了新的“无形财产”的观念以后，凡勃伦和最高法院才可能作出新的区别，清清楚楚地把它们分开，不仅区别了实物的所有权和债务的所有权，而且区别了未来谋利机会的所有权——把持供给，等待谈妥或是强迫人们同意一种价格。这种未来机会的所有权是“无形的”财产。

这样，制度经济学的内容一部分是追溯几百年的法庭判例，在这些判例里，集体行动，不仅通过立法而且通过解释立法的习惯法判决，承受商业或劳动的惯例，并且按照法院认为是否有利于公众利益和私人权利，支持或是制止个人行动。

这种说法也需要彻底研究从洛克到二十世纪的经济学家的著作，看看他们是不是曾经谈到集体的行动。集体的行动，和个人的行动一样，始终是有的；可是从亚当·斯密到二十世纪它一直被排斥或是忽视了，除了作为对工会的攻击或是作为有关伦理学或公共政策的附带文章。现在的问题不是创造一种不同的经济学——制度经济学——和以前的各派学说脱离关系，而是怎样肯定各种方式的集体行动在经济理论中应得的地位。

据我看来，这种集体对个人交易关系的控制是制度经济学对整个的一种圆满的政治经济学理论的贡献，这种理论将包括自洛克以来所有的经济学说，并且肯定它们应得的地位，洛克首先给劳动价值论和现代资本主义奠定了理论的基础。

经济学家中第一个在经济学里普遍采用“利益冲突”的说法的，是提出“稀少性”理论的休谟，而不是主张天赐“丰裕”论的洛克和斯密。可是休谟，以及后来的马尔萨斯，也使稀少性成为合作、同情、公道和财产的根据：假如一切东西都是无限的丰裕，那就不会有自私、不会有不公道、不会有财产权、不会有伦理学。

只有稀少的东西（实际稀少或是预料会稀少），人们才缺乏和想望。因为它们是稀少的，它们的取得就由集体行动加以管理，集体行动规定财产和自由的权利与义务，否则就会发生无政府状态。因为这稀少性是经济学家所承认的事实，他们在他们的“需要”和“欲望”的概念里就预先假定了财产的制度。制度经济学公开地主张稀少性，而不是认为当然，并且肯定集体行动在一个有稀少性和私有财产以及因此而发生冲突的世界里解决冲突和维持秩序的适当地位。

我把利益的冲突说成交易关系中主要的一面。可是我最后要说不能让这一点作为唯一的原则，因为还有互相依存以及集体行动的维持秩序。我像经济学家们那样，从稀少性出发，作为一切经济理论共同的基础。然后我像休谟和马尔萨斯那样，进一步说明从稀少性中不仅产生冲突，而且产生因为相互依存而建立秩序的集体行动。

秩序，或者我叫做集体行动的运行规则的那种东西（它的一个特殊的实例是“合法程序”），它本身在制度的历史上是会变化的；我发现这个秩序具体地表现在各种限额的交易中，在一个丰裕的社会里是不需要这样做的。



由于这稀少性的缘故，我又把效率作为一项普遍的原则，因为它用合作来克服稀少。可是合作并不是产生于一种预先假定的利益的协调，像以往经济学家相信的那样。它之所以产生，是由于有必要从所期待的合作者之间的利益冲突中造成一种新的利益协调——或者至少是秩序，如果不可能做到协调。这是那种说服、威胁或强迫的谈判的心理。在实际合作方面最了不起的美国杰作是控股公司（近来名誉很不好），这种公司压制冲突，如果说服不能生效的话。共产主义、法西斯主义或纳粹主义主张一种更普遍的合作，为了秩序而压制冲突。它们各有自己的一套消除利益冲突的方法。所以，协调不是经济学的一种假定的前提——它是集体行动的后果，这种集体行动的目的在于维持那管制冲突的规则。

共产主义、法西斯主义或纳粹主义要废除有历史意义的资本主义制度，只需废除讨价还价的交易关系，代以计划经济的管理和限额。

这是为什么我把正统派和共产主义的工程经济学和奥国经济学派的家政经济学归入未来，而讲一种谈判的或买卖的心理，作为现在的合法控制权的移转要在未来的生产、消费或劳动程序中发生效果。不先取得合法的控制权，生产和消费不能进行。这可能改变因果关系的概念。它把因果作用肯定地放在未来，而不是像洛克和正统派以及共产主义经济学家的劳动学说那样，把因果作用放在过去；也不是放在生产或消费的现在的苦乐的感觉里，像自从边沁以来的快乐主义经济学家那样。它成了一种意志的关于现在的谈判和合法控制权的移转的理论，这种控制决定生产是否继续或者减缓或者停止，或是决定未来的消费将扩大或者缩小或者变得内容贫乏。

也许问题的关键在于需要和欲望这两个名词所包含的是哪一种心理。如果我察看或是参加在实际从事于交易买卖的人们一起——就像法庭在分析或者推断当事人的动机时那样——我觉得总有未来性存在，不是在生产或消费里，而是在买卖的交易的说服或强迫里，在管理的交易的命令和服从里，在限额的交易的争论和辩护里，这些将最后决定生产和消费。在这种谈判和决定中(这都是制度经济学的要素)，所有关的总是未来的生产和未来的消费，因为谈判决定法律上的控制，必须先有控制权而后才有实物的控制。

如果像有人那样说，这种谈判的心理改变经济学里整个因果关系问题以及“需要”和“欲望”所有的种种定义，我只能说那是实际存在的情况，应该列为经济学家需要注意的许多因果关系之一。我想人们正在这样做；可是当那些比较旧的学派和他们的严格遵守教训的现代信徒构成他们的学说时，他们竭力选择单一的因果关系的原则，像劳动或是欲望，而现代各种学说却肯定是多种因果关系的学说。所以我不认为“制度的因果关系”排斥其他的因果关系；可是在所有各种希望未来结果的买卖中起作用的是意志的经济学。制度经济学代替它，作为研究权利、义务、自由和“暴露”的关于所有权的经济学，我将始终努力证明这种经济学给予集体行动在经济理论中所应得的地位。

我看不出这种分析有什么新奇的地方。它所包含的一切在二百年来重要经济学家的著作中都可以找到。它只是一种稍微不同的观点。所改变的是解释、重点以及对于那构成全世界经济秩序的种种因素中的某些因素给以不同的重要性。这一切是由于经济学家当时面临的显著的政治经济问题和他们写作地点的影响，以及他们在两世纪以来时时变化的利益冲突中所持的不同的社会哲学。

我一向要做的工作是研究出一种思想体系，承认一切经济学说应有的重要性，而用我自己的经验加以修正。这种工作是不可能做到的，如果不是我在这使人兴奋的威斯康星州工作了三十年，得到这样的两位领导人，个人主义者罗伯特·福勒特和社会主义者维克托·伯杰，以及该州人民慷慨地支持了这所宏大的大学。威斯康星州是一个缩图，表现着世界范围的利益冲突以及人们研究怎样从经济矛盾中获得合理价值和合理措施的努力。这种努力是不可能实现的，如果不是福勒特州长早年所主张的行政事务法继续施行；这一点最近已经有些靠不住，因为民主党即将前来主政。然而州的权力已经受到限制，一部分由于美国最高法院的判例，一部分由于全国性的行政机构在管辖州的事务，最近更由于我们大家目前正在参加的那种空前的国家主义的实验。

我承认这本书重复的地方很多。可是我不得不这样。一半因为研究者和读者们对新问题不熟悉，一半因为在一种对多种多样的因果来源都给以相当地位的理论中，一个单独的概念或原则，每逢受到任何一种千变万化的原因侵犯的地方，就得重新提起。如果前面提到的一种原因，我认为已经说明过了，在对同一回事作不同角度的看法时被省略或者忘却，那当前的原因的真正重要性就会被人误解，于是读者或研究者提出来叫我注意。因此我无论如何不得不重复一下。所以，作为一个实验家，我的观点和仲裁人、立法者、法庭、遗产管理人的观点相同——竭力要解决一项争执，其中许多具有不同原则、原因或目的的互相矛盾的利益，必须尽可能使它们和平地合作。

我在从事实验的这许多年中陆续发表的一些论文和书，特别是 1899 年以后的作品（内中许多是和我的学生或实际参加工作的人合写的），供给了这本书里各种理论所根据的大部分资料。这些资料的来源主要如下：

## 论　文

《州对城市的监督》，《美国政治与社会科学院年鉴》，1895 年 5 月号，第 37—53 页。

《芝加哥和费城的租税》，《政治经济杂志》，1895 年 9 月号，第 434—460 页。

《市政工程上散工和契约制度的比较》，《美国劳联运动》杂志，1897 年 1 月至 1898 年 1 月，第 3、4 卷，共十三篇论文。

《工作的权利》，《竞技场》杂志，1899 年第 21 号，第 132—141 页。

《经济理论和政治道德》，《美国经济学协会会刊》，1899 年，第 62—80 页。

《从社会学来看统治权》，《美国社会学杂志》，1899—1900 年，第 5 号，第 1—15、155—171、347—366、544—552、683—695、814—825；第 6 号，第 67—89 页。

《解决劳工纠纷的新方法》，《美国评论的评论月刊》，1901 年 3 月号。

《美国工业委员会报告》，《美国政府报告，移民和教育》，1901 年第 15 号，第 1—41 页；《最后报告》，1903 年第 19 号，第 977—1030 页，第 1085—1113 页。

《出产量的调节和限制》,《劳动局局长第 11 号特别报告》,1904 年。《众议院文件》,第734 号,第五十八届国会,第二次大会。

《纽约的建筑业》,《经济季刊》,1904 年第 18 号,第 409—436 页。

《肉品罐头业中劳动状况和最近的工潮》,《经济季刊》,1904 年第 19 号,第 1—32 页。

《美国劳动工会的类型:联畜运输驭者》,《经济季刊》,1905 年第 19 号,第 400—436 页。

《美国劳动工会的类型:五大湖的码头工人》,《经济季刊》,1905 年第 20 号,第 59—85 页。

《工会工厂政策的起因》,《美国经济学协会文丛》,第 3 编,1905 年第 6 号,第 140—159 页。

康芒斯和弗雷:《火炉业中的工潮调停》,《美国政府报告》,商业与劳工部发表。载《劳工局公报》,1906 年 1 月第 62 号,第 124—196 页。

《美国劳动工会的类型:圣路易和纽约的音乐师》,《经济季刊》,1906 年第 20 号,第419—442 页。

《关于公有和公营问题提交全国公民联合委员会的报告》,1907 年共三卷,见《劳动报告》,第 1 号,第 60—112 页。

《阶级冲突在美国是否增强以及是否不可避免》,《美国社会学杂志》,1908 年 5 月第 13 号。

《匹兹堡的工资劳动者》,《慈善事业与平民杂志》,1909 年 3 月 6 日第 21 号,第 1051—1064 页。

《美国制鞋工人,1648—1895:产业进化概略》,《经济季刊》,1909 年第 24 号,第 39—83 页。

《霍莱斯・格雷莱和共和党的工人阶级起源》,《政治学季刊》,1909 年第 24 号,第 468—488 页。

《密尔窝基市经济和效率局十八个月的工作》,该局 1912 年第 19 期公报。

《威斯康星的产业委员会;它的组织和方法》,1914 年该会发表。

《美国产业关系研究委员会,提交国会的最后报告和证据》,1916 年第 11 卷第 1 号,第 2 部分,第 169—230 页。

《失业——补偿和防止》,《观察杂志》,1921 年 10 月 1 日第 47 号,第 5—9 页。

《美国工会发展的趋势》,《国际劳工评论》,1922 年第 5 号,第 855—887 页。

《土地价值的累进税》,《政治学季刊》,1922 年第 37 号,第 41—68 页。

康芒斯等:《长期趋势和商业循环:学说的分类》,《经济和统计评论》,1922 年第 4 号,第244—263 页。

《失业——防止和保险》,艾迪编:《商业的稳定》,1923 年版,第 164—205 页。

《工资学说和工资政策》,《美国经济学协会第三十五届年会报告与公报》,载《美国经济评论增刊》,1923年,第110—117页。

《钢铁市场上交货价格的惯例》,《美国经济评论》,1924年第14号,第505—519页。

《法律和经济学》,《耶鲁法学杂志》,1925年2月第34号,第371—382页。

《山姆尔·根普尔斯的死去》,《现代史料》杂志,1925年2月。

《物价的稳定和商业》,《美国经济评论》,1925年第15号,第43—52页。

《失业保险的真正范围》,《美国劳工法评论》,1925年3月第15号,第33—34页。

《马克思在今天:资本主义和社会主义》,《大西洋月刊》,1925年第136号,第682—693页。

《卡尔·马克思和山姆尔·根普尔斯》,1926年第41号,第281—286页。

《众议院金融币制委员会关于稳定通货的裁判》,《众院文件》,1927年第7895号,第1074—1121页;《众院文件》1928年第11806号,第56—104、423—444页。

《稳定物价和联邦准备银行制度》,《编年史者》周刊,1927年4月1日第29号,第459—462页。

《准备银行对一般物价水平的控制》,《编年史者》周刊,1927年7月18日(第30号)第43—44页。

康芒斯等:《法律的和经济的工作分析》,《耶鲁法律杂志》,1927年第37号,第139—178页。

《田地价格和黄金的价值》,《北美评论》,1928年第225号,第27—41、196—211页。

《管辖区域的争执》,《哈佛大学新闻》,1929年,第93—123页。

《关于美国失业问题的裁判》,参议院教育和劳动委员会,《参院报告》,1929年第219号,第212—236页。

《制度经济学》,《美国经济评论》,1931年第21号,第648—657页。

## 书　籍

《财富的分配》,1893年版。

《社会改革和教会》,1894年版。

《比例代表制》,1896年版,1907年再版。

《出产量的调节和限制》,《美国政府报告》,《劳动局局长第11号特别报告》《众议院文件第734号》,1904年,第五十八届国会,第二次大会。

《工会主义和劳动问题》,1905年。

《美洲的人种和移民》,1907年。

康芒斯等:《美国产业社会史料》,1910年版,共十卷。

《劳工和行政》,1907 年版。

康芒斯等:《劳动立法的原则》,1916 年版,1920 年、1927 年重版。

康芒斯等:《美国劳工史》,1918 年版,共二卷。

《产业好感》,1919 年版。

《产业管理》,1924 年版。

《资本主义的法律基础》,1924 年版。

康芒斯等:《企业能防止失业么?》,1925 年版。

# 第二章 方法

## I 约翰·洛克

约翰·洛克是英国的革命的十七世纪的产物。在两次革命中,他所反对的人和赞成的人都对他非常冷酷,前后三十年间,他发表的作品都是匿名的,或者由政治家出名,或者仅仅是为他人著作所写的详细的注解。洛克到五十七岁才公开地在英国发表文章,那是在1689年革命以后,这次的革命使他从流放中回国,使英国建立了现代资本主义。



他的经验是当时可能得到的最广泛最深切的经验。他受过清教徒的训练,在牛津任终身职,而清教徒当权时使他不敢发表言论,在国王当权时又使他失去了职位。他的命运和事业随着国务大臣谢弗兹堡伯爵起伏浮沉,他住在谢弗兹堡的家里,替谢弗兹堡撰写有关宗教、科学和政治的文章,并且追随谢弗兹堡一起过流放生活。他看到大人物和小人物被处死刑、下狱、财产被没收、言论被教会、国王、清教徒和法官所压制。他是从牛顿到卢文霍克那些新科学家的朋友和同事,是“新学识”的刻苦研究者,是他们新组织的“英国实验促进知识协会”的会员。①

表现在洛克身上的结果是,怀疑主义代替了认识,或然性代替

---

① 1662年查理二世特准设立。

了必然性，理性代替了权威，研究代替了武断，立宪政府代替了专制，主张司法独立借以保障财产、自由和容忍。在各种学问方面，他成为十七世纪的缩影，支配了十八世纪，并且在哲学家和心理学家抛弃经济学以后控制了十九世纪和二十世纪中正统派经济学者的制度的和心理的概念。

他的《人类理解论》引起柏克莱的理想主义、休谟的怀疑主义、法国的唯物主义以及康德的先验的知识形式和范畴，可是洛克本人的用意只在于一切事物的合理。他的《政府论》替1689年的革命作辩护，引导美国革命和法国革命主张人类的自然权利高于法律、习俗和君主，可是洛克的原意只是用1689年英国人的习惯法权利来代替所谓亚当后裔的帝王的神权。这一论文也使“劳动”成为政治学和经济学的基础，并且使亚当·斯密的学说以劳动痛苦作为自然价值的尺度；使李嘉图的学说以劳动力为标准价值的尺度；使马克思的学说以社会劳动力为度量剥削的标准。可是洛克的劳动观念是个人自己的劳动成果应该是个人的私有财产，他的用意只作为一种理由，反对帝王不经过独立的司法机构的审判就夺取财产。他的《论容忍的书简》是他怀疑人类理智的限度以及政府在抑制思想自由、言论自由和集会自由方面的限度，因而获得的结论。所有这些论文，三十多年中他写了又重写或是匿名或是在国外片断地发表，可是在君主立宪代替了君主专制的那十二个月里他在国内公开地出版。

### 1. 观念

洛克开始写《人类理解论》时的实际目的，是为了要了解人类的智力能真正知道的和不能知道的究竟有多少。这部书发源于十七世纪的论争和教条主义，这些争辩和武断引起了混乱、褊狭和内战。

他说，“……五六个聚集在我的房里谈论一个距离这个很远的问题的朋友，很快地就觉得谈不下去了，因为各方面发生了困难。我们苦想了一会儿，丝毫不能解决那些使我们大惑不解的疑点，后来我忽然想到我们所走的路线不对；在我们进行那种性质的研究以前，首先必须审察我们自己的能力，弄清楚我们的理解适合或者不适合于研究一些什么东西。”①

这是洛克的“新方法”，先考查我们的智力的研究工具，然后再考查那工具的出产。这表示他的创造天才，结果产生了这一部论述观念、语词和或然性的论文。

洛克说，心中的观念是人们真正知道的唯一的对象，在外面用言语表示出来。当时“公认的学说”是人类具有“天赋观念和天赋性格，生来就印在他们心灵上面”。洛克详细地批判了这种说法，然后进一步说：“让我们……假设心灵就像一张白纸，上面没有任何字迹，没有任何观念；它后来怎么会有的呢？……对这个问题我的答案只有一句话，是从经验得来。”②



洛克说，经验是感觉和反省。五种感官把“微粒”传达到心灵，再由心灵经过反省活动，使它们成为存在于外物中的可感觉的性质的观念，用记号来表达，例如黄、热、硬这种字眼。反省，像镜子一样，是“我们自己的心灵的内部活动，运用于所得到的观念”；可是附带有某种情绪，例如“从任何思想产生出来的满足或不安”。这些活动，“被灵魂反省和考察时，就供给理智以另外一套观念，这套观念不能从外面取得，而是完全在自身的内部”。③它们“可以适当地被称为内部的官能”，发源于这种内部官能的观念是“知觉、

① 《告读者》，《人类理解论》，见《洛克全集》，1812 年第 11 版 10 卷本。本书所有关于洛克的引证，均根据上述版本。

② 同上书，第 1 卷，第 2 编，第 1 章，第 1、2 节。

③ 同上书，第 4 节。

保持、注意、重复、辨别、比较、复合和命名”。

以上所说的感觉和它们的反省，是“简单观念”的两个来源，理智“绝对没有任何不经过这两种来源之一而获得的概念”。①这种简单观念，经过进一步反省，就产生快感和痛苦，这是何以要“在两种思想或行动之间择取一种的原因”；又产生“力”的观念，因为就我们本身观察到我们移动我们的身体，并且观察到自然物体能在其他物体中产生运动；又产生“存在”的观念，因为我们认为观念确实在我们的心中，或是事物确实在我们的身外；又产生“统一”的观念，因为我们认为是“一件东西，不管是一种真实的存在或是一种观念”；又产生“连续”的观念，“由于在我们心里变化推移的东西不断地给我们这种印象”。②

从这些简单观念中组合出来的是复杂观念，那是简单观念的“结合”，就是“实体”，例如人或空气；就是“关系”，例如夫妻；就是“样态”，例如空间、时间、善、恶、公道、杀害、恐惧等。这些简单的和复杂的观念是我们知道的唯一的东西。“……心灵，在它的一切思想和推理方面，除了它自己的观念以外，没有其他直接的对象，这些观念只有它加以思考或者能加以思考，……知识不过是对于我们的观念之间的关系和一致，或者不一致和矛盾的了解。”③



这样洛克把内心和外界完全分开。内心专管环绕着若干观念来活动，它把它们一再地结合起来，从简单观念变成高度复杂的观念——例如实体、因果、道德、神权和民法。

这种把一个内在的机构——心灵——分开，作为它复写一个外在的机构——世界，是从洛克到十九世纪末的经济学说的特点。

① 《洛克全集》，第1卷，第2编，第1章，第5节。

② 同上书，第7章。

③ 同上书，第2卷，第4编，第1章，第1、2节。

脱离这种二元论并且代以一种内心和外界的机能关系所需要的概念，在经济学方面，直到1871年门格尔[①]用“递减的效用”一词，说出一种对于能满足欲望的外物依赖的感觉（这种感觉的强烈程度随着这些外物的增多而递减），直到1888年庞·巴维克构成未来物品的现在价值减低的观念，才创立起来。因此还需要后来的“稀少性”和“未来性”的概念来供给所谓内心和身体对现在和未来的外在世界依赖的程度不同那种机能的观念，代替洛克和他的信徒们把内心和外界完全分开的那种见解。即使如此，这些快乐主义的经济学家还是采取了洛克关于感觉和观念的那种微粒的理论。

洛克对于心灵的机械的观念是：心灵被动地接受观念，这种观念以牛顿的微粒形式来自外界，然后反射到内部。这也是以马克思为最高峰的唯物主义经济学家的特点，他们把个人的意识说成仅仅是财富之生产和取得的摹本。为了要把洛克所谓微粒的感觉、反省和意志结合在一种预期的交易关系的重复的观念里，需要更进一步把心灵看作整个身体在活动，而不是某些特殊的感觉进入身体，需要用这整个身体作为一种创造的力量，眼光望着未来，根据预期的后果巧妙地对付外在的世界和其他的人。这一点还须由最新出的心理学和经济学来完成。[②]

然而，洛克为这项工作准备了道路，由于他的“经验论”以及他论证了我们的一切观念的来源只是五种感官，它们给予我们一种或多或少总是不完全的印象，而不是一种固有的或确实的对世界的知识。现代心理学和经济学只需要放弃他对于心灵的那种物质



① 在他以前是戈森（1854年），哲逢斯（1871年），在他以后是独树一帜的瓦尔拉（1874年）。

② 实用主义，形态心理学，制度经济学。参阅赖兴巴赫、汉斯与艾伦：《原子与宇宙》；《现代物理界》，关于近来人们要合并微粒和光波理论的努力。又参阅怀特海：《观念的冒险》，1933年版，特别是第9章，论《主观和客观》。

的概念——由于和当时流行的物理学、光学和天文学等仅有的科学类推的结果——而代以适合于研究心理学、历史学和经济学的那种实验方法的概念，这种方法他和他的同时代的人们曾运用在自然科学方面。

抱着这个目的，似乎如果我们把“意义”这感情的名词加在洛克的“观念”这理智的名词上面，我们就得到他心里的真正的意思，可是并不机械地比作主观的微粒，在心中四处移动，和外面的世界完全分开。“意义”这个名词用在这里，表示感情的方面，而观念是纯粹理智的方面。它包含一种意志作用的主观的和客观的两面，这种作用一再影响那外在的和内在的变化的世界。

这“意义”的概念改变洛克的“观念”的概念，使它从一种仅仅是被动的、镜子里的摹本变为一种主动的在心里构成观念，这些观念在内部选择和改造，以便研究和了解那否则就无法处理的外界活动的复杂性。红色据说是由每秒四百万亿次振动组成的，紫罗蓝色是由每秒八百万亿次振动组成的。① 我们看见红色，可是那不过是我们给予世界的机构中某种重复现象的意义，这种重复根本不是红的，因此那不是一个摹本。它可能意味着一件杀人案，或是可能意味着一朵玫瑰花。它是我们对已经发生的事情的论断，或是对将要发生的事情的预期，一切基于经验、重复、记忆以及我们在发生这件事上面的利益。它是我们给予每秒四百万亿次振动的一种特别的意义。各种天然的事物、有关人性的事物，以及有关我们自己的主观观念和感情的事物，都是如此。我们的知识不是模仿的复制品，而是，在理智方面，确实由内心创造的观念；在感情方面，是那使观念和感觉发生关系的意义。在权衡选择方面，这是评价，在意志方面，这种评价是行动和发生交易关系。

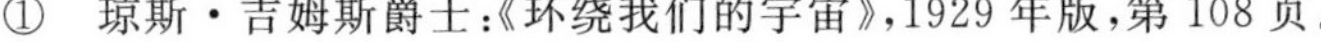

① 琼斯·吉姆斯爵士：《环绕我们的宇宙》，1929 年版，第 108 页。

因为，“意义”这个名词是一种观念的名称，是我们用来表达经验的个别部分和整个经验之间的关系的一种公式；所以它说明一种和情感及情绪分不开的东西。当情绪就要开始变成行动的时候，我们称它为价值，就是，客观地归于外界事物的相对重要性，在我们和自然世界，以及我们周围其他的人交往中实际显出来的重要性。

这意味着“意义”含有预期的意思。“意义”这个名词所表示的不仅是一个观念的所谓内容——它意味着观念所引起的预期。洛克的“观念”只是外界进行的事情在内心印上的副本，由内在的一个纯粹理智的心灵对它发生作用，而“意义”这个名词却意味着那些观念对于目前或以后的行动的重要性。

在这一方面，“意义”这个名词表示评价、选择和行动的一个分不开的方面。洛克的所谓“价值”完全指一种外在的性质，就是存在于外物之中而反映为一种内在的“观念”的使用价值。可是现代的习惯用法正在把名词“价值”变成动词“评价”，评价就是由目前或者预期的事件引起的意义或者对相对重要性的感觉。所以意义和评价彼此分不开，一个着重在内心，另一个着重在外物，两者属于同一意志作用，这种意志作用影响周围的世界，同时又受世界的影响。



因为，意义与评价是和选择不可分的，选择是人们认定的意义和价值的外在的证据。洛克的“力”的观念给了他很多困难，他在第二版里加以修改。[①] 原因是明显的。他把作为一种内在的被动机构的心灵，和作为一种外在的主动机构的世界分开，这样就使“力”这个名词对他不能有任何有意志的意义。他只看到一种推动外界

① 洛克：《论力量》，见《人类理解论》，第1编，第21章。

事物的内心的物理过程,就像他看到推动其他事物的其他对象一样。这样,“意志”就变成类似光、或热、或化学作用的东西,使他无法容纳在几个对象之间进行选择的那种观念。选择的观念在自然科学里根本不发生,并且它在最近这三十年中才成为一种新经济学说的基础。实际上,洛克在讨论“力”的时候绝口不谈选择的现象。在他看来,选择只和快乐与痛苦的观念发生关系。假使他对于心理学不应用内省法而应用实验法,像他和他的同时代人物对于物理学那样,那么,他关于意志的解说就不会采取一种物理的类比,而可能看到“意志”——他的“力”的观念——是一种反复地对当时实际上可能获得的最好的对象进行选择和采取行动的程序。这些可以选择的事物在它们的活动、意义和相对的重要性方面也是不断地变化。在物理学、光学或天文学上决不会发生像这样的情况。改用“意志”来说,他所谓“力”的意义是整个有生命的身体和外在世界之间的一种机能的关系,在那个世界里,意志本身是一种选择的程序,即根据那些代表可供选择的对象的相对重要性的意义和评价,在对世界和对其他人的不同程度的控制力量之间,进行选择。①

诚然,这种机能的关于选择的概念也包含一种物理过程,但是它和物理学上的物理过程完全不同。它在同一个行为中含有三重因素——履行、避免和克制。履行是向一方面运用物质的或经济的力量;避免是不采取成果较差的一种行动;克制是在实际行动中择取一种较低的力量,而放弃较高的力量。

物质的和经济的力量的这种三重因素在物理学上是没有的。这是意志的各方面表现在它的具体行动中,经济的和法律的理论

① 参阅本书上册第8章(Ⅵ),《能力和机会》。

就建立在这个基础上。[1]它是一种主动的选择程序，既然这是有生命的行为的特点，有别于无生命的行为，我们将时常使用"选择"这个名词，作为和"价值"、"行为"、"行动"、"交易"这种名词意义相等，并且作为洛克所谓"力"的真正意义。一种选择的这三个方面——履行、避免、克制——是洛克所不知道的，在他对心灵所作的物理的类比中是不能存在的，这种类比或者把心灵作为一种被动的内在的机构，模仿着一个外在世界的机构，或者作为一种对外界事物的直接作用，像物理学上的类比那样。

然而，像这样被了解为人类行为的物质的和经济的表现以后，"观念"、"意义"、"评价"和"行动"这四个名词，就是人们在应付物质世界和人类世界中一切行动的分不开的理智的、感情的和意志的作用，而不是洛克所说的一个内心和一个外界那种截然分开的机械作用。我们以后还要把物质的力量和经济的及道德的力量辨别清楚。



但是"意义"这个名词仍然含有洛克给予他的"观念"那个名词同样的意思，因为它所表示的不是那种确实的知识(这完全是无穷的)，而是那种往往以虚构的知识为根据的实际的感觉。然而人类实际上却根据这种感觉来行动，诱导别人行动，并且同样地逐渐改变他们的行动的习惯。因此我们将使用"观念"这个名词作为一种纯粹人为的理智的"构造"，人们创造它来便利研究；并且将区别观念和观念的"意义"，后者既是理智的也是感情的。

语词，在洛克看来，当然是心像的符号。他说，语词如果用得恰当，应该"在听者心里唤起它所代表的言者心里的那同样的观念"。[2]然而事实并不是这样。语词唤起不同的观念，并且，根据他

---

① 参阅康芒斯：《资本主义的法律基础》，1924 年版，第 69 页。

② 《洛克全集》，第 2 卷，第 3 编，第 9 章，第 4 节。

自己的经验,他说:

> "……人们若是充分考虑到滥用语词在世界上所造成的错误、含糊和混乱,就会有理由怀疑语文自从使用以来对于人类的知识是促进多于妨碍呢还是妨碍多于促进①……这一点,我想我至少可以说,假使人们了解语词的真正作用——只是我们的观念的符号,而不是代表事物的本身,世界上的纠纷应该要少得很多。"②

洛克对滥用语词的补救方法是:没有观念,就不要说出代表观念的名称。观念本身必须清楚明晰,若是简单的,像"黄"或"白";必须确当而肯定,若是那种简单观念的结合,像"公道"或"法律",它们"没有自然界里固定的对象"。语词的运用必须"尽可能接近习惯用法已经给予它们的那种观念。"可是,既然习惯用法并"没有明明白白地给予语词任何意义",所以必须要"声明它们的意义"。同时,"如果人们怕麻烦,不肯声明他们的语词的意义",他们至少应该一贯地以同一意义使用同一个语词。"如果做到这样,许多发生纠纷的争论一定会终止。"③

因此,洛克的《人类理解论》并不一定如人们认为它那样,是怀疑主义的哲学,而是一种在实际问题上谋取意见一致的指南。它是一种讨论语词的意义的论文,我们再加上观念本身的意义,作为研究、同意和行动的工具。他的这本书是一种关于"研究的方法"的著作。

如果知识只和观念发生关系,观念只是事物的副本而不是事物的本身,以致即使"事物本身也只是简单观念的结合",④那么,

---

① 《洛克全集》,第2卷,第3编,第11章,第4节。

② 同上书,第10章,第15节。

③ 同上书,第11章,第26节。

④ 同上书,第3卷,第4编,第11章,第1、2节。

世界上能有确实的知识吗？照洛克的说法，唯一的确实的知识属于那种数理的、逻辑的和演绎的性质，这种知识或者立刻地或者通过论证看出观念之间的联系、一致、不一致和矛盾。可是，如果直接看出的——例如黄是黄，或者黄不是白——这是"直觉的"知识，或是，我们应该说，意义。如果间接地通过论证而看出的——例如一个三角形的三内角之和等于两个直角——这是"理性的"知识。这两者共同构成"理性"的理智的基础，并且在这个范围内构成那种无可疑问的确实的知识。我们对一个永恒的、最有力量的、最灵敏的、聪明的、无形的生命的知识，就是这样；他的存在可以很自然地从我们的知识的各方面推断。可以这样推断出来的、使我们确信有这位神体的论证，产生于因果的观念，在这因果观念里，果不能大于因。果是世界，因是上帝。

这观念引起两种结论。既然这种果之一是人类的智慧，那原始的无穷大的因一定也是一种永恒的智慧。第二，"自然中所有的秩序、协调和美"都不可能产生，假如没有一个最初的永恒的感情和智慧，希望看到秩序、协调和美，因而在它本身含有"此后可能存在的一切至美至善。"



这种永恒的智慧的观念（也就是至善的观念），使我也确信有一种永恒的道德律，自有一套它的"惩罚的办法"，此道德律"对一个有理性的人和一个对它进行研究的人，是和国家的成文法同样的可以理解，同样的明了：而且可能更明了，由于理智比较人们的幻想和错杂的计谋容易了解，这些幻想和计谋追求条文里所包含的彼此矛盾的和隐藏的利益"。①

因此，洛克关于理性的概念不仅是一种理智的作用。他加入

---

① 《政府论》，《洛克全集》，第 5 卷，第 2 编，第 2 章，第 12 节。

一种有关终极目的的感情的意义，我们称它为“幸福”，又加入一种有关自然法则的工具性的意义，用来达到那个目的，我们称它为“辩解”。他认为“理性”和“上帝”、“自然法则”以及“人类幸福”是同一的，后来在他的《政府论》一书中成为一种仁慈的天意，永久的、无穷尽的、不会改变的天意，想要根据协调、平等、和平、丰裕以及保存生命、自由和财产的原则，造成人类的福利。

因为这个缘故，他在哲学上被认为具有功利主义的特性。他的功利主义是上帝主宰的功利主义，不是边沁的那种人世间通过立法的功利主义。对于这位无穷大的主宰的意旨，他有确实的知识，可以用证明来推断，在这个基础上他创立了他的自然法则、他的自然权利学说、他的价值论以及他对财产和自由的辩解、“上帝”、“自然”和“理性”是相同的，他们认为1689年的革命是正当的。

这样，我们就能看出洛克的个人主义的根据。人类不是习惯和他们的时代与地点的俗例的产物，而是理智的单位，和他自己一样，他运用理性，能够确实认识宇宙的无穷尽的仁慈的理性，以及因以获得这种理性的自然法则。天地间只有一个无穷尽的理性，一个无穷尽的因，这道理所有的个人都能确实知道，因为他们本身就是那个因的果。因此，这无穷尽的理性就是洛克自己的理性被说成永久的和不可改变的。他从他自己的个人的心灵说起，作为宇宙的中心，而不是从那事件、惯例和交易关系的重复说起，对于这种重复他的心灵已经十分习惯，以致它们似乎是自然的、合理的和神性的。



因为这个缘故，他必须辨别必然性和或然性，这是自从他的时代以来科学已经辨明的区别，因为科学只和或然性打交道。可是，他缺乏现代的相对性、时间性和活动性的概念，只追求一种固定的东西，像个人的灵魂、无穷尽的理性、宇宙的理性的“骨骼”，所有的变化和或然性都可以用它来解释。

然而，即使洛克本身也是一种在他周围不断变化的事件的不断变化的经验的过程。并且，每个人都是这样。归根结底，洛克的必然性只是他心里的一个观念，像数理和逻辑上的必然性，这两者不是科学而是进行研究的精神工具。这些工具，根据他的证明，不存在于外界的宇宙中。所以，凡是来自外界的东西都缺乏数理的知识，“不过是信心或意见，而不是知识，至少在一切有关外在世界的一般真理方面是这样。”①

如果是这样，那么，所有被认为对外在世界的知识只是或然性。或然性补充知识的不足，“在知识不中用的地方指导我们”，并且它“总是和命题有关的，对于这种命题我们没有确实的知识，而只是准备认为它们是真实的加以接受”。或然性的根据是“是一件事物与我们自己的知识、观察和经验相合”，以及“别人的佐证，这些人声明他们的观察和经验确实是如此”。②或然性有各种不同的程度，而大脑一定会合理地进行工作。

> “应该考查或然性的一切根据，看看它们怎样或多或少地有利于或是不利于一个命题，然后才对它同意或者不同意；对整个问题加以相当的权衡，然后拒绝它或是接受它，给予不同程度的同意，对或然性有较大根据的、比较占优势的方面，给予比较坚决的同意。”③

这样，如果或然性、信心、意见、经验代替确实的知识，那不是为怀疑主义奠定基础，而是为了区别理性和合理性。理性可以给予我们“上帝”的、“自然”的、“至善”的不变的法则，可是“合理性”使我们可以对人生事件中或然性的优势彼此同意。流传后世的是

① 《洛克全集》，第 2 卷，第 4 编，第 2 章，第 14 节。

② 同上书，第 3 卷，第 4 编，第 15 章，第 4 节。

③ 同上书，第 15 章，第 15 节。

洛克的“合理性”学说，而不是他的“理性”学说。

我们不需要在这里评论那采取洛克的物理方法的两百年哲学讨论，他们把观念当作能用内省来观察并且能像机械结构来谈论的原子。在柏克莱，那意味着我们除了观念以外什么也不能知道，外面的世界对我们说来不过是上帝的观念。在休谟，那意味着连我们自己本身也只是一个观念。在康德，那意味着我们出于自己的自由意志，为宇宙、为我们自己创立理性的法则。这些是“理性”的学说，不是“合理性”的学说。它们是观念，不是观念的意义。

另一方面，如果用“意义”这个名词作为对洛克的“观念”那个名词附加的感情的内容，那么所谓意义就是由于或然性和合理性的不断变化的意义而产生的事件和行为的可变的含义。这个名词等于山达亚那[①]所谓“要素”的意思；不是柏拉图所说的本质（这种本质永远地先在，是纯粹的观念），而是我们自己由常识给予事物的可变的意义和价值，这种常识山达亚那称为“动物的信心”，等于洛克的“信心或意见”。“意义”这个名词，用在这里，带有山达亚那的“要素”的意义，可是没有柏拉图的那种物质的比喻，意味着在心灵外面有本质存在。如果我们把观念、概念、本质等等了解为仅仅表示我们不仅赋予语词而且赋予外物和事件，甚至赋予洛克所谓观念的意义和价值，我们就有了一些名词不仅适合于事件和语词的不断变化的解释，而且也适合于不断变化的观念本身，这种观念不仅存在于经济学家的著作里，而且，更重要的是，存在于商人、工人、司法官、立法者的行为里，他们的意义、评价和选择正是经济学家论述的对象。他们那些人自己行动，并且劝诱别人行动，所根据的不是知识，而是他们据以构成他们的观念的意义和评价。

① 乔治·山达亚那：《动物的信心——哲学体系引论》，1923 年版；《本质的领域》，1927 年版。

最重要的是，“意义”这个名词的含义是说，感觉或观念并不是作为一种依照化学的“结合律”和其他的观念相接触的孤立的分子或原子而抽象地存在的，[①] 而是作为回忆、预期和行动的整个复杂过程以内的一个起作用的部分存在的。观念的意义大大地超过洛克的所谓观念——它们是反复的、可变的对行为的指南，不断地重复，可是随着行为本身的重复和变化而变化，一个钟点和另一个钟点、一个人和另一个人、一年和另一年、一个世纪和另一个世纪都不同。洛克的“观念”是没有时间性的、永久的、不变的本质，可是观念的“意义”是一种会变化的事态发展的作用，根据记忆中的过去、通过现在的行动、发展到预期的未来。[②]

因此，能够由人加以观察、适合于研究和实验的是意义。给予语词的意义和给予观念与事件的意义之间，能作出重要的区别。根据洛克一般的评论，在经济行为中语词是用来隐蔽思想和迷惑人的，固然也能表达思想和使人有正确的了解。做买卖的人、做工的人、法庭、行政官吏、政治家等的真正的意思不是他们所说的那样，甚至不是他们所想的，而是他们所做的。关于上帝、自然、财产、自由等等，他们所说的甚至所想的，是他们的语词的表面意义以及语词所表示的观念的表面意义；他们所做的才是他们的真正意义，起因于他们的回忆、活动、预期、愿望和可能选择的目标。因此，意义能够根据活动来加以科学的考察。这种考察的对象不是观念和本质，因为这些只是心理的公式，除了它们所表示的评价和选择以外，和外界没有关系。



我们可以总结起来，先在这里说，洛克的基本理论，像因袭他

① 李嘉图的朋友詹姆士·穆勒在所著：《人类心灵现象的分析》(1828 年版)中，就是作这样的解说，那完全是一种“化学的”观念论。

② 参阅本书上册第 4 章，《休谟和皮亚斯》。

的那些经济学家的理论那样,是一种“个人的认识论和价值论”,或者一个人怎样能认识一种事物并且评定它的价值;我们的理论却是一种许多的个人在一切交易关系中联合活动和评价的理论,通过这些交易关系,所有的参加者相互诱导,达到一致的意见和行动。这不是洛克的“理性”学说,而是他的“合理性”学说。[①]

## 2. 价值

洛克把法学、经济学和伦理学结合在“劳动”这一个单独的概念里。问题起因于他对1689年革命的辩护。托马斯·费尔默爵士在1680年已经发表了他的《族长制》,虽然那是早先在克伦威尔专政期内写成,不公开发行的。在该书里,他拥护“帝王的神权”作为一种自然权利、可以支配他们的臣民的生命、自由和财产,只对上帝负责,帝王的权利是从上帝手里得来的。[②]

洛克用“劳动”的神权来回答他。洛克说,“英国宫廷谄臣”费尔默的这种“口齿伶俐的胡说近来已经得到讲坛的公开承认”[③],成为“一时流行的神威”。针对这种政治权力的神权学说,洛克创立了“生命、自由和财产的自然权利”学说,这是根据劳动享受自己的成果的权利推论出来的。两者的区别在于费尔默采取一种有机体的类比,使部分服从整体,洛克采取一种机械结构的类比,所以整体是部分的总和。

这种类比适用于个人,也适用于财富。在费尔默看来,个人由他们的原始的遗传法则和社会本性维系在一起,像一个家庭。在洛克看来,个人为了便利而结合,像一种集会。在费尔默看来,国

① 参阅本书第4章,《休谟和皮亚斯》。

② 菲吉斯:《帝王神权论》,1896年,1922年版,第149页,引文根据第1版。

③ 《政府论》,前言,《洛克全集》,第5卷,第210页。

家的财富是社会的产品，可是在洛克看来，那是个人产品的总和。在费尔默看来，个人对那财富的所有权是从君主得来的，可是在洛克看来，私有财产发生在宗主权以前。因此，费尔默认为，上帝和造物主对世间帝王赋予权利，由于把义务加在他的臣民身上；可是洛克认为，上帝和造物主对个人赋予权利，由于把义务加在帝王身上。他们各人把自己的理论说成上帝和造物主的永恒的道理。

洛克的许多观念的基础是一种以劳动作为价值的唯一来源的理论，人们加以审察，就会看出他的"劳动—价值"观念是劳动所生产的物质东西的私人所有权的化身，转化为一个"复合的观念"。根据这个复合的概念，他判断了工厂厂主、农场场主、商人和地主的一些惯例是适当的。既然洛克是他的时代的产物，我们需要找出这种包含劳动、物质资料和所有权的复合观念的起源。

托马斯·斯密斯爵士，在洛克的《政府论》出版的一百二十五年以前，已经给了"共和政治"这个名词一种政治的意义①。他作为伊丽莎白女王派驻大陆的大使，非常诧异地注意到君主专制或独裁政治和英国政治的不同，在英国那里人民参加议会并且享有在法庭依照习惯法受审的权利。在英国，参加的阶级有贵族和绅士，这两种人都"不劳而食"；有自耕农、农场主或世袭地保有人，他们受到习惯法法庭的保障，并且"劳动工作"为共和政治"服务"，超过"一切其余的人"。一个第四种阶级，"无产阶级"，是那些"没有自由地"的人，例如工人、机匠、根据官册享有土地者，甚至没有土地的商人和零售商。这些人"在我们国家里没有发言权也没有权力，完全不受重视，而是只受人统治，不能统治别人"。②

托马斯·斯密斯在1565年对地主阶级和没有土地的阶级所作



① 托马斯·斯密斯爵士：《英国共和政治》，约在1565年撰写，1583年版。

② 康芒斯：《资本主义的法律基础》，第222—224页。

的这种区别，成为“共同财富”的政治意义上的主要区别，在英国继续了三百年以上，在殖民地的和农业的美洲继续了二百五十年以上。关于这个意义的争执，在1647年国王最后失败以后立刻就在“共和政治”的军队里发生。在那里平等主义者要求给所有的军士同等的参政权，不管他们有没有财产，可是克伦威尔和爱尔顿决定只有那些有地产的人靠得住，能够拥护共和政治的永久利益。这是洛克给予“共同财富”的政治意义。政治上的“共同财富”是由那些对土地有永久产权的人们参加政治。

共和政治(共同财富)的经济意义从政治意义开始。它起因于没收修道院、把耕地改为牧场以及圈收荒地。在1540年，那班从亨利八世手里取得这些没收的土地并且提高地租和撵走佃户的人，被拉铁默尔主教斥责，认为他们“把共同的财富搞成共同的苦难”。他们那一方面，却反斥他们的攻击者，骂他们是“共同财富的人”，意思等于现代的共产主义者，他们的领袖和先知是那“叫做拉铁默尔的‘共同财富’分子”，他在玛丽女王统治的期内以主教的身份，又骂他们是“晚地主和高抬地租的人”。一百年后，在“共和政治”的军队里，新国家中的参政权问题经过详细的辩论，在这场辩论中克伦威尔和爱尔顿主张参政权以有产者为限，另一方面平等主义者要求参政权要普遍。[①]平等主义者(后来被称为“淘金者”，那是美洲的“擅自占据新辟地的移民”、自耕农和探矿者的先驱)，把共同财富的意义扩充到公共土地，这种荒地他们开始准备种植作物和建造小屋，因此他们受到法庭和克伦威尔军队的制止。[②]

① 《克拉克文件》，第1集，第299—326页，坎登协会1891年版，第2辑，第49卷。本书系英王被捕后，有关克伦威尔军队内部争论的速记报告。

② 同上书，第204—225页，并请参阅古奇:《十七世纪的英国民主观念》，1927年版，第214—219页；托尼:《宗教与资本主义的兴起》，1926年版，第255—261页。

同时,共同财富的这种经济意义被习惯法的法庭扩充到制造和买卖方面。区别的关键在于个人因而致富的手段。如果他由于国王赐予制造上或买卖上的特权而获得财富,那么他的财富是从公共财富中减扣出来的,他这方面没有相应的贡献。可是,如果他获得财富是由于制造、买卖、零售、从国外输入商品、或是在他的土地上生产作物的活动,那么他的私人财富就等于他对共同财富的贡献。共同财富是私人财富的总和。这种私人财富只能由勤劳和节俭中得来;另一种却是由垄断和压迫得来的。这成为亚当·斯密的国家财富的观念。这种观念成为支配了从洛克到现在的正统派经济学的那种财富的双重意义,就是,一种被占有的但不是被垄断的物质的东西。

因此,在1599年,一个裁缝工行会,虽然是国王批准设立的,当它建立一种会员优先权,便利他们和非会员竞争时,却被最高法庭判决为非法,因为这样的规定“不利于臣民,不利于国家”。1602年这同一法庭宣告,伊丽莎白女王授予一个朝臣的一项专利权“不利于国家”,因为被授予者没有专门技能,不应该获得他那种法律上的权力禁止别人竞争,这些别人具有“有利于国家”的本领。还有,1610年国王未经议会同意,征收一笔额外进口税,加重了一个商人贝兹的负担。贝兹拒绝缴纳,他的律师在高等法院辩护,认为一个外国货物进口商人所获得的财富,等于对国家增加的财富;但是这种辩护终于无效。



高等法院院长库克,在法学家中最能发扬这种经济的意义,认为私人财富,在不垄断化的条件下,等于共同财富;库克1616年被国王詹姆士解职。他的解职成为库克所主张的“司法独立以免国王专横的控制”的历史基础;这种司法独立由1689年革命予以实行,并且由1700年的践祚令加以明文规定。

这种“私人财富”等于“共同财富”的说法，由清教徒的神学者进一步加以发挥，在理查德·巴克斯特身上达到最高的表现；巴克斯特是洛克的同时代的人物，他改变了基德明斯特村的鄙俗的生活，使它成为一个勤俭的社会。

> “公众的福利，”巴克斯特说，“或者多数人的利益，应该比我们自己的利益更受到重视。因此，人人必须尽量做对别人有益的事，特别对教会和国家有益。这不是游手好闲所能做到，而是靠劳动。有如蜜蜂靠劳动来供给蜂巢的需要，人类作为一种社会性的动物，必须为社会的利益而劳动，他属于这个社会，在这个社会里他自己的利益也作为一部分被包括在内，……如果上帝指示你一条路，可以合法地比另一条路得到较多的收获（不损害你的灵魂或任何别的人），可是你拒绝走这条路而选择那收获较少的道路，那你就错过你的职业的目的之一，你就是拒绝做上帝的仆人，不接受上帝的赐予，在他需要的时候用在他身上；你可以为了上帝而劳动致富，可是不能为了肉欲和罪恶。……人们应该选择最有利于公共利益的职业，……如果有两种职业，同样地有助于公共利益，其中一种有利于财富，另一种比较有益于你的灵魂，那就必须选择后者；仅次于公共利益，灵魂的利益应该指导你的选择……尽先选择一种可以留传后代的长期利益，而舍弃短期的、暂时的利益……压迫者是反基督和反上帝的……不仅是恶魔的代理人，而且是他的肖像。”自私的个人心理“不管国家或共同财富受什么损失，只要他自己可以因而得利。”①

巴克斯特不能使某些人拥护他自己对教会和共同财富的见

---

① 理查德·巴克斯特：《基督徒礼拜规则书》，1838 年再版。马克斯·韦伯最先发现巴克斯特一书的经济意义。参阅马克斯·韦伯：《宗教社会学论文集》，1922 年版，第 1 卷，第 164 页；选译本：《清教徒伦理学与资本主义的精神》，1930 年版。康芒斯：《论托尼的〈宗教与资本主义的兴起〉》，载《美国经济评论》，1927 年第 17 期，第 63—68 页；波威克：《理查德·巴克斯特 1615—1691 年的一生》，1925 年版，第 158—159 页；珍尼特·托尼：《理查德·巴克斯特的〈基督徒礼拜规则书的节录〉》，1925 年版；托尼：《宗教与资本主义的兴起》，1926 年版；托尼：《巴克斯特传》，1696 年编，1924 年版；康芒斯和珀耳曼：《论桑巴特的〈现代资本主义〉》，载《美国经济评论》，1929 年第 19 期，第 78—88 页。

解，那是工资劳动者、职工、学徒以及乡村里的醉汉，他们没有财产；还有乡村里的地主，他们所有的财产超过他们自己的生产。这两种阶级他认为是联合在一起反对教会和共同财富的。诚如托尼所指出，即使巴克斯特和邦延，“始终坚持高物价的不道德，也不大会想到把他们的原则运用在工资问题上。”巴克斯特所辩护的不是工资劳动者，而是佃户，作为地主的对立面，这种佃户不应该“被弄得必须这样做苦工、小心翼翼和穷困不堪，像奴隶而不像自由人民”。可是，作为工资劳动者，他说，他们需要“一个主人，能在他的雇工之间树立道德的纪律，这种纪律他们绝不会有的，假如让他们为自己而工作”。①

巴克斯特的典型的例子，所谓一个人由于获得物质的财富而对于国家（共同财富）贡献更多，是托马斯·福莱，“此人白手起家，做铁厂生意，弄到每年有五千镑以上的收入，他的行为是那样的公正和无可非议，以致据我知道的所有和他来往过的人，都赞美他那种了不起的正直和诚实，这一点没有人有疑问。”这样，由于勤劳、正直、节俭和良好的管理而获得的，同时又服从教会和国家的那种财富，正是代表清教徒精神的经济理想，以及洛克从而获得他的观念的那种环境。

托尼在他的《宗教和资本主义的兴起》一书里，很好地叙述了1660年以后的革命，反抗清教徒和斯图亚特王室两方面的专横的统治；我们已经看到洛克怎样参加了这个革命。结果是人们要求政府不应该干涉，使私人财产服从教会和共同财富。洛克准备用他的对人类理智的怀疑主义和劳动作为价值的起源的理论，支持这种要求。然而，他心目中的那种劳动是库克和巴克斯特所谓的



① 托尼：《宗教与资本主义的兴起》，第268页。

劳动：忙碌的节俭的佃户、自由保有不动产的所有人、零售商、普通有产业的人以及有产业的清教徒，他们不受强迫地工作和储蓄，积累了地产、制造品和商品。那不是现代的或者马克思所谓无产阶级工人的劳动，而是福莱和他的铁厂的那种劳动，贝兹和他的商品的那种劳动。

洛克和所有与他同时代的清教徒都没有在地租、利息、利润和工资之间作出现代的经济的区别。他们的攻击是对人，不是对广泛的分配中的经济份额。所有这些分配中的所得全部被结合为一个简单的观念——个人的劳动报酬，这些个人是小农场场主、自己经营业务的工匠或者商人，他们是产业的所有人，可是还没有脱离体力劳动，和他们的职工和徒弟一同工作。地租没有成为一种“非劳动所得”，像垄断权和专利权产生的所得那样；直到李嘉图时代，后于洛克一百二十五年，地租才被认为是“非劳动所得”。只有非分勒索的地主所取的高额地租和他们那种不公道的圈地，被巴克斯特列为压迫者和垄断者，“有害于共同财富”。利润和利息在理论上还没有加以区别。实际上，直到洛克以后差不多二百年，在庞·巴维克时代才作出这样的区别。[1]只有重利盘剥，苛暴的高利贷者所勒索的非分利息，被认为不利于共同财富，另一方面普通的利息，因为把自己的财产让给别人使用而取的代价，却是一种利润。利润不容易区别于农场主、自营业务的工匠和商人因自己参加劳动而获得的工资，他们自己是财产的所有者，可是他们为了利润比他们的雇工为了工资工作得更努力。甚至七十余年后在亚

① 甚至悉尼耳在 1834 年采取“节欲”观念时，也没有区别利息，作为节欲的一种代价。他认为利润和利息都是对节欲的报酬。他说：“节欲表现不把资本作非生产性的使用（消费），也表现一个人把他的劳动用于生产远期的而不是眼前的结果。这样行动的人是一个资本主，他的报酬是利润。”参看纳索·悉尼耳：《政治经济学》，1872 年，第 6 版，第 89 页。

当·斯密的时代，对雇主和工人还不加区别，对利润和工资也不加区别。假如利润大于普通的报酬，那是一种程度的差别，而不是种类的分别。①

洛克的价值论，这样发源于和他同时代的清教徒，系根据一种劳动的意义，这种劳动的报酬是对一个自耕农、自营业务的工匠、或者商人的勤劳和节俭的普通报酬，他们都不是不做工作而生活的人，他们由于对产品有所有权而获得的个人收入，有点像后来变成地租、利息、利润和工资的那种东西。他以及和他同时代的其他的人认为，重要的是个人，不是功能或作用。

再说，在洛克以及和他同时代的清教徒看来，一切个人都有义务要工作和积累——原来因为惩罚亚当与夏娃的罪孽而指定的一种义务，只有那些真正工作和积累，因此对共同财富有贡献的人，才算是尽了他们对上帝的义务。劳动是对罪孽的一种惩罚，超过个人需要的财富消费，既是减少共同财富，又是违背上帝的命令。清教徒工作和积累，因为那是他对上帝的义务。

这是那种所谓“生产了价值”的劳动者。洛克的价值的意义是增加到共同财富上的生产力和积累的价值，不是从共同财富中扣除的稀少的价值。结果他的私有财产的观念是生产、有用和幸福的观念，一切都以个人对自己的劳动产品的合法所有权为基础，这种产品是为了自己作为生产者来使用，或是作为消费者来享受；而不是那种交易买卖的观念，各人把别人所需要的可是没有的东西掌握在自己手里；也不是经济的稀少性的观念，以稀少性作为使人们工作的诱因，有别于把劳动作为对罪孽的惩罚的观念。稀少性被看作对人类在“伊甸乐园”中最初的罪孽的惩罚。然而，正是这种

① 托尼：《宗教与资本主义的兴起》，第207页。

功能的、稀少性的观念，在马尔萨斯以后，引起了地租、利息、利润和工资之间的区别。

垄断和压迫既作为由于君主的专制统治而发生的事情，不包括在问题的范围以内，同时财产和劳动的稀少性观念又被看作"罪孽"，那么生产力的价值观念就显然和私人财富与共同财富是同一回事。凡是增加私人财富的东西（这只能在生产力的意义上实现），就是共同财富的增加，共同财富是一切私人财富的总和。

洛克在他的《政府论》中每一个基本观念，都是根据这种生产力的价值观念，根据这种财产所有权的意义，根据这种道德的罪孽的观念。他在"劳动"这一复杂的观念里，体现了所有组成这个观念的上帝、自然、理性、至善、平等、自由、幸福、丰裕、有用和罪孽等许多观念。上帝的本意是丰裕，可是人的罪孽使得他必须用工作去争取。因此，他说：

> "无论我们是考虑自然的理性，它告诉我们，人类一经诞生，就有生存的权利，因而就有权利吃肉、饮水，以及享用自然供给他们生活所需的其他东西；或是考虑启示录所记述的，上帝在世界上对亚当、对诺亚以及对他的儿子们的赐予；都显而易见，上帝，如大卫王所说，'将地给了世人'（旧约诗篇第115篇第16节），将地赐给人类共有；（而不是，如费尔默所说）赐给亚当和他的一代一代的继承人，不管他的后裔中其余的一切人众。"①

洛克说上帝的礼物是赐给人类共有的，当然他的意思不是历史上原始部族共产制度的那种共同所有制，也不是现代马克思主义的共产制度，也不是一种有组织的团体，对每个人配给他一份。那样就会不仅承认了费尔默的议论，认为族长有天赋的权力可以作为一个独裁者分派个人的份额，而且也违背了他自己那种天赐

① 《政府论》，《洛克全集》，第5卷，第2编，第25节。

丰裕的观念，所谓个人所有权对别人没有损害，因而任何集体所有制，凡是可能妨碍个人所有权的，都不能认为正当。洛克的所谓“共有”，不是因为稀少而实行的共同所有制，而是因为丰裕而普遍实现的机会均等。

这丰裕的观念是他认为人们对“肉、饮料及生活必需品”有天赋所有权的那种观念的前提。他的所谓天赋所有权不是起因于稀少，而是起因于丰裕。任何个人可以从天赐的丰裕中取得他所需要的东西，而不必用征服或者不平等交换的方式，夺取任何别人的所有。

人们可以取得非常丰裕的东西，据为己有，而不发生冲突或竞争，那么，所有对人们这种行为不加干涉的责任归谁来负呢？假如一切都和空气或日光同样的多，权利的观念就没有意义。因为决不会有人要想不许别人尽量使用他所需要的空气或日光。然而，这也是洛克的肉、饮料和生活必需品的观念。上帝在最初的甚至现在的自然状态下，给人那么多的天然资源，所以没有人必须取得任何另一个人的允许才能使用。人们只管取其所需。可是这种“取”也就是以肉、饮料和生活必需品的形式表现出来的“劳动”。然而，这不仅是体力劳动，也是智力。因此，理智的劳动给人一种权利可以占有他从自然的丰裕中取得的东西，这种所有权，因为资源丰富，并不夺去任何别人也可能希望从丰富的资源中取得的部分。

“上帝把世界赐给人类共有，也给了他们理性，以便他们加以利用，取得生活上最大的利益和方便。大地以及地上所有的一切，给予人类，是为了维持和便利他们的生存。虽然它自然生产的产品，以及它养活的牲畜，当它们由自然生产出来时，属于人类共有；没有一个人原来就对它们（在它们的自然状态中）有一种私人支配权，不管其他的人；然而天生万物既是给人类使用的，就必须有一种方法把它们据为己有，然后才能加以利用，或是对任何某一个人有什么益处。野蛮的印第安人，不懂得圈地，还是一种土地的共同占有者，他们吃的果品或者猎物，必须先成为他的，简直成为他自己的一部分，使其他的人不能对它有任何权利，然后才能对他有益处，用来维持他的生命。

“虽然大地和一切低级生物是全体人类所共有，可是每个人自己本身有一种财产：这种财产，除了他自己以外，没有人对它有任何权利。他的身体的劳动，以及他的手的工作，我们可以说，当然是他的。那么，无论什么，凡是他改变了它们的自然状态的东西，他就已经把他的劳动和它混合起来，加入了他自己的东西，从而使它成为他的财产。它被他改变了它的自然状态，它因这种劳动而获得一种新的性质，剥夺了别人的共有权利。因为这种劳动是劳动者的无可疑问的财产，没有别人只有他能对那加入了这种劳动的东西有一种权利，至少在那些还剩下充分的同样好的东西归别人共有的地方是这样。”①

这样，洛克给亚当·斯密开辟了道路。洛克的“自然的丰裕”的观念也是他的天赋自由与财产的权利的前提。“每个人自己本身有一种财产：这种财产，除了他自己以外，没有人对它有任何权利。”所以他的劳动的观念不仅是体力劳动和理智劳动，不仅是生产力的观念——也是自由和所有权的观念。劳动者有自然权利可以任意处置他自己的身体，别的人都有义务听他自己怎样，一方面他从自然的无限供给中取得他自己在肉、饮料和生活必需品上的所有权。洛克所说的“劳动”不是奴隶劳动——而是“自由劳动”，这种自由劳动是在“自由地”上工作，那劳动者因此就把这种土地变成他自己的私产。

在克伦威尔的胜利的军队的时代，“淘金者”和其他反对地主圈用附近荒地的人，主张应该由他们占用，他们所根据的理由是劳动受着人为的机会稀少的限制。洛克为圈地政策辩护，他的根据

① 《政府论》，《洛克全集》，第5卷，第2编，第26、27节。

是天然的土地的丰裕以及私有财产的生产力高。

> “……凭自己的劳动把土地据为私有的人，并不减少而是增加人类的共同财富：因为有助于维持人类生活的粮食，一英亩圈围的耕种的土地所生产的，比一英亩同样肥沃的公有荒地所生产的，要多十倍（这是谨慎的说法）。因此，一个圈地的人，从十英亩所获得的生活便利品，比他从一百英亩荒地所能得到的要多得多，那么实际上就可以说他对人类贡献了九十英亩；因为他的劳动现在以十英亩所产的粮食供给他，其产量接近公有荒地一百英亩的出产。我在这里把经过加工的土地估计得很低，把它的出产只说成十与一之比，实际上更接近一百与一之比。”①

这是1862年美国移民授田法②所根据的理由。因此，自由地上自由劳动者的生产力和劳动者的私有财产是同一回事；按照洛克的说法，这是神的法则也是自然法则。

> “上帝把世界给予人类共有；……他把它赐给勤劳的和有理智的人使用。……有些人只有剩下的和已经由别人占有的同样好的土地留给他们去加工，这些人不必诉苦，不应该干预已经由别人的劳动加以改良的东西……上帝命令，个人的需要迫使他劳动。凡是他用在一个地方的劳动，就是他的财产，别人不能从他手里夺去。因此，我们理解，开辟或是耕种土地和取得所有权是结合在一起的。前者给了后者这种权利。所以上帝，命令人们开辟，也就授权让他们相应地占用；人类生活的条件，需要劳动和作为劳动对象的物资，就必须实行私人占有。”③
>
> 由于加工改良而占用任何一片土地，“并不对任何其他的人不利，因为仍然有足够的和同样好的土地剩下；并且超过现在还没有占有土地的人所能使用的数量。以致实际上他个人的圈地从来决不减少留给别人的土地：因为凡是留下足够别人使用的数量的人，就等于完全没有占用。”④



---

① 《政府论》，《洛克全集》，第5卷，第2编，第37节。

② 康芒斯等：《美国劳工史》，1918年版，第1册，第562页。

③ 《政府论》，《洛克全集》，第5卷，第2编，第34、35节。

④ 同上书，第33节。

这样洛克把法学、经济学和伦理学结合在土地的非稀少性概念里。从当时英国的人口稀少以及伊丽莎白女王以后那种世界范围的征服来看，不能说他不合理。问题在于，这样的一个劳动者究竟能取得多少作为私有财产呢？洛克给了两种答案，决定于货币采用以前和货币采用以后的情况。在人们采用货币以前，财产的范围是

> "决定于人们劳动的范围，和生活便利的设备：没有一个人的劳动能开辟或者占用一切；他的享受所消费的也不能超过一小部分……这个标准确实把每个人的所有物限制在很小的范围以内。"①"用这个方法给我们财产的那同一自然法则，也限制了这种财产。'……那厚赐百物给我们享受的上帝。'这是理智的声音，因感激的心情而更加坚定。可是他赐给我们到什么程度呢？为了享受。以任何人能利用它对生活有益而无害为度，在这个限度内，他可以凭他的劳动对它取得一种产权：在这个限度以外，就是超过他应得的份额，应该属于别人的。上帝造成的东西没有一样是给人类来损害或毁灭的。因此，如果考虑到长期以来世界有丰裕的自然供给，而使用者很少；一个人的勤劳所能得到，并且因此有害于别人的东西，在全部供给中是多么小的一部分；特别是严守理智所决定的对他有用的范围；那么，关于这样确定下来的财产，就没有什么争论的余地了。"②

人口不足这个理由被用来反对费尔默。若是上帝使帝王们作为大地的唯一所有者，那么，一个国王

> "可以对其余一切的人不供给食粮，因而可以任意饿死他们，如果他们不肯承认他的统治权，服从他的意志。"可是"更合理的想法是，上帝既要人类增多和繁殖，他自己就应该给他们大家一种权利来使用衣、食以及其他生活便利品，这方面所需的原料，他已经非常丰裕地给他们

① 《政府论》，《洛克全集》，第5卷，第2编，第36节。

② 同上书，第31节。

作了准备,而不应该使他们依赖一个人的意志来求得生存”。①

这样,在货币采用以前的标准是“每个人所占有的,应该以他所能利用的为度”。可是当“货币的发明”引起“更大的财产”时,对这“同一适当的标准”也并不违背。这里发生了洛克的重商主义,它受到魁奈和亚当·斯密的攻击,可是实际上至今都没有被打倒。据洛克的看法,货币的获得既是私人财富又是一种等值的共同财富。

因为,有了“货币的发明”,现在一个人所有的财产就有可能远远超过他自己个人的劳动所能开辟的范围,而不侵犯到别人。由于“默契”,“一小块的黄色金属,一种可以久藏而不损耗或腐朽的金属,应该值一大块肉,或是一堆谷子。”假如他保存大量的其他物品,就是“浪费共同的物资”,因为它们会“在他手里无用地坏掉”。可是如果他拿它们交换货币或者同样经久的东西,他就让出一部分,使其不会在他手里无用地坏掉,而“同时他可以任意尽量地积累这种经久的东西”,并且不损害任何人,“他的财产是否超过适当的限度,不在于他的所有物之多少,而在于是否有什么东西在他手里无用地坏掉。”

货币的重要,在重商主义者洛克看来,是它的物质的耐久性。因为,他说,“因此产生了货币的使用,那是一种持久的东西,人们可以久藏不坏,并且通过彼此同意,人们会接受它来交换真正有用的、可是容易坏掉的维持生活的东西。”

然后,由于货币的使用和商业,大量的财产才有利可图,“因为我问,当一个人没有机会和世界上其他地方通商,以便出卖产品去换钱的时候,他对美洲内地的一万英亩或十万英亩良田以及所有

① 《洛克全集》,第5卷,第1编,第41节。

的牲口等设备会有什么重视的价值呢？那就不值得圈地了。”像这样“以自己的多余产品换来的”这种货币可以“贮藏起来而不损害任何人；这种金属的货币在所有者的手里不会损坏或腐朽。”因此私有财富，像重商主义者的所谓国家财富一样，是用商品交换取得的货币的积累。

据洛克估计，货币的采用并不意味着自由地的绝迹。通过商业和货币而取得的大财产，和货币采用以前一样，并不减少土地的丰裕。

所以，洛克把劳动、物资和私有财产作为他的价值学说和政治学说的中心，他所根据的前提是土地的丰裕，这种土地由一位仁慈的造物主赐给人类共有，附带有工作和繁殖的义务。“丰裕”这个经济的名词等于洛克所谓“恩惠”那个神学的名词。

在这“丰裕”的前提之下，物资和对物资的所有权之间不可能有什么矛盾。直到财产意味着“稀少”和劳动意味着“多”的时候，矛盾才出现。



采用金银作为货币，使洛克不得不区别两种价值，然而两者都是以劳动为基础。“由于默契的价值”是金银的价值，可是“各物的内在的价值”只决定于“它们对人类生活的用处”。这方面我们以后将加以区别，分别称为稀少性价值和使用价值。可是，据洛克的说法，这两种价值都决定于劳动量；这一点直接引起卡尔·马克思的价值学说。内在价值量——就是使用价值的数量——差不多完全和劳动量相等。洛克重复他以前的议论，说：

“……因为实在是劳动造成各种东西的价值的差别；让任何人想一想，一英亩地种了烟草或甜菜，种了小麦和大麦，和一英亩同样的地荒在那里，完全不加耕作，两者之间是怎样的不同，他就会看出劳动的加工造成价值的绝大部分。我想那是一种很谨慎的估计，如果说地球上对人类生活有用的产物，十分之九是劳动的结果，不但如此，如果我们在使用东西的时候，正确加以估计，计算有关的各种费用，其中什么是纯粹天生的，什么是由于劳动的，我们就会发现，在大多数东西里面，百分之九十九应该完全归功于劳动。"①

魁奈和斯密都没有说到这样的程度，可是说自然也是生产的。麦克洛克和卡尔·马克思遵守洛克的说法。

可是，金银也有一种价值，在数量上主要决定于劳动的量。"和食物、衣服及运输工具比起来"，它们真是"对人类生活没有什么用处"。它们只有一种"空幻的想象的价值：自然没有赋予它们这种价值"。② 因为这个缘故，它们的价值不是内在的，而是"只由于人们的同意"。然而劳动构成"它们的价值的主要尺度"。

这样，洛克在一个"复杂的观念"里结合了他在别处所证明的一切，在他的《人类理解论》和论政府及容忍问题的论文里所说的一切——关于上帝、自然、理性、财产、平等、自由、幸福、丰裕、有用和罪孽各方面，把它们体现在他的"劳动"的意义里。上帝、自然和理性是同一的，因为，虽然推理是洛克自己的理性在起作用，可是那推理的能力是上帝从自己的能力中赐给他的，他知道上帝的意旨，能说出上帝的用意，不是作为一种或然性而是作为一种必然性——这种必然性不是由于直觉而是由于证明得来，像那永久不变的数学的真理。这些意旨是：一切的人受到上帝同样待遇，上帝和自然及永恒的理性是相同的；大家都应该享受利用自然礼物的有用的特质来满足欲望的那种幸福；这种有用的特质天生是丰富的，所以关于对它们的占有，不需要发生竞争或争执；这种丰裕证明上帝的意旨是仁慈的；由于这种丰裕和这种待遇的平等，人人有

① 《洛克全集》，第 5 卷，第 2 编，第 40 节。

② 同上书，第 5 卷，第 2 编，第 50 节。

同等的自由可以尽量取得他自己所能利用的一切，因为还有足够的东西剩下来给别人；在这丰裕的条件下，当然生命、自由和财产可以认为是自然权利、神权或者理智所证明的权利，因为理智是从上帝的普遍恩惠出发的一种逻辑的辩解。

有人提出这个问题：如果上帝、自然和永恒的理性丰裕地供给了一切，像空气、日光、肉、饮水和生活资料，为什么还有任何劳动的需要呢？洛克的答复是清教徒的答复：罪孽。使人类不得不工作的，是“罪孽”而不是“稀少”。人类违反上帝的命令，因而受罚，要他们必须工作才能维持生活，又要他们当中罪孽较大的人服从罪孽较小的人。他和费尔默采用了同样的事实，可是他的解释不同。

> “那一番话（在被逐出伊甸乐园时）是上帝对那女人的诅咒，因为她是第一个不服从的，而且最大胆……作为帮同诱惑的人（也是共同犯罪的人），夏娃被放在她丈夫的管辖下，以致他意外地获得一种比她高的地位，为了加重她的惩罚，……很难想象，上帝会同时使他做主宰全人类的普天下的君王（像费尔默所主张的那样），又使他终身做一个按日受雇的佣工；把他赶出‘天堂去耕地’，同时又使他登上宝座，享受无上权威的一切利益和逸乐……上帝规定他必须做工来维持生活，似乎就应该给他一把铲子去开辟土地，而不该给他一种王权来统治土地上的居民。‘你必汗流满面，才得糊口。’”①

这样，稀少被变成罪孽的化身，贫困被认为罪有应得的结果。罪孽被想象为发怒的上帝的判决，用逐出他的“丰裕的乐园”作为

① 参阅康芒斯与安德鲁：《劳动立法原则》，1927 年版。康芒斯等合著：《美国劳工史》，特别是关于“因为债务的监禁”部分。弗兰克在所著：《罗马经济史》（1920 年，1927 年版）中说：“普遍存在的惯性法则使个个人都可能成为一个寄生者，这一法则引起了天真的头脑作一种推论，认为劳动一定是在乐园出口处决定的对罪孽的惩罚。古代哲学家，像亚里士多德和济诺，一方面不满意于这样简单的一种解释，一方面却对于在体力劳动中度过的人生作了同样低的评价，详细地论述多年的贱苦生活所产生的道德的和精神的空虚。”

处分，执行这个判决。这成为亚当·斯密的理论；并且，在洛克以后一百五十年，人们在美国为奴隶制辩护，认为是对罪孽的惩罚，一方面美国的一切劳动立法、童工立法和工会主义百年来不得不把对罪孽的惩罚和由于稀少性的压迫，辨别清楚。①

因此，洛克的"价值"的意义是伦理学、法学和经济学的结合，体现在"劳动"里面，并且，具体地说来，包含三种意义，这三种意义都不容许有一种功能的、稀少性的概念，而且都经过修改，存在于亚当·斯密的学说里面。这些可以总结如下：

(1) 有用的特质的一种具体的、客观的体现——后来区别为"使用价值"——因为它们对生产或消费有用，可是它们的功用并不决定于稀少性，所以既不随着供给的增加而减少，也不随着供给的减少而增加。这些有用的特质的总和就是共同财富和私人财富的经济意义。私人的使用价值和公众的使用价值是同一的。

(2) 价值的起因和尺度是在自由地上工作的自由劳动者的自由意志——可是，他注定了要工作并且为将来而节约，是因为他故意违犯了上帝的命令，而不是因为别人占有他的身体、他的工作机会，或者他的工作成果而引起的稀少性。

(3) 尽了他的工作和节约的义务，相应地就给他一种权利，可以把他的劳动和节约的成果，以及他用买卖和货币得来的一切其他自由劳动者的劳动成果，据为私有财产。他的权利和他个人在自由地上的产品以及他从自由交换中获得的东西是同一的。

### 3. 习俗

1922年在费城的一次有实业家八百人参加的午餐会上，讨论

① 《洛克全集》，第5卷，第1编，第44、45节。

的主题是雇主对他们的职工的关系，会议通过了一项关于“事实”的声明，作为大会的一种文件散发，内中有这几句话：“我们全是工作者；北美合众国是我们的联盟；我们的忠心首先是对上帝，其次是对这个联盟。我们的国家是对造物主的信仰的一种生动的表现。自由是我们的天赐的人权。”

1922年的这种天赐自由和财产权的说法，溯源于1689年的洛克。[①] 我们在上文已经说过，洛克关于上帝、自然和理性的观念是他自己的观念被说成永久的、不变的，像数学那样。根据他的《人类理解论》，它只在他自己的心里存在，然而它是“必然的”。问题在于，它怎么会在他自己心里存在的？他的哲学的答复是，神的恩惠和世界上的丰裕是同一的。因为哲学上的有限是经济学上的稀少，哲学上的无限是经济学上的丰裕。可是，洛克的重商主义者假定货币稀少的基础上作出他的丰裕的理论，颇有困难。同样的恩惠和丰裕的观念，以前在费尔默和牧师们的心里存在，后来在法国的魁奈、苏格兰的亚当·斯密、美国的林肯和费城的雇主们心里也存在。显然，在天赐自由和财产权利的假设中，若是把上帝认为是一个“稀少”的上帝（像后来马尔萨斯那样），而不是“丰裕”的上帝，那我们就得向经济学或哲学以外的其他地方去寻找神赐的和自然的权利的起源。我们发现它起源于习俗。

天赋财产和自由的权利的观念产生于经验，像洛克所主张的那样，可是洛克的观念从而获得它们的意义的经验，是他和他认为是自己周围人们的良好习俗打交道的经验。费尔默和费城的雇主们也都是这样。洛克发表他认为上帝、自然和理性是同一的那种特别方式，是由于费尔默的“族长制”一书在教会人士以及詹姆士

① 参阅汉密尔顿：《洛克所说的资产》，《耶鲁法学杂志》，1932年4月版，第41期，第864—880页。

国王的其他拥护者当中很受欢迎，使他受了影响；在那本书里，上帝、自然和理性被看成和费尔默认为是他周围人们的良好习俗的东西是同一的。

费尔默写他这本书是在克伦威尔专政的时代，他有两个敌对的集团运用同样的理由，他必须主张查理一世的神权来对付他们。一方面教皇，另一方面清教徒，都曾认为上帝、自然和理性等于人民的权利，人民有权利推翻帝王，并且有权利一方面维护教皇的神权，由教皇管理帝王，另一方面维护小财产所有者的自然权利，由他们选择帝王，同时用法律限制帝王的行为。

> "自从学院神学盛行以来，"费尔默写道，神学者以及其他各种有学问的人有一种共同的见解，认为——
>
> "'人类生来就有天赋的自由，不该受任何压制，并且可以自由选择它所喜欢的一种政府；任何一个人统治其他的人的那种权力，最初是根据群众的意见来授予的。'"
>
> "这种理论，"费尔默说，"最先在学院里产生，后来受到所有拥护教皇政治者的培养。改革派的教会里的圣职者也接受这种意见，普通人士到处都亲切地欢迎它，认为最合乎人情，因为它豪爽地把一部分自由给予群众中最微贱的人，这些人夸张自由，好像人类最大的幸福只能在这里得到，从来不记得追求自由的愿望正是亚当堕落的第一个原因。"①



费尔默接着就详细地答复"那班阴险的神学家"，特别是红衣主教贝拉明和耶稣会的苏雷士，"他们一心要把国王推到教皇之下，认为最妥当的办法是把人民提高到国王之上，以便教皇的权力可以代替帝王的权力。""神学家的这种原则"，他继续说，"违反圣经的教训和历史、所有古代帝王一贯的惯例，以及自然法则本身的

---

① 罗伯特·费尔默爵士：《族长制；或帝王的天赋权力》，第1章，第1节，见洛克：《政府论》，1887年摩莱版，第1页。

原则。它在神学上的错误或是在策略上的危险，究竟哪一方面比较严重，很为难说，”因为它是“天赋自由和人类平等”的学说，“这庞大的、煽动民变的机构的整个组织”完全以它为基础。[①]

费尔默所支持的帝王神权的学说，固然比那反对的学说较为陈旧，可是，诚如菲吉斯指出的，费尔默是第一个人把这种学说不建立在从前那种神命的观念上，也不引证圣经为根据，而以造物主为了人类在社会里生存而造成的人性为基础。[②]这样，他把神的法则看成和自然法则以及人性法则是同一的，于是帝王的神权变成帝王的自然权利。魁奈为地主和帝王做了这同样的工作，洛克、斯密以及费城的雇主们为工厂主也做了这种工作。

可是，费尔默给了本性一种生物学的意义。他说，人性的基本实情不是平等和自由，而是遗传和服从。婴孩儿是父亲所生，因此，费尔默认为，他们立刻就属于父亲的绝对父权所支配，在一切有关生命、自由和财产的问题上，他可以对他们任意处置。他们自己所有的东西都是由恩惠得来，而不是由于权利。他们生来的状态是奴隶状态，他们可以被遗弃，像在罗马那样，或是被出卖，像费尔默所引证的原始社会的许多历史上的实例，而父亲并不因此受到任何惩罚。可是，如果那父亲不这样做而保存了他的儿女，那不是因为自然规定了责任，而是因为他爱他的儿女。

费尔默认为，一个国家也有这种情况，和一个家庭一样。一个国家只有一个首长，就像一个家庭只有一个父亲。菲吉斯说，费尔默的“全部议论的基础完全在于把王国和家庭、把王权和父权看成同一回事。”[③]他很重视这个比喻。有如菲吉斯所说，它“比平常从

① 洛克：《政府论》，1887年摩莱版，第1—2页。

② 菲吉斯：《帝王神权论》，第1版，第149页。

③ 同上书，第1版，第149页。

圣经里找来的乱七八糟的引证切实得多”,同时“该书之受人欢迎,进一步证明这种观念对大多数人具有一种‘新发现’的力量”。①

那新发现是把上帝看成相同于生物学,把生物学看成相同于古代家庭、部落和民族的原始习俗,以及英国国王和王室依附者的现代习俗。从历史观点来说,费尔默比洛克较为接近正确。他说得很对,英国的习惯法不仅是一种“共同的习惯”,因为

> “每一种风俗习惯总有一个时候它还不是风俗习惯,我们现在所有的第一个前例,当它开始的时候是没有前例的;凡是一个习俗开始时,总有一种习俗以外的东西使得它合法,否则一切习俗的起源都是不合法的了。习俗最初成为合法,完全由于有一个在上者命令或是同意它们的开始……习惯法本身,或者这个国家的共同习惯,原来是国王的法律和命令,起初都是没有写成文字的。”那些建立习惯法的法官“全是由国王授权,以他的权利和名义,依据古时的规矩和前例,作出判决。”②

费尔默引证了几段文字。



> 成文法也是这样。“国王也是它们唯一的直接的制定者、修正者和调节者。”议会由国王任意召集和解散。它们的基础不是“人民的任何天赋自由的惯例;因为议会里所主张的自由都是由国王恩赐的自由,不是自然给人民的自由;因为,自由若是自然的,它就会给群众一种权力,可以随时随地任意自己集会,授予统治权,并且用公约来限制和指导这种权力的行使……人民不能自己召集自己,而是国王用命令叫他们到他所选定的地方;然后凭他的一句话又立刻把他们解散,除了他的意志以外看不出有其他原因”。成文法不是由议会创立的,而是“由国王一个人制定,根据人民的提议”。③

这一切,据费尔默说,都是理所当然,因为否则国家就会被民变和内战搞得四分五裂。

① 菲吉斯:《帝王神权论》,第151页。

② 费尔默:《族长制》,第3章,第9节。

③ 同上书,第3章,第11—15节。

"……虽然一个国王也要使他的一切行动符合法律,可是他不一定受法律的束缚,而是任凭他的好意和为了作良好的榜样,或者以国家安全的一般法则所能容许的为自然的限制;因为在这种情况下,只有成文法可以说是束缚国王,不是由于它是成文的,而是由于它自然地是维护国家的最好的或者唯一的手段。这个手段使所有的帝王,甚至暴君和征服者,不得不保存他们的臣民的土地、财物、自由和生命,不是由于国内的任何法律,而主要是由于作为一个父亲的自然法则,这种法则使他们在臣民的公众利益所必需的事情上,不得不承认他们的祖先和前任帝王的行为。"①

因此,费尔默和洛克一样,是费城的厂主们的预言者。上帝、自然和理性,在根据英国国王和从亚当到查理以来所有的国王的惯例,确定帝王的神权以及后来一切雇主对他们的职工的自然权利这个问题上,是一致的和相同的。

费尔默显然把帝王神权的真相和弱点完全暴露在洛克的聪敏头脑的面前,洛克翻来覆去地玩弄费尔默所用的字眼和事实的矛盾的意义。菲吉斯说,费尔默在这个学说上的重要性"真是了不起",因为"他值得后人怀念,不是作为这种理论的最完善的说明者,而是作为它衰微的先声"。②他这种荒谬的议论正是《人类理解论》的聪明作者所寻求的一种,以便把帝王神权转变为财产所有者的神权。但是,洛克的修正之所以不那么荒谬,只因为他是给胜利的一方说话,而费尔默是给失败的一方说话。



完全和费尔默一样,洛克认为上帝、自然和理性是同一的,可是意义不同,因为,他从而构成他的意义的那种习俗,是1689年的农场主、工厂主、商人和资本家的胜利的习俗;另一方面,费尔默所根据的是原始部落、古老文明和教皇依附者的腐朽的习俗,是英国

① 费尔默:《族长制》,第3章,第6节。

② 菲吉斯:《帝王神权论》,第1版,第152页。

国王、封建贵族和王室依附者的失败的习俗。

因为,习俗只是行为和交易关系的反复、重复和变化。没有一次反复和它的前身完全相同,没有一种重复跟那和它同时存在的东西完全相同。因此,在前后相继的时期以及同一时期,总有一种习俗的变化性。历史过程中的这些变化引进新习俗,作为以前的或同时的习俗的变化物或替换物;向来总有旧习俗或者竞争的习俗衰微下去,甚至被剧烈地消除掉,让新的或不同的习俗来替代。这样,总有一种继续不断的习俗的淘汰在进行着,结果是,适合于变化的经济情况以及变化的政治和经济优势的一些习俗才得留存下来。既然这是由于人类意志的作用而发生的,它很像达尔文的进化论的那种人为的淘汰,可是能应用于适合不断变化的社会情况的行为和交易关系,而不是应用于达尔文的适合不断变化的地质情况的生物的构造和机能。

物种进化和习俗进化(两者都由于人为的淘汰)的这种类似非常接近,人们因此有理由可以说有一种相同的力量在起作用,这种力量我们称为“愿意”,既是有意识的又是习惯性的。习俗不能过激地或是突然地加以改变,因为它们产生于生物的最基本的特质——本性和习惯,那不过是经验认为可以保护生命、保持享受,以及在竞争中可以维持生存的那些行为的反复。这种反复一代又一代地继续下去,以致习俗和遗传相似。

可是,习俗不只是习惯。它是造成个人习惯的社会习惯。我们不是作为孤立的个人开始生活的——我们在婴儿时代以纪律和服从开始生活,我们继续作为已经存在的组织的成员,因而只有遵守反复的和重复的惯例——这就是所谓现行组织的意义——才能获得生命、自由和财产,顺利地、安全地并且得到大家的同意。我们也不是像洛克的“自然的本来状态”所假定的那样,作为有理智的动物开始和继续活动。我们是由重复、照例行事、千篇一律开始和继续活动——总而言之，按照习俗。理智本身是行动、记忆和预期的反复重现；也是我们赖以获得生命、自由和财产的那些人的行为、思想和预期的模仿——或者不如说是，重复。

如果有一种感觉使得这种反复和重复能继续不断，可以说那是“熟悉”、“地位好”和“社会压力”的感觉。如果这种重复和预期大体上是不变化的，因而是熟悉的，并且很有强迫性，不容许不遵从，同时如果它们能给人很好的社会地位，保证有利的希望，就会被人格化，被说成一种预先发出的命令；而实际上，就我们所了解的它们起作用的方式来说，那只是一种认为同样有利的行为将要重复的预期。这种良好的习俗的人格化，显然是费尔默和洛克的心理作用，他们把自己所熟悉并且觉得确有把握的预期的物性和人性的反复重现，说成自然、上帝和理性的永恒的、预先假定的、不能改变的法则。

然而，它们并不是不能改变的。它们随着经济和政治情况的变化而变化。费尔默和洛克两人所熟悉的习俗是地主、土地占有人、国王的反复发生的惯例和交易关系，就是所谓封建制度；以及在当时资本主义通过商业和革命而扩张的时期中商人、自营业务的工匠、农场主的惯例和交易关系。

可是，那些在洛克看来似乎是神授的和天生的习俗，在历史上是很近的，虽然比洛克本人老一些。这样，由国王的法庭执行自愿的契约，还是不满一百五十年的事；然而洛克把这种事回溯到社会的起源，并且在这个基础上确定服从政府的义务，认为政府是在“原始的契约”里早已建立的。

司法官认为当事人的行为含有一种法律的契约，由于法庭根据当事人的行为假定他们原有的意图，司法方面的这种惯例同样也是起源于习惯法，起源于十六世纪中的“口头契约”学说；可是洛克指出他所谓“明确的和默认的同意之间那种普通的区别”，并且以此为根据，创立他的理论，认为原始时代的人也订立可以实行的默认的契约，和他自己的时代的那种契约一样。大体说来，洛克的默契学说（他的《政府论》一书大部分以这种学说为基础），除了风俗习惯以外，没有任何其他的东西。从最古的时代起，一切习俗，甚至奴隶制，都可以解释为默契的行为；可是洛克的所谓默契，只以他所熟悉的并且认为有利于他所袒护的那些人的为限。

子女继承财产，按照英国人的习俗，是子女的一种自然权利，“凡是一种惯例普遍实行的地方，人们就有理由认为它是出于自然的。”①

妇女对丈夫的服从，像当时在英国那样，是根据上帝对夏娃的惩罚，并且根据“人类的法则和民族的风俗习惯”，因而它有一种“出于自然的基础”。她的服从是一种神命的、自然的、有关夫权的义务，因为这是人们见惯的，并且洛克的意见认为有益。他所反对的只是费尔默企图把“习俗的神圣”应用到“一种支配她的生死的政治权力”，这种权力，洛克认为，并不因为由于婚姻关系有了把她作为财产的权利，就合理地产生。②



最重要的是私有财产的习俗，它的意思包括“生命、自由和产业”，依照 1689 年习惯法实地应用的事例来说。而且，根据洛克的说法，在社会的组织形成以前财产已经存在，“因此，人们结合为国家，把自己放在政府之下，重大的和主要的目的就是维持他们的财产。”③

---

① 《政府论》，《洛克全集》，第 5 卷，第 2 编，第 6 章，第 88 节。

② 同上书，第 83 节。

③ 同上书，第 123、124 节。

如果习俗改变，或者情况改变，就必须在不同的习俗之间加以选择，决定选择的是理性和私利的矛盾。好的习俗应该择取，坏的应该丢弃。洛克谈到在英国议会里仍然有代表的那种“衰落的城市”[①]时，说：“世界上的事物这样不断地新陈代谢，没有一样东西能历久不变……可是事物并不总是相等地在变化，当习俗和特权存在的理由已经消灭时，私人利益往往还保持着它们，……理由既不存在，习俗的遵守可能引起多么严重的不合理的后果，”从这些衰落的城市在议会里所得的不相称的代表权上，可以看出。[②] 自从洛克的时代以来，他所认为神圣的、自然的、永久的习俗中许多已经发生了这种情况。它们已经或多或少地腐朽衰落。

另一方面，“自然状态”中所没有的习俗，是英国司法官经过几百年慢慢的选择当时认为好的东西，到洛克的时代已经使它们发展成习惯法的那些习俗。洛克所描写的“自然状态”正是这些习俗还没有被发展成习惯法的一种状态，可是参加构成这种状态的人是有理性的动物，他们无论如何知道关于习俗的事情，并且着手组织一个国家，使这些习俗明确地肯定下来，可以强迫实行。

这种人们需要但是在自然状态中还不存在的新惯例，根据洛克的说法，第一是

> “一种确立的、固定的、大家知道的法律，人们一致同意接受它并且让它作为是非的准绳；作为判断彼此之间一切争执的共同标准：因为自然的法则虽然对有理性的人类都明白易解，可是，人们由于自己的利益而有偏见，又由于缺少研究而糊里糊涂，往往在应用于他们的特殊问题时不承认它是一种他们必须遵守的法则。”[③] 因此有司法独立的必要。

① “Rotten borough”：英国 1832 年修正选举法时因有权者太少而失去选举区实质的城市。——译者

② 《政府论》，《洛克全集》，第 5 卷，第 2 编，第 6 章，第 157、158 节。

③ 同上书，第 5 卷，第 2 编，第 124 节。

"第二是，在自然状态中没有一个大家公认的和超然的法官，有权力根据固定的法律来判决一切争议：因为，在那种状态中人人是自然法则的审判员又是它的执行人，人们都偏于自己，于是在他们自己的问题上，感情和报复心很容易使他们做得过火和操之过急；而在别人的问题上疏忽和漠不关心，使得他们行动过于迟缓。"①因此，又有司法独立的必要。

"第三，在自然状态中往往没有一种权力来支持正确的判决，加以应有的执行。那种由于不正当的行为而犯罪的人，一有机会，就会用暴力来实现他们的不正当的行为；这种反抗往往使处罚给那些试图执行处罚的人带来危险和毁灭。"②因此需要一个宪法的君主来执行司法的判决。

因此，自然状态是像洛克自己那样孤立的然而有理智的人的原始状态，他们没有英国那种习惯法、独立的司法机构、立宪的君主或者司法部所管辖的州郡司法行政长官。



"战争状态"，正相反，是"不受普通的理性的法律的拘束"的状态（这里没有普通的有权力的法官），这里人们可以"根据他们可以杀死一只狼或是一只狮子的同样理由"而毁灭一个人。在自然状态中，没有向世界上公正法官的申诉；遇到一个不服从法律的不公正的法官，也是这种情况。王子有服从上帝和自然法则的义务③。

因此，在随便哪一种情况下，只剩下"向天申诉"一个办法，这一来各方面要执行这种神的法则和自然法则的努力，完全是"战争状态"。没有独立的、公正的司法机构，没有一个服从法律的行政长官，自然状态就成为战争状态。"把人类从自然状态变成一种国家状态"就是"在世界上设置一位审判官"。因此洛克认为1689年

① 《政府论》，《洛克全集》，第5卷，第2编，第125节。

② 同上书，第126节。

③ 同上书，第16节。

的革命是正当的，把错误的责任放在失败的国王身上。国王没有自然和神的法则的授权，使用暴力，“总是把那使用暴力的人引入一种战争状态，作为侵略者，并且使他应该受到相应的处理。”“人民在这方面没有其他补救的办法，如同他们在没有审判官的地方一切其他问题上一样，只有向上天呼吁。”①

政府的起源是这种“自然状态”，而不是由于战争的征服。因为自然状态是一种没有强迫的自动契合的状态。在这里洛克颠倒了英国的历史，可是辩护了 1689 年的革命以及那废除奴隶制度的美国南北战争。

> “虽然政府不能在上述的起源以外另有其他的起源，政治也不能在人民的同意以外有任何其他的基础；可是野心搞得世界这样的紊乱不安，以致在构成人类历史很大一部分的战争骚扰中，这种同意没有受到重视：因此许多人把武装的力量误认为人民的同意，把征服作为政府的起源之一。可是，征服决不是建立任何政府，犹如拆一所房子并不是在那里造一所新的房子。不错，它摧毁了旧的组织，往往给一个国家的新组织开路；但是，没有人民的同意，决不能建立一个新的。”②

洛克为他的原始的自然状态搜寻历史上的实例，因为有人提出反对的意见，认为人民出生在已有的政府之下，不可能从以前的一种个人分开生活的状态中自动地结合起来。他提到罗马和威尼斯以及美洲的印第安部族。

我们可以引证一个时代较近的例子 。历史上最接近洛克所谓自然状态（也就是他所谓丰裕状态）的，是在加利福尼亚的采矿工 地里，在发现金矿最初的一年半期内，像申③记述的那样。在这十

① 《政府论》，《洛克全集》，第 5 卷，第 2 编，第 16 章。

② 同上书，第 2 编，第 175 节。

③ 查尔斯·霍华德·申：《矿区土地法》，《历史与政治科学研究》，约翰·霍普金斯大学 1884 年版，第 2 编，第 12 页。

个月里矿工们没有政府，没有犯罪；他们有平等的权利，各人标明采金的地方；他们有个人的自由，可以取得他们自己的劳动所能采到的全部黄金；他们对于以劳动得来的东西完全有私人财产权，同时，作为从西班牙手里征服过来并且防备印第安人侵害的公有地来说，他们又有共同的产权。他们是克伦威尔时代的"淘金者"，但没有遭受克伦威尔军队的驱逐。

如果我们要解释他们的自然状态，就会发现它正是洛克的所谓丰裕的状态。一个淘金者凭他自己的劳动可能一天赚得价值一千元的黄金。新来的人，按照矿工的惯例，可以提出申请，就他们的劳动力所能经营的范围，取得土地，和以前别人取得的采金地在一起。没有一个人干涉别人的申请，因为供给丰裕，可以满足大家的要求。没有人需要为工资而工作，因此各人是自己的工人、雇主、地主和产品所有者，正像洛克在1689年所解释的劳动。没有犯罪、侵害或偷窃的事件发生，因为：淘金可以弄到更多的钱，为什么要做这些坏事呢？这个时期随着第二年求金者的大批流入而过去，丰裕变成稀少。然后偷窃、犯罪、侵害、法庭、行政官、死刑都出现了，"自然状态"变成了加利福尼亚州。

因此，洛克的理论的错误是历史性的、前后颠倒的错误。他颠倒了时间因素。他把像他自己那样的有理智的人和来自现代文明的加利福尼亚矿工送进了原始时代。他把他自己所习惯的并且希望能永远维持现状的一些惯例归入一种永恒的理性，人们必须遵守不变。他所认为是过去发出的命令的东西，实际是一种对将来的预期。因此，他把几百年来强有力的政府和国家司法组织已经使它成为英国习惯法的自动契约，颠倒过来说成一种原始的自然状态。他凭心理作用给一个稀少和暴力的时代构成那种属于丰裕与和平时代的观念。

另一方面，洛克了解习俗的真正历史过程，他否定那些他认为已经失去了合理根据、只是不平等的特权的延续的习俗。理性已经离开了这种习俗，因为它们显得不好。好的习俗是神性的、自然的、永恒的；坏的习俗是人性的、不自然的、暂时的。

然而，洛克议论“衰微的城市”的话对一切习俗都适用。它们开始的时候是作为人类行为对新情况的适应，在“它们的理由”已经消失以后，本身却仍然存在。费尔默关于习惯法的话也是真实的。习俗必须在法庭已经依据它们来判决争执以后才变成法律。说它们是“自然的”，意思是说人类确实可以作这样的预期——并不是说它们是神意的不可改变的命令，按照现在的个人认为应该这样做的想法，而硬说是在无穷远的过去发出的命令。

洛克的财产神圣的观念也是这样。由于用“自然”这个名词，他像费城的厂主们那样，能把自由和财产描写成一种“事实”，而实际上不过是他对自己所认为自由和财产应该怎样的一种辩护。财产，在“真正的事实”上，只是管理的、买卖的和限额的交易关系的一种预期的反复，跟不断变化的情况以及不断变化的意义同样是变化不定的；不是一种神性的不变的命令，按照现在的受惠人认为应该叫它不变的东西而发出的命令。从洛克把勤俭的农场主、自营业务的工匠和商人的习俗人化为不变的自然和理性的一种神性的命令的时代，到后来由于合法化的信用制度和法人组织的管理制度以及世界范围的机会稀少，财产成为财产所有人对全世界劳动者和消费者的缺席控制，财产的意义已经大大地改变了。洛克向上帝呼吁是他为 1689 年的革命辩护，反对帝王有统治臣民的神权。费城厂主们向上帝呼吁，是他们认为财产所有人应该有一种天赋权利，支配他们的雇工。



这种精神工具不适宜于经济情况的研究，尽管它也许适宜于宣传。它是一种誓言，一种连无神论者也会参加的誓言，以便用上帝的名义，使他们认为是事实的就是事实，胜过一切研究、调查和别人的意见。因此，我们必须着手创立一套新的观念，这些新观念也许是适合于研究的良好工具。

洛克是一个把英国从封建主义变成资本主义的革命的代言人。我们发现在其他的革命前后，经济学和法学理论方面都有其他革命性的变化。法国革命采取了亚当·斯密的全部理论；古典派政治经济学起因于马尔萨斯和李嘉图在法国革命以后的世界战争和恢复时期中的辩论。俄国革命采取了马克思的理论，我们目前正处于经济学说上的一个革命当中，这个革命是从另一次的世界战争中发展起来的。

洛克提出劳动价值论，不是主要地作为经济学的基础，而是主要地作为一种辩护，说明以财产权代替了君权的革命是有理由的。他把货币看作和私有财富及共同财富是同一的，从而扩大了这些财产权。可是，这种重商主义的哲学起了作用，将经济学说分成两个方向，货币的和非货币的。



货币论经过魁奈、杜阁、马尔萨斯发展下去，一直到麦克劳德、威克塞尔、卡塞尔、纳普、霍特里、凯恩斯的信用论，以及在一个完全靠信用进行的世界战争前后出现的其他理论。

劳动论经过斯密、李嘉图、普鲁东和马克思发展下去，他们想要用工作和牺牲的实际价值代替货币的名义价值，从而预示一种以前人们不知道的劳工的力量，劳工有力量可以指定战争靠它们来进行的条件。因此，最近这次世界大战的末了问题，使劳工争取经济和政治权力的一致行动，显得非常突出，这是洛克、斯密和李嘉图所不知道的；同时，经济学说从互相竞争的个人财产所有者的物质平衡的理论变成由资本家和劳工双方的组织对经济行为和政府实行集体管理的理论。我们将相当详细地研究经济学说上的这些历史变迁，以便为现代的交易关系、业务规则以及“运行中的机构”等理论奠定基础。

## Ⅱ 交易和业务机构[①]

### 1. 从公司法人到运行中的机构

1893年印第安纳州的人民要求立法机构调整对大规模公用事业公司——例如横贯全国的铁路企业——的财产的捐税，使它们和农场主、工厂主及商人的财产负担平等。财产在当时的意思是指有形体的财产和无形体的财产，土地、建筑物、铁轨、现存商品、家具、财产等有形的东西和贷款以及个人或公司所有的股份。无形体的财产是估税员所注意不到的，部分是因为隐匿不报，部分是因为征税对象以所有人的居住地点为范围；拿公司法人组织来说，它们的居住地点是它们在那里依法注册获得批准并且必须在那里设立办公机构的那个州。因本州人民的要求，印第安纳州的立法机构改变了对这些公司的估税办法，不再用它们在印第安纳州的有形体财产的价值，而改用它们的股票和债券的全部市场价值，根据纽约证券交易所中买卖的数字，然后按照印第安纳州的英里数对全国各州的英里数的比例，分配一部分价值给印第安纳州。

实际的影响是，一个公司，从前由于只是一种无形的依法存在的法人，只在它注册的那一州有一种法律上的存在，现在变成了一种经济上的运行中的机构(going concern)，不管在什么地方进行

① 这一节作为一种序言或提纲，在以下各章中将详加讨论。

业务，都在它的买卖交易中存在，从而获得利润使它的股票和证券在证券交易所里能有价值。

俄亥俄州仿效了这条法律，并且从俄亥俄州转到美国最高法院，于1897年得到该院的支持。最高法院发现亚当斯捷运公司在俄亥俄州所有的有形体财产总共不过二万三千四百美元；可是按照英里数计算，俄亥俄州在股票和债票的全部市场价值中所占的一份是四十五万美元，这一笔无形的财产，价值约为有形体财产的十二倍。[1] 亚当斯捷运公司已经不是一个设置在纽约地方的公司，而成为一个在运行中的机构，在它做生意的无论什么地方都存在。

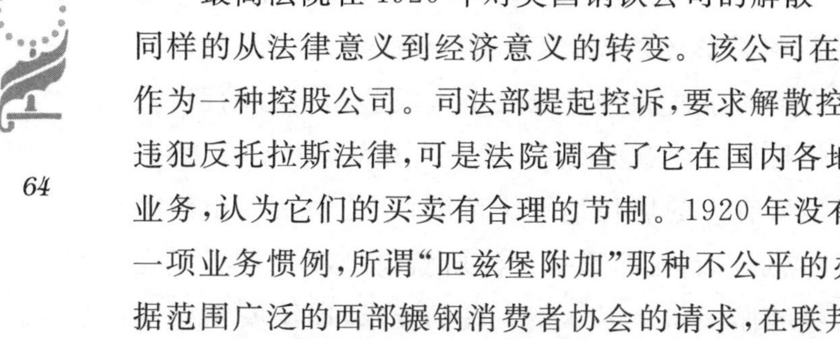

最高法院在1920年对美国钢铁公司的解散一案中，作了一次同样的从法律意义到经济意义的转变。该公司在新泽西州注册，作为一种控股公司。司法部提起控诉，要求解散控股公司，认为它违犯反托拉斯法律，可是法院调查了它在国内各地的分支机构的业务，认为它们的买卖有合理的节制。1920年没有向法院提出的一项业务惯例，所谓“匹兹堡附加”那种不公平的办法，1923年根据范围广泛的西部辗钢消费者协会的请求，在联邦贸易委员会提出。这个办法的内容是，所有的钢按照匹兹堡的价格，外加由匹兹堡到交货地点的运费，不管在哪个地方制造的。根据合同，买方不在匹兹堡取得所有权，而只能在他用钢的地点取得所有权。起诉的律师认为，这种惯例造成一种垄断，存在于新泽西州该控股公司法律上的所在地。如果这种主张是正确的，补救的方法是解散控股公司，作为它是逃避反托拉斯法的一种欺骗手段。根据这个理由，法院曾在美孚石油和烟草公司案件中命令过同样的解散。



---

[1] 参阅康芒斯：《资本主义的法律基础》。

可是"匹兹堡附加"案件中的经济学者，费特、里普利和康芒斯，认为它是一种不公平的待遇，而不是垄断，这种不公平总是存在的，不管那公司在什么地方营业；适当的补救方法不是解散，而是把对产品的所有权在钢的任何一个制造地点转移给买方，不管是匹兹堡、芝加哥、杜罗司或者伯明翰。公司在这些地方都设有工厂，在芝加哥制造的钢运到艾奥华（跟匹兹堡的方向相反），生产成本加运费也许少于在匹兹堡制造再运到艾奥华。可是艾奥华得不到较低成本和较短运输的利益，如果芝加哥厂的售价是根据匹兹堡的价格加上从匹兹堡算起的运费。再说，芝加哥的厂售货给接近匹兹堡这边的地方，向买主所取的交货价格低于它向一个距离芝加哥较近的买主所取的交货价格。这是"倾销"的办法，在远处的市场上用低于国内市场的价格出售。问题是，当钢铁业三十年的惯例指定数以千计的向买主实际交货的地方作为交割法律上的控制权的地点的时候，是否有一种自由竞争的市场，或者机会均等和自由竞争的理想是否需要法律上的控制权应该在制造的地点转移给买方。

联邦贸易委员会根据这种解释，命令停止以匹兹堡为基价地点，而改用实际制造的地点为定价的基础。它的命令没有完全实现经济学家们关于所有权的移转的意见，所谓法律上的所有权应该在制造地点转移给买主，以便所有的买主可以有均等的机会在那个地方竞争，取得法律上的控制权；可是大体上达到了经济学家们的目的。①

① 参阅康芒斯：《钢铁市场上的交货价格的惯例》，《美国经济评论报》，1924年第14期，第505页。费特在他的重要著作《垄断的假面具》（1931年版）里研究了这方面的真相以及它在美国许多工业和法院判决中的影响。参阅本书下册第10章（Ⅶ），第3节，《稀少、丰裕、稳定——经济的阶段》。

然而，重要的一点是，在上面所提的亚当斯捷运公司和美国钢铁公司两案中，法院或是联邦贸易委员会①不管公司在它注册的州里固定的所在地点，从一个只在法律上存在的法人公司改变到一个经济上的运行中的机构，存在于一切它做生意的地方。

这种意义上的转变，尽管在许多其他案件中已经发展着，却包含另一种转变，从老派经济学家的“交换”是商品的实际移交的意义，变成把交易关系作为法律上所有权的转移的制度上的意义。规定价格和使得竞争可能的是所有权，决定竞争公平还是不公平的是所有权的移转，而不是实物的交换。

## 2. 从交换到交易

洛克的“劳动”的意义是他的法律、经济学和伦理学的化身。在他看来，劳动意味着所有权以及被占有的物质东西的存在都是正当的。这种“所有权”和“物质财富”的双重意义，二百年来始终是正统经济学家的意义，因此他们隐蔽了制度经济学的园地。正是财富的双重意义的这种被隐蔽了的所有权，激怒了非正统派的经济学家，从十九世纪中叶的马克思和普鲁东到二十世纪初叶的索雷耳。我们将区别这两种意义，可是发现物质和所有权的相互关系，不是在洛克的“劳动”那种化身里，而是在一种经济活动的单位——“交易”——里，以及那种对有利的交易的预期里，这种预期是一种更大的经济活动单位，一个“运行中的机构”或者进行中的机构。

这可以比拟现代物理、化学和天文学等各别的科学由于发现

① 美国钢铁公司没有向最高法院上诉。

一种大家共同的活动单位而发生的那种相互关系[1]。约略地说，从前物理学里的单位是分子，化学里的单位是原子，天文学里的单位是行星和恒星。而使得这些单位活动的"能"是热、电、化学亲和力、重力。可是今天它们大家共同的单位是一种活动力的单位，微粒波长的相互作用，"能"的概念消逝了。每秒四百万亿次振动在人类的心里是红颜色，可是在物理学、化学和天文学里它们是那么多的波长。

这个类比大概地说明使法律、经济学和伦理学互有关系的问题。那是要找到一个它们共同的活动单位。

在经济学领域里，那种单位起初是洛克的和李嘉图的"被人们所占有的物品"和占有物品的"个人"，而"能"是人类的"劳动"。后来，单位继续还是同样的或者类似的有形体物品和对它们的所有权，可是那些个人变成了"消费"物品的人，"能"变成了"欲望"的刺激，决定于所需要的物品的数量和种类。第一种是客观的方面，另一种是主观的方面，两者属于同一的个人和自然势力之间的关系，然而自然势力是以物质的形式，由个人占有。所谓"交换"是一种移交与接收物品的劳动过程，或者移交与接收一种"主观的交换价值"。无论如何，比照老的自然科学来类推，这些对立的劳动和欲望的能，扩大为供给和需求的"伸缩性"，可以用唯物主义的比喻使它们在物质上发生相互关系，可以说它们自然地趋向于物品在彼此交换中的平衡，好像海洋里水的原子，可是被人格化为在李嘉图的"耕种边际"或者门格尔的"边际效用点"找寻它们的水平面。这种平衡由马歇尔所领导的"新古典派"达到了目的。

---

① 以下数页曾经扼要发挥，著文载于庆祝兰西大学民法教授介尼执教50周年的纪念刊中。该刊编辑允许我利用那篇文字。参阅《机能主义》条及书目提要，载《社会科学大全》。

不需要再进一步和法律或伦理学发生关系——实际上这些都必须丢开，因为经济单位的构成所根据的关系是人类和自然的关系，不是人和人的关系。一种是李嘉图所说的人类劳动和自然势力的抵抗之间的关系；另一种是门格尔所说的人类对自然势力所要求的数量和可能有的数量之间的关系。明文规定的法律、伦理学、习俗以及司法的判例都和这些相互关系丝毫无涉；而且，这一切都可以丢掉，只需假定所有权和所占有的物质资料是同一的，以便创立一种纯粹经济学的理论，完全以物资和服务的具体交换为基础。

这项工作做到了。所有权和物资的同一性，人们不加研究，就在习惯上予以承认。他们假定一切物品都被人占有，可是认为所有权和被占有的物质的东西是相同的，因此就作为理所当然的事情被忽略了。那些理论都是以实际物资为对象而构成的，完全不谈财产的权利，因为它们是"自然的"。

以罗夏、希慕勒及其他人等为领导的历史派和伦理派经济学家，反对这种完全丢掉所有权的说法。这些学派，甚至以他们的最高形式如里克特和韦伯所主张的"理想的类型"，始终不能把从李嘉图和门格尔的学说产生出来的经济原理，和那种仅仅是历史过程的陈述或者主观的理想的东西结合起来。然而，这是可能做到的，如果我们找到一种对法律、经济学和伦理学共同适用的活动单位。

如果政治经济学的题材不仅是个人和自然的势力，而是人类通过财产权的互相转移，彼此赖以维持生活，那么，我们就必须向法律和伦理中寻找这种人类活动的重要转折点。

法庭处理人类的活动，不是在人对自然的关系方面，而是在人对自然物的所有权的关系方面。但法庭只在某一点上和这种活动打交道，就是在原告和被告之间发生利益冲突的那一点。可是古典的经济学说，以人对自然的关系为基础，在它的研究单位里没有利益的冲突，因为它的单位是“商品”和“个人”，不谈所有权。这些根本单位，加上类似平衡的说法，实际上产生了一种利益的“协调”，而不是利益的“冲突”。所以，在怎样使法律、经济学和伦理学发生相互关系的问题中，需要寻求的根本单位是一种代表冲突的所有权利益的单位。

可是，这还不够。那根本的活动单位必须又是一种“相互依存的利益”的单位。人与人的关系是一种又相互依存又有冲突的关系。

还要更进一步，这种根本单位必须是不仅不断地反复发生（带有一些变化），而且要使参加活动的人们有把握地预期这种反复能在未来继续发生，大体上跟它们在现在和过去是一样。那单位必须含有预期的必然性。这种可靠的预期，我们称为“秩序”。

这“秩序”的意义，是由于除了根据过去的经验作出可靠的推断，未来是完全不能确定的；也由于我们可以恰当地说人们生活于未来而行动于现在。因为这些缘故，那活动单位含有一种因素，它表示预料，或者，可以说，预先抓住那种限制性的或是关键性的要素，根据现在对这种要素的控制，可以预期对将来的结果也可以相当地控制，只要所有的预期是靠得住的。这实在是人类活动的显著特征，使它和一切自然科学有所区别。以后我们要把它抽象地分出来，概括地叫做“未来性”。可是，一切经济学家用“确实性”这个名义所假定的那种有规则的预期（这是未来性的一般原则中的一种特殊情况），我们为了目前的用途，简单地叫它“秩序”。

因此，那根本的活动单位，使法律、经济学和伦理学有相互关系的单位，必须本身含有“冲突、依存和秩序”这三项原则。这种单位是“交易”。一次交易，有它的参加者，是制度经济学的最小的单位。交易发生在古典经济学家所讲的劳动的生产和快乐主义经济学家所讲的消费的快乐之间,完全因为社会凭借的秩序的规则,管制着对自然势力的所有权以及接近自然势力的机会。交易,按照这样的解释,不是实际“交货”那种意义的“物品的交换”,它们是个人与个人之间对物质的东西的未来所有权的让与和取得,一切决定于社会集体的业务规则。因此,这些权利的转移,必须按照社会的业务规则先在有关方面之间谈判,然后劳动才能生产,或者消费者才能消费,或者商品才会实际交给其他的人。

交易是所有权的移转,当我们分析交易时,我们发现它们分成三种类型,可以区别为“买卖的”、“管理的”和“限额的”交易。这些在职能上相互依存,并且共同构成我们比做“运行中的机构”的整个组织。一个在运行中的机构是一种联合的预期,包括有利的买卖的、管理的和限额的交易,靠“业务规则”以及能控制那种容易变化的关键性的或者“限制性”的要素(它们可能控制其他要素),把它们维持在一起。预期一经停止,机构就不再运行,生产就停顿。



这种运行中的机构本身是一个比较大的单位,可以比作生物学上的费尔默所谓“有机体”,或是物理学上的洛克所谓“机构”。可是它的组织成分不是活的细胞、不是电子、不是原子——而是“交易”。

我们要在这里预先讨论一下我们以后研究上的问题,并且提出我们的历史研究法的结论,构成一个买卖的交易的公式,然后指出它跟管理的和限额的交易的区别。

(1) 买卖的交易——我们用法院判决的看法来研究经济学家的理论,发现买卖的单位包含四个有关方面,两个买的人和两个卖的人,判断争执的司法当局在法律上把他们作为平等的人看待。结果的公式可以用有关各方提出的价格来说明如下,两个买户分别出价一百美元和九十美元，要买一样商品，而两个卖户分别索价一百一十美元和一百二十美元。①

买卖的交易的公式——法律上平等的人

| | |
|---|---|
| B(买)100 美元 | $B^1$(买)90 美元 |
| S(卖)110 美元 | $S^1$(卖)120 美元 |

另一方面，管理的和限额的交易，在法律上和经济上，是一种上级对下级的关系。在管理的交易里，上级是一个个人或是一种少数个人的特权组织，发号施令，下级必须服从，例如工头对工人，或者州长对公民，或者管理人对被管理的人。可是在限额的交易里，上级是一个集体的上级或者它的正式代表人。这有各种不同的组织，例如公司的理事会，或者立法机关，或者法院，或者仲裁法庭，或者共产主义或法西斯主义的政府，或者卡特尔，或者工会，或者征税机关(它把整个机构的负担和利益分配给下级)。因此，管理的或者限额的交易的公式，只表现两个有关方面，而不是四个；其公式如下：

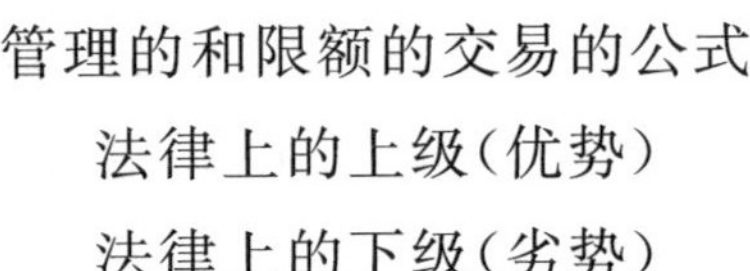
管理的和限额的交易的公式

法律上的上级(优势)

法律上的下级(劣势)

应该记住，交易的公式不是自然或现实的一个副本——它只是对经济理论的最小单位的一种想象的结构——一种研究的单位，用它来了解现实。

在这里首先需要辨别“交换”这个名词的双重甚至三重的意义，像早期经济学者所用的那样，上文已经提到；这种意义隐蔽了讨价还价的买卖程序，使人只看到劳动的管理程序，以及靠权力的

① 康芒斯：《资本主义的法律基础》，第 66 页。

限额程序，同时也隐蔽了法律的作用，只看到经济的作用。

交换的概念有它的历史根源，它起源于资本主义以前的市场和集市。那时候的商人是一个小贩，携带着他的货物或钱币到市场上去，实际地拿它们和别人交换。然而他确实是一个人同时做了两种完全不同的活动，这两种活动经济学家没有加以利用：实际交货和实际收货的劳动活动，以及让与和取得所有权的法律活动。一种是实际移交对商品或者金属钱币的物质的控制，另一种是依法移转法律上的控制。一种是交换，另一种是交易。

这区别是根本的，可是没有被加入经济学说，因为物资和对物资的所有权没有辨别清楚。"个人"不转移所有权。只有国家，或者中古时代的"公开市场"，运用法庭所理解的法律，转移所有权，解释一件交易中当事人心里的意图。这两种移转在资本主义的产业里被分开了。法律上的控制在资本主义的中心转移，像纽约、伦敦或巴黎，而实物的控制却在天涯海角，由工人在那些握有法律上控制权的人们的指挥下进行转移。法律上的控制权的转移是一种"买卖的交易"的结果。商品的运输和实物控制权的移交是一种劳动程序，给物质的东西加上"地点效用"。这种劳动的程序，从法律观点来看，我们区别为管理的交易。

个人主义经济学家当然在他们的"交换"的意义上加上相互的报酬的给予。可是，他们不是客观地把这个当作所有权的让与来看待，而是主观地作为一种在不同商品之间衡量苦乐的选择；其实，从法律上的买卖的观点来说，是法律上认为平等和自由的人们之间进行包含劝说或逼迫的意志的谈判，结果相互交换商品和货币的合法控制权，一切根据现行法律进行，并且预料到万一发生争执时法庭会怎样处理。

这种"交换"的意义，十六世纪中英国的习惯法法官们在他们对商人争执的判决中加以承认；他们采取了商人在市场上买卖的习惯，就他们所认可的范围内，按照这些习惯来判断争执。这种习惯，被法庭采用以后，在英美派法律中变成"契约"和"应得数额"的原则。①

大概地解释一下，这些原则是这样：在通常的买卖交易中，按照商人的惯例，我们可以推断，当一个人从另一个人那里取得商品或货币时，他并不意图盗窃或欺骗，而是准备负责付给代价，或者给对方一种商品或服务，作为交换（默契）；再说，他无意于用经济的压力或者暴力的强迫，在关于所有权转移的条件上压倒对方的意志，而是准备付出公平合理的代价或者履行公平合理的义务（应得数额）②。

这种对于有心负起责任、准备付给代价或履行义务的推断，是必要的，因为法庭在处理争执中需要造成一种法律上的义务，强迫遵照履行交易中所默契的付款或义务。这不仅适用于延期的履行或偿付，通常称为债务，而且也适用于立刻的履行或偿付，通常称为销售或现金交易。这种交易以及所准备的法律上所有权的让与和取得，换取一定的代价，我们称为"买卖的交易"，把实际物品的"交换"留归劳动程序，这种程序我们叫做实际的交货，必要时由"管理的交易"的法律来执行。



跟这些"契约"和"应得数额"的原则并行，法庭在发展没有强迫的法律中，由于推断当事人的思想活动，创立了一种"愿买愿卖"的伦理标准。从此这种"愿意"就成了判断的标准，用来判决买卖

① "口头契约"和"应得数额"有一段专门性的法律上的历史，从许多不同种类的案件中发展起来的——初期的争执大多数是关于地租和服务或工资，可是最后成了现代契约的意义。

② 法学书籍，特别是佩季的《契约法》（1905 年三卷本）中，可以找到这些原则的历史的发展；安娜·戴维斯从事研究它们的经济的起源，以备将来发表。

的交易中发生的纠纷，不管是物产市场上的商品买卖契约，劳动市场上的工资契约，证券市场上的股票和债券买卖契约，金融市场上的利息契约，或是地产市场上的地租和土地买卖契约。在所有这些买卖的契约中，"契约"、"应得数额"和"强迫"的原则，在所有权的移转问题上发生了明显的或不明显的影响。①

那么，经济学家怎样构成一种活动单位（买卖的交易），适合从成千累万的法庭判例中产生出来的习惯法的这种发展过程呢？我们发现经济学家已经构成上文所说的那种公式，可以适用于市场。买卖的谈判由四个有关方面组成，两个买户和两个卖户，可是，每一方面都受法院过去的和未来可能的判决的支配，如果利益冲突达到发生争执的程度。② 这样就可以构成一个普遍适用的公式，包括这四个参加买卖的人，遵照法律判例中所同意的习惯行事；根据这个公式来推论，可以得出人与人之间四种经济上的和法律上的关系，非常密切地结合在一起，其中一项发生变化，就会改变其他三项之中的一项或不止一项的重要性。它们是潜伏在每一件买卖的交易里的一种四重的利益冲突所引起的争点，美国法院在经济案件中的判决可以很容易地按照这四种方向来分类。每一个判决的目的都是建立业务规则，作为判例，可以从利益冲突中产生关于相互关系和秩序的预期。这一切都有关对物资的所有权，而与物资无关。

(i)第一个争点是"平等的或不平等的机会"，这就是法律上的"合理的和不合理的差别待遇"原则。每一个买户选择于两个最

① 康芒斯：《资本主义的法律基础》，第57页。

② 格累泽：《公用事业经济学大纲》，1927年版，第105、107页，使用"收益契约"和"成本契约"等词，所谓"收益契约"相当于我们的"卖户契约"，他的"成本契约"相当于我们的"买户契约"。

好的卖户之间，每一个卖户选择于两个最好的买户之间。如果一个卖户，例如铁路公司，或是电报公司，或是钢铁公司，对一个买户取较高的价格，因此就是对第一个买户的竞争者取较低的价格，而所供给的服务完全相同，那么，在现代利润甚微的情况下，那第一个买户就是受到不合理的差别待遇，最后也许会破产。可是，如果差别待遇是有正当理由的，例如数量、成本或质量不同，那么差别待遇就是合理的，因此也是合法的。这同样的原则在许多劳动仲裁和商事仲裁案件中出现。

(ii) 另一个争点，和第一个分不开的，是"公平的或不公平的竞争"。那两个买户是竞争者，那两个卖户是竞争者，他们在竞争中可能用不公平的方法。关于不公平的竞争的判决，在三百年中，建立了现代的"商誉"这一种资产，现代商业的最大的资产。①

(iii) 第三个争点，和其他两个分不开的，是"合理的或不合理的价格或价值"。两个买户之中的一个将从两个卖户之中的一个买东西。价格将决定于三个经济条件：选择的机会，买户与买户以及卖户与卖户的竞争，实际买户和实际卖户之间讨价还价的能力平等或不平等，虽然他们在法律上是平等的。这种合理的价格在历来法院的心理上是逐渐构成的，根据"平等机会"、"公平竞争"和"讨价还价能力的平等"这三个必要条件。②



(iv) 最后，在美国的判例中，出现"合法程序"这个重要的争点。这个问题，我们称为"业务规则"，它管理个人的买卖。美国最高法院已经取得权力，可以在该院认为"不经合法程序"而剥夺个

① 康芒斯：《资本主义的法律基础》，第162页；又参阅本书第10章(Ⅶ)，第3节，《经济的阶段》。

② 康芒斯：《讨价还价的能力》一文，载《社会科学大全》第2册，又见《资本主义的法律基础》，第54页。

人或公司法人的财产或自由的一切案件中，宣布州立法机关、联邦国会以及一切行政长官的决定无效。合法程序是最高法院现行的业务规则。它随着风俗习惯和阶级优势的变化而变化，或是随着法官的更动、法官见解的改变或者财产和自由的习惯意义的改变而改变。如果一个州立法机关或者联邦国会、或者下级法院、或者行政官吏，剥夺一项交易中四个参加者任何一个的平等的选择机会、或者他的竞争的自由、或者他在规定价格上的讨价还价的能力，那种剥夺的行为就是“夺取”他的财产和他的自由。如果对那种剥夺行为不能提出正当的理由使法院认为满意，它就是一种不经过合法程序的剥夺财产和自由，因此就是不合宪法的和无效的，要加以禁止。①



因此，如果买卖的交易的公式正确地在经济学家和法律家的心里构成，具有最高法院所规定的四个参加者，具有冲突、互相依存和秩序（合法程序）这些主要的特质——就像原子或星的公式在物理学、化学和天文学里正在用质子、电子、放射性等成分加以改造那样——一种法律、经济学、政治学和社会伦理学共同适用的活动单位也就构造成功。

（2）管理的交易——可是还有两个其他的、然而分不开的活动单位：管理的和限额的交易，各自表现一种法律的、经济的和伦理的相互关系。

---

① 康芒斯：《资本主义的法律基础》；伏格林编：《论美国精神的形式》，1928 年版，第 172—238 页；克朗诺·赫尔曼：《约翰·康芒斯，他的经济理论的基本论点》，第 6 编；迪尔：《理论国民经济学研究》，1930 年版；卢埃林：《法律制度对经济学的影响》，《美国经济评论》，1925 年第 15 期，第 665—683 页；卢埃林：《价格契约是什么？》《耶鲁法学杂志》，1931 年 3 月第 40 号，第 704—751 页；《正当手续的自然法律背景》，《哥伦比亚法学评论》，1931 年第 31 号，第 56—81 页；斯威歇：《法学巨子斯提文·费尔德》，1930 年版。（康芒斯的评论载《政治经济杂志》，1931 年第 39 号，第 828—831 页。）

管理的交易不是从四个人而是从两个人之间的一种关系产生的。在买卖的交易中法院判决的基础通常是假定愿买愿卖的双方平等，而在管理的交易中却是假定一种上级和下级的关系。一个人是法律上的上级，有合法的权利可以发出命令。另一个人是法律上的下级，这种关系存在一天，他在法律上就有服从的义务。那是工头和工人、州长和公民、管理者和被管理者、主人和仆人、奴隶主和奴隶的关系。上级发命令，下级必须服从。

从经济观点来说，管理的交易是一种以财富的生产为目的的交易，包括我们已经称为"交换"的物质意义的那一部分程序，作为通过商品的运输和移交，加上"地点效用"；而买卖的交易的目的却是财富的分配，以及诱导人们生产和移交财富。买卖的交易的一般原则是稀少性，管理的交易的一般原则却是效率。①

从心理学和伦理学来说，管理的交易也和买卖的交易不同。伦理心理学，或者我们叫做买卖的交易中谈判的心理，是"劝诱或强迫"的心理，决定于机会、竞争和讨价还价的能力；因为那些有关方面，虽然人们认为他们在法律上是平等的，却可能在经济上不平等（强迫）或者在经济上平等（劝诱）。管理的交易中谈判的心理是"命令和服从"，因为其中的一方在法律上和经济上都处于劣势。



就劳动来说，这种管理的交易和买卖的交易分不开，但是可以辨别清楚。作为一个讨价还价者，现代的工资劳动者在法律上被认为和他的雇主平等，由于劝诱或强迫而参加了这项交易；可是一经获准进入那服务的地方，他就成为法律上的下级，受命令的指挥，这种命令他必须服从。如果把那两套名词分别为雇主和雇员或是企业所有者和工资劳动者那种买卖性的名词，以及工头或监工和

① 参阅本书上册第 8 章，《效率和稀少性》。

工人那种管理性的名词，区别是很清楚的。

这里又是“交换”这个有历史根源的名词的一种双重意义，由于未能利用“买卖”和“管理”之间的区别。现代产业中，所有人有两个代表，代理人和监工，两者往往由一个人兼任。代理人的行为，根据代理原则，法律上认为应该由他的主人——雇主——负责，这代理的原则早在“契约”和“应得数额”原则以前已经开始，可是它的基本原则同样是含有一种转移财产所有权的意思。监工在某些重要作用上是一种代理人，例如雇主对意外事故应负责任，或是接收雇工的出产品，在这种场合他的行为使雇主有责任承担一种债务。作为这种负责人员，他是一个代理人，可是他同时又不过是另一个雇员，被安排在负责技术程序的地位。现代把“业务部门”和“生产部门”分开，使得这种区别明确起来。业务部门受主人（企业主）和代理人的法则的支配；生产部门受管理者和被管理者的法则的支配。

从历史观点来说，经济学家在他们的理论里未能区别代理人和雇员，是由于雇主和雇员、主人和仆人、奴隶主和奴隶这些名词的双重意义——法律上的和技术上的意义。可是现代把两个部门这样分化，给了我们线索，可以回溯既往，作出历史上的意义的区别。

因此，在“交换”这个名词的传统的经济意义里，显然没有余地可以作这种制度的区别。因此“交换”这个名词，现在我们发现它早已有了一个第三种意义——工人的产品和监工的“交换”，那既是在命令之下的实际移交物品，又是工人把他的产品的所有权转移给雇主（通过他的代理人），所得的报酬是企业主或者他的代理人把货币的所有权转移给那工人。后一种所有权的转移是买卖的交易的一项细节，受劝诱或强迫的原则的支配；那工人是一个工资劳动者。前一种所有权的转移是有关命令和服从的管理的交易，那工人只是一团机械的劳动力，像李嘉图和马克思所说的那样。①

自从有了“科学管理”以后，近来的经济理论提供了两对名词和两种计量的单位，使人们可能区别清楚上文所说的“交换”的双重意义。计量的单位是工时和元。两对名词是入量—出量和支出—收入。科学管理恢复了李嘉图和马克思的劳动论，可是用了“效率”的名义。每小时出量(物质的使用价值)对每小时入量(平均劳动)的比率是效率的尺度。这根本不是一种“交换”——工人与监工之间——而是在管理部门的监督下克服自然抵抗力的物质的程序。效率的计量单位是工时。

可是，在买卖的交易里，计量的单位是美元。它量度支出对收入的比率。支出是所有权的让与。收入是所有权的取得。那么，美元是买卖的交易里相对稀少性的计量标准，工时是管理的交易里相对效率的计量标准。②

习惯法上有许多事例规定了这种管理的交易中的权利与义务，和买卖的交易有所区别。③这些权利与义务可以笼统地用一个比较一般的惯例来说，例如一个店主有权利控制那些进入他店里的人们的行为，不管是作为顾客、参观者、非法侵入者或是雇员。因此，就雇员来说，管理的交易由上级和下级组成，双方遵守命令和服从的法则，这种法则系用习惯法的方法，从判断管理的交易中

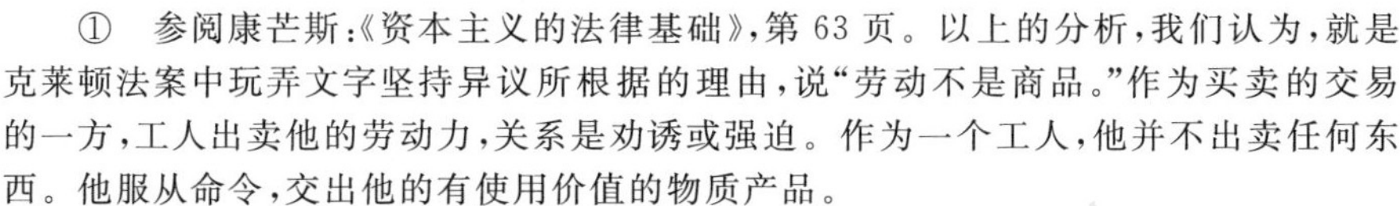

① 参阅康芒斯：《资本主义的法律基础》，第63页。以上的分析，我们认为，就是克莱顿法案中玩弄文字坚持异议所根据的理由，说“劳动不是商品。”作为买卖的交易的一方，工人出卖他的劳动力，关系是劝诱或强迫。作为一个工人，他并不出卖任何东西。他服从命令，交出他的有使用价值的物质产品。

② 参阅本书上册第8章(Ⅳ)，《入量—出量，支出—收入》。

③ 在我的《法律和经济学》一文中(《耶鲁法学杂志》1925年第34期)，我把效率作为纯粹技术性的，因为当时我还没有研究管理的交易的法则。

发生的争执而造成新的法律。

由于科学管理的研究，管理的交易近年来受到了重视。它和买卖的交易一样，含有一定成分的谈判，虽然在法律上是完全以上级的意志为根据。这种谈判成分的产生主要是由于现代劳动的自由，工人可以自由离开，不必说出理由。在这样的制度下，管理的交易里当然不免要出现一些像是买卖的情况。可是，它不是买卖性的——而是管理性的，尽管它在那随同发生的买卖的交易中是很重要的一面。[1] 有一个大公司的一位杰出的经理象征地说，“我们从来不下命令；我们把主张卖给那些必须执行这个主张的人。”丹尼逊·亨利先生根据他自己的管理经验，对现代的管理的交易作了最仔细的分析，题名《管理的工作分析》。他自己的总结提纲对于科学管理的最近发展提供了一个适当的概念，符合于管理的交易的意义。[2]

**管理工作分析**

- 了解
  - 观察：
    （注意业务的运行，监督，包括选择观察的对象和纪录的方法，记在心里或是留下具体的纪录。）
  - 评断：
    （理解观察所得的事实；联系到其他事实和政策；决定相对的重要性。）
- 策划
  - 构思：
    （想象各种可能性——目标。）
  - 分析：
    （分析目标和可能性，把观察到的和经过评断的事实跟目标和可能性联系起来。）
  - 设计：
    （决定方法、手段、鼓励的办法、工作人员。）

---

[1] 康芒斯：《资本主义的法律基础》，第283—312页，《工资谈判》一节。

[2] 丹尼逊·亨利：《谁能雇用经营能力》，《泰勒学会通报》，1924年第9期，第101—110页。

说服
- 指挥：
  （发出命令——绝对不仅是管理性的，而是对业务的运行能起推动作用的。）
- 教育：
  （使有关人等对于目标、手段、方法及动机，有必要的了解。）
- 诱导：
  （鼓动热情——"灌输愿望"；使热情的合作者教育别人。）

（3）限额的交易——最后，限额的交易跟买卖的交易和管理的交易不同，因为限额的交易是有权力的那几个参加者之间达成协议的谈判，这几个人有权力把联合企业的利益和负担分派给企业的各个成员。一种相近的例子是合伙组织关于分派一项合营事业未来的负担和利益的事件。比较明显一些的，是一个公司的理事会编造下年度公司预算的活动。颇为相似而且比较特殊的，是立法机关的委员分摊捐税或者同意一种保护税则的活动——在美国叫做"互助合作"。① 所谓"集体谈判"或者"贸易协议"，是一个雇主联合会和一个职工联合会之间，或者任何买户联合会和一个卖户联合会之间的一种限额的交易。专政以及一切像卡特尔那种控制产量的联合组织，是一系列限额的交易。经济纠纷中的司法判决，是把一定数量的国民财富或者等值的购买力，强制地从一个人手里拿过来，分配给另一个人。就这些情况来说，没有买卖，因为那就是贿赂，②又没有管理，因为管理性的工作留给下级执行人员办理。这里只是有时候叫做"政策的体现"、有时候叫做"公道"的那种东西，可是这种东西，具体地变成经济的数量时，就是财富或购买力的限额配给，不是由人们认为平等的当事人自己决定，而

① "Lon-rolling"：政党为了实现彼此的计划，互相勾结，互相捧场。——译者

② 法庭收受贿赂本来不是非法，直到经过培根勋爵 1621 年的不幸的经验以及由国家给予薪俸代替由诉讼人缴付讼费以后，贿赂才算违法。

是决定于一个在法律上地位比他们高的权威。

我们可以区别两种限额，产量限额和价格限额。规定分派给各参加者的数量而不规定价格，是产量限额；可是规定价格而让买的人或卖的人凭自己的意思决定数量，是价格限额。苏俄以及许多卡特尔规定产量限额，可是苏俄在它的许多"国营托拉斯"里，像邮局之类，也规定价格，而把数量留给个人去决定。广大的征税领域是一种价格限额，把公共事业例如教育或公路的费用加在纳税人的身上，不让纳税人作任何讨价还价，也不管他从这种公共事业中得到什么个人的利益。[①]

这三种活动单位包罗了经济学里的一切活动。买卖的交易，通过法律上平等的人们自愿的同意，转移财富的所有权。管理的交易用法律上的上级的命令创造财富。限额的交易，由法律上的上级指定，分派财富创造的负担和利益。既然这些交易是地位平等的人们之间或者上级和下级之间的社会活动的单位，它们的性质是伦理的，也是法律的和经济的。

(4)制度——这三种类型的交易合在一起成为经济研究上的一个较大的单位，根据英美的惯例，这叫做"运行中的机构"。这种运行中的机构，有业务规则使得它们运转不停；这种组织，从家庭、公司、工会、同业协会、直到国家本身，我们称为"制度"。消极的不活动的概念是一种"团体"；积极的活动的概念是一个"运行中的机构"。

要给所谓"制度经济学"规定一个范围，颇有困难，因为"制度"这个名词的意义不确定。有时候一个制度似乎可以比做一座建筑物，一种法律和规章的结构，正像房屋里的居住人那样，个人在这

① 也许有争论和求情，可是这些不是讨价还价，因为纳税人在法律上没有权力不缴税。参阅本书下册第 10 章（Ⅶ），第 5 节，《课税的警察权力》。

结构里面活动,有时候它似乎意味着居住人本身的“行为”。有时候凡是古典或者快乐主义经济学以外的,或是对它们批评的东西,都被认为是制度的。有时候凡是“动的”不是“静的”东西,或是讲“程序”不讲商品,或是讲活动不讲感觉、讲管理不讲平衡、讲控制不讲放任的东西,似乎就是制度经济学。①

所有这些意思,没有疑问,都包含在制度经济学里面,可是可以说它们是一些比喻或形容,而经济行为的科学却需要分析到原则——就是因、果或目的的相同点——并且把许多原则合成一个统一的体系。再说,制度经济学不能把它自己和先进的古典派及心理学派经济学家分割开来。然而,它应该把共产主义、无政府主义、工团主义、法西斯主义、合作主义,和工会主义经济学家们的同样重要的发现,一起包罗进去。没有疑问,正是这种想要用罗列的方式包括这一切互不相关的努力,使制度经济学这个名称被人们认为具有一种五花八门、莫名其妙、然而仅仅是叙述的性质,类似那种早已使得早期的不成熟的历史学派不能在经济学里立足的情况。

如果我们要找出一种普遍的原则,适用于一切所谓属于制度的行为,我们可以把制度解释为“集体行动控制个体行动”。

集体行动的种类和范围甚广,从无组织的习俗到那许多有组织的所谓“运行中的机构”,例如家庭、公司、控股公司、同业协会、工会、联邦准备银行、“联合事业的集团”以及国家。大家所共有的原则或多或少是个体行动受集体行动的控制。

这种对一个人的行为的控制,其目的和结果总是对其他的个

① 《美国经济学协会第四十三次大会会刊》,1930 年 12 月号,第 134—141 页;柯普兰与伯恩斯合写的论文,载《美国经济评论》,1931 年第 21 期,第 66—80 页;阿特金斯等:《经济行为》,1931 年版(二卷本)。这一部分扼要陈述于《制度经济学》一文,载《美国经济评论》,1931 年第 21 期,第 648—657 页。

人有益。如果问题是执行一项契约，债务完全等于为了另一方的利益而造成的债权。债务是一种可以集体地强迫履行的义务，而债权是一种等值的权利，由于造成那义务而造成的。结果所产生的社会关系是一种“经济的状态”，由指导双方经济行为的预期所构成。在债务和义务的一面，是对集体行动“服从”的状态，在债权和权利的一面，是一种由于对上述服从的预期而产生的安全的状态。这叫做“无形体的”财产。①

或者，集体控制采取一种禁例的方式，禁止某些行为，例如干涉、侵害以及侵入房屋，这种禁例给那个因此可以免于受害的人造成一种经济上的“自由”状态。可是一个人的自由可以给另一个有相互关系的人带来未来的利益或损失，这样造成的经济状态是“暴露于对方的自由”。雇主暴露于雇员有工作或离去的自由，雇员暴露于雇主有雇用或解雇的自由。这种“暴露—自由”的关系，人们正逐渐地辨别清楚，作为“无形的”财产，像企业的商誉、营业的特许权、专利品商标等等那样的东西，种类很多。②

为个人决定这些彼此有关的和交互的经济关系的业务规则，可以由一个公司、一个卡特尔、一家控股公司、一个合作事业协会、一个工会、一个雇主联合会、一个同业协会、两个协会的联合贸易协定、一个交易所或者贸易委员会、一个政党或是国家本身(在美国制度里是通过最高法院)规定和实行。实际上，私人商业组织的这些经济的集体行为有时候比政治组织——国家——的集体行动更有力量。

用伦理和法律的说法来说(下文再加以发挥)，一切集体的行为建立权利、义务、没有权利和没有义务的社会关系。用个人行为

① 参阅本书第 97 页《经济关系和社会关系的图解》。

② 参阅本书下册第 9 章(Ⅰ)，第 4(1)节，麦克劳德部分。

的说法来说，集体行为所要求的是个人的实行、避免和克制。从结果造成的个人的经济状态来说，集体行动所产生的是“安全”、“服从”、“自由”和“暴露”。从因、果和目的来说，贯串着一切经济行为的共同原则，作为一种限制的和补充的互相依存关系的，是“稀少性”、“效率”、“未来性”、集体行动的“业务规则”和“统治权”。从业务规则对个人行动的作用来说，集体行动表现在那些助动词上，所谓个人能、不能、必须这样、必须不这样、可以或者不可以做。他“能”或者“不能”，因为集体行动会或者不会帮助他。他“必须这样”或者“必须不这样”，因为集体行动会强迫他。他“可以”，因为集体行动会准许他并且保护他。他“不可以”，因为集体行动会阻止他。

正是因为这些行为上的助动词，所以“业务规则”这个熟悉的名词适合于表示一切集体行动所共有的那种因、果或目的的普遍原则。业务规则在一种制度的历史上是不断改变的，包括国家和一切私人组织在内，对不同的制度，业务规则不同。它们有时候叫做行为的准则。亚当·斯密把它们叫做课税的原则，最高法院把它们叫做合理的标准，或是合法程序。可是，不管它们有什么不同以及用什么不同的名义，却有这一点相同：它们指出个人能或不能做、必须这样或必须不这样做、可以或不可以做的事，由集体行动使其实现。

这些集体制裁的分析提供了那种经济学、法学和伦理学的相互关系，这是制度经济学的必要条件。休谟发现在稀少性的原则和由此产生的利益冲突里发现了这些社会科学的统一。亚当·斯密把经济学孤立起来，假定了神的恩赐、世间的丰裕和由此产生的利益协调。制度经济学溯源于休谟。我们得到休谟的启发，又看到现代产生了“商业伦理”这种名词，因而体会到伦理学所研究的是行为的准则，这些准则起因于利益冲突而由集体意见的道德制裁使其必须实行。经济学研究同样的行为的准则，由关于经济利益或损失的集体制裁使其必须实行。法学研究同样的准则，由有组织的暴力的制裁加以执行。制度经济学不断地在研究这三种制裁的相对的优点。

从集体行动通过各种不同制裁控制个体行动这种普遍的原理，产生了权利、义务、无权利、无义务这些法律上的关系，以及种种经济上的关系——不仅是“安全”、“服从”、“自由”和“暴露”，而且有“资产和负债”的关系。实际上，制度经济学的资料和研究方法，一大部分是从公司财政学中得来，那里面有容易变化的资产和负债，而不是来自个人的欲望和劳动、痛苦和快乐、财富和幸福，或者效用和反效用这些说法。制度经济学所研究的是“业务机构的资产和负债”，不同于亚当·斯密的“国家的财富”。在国家与国家之间，那是国际收支差额中的“贷方”和“借方”[1]。



集体行动在无组织的习俗形式中比在有组织的团体中还要更普遍一些。而且，甚至一个运行中的机构也是一种习俗。习俗还没有让位给自由契约和竞争，像梅恩爵士所讲的那样。[2]习俗只随着经济情况的变化而变化，它们在今天可能还是非常命令性的，连一个独裁者也没法推翻它们。一个商人不肯或不能运用现代信用制度的习惯，不肯接受或开发有偿付能力的银行的支票，就完全不能靠做现金交易继续营业，虽然支票不过是私人安排的办法，并不是法币。这些工具是习惯的货币，而不是法币，在它们背后有着强有力的、利润、损失和竞争的制裁，使人们不得不服从。其他具

① 这些差额，从1922—1930许多年来的这种差额，是罗杰斯：《美国对其黄金的估量》(1931年版)那本有启发性的著作的研究根据。

② 梅恩，亨利：《古代法》，1861年版。

有命令性的风俗习惯也可以提一下，例如七点钟上工和六点钟下工，或是习惯的生活标准。

可是，这种习惯的标准经常在变化：它们缺乏精确性，因而引起有关利益冲突的争执。如果这种争执发生，就由一个有组织的团体的负责人员分析研究，把习俗弄得非常精确，加上一种有组织的法律的或经济的认可；这种团体，可能是信用协会、公司的经理、证券交易所、贸易委员会、商事或劳动仲裁人或者最后是法庭，直到美国最高法院为止。

这是用“以判决纠纷来制造法律”的习惯法方法实行的。那些判决，由于成为前例，暂时成为那特殊的有组织的团体的“业务规则”。英美法学中历史上有名的“习惯法”只是一个特殊的例子，代表那一切现存团体共同适用的一般原则，就是通过判决利益冲突来制造新法律，这样使习俗或伦理的那种未经组织的“业务规则”取得较大程度的精确性和有组织的强制力。习惯法的方法在一切集体行动中是普遍的，可是英美法律家的那种专门的“习惯法”是一大堆远溯封建时代的判例。总而言之，习惯法的方法，或者行动的方法，本身就是一种习俗，具有变化的可能性，和其他的习俗一样。它是一切现行机构的集体行动在发生矛盾时对个体行动发生影响的方法。它和成文法不同，因为是在判断纠纷时法官造成的法律。

集体行动不仅是对个体行动的控制——它通过控制的行为，正如那些助动词所表示的，是一种对个体行动的解放，使其免受强迫、威胁、歧视或者不公平的竞争，由于对其他个体加以抑制。

而且集体行动还不仅是对个体行动的抑制和解放——它是个体的意志的扩张，扩张到远远超过他靠自己的微弱的行为所能做到的范围。一个大公司的首脑发出命令，在天涯海角执行他的意志。

既然某些人得到的解放和扩张是由于为了他们的利益而对其他的人作了抑制，同时制度的简单扼要的定义是集体行动控制个体行动，那么由此推论出来的定义就是：集体行动抑制、解放和扩张个体行动。

这种个体行动真正是“交互影响的行动”——就是，个体之间的行动——同时也是个体的行为。正是这种从商品、个人和交换转移到交易关系和集体行动的业务规则，标志着经济思想从古典学派和快乐主义学派转变到制度学派。这种转移是经济研究的根本单位的改变，从商品和个人改变到个人之间的交易。

如果有人认为个人毕竟是重要的，那么我们在讨论的那种个人是已经“制度化的头脑。”[①] 个人是从婴儿开始的。他们学习种种风俗习惯，学习语言，学习和其他的个人合作，学习为共同的目标而工作，学习通过谈判来消除利益冲突，学习服从许多机构的业务规则，在这些机构里他们是成员。他们彼此见面，不是作为生理学上的身体由各种腺体维持着它的活动，也不是作为“欲望的血球”[②] 受痛苦和快乐的激动，好像物理性的和动物性的力一样，而是或多或少地已经受了习惯的训练，在习俗的压力下，准备参加人类集体意志所造成的那种极端不自然的交易关系。在物理学、生物学、主观心理学，或是德国的形态心理学里他们不出现，可是他们出现于人类在谋取生活中发生冲突和依存关系并且需要秩序的地方。他们这些参加活动者不是个人，而是一个现行机构的公民。他们不是自然的力，而是人性的力。他们不是快乐主义经济学家所讲的那种机械的千篇一律的欲望的化身，而是变化多端的人格。

① 约旦：《个性的形式》，1927 年版。

② 参阅本书下册第 10 章（Ⅰ），《凡勃伦》。

他们不是自然状态中孤立的个人，而是各种交易的经常参加者；是一种机构的成员，在这个机构里他们来来去去；是一种制度里的公民，这种制度在他们以前已经存在，在他们以后还会存在。

（5）资产对财富——经济、法律和伦理三方面，我们要加以区别，然后使它们在一个“运行中的机构”的概念里发生相互关系；这三方面的关键在于“财产”和“自由”的经济意义。我们认为财产的经济的意义就是“资产”，而资产的法律的意义就是“财产”。古典经济学家隐蔽了“财富”和“资产”的区别，他们把财富解释为物资和所有权。那所有权不是财富——而是资产。

“财产”这个名词没法解释，除非先解释个人和社会在有关所谓财产这个对象方面可以做也可以不做或是必须做或必须不做的一切活动。这些活动就是那三种类型的交易。在一切交易的谈判中所以要提出所有权要求的唯一原因，是预期的稀少性。休谟首先指出财产和稀少性的这种同一性。甚至无线电波长，因为有预期的稀少性，现在也被变成了财产，由限额的交易规定了谁可以使用这些波长，使用多少，以及在什么时间使用。可是稀少性也是经济学里的一个基本的概念。李嘉图的劳动价值论和门格尔的效用递减价值论都是“稀少性”的人格化，分别用人们在处理自然的有限物质资源时所需要的劳动和获得的满足来表达。

我们用“稀少性”这个名词替代供给和需求。后者是商人所用的名称，代表他们自己所不能控制的无数的不同的势力，他们笼统地称为“供给和需求”，不求甚解。可是我们不得不分析隐藏在供求背后的种种势力和化身，因此我们给它们“稀少性”这个较明确的名称，可以应用在许许多多的地方。

那么，如果稀少性的原则是法律、经济和伦理关系上的根本原则，“财产”这个名词就有双重的意义：经济上的稀少性的意义，经济学家称为“经济的数量”，法律家称为“实体”或者“财产—物体”；以及法律上或伦理上的“财产权”的意义，这是法律家的“财产”的意义。然而这后一种意义，我们解释为社会在有关已经稀少或者预期稀少的事物的交易中，一定要个人实行的业务规则。[①]稀少性的这种经济上的意义，和预测结合起来，就用“资产”和“负债”这种名词来表示；另一方面，财产的法律上和伦理上的意义就是权利、义务、权力、责任等等，像第 97 页上那个公式里所列出的那样。[②]

这种专门名词的研究，根据稀少性在经济、法律和伦理方面的关系，它的用处可以从美国最高法院对联邦宪法中所用的财产和自由这些名词所作的扩大的意义中看出。这个宪法，包括“第五条修正”（1791 年）和南北战争修正（特别是第十四条，1868 年）在内，有三项规定控制着所有的立法和行政当局，不管是州级的或者联邦中央的，实际上是这样：

(i) 私有财产，不给予公道的报酬，不得收归公用。

(ii) 各州不得制定任何损害契约义务的法律。

(iii) 不经合法程序，不得剥夺任何人的生命、自由或财产。

根据以上这几个名词——例如宪法中所用的财产、自由、人和合法程序——的意义的扩充，现在有三种财产的意义（在权利的意义上）需要加以区别。这些意义的每一种都是经济的、法律的和伦理的。“人”这个字变成也可以指一个拥有资产的法人，也可以指一个已经成为公民的从前的奴隶。财产，根据屠宰场案件里的判决，[③]指“有形体的”财产，如土地、机器、奴隶；“自由”指从前的奴

① 休谟根据稀少性这共同原则把法律、经济学和伦理学统一起来，此外这些区别是从休谟的说法推论出来的。

② 康芒斯：《资本主义的法律基础》，第 80 页。

③ 同上书，第 2 章。

隶的当时新的“有形体的”自由。财产又有“无形体的”财产的意义，债务的责任和流通性。还有财产的第三种意义，在屠宰场案件中没有得到多数的承认，可是现在人们称为“无形的”财产，有别于“无形体的”；虽然它最初起因于三百年前的商誉案件，后来又因最高法院引用宪法第五条和第十四条修正，作出判决，禁止立法机构削减企业买卖所取的价格。用立法的规定来削减价格现在是一种“夺取”财产的行为，和实际夺取有形体的财产完全一样；虽然它仅仅夺取财产的价值。自从1890年以来，[①]只有在美国最高法院核准，认为符合“合法程序”的现行的但是可以变化的意义的范围内，才可以这样做。[②]

因此，财产的这三种美国意义，作为一种经济的资产，起源于英美法院往往采取他们认为良好能行的私人之间的惯例，由国家统治权予以实际的认可。在封建的和农业的时代，财产主要是有形体的。在重商主义时期（在英国是十七世纪），财产成为可以转让的债务那种无形体的财产。[③]在资本主义阶段最近的这四十年中，财产又成为卖者或买者可以自己规定价格的自由那种无形的财产。这些从解释宪法出发的财产和自由的意义，由最高法院在1872年至1897年这许多年来一系列的判决中加以革命；革命的内容在于扩大财产和自由的意义，从有形的商品和人的身体到买卖的交易以及个人和法人的资产。

其实，所有这些意义从封建时代就已经存在，不过名称不同和经济条件不同而已。“无形体的世袭财产”，例如征收通行税或劳役的特权，和无形的财产相类似。分封采邑是授予对土地出产

① 康芒斯：《资本主义的法律基础》，第15页。

② 关于“合法程序”的改变了的意义，参阅康芒斯：《资本主义的法律基础》，第333—342页。

③ 同上书，第235—246页。

物的权利。有形体的财产不是绝对的，而是受这些无形财产的限制，最后决定于从实际耕种土地的佃户的产物或劳役中得来的地租。这一切从最早的时代在法律里就有，不过美国的法庭后来按照资本主义的新时代，加以选择，给予不同的名称。

(6) 自由和暴露——财产的经济的同义名词作为资产和负债在意义上的这些变化，使得人们有必要对法学上所谓“权利”这个名词的意义，作比较深入的分析。这种分析由耶鲁法学院的霍费耳德教授于1913年作了重要的推进，又由该院的法律教研组在发挥霍费耳德的分析中使它提高一步。①用他们的分析作为基础，我们构成下面这个图解式，说明集体的、经济的和社会的关系，根据最高法院的裁判，并且以这些关系适用于有关经济数量的三种交易的范围为限。“社会关系”是从霍费耳德的“法律关系”推论出来的，可是加以扩大，包括经济的和道德的关系，以及国家——霍费耳德所谓政治的或法律的关系。“经济状态”是互有关系的经济的资产和负债；“业务规则”是被集体行动所控制、解放和扩张的个人行动。

在考察这个图解时，首先需要辨别“诱因”和“制裁”。诱因是个人互相提供的诱因——买卖的交易中的劝诱或强迫，管理的交易中的命令和服从，或是限额的交易中的恳求和辩论。制裁是机构对个人所运用的集体诱导，这种机构，由于控制、解放以及实施个人的劝诱、压迫、命令、服从、辩论和恳求，控制、解放和扩张他们的个人行动。

这些制裁可以分别为道德的、经济的和法律的制裁，依据那行使控制的是哪一种机构来决定。法律的制裁是暴力，或者可能施

① 康芒斯：《资本主义的法律基础》，第91页。

**经济关系和社会关系图解**

**最高法院**

| 制裁(道德的、经济的、法律的) | | | | 诱因 | 制裁(道德的、经济的、法律的) | | | |
|---|---|---|---|---|---|---|---|---|
| 集体行动 | 业务规则 | 经济状态 | 社会关系 | 交易 | 社会关系 | 经济状态 | 业务规则 | 集体行动 |
| 使有能力 | 能 | 安全 | 权利 | 经济数量的买卖、管理、限额 | 义务 | 服从 | 必须,必须不, | 使负责任 |
| 使无能力 | 不能 | 暴露 | 无权利 | | 无义务* | 自由 | 可以 | 特许 |
| 特许 | 可以 | 自由 | 无义务* | | 无权利 | 暴露 | 不能 | 使无能力 |
| 使负责任 | 必须,必须不, | 服从 | 义务 | | 权利 | 安全 | 能 | 使有能力 |

* 等于霍费耳德的“特免”。

用的暴力,那有关的机构是“国家”。其他制裁是“法律以外的”。道德的或伦理的制裁仅仅是一种意见,由一些机构,例如教会、社会俱乐部和像商人组织的许多“同业协会”那种伦理性的协会,加以贯彻;他们这些人作成一种“道德规范”,这种规范的实行完全靠会员们集体的意见,如果没有经济的或法律的赏罚予以支持。经济制裁由工会、企业公司、卡特尔这种组织实行,通过利润或损失、就业或失业,或是其他经济得失的制裁,可是不用暴力。

这几种制裁通常总有一部分相同,可是我们用一般的分析方法,在这里拿每一种的有特殊代表性的极端的例子来讲。我们然后再把它们在实际发生的某些纠纷里联合起来,根据它们在这些纠纷中所占的相对重要性。

这些道德的和经济的机构往往也有他们的“法庭”,决定一些特殊的争执,用“异端的审问”、“商事仲裁”或“劳动仲裁”这一类的名义,做着类似司法法庭的工作,可是没有正式司法机关那种具体的、强行使用暴力的制裁。总之,那图解的公式适用于一切控制、解放或扩张个人行动的集体活动,不管它是以道德的、经济的或是政治的机构的形式出现。然而，正是从这种集体对个人行动的控制、解放或扩张的一般公式中，习惯法法庭在需要运用国家的暴力来判断某些用道德或经济的制裁不能解决的纠纷时，推究出他们那些惯用的假定。

由于以上所讲的这些以及其他的原因，法律、道德和经济的相互关系的公式并不意味着法律上的关系和道德上的或者经济上的关系是同一的。它只意味着同样的法律上的关系适用于一切经济事件，不管那些特殊纠纷中的债务大小如何，自由和暴露的程度如何，以及道德、经济或法律制裁的相对重要性怎样。因此，它并不意味着个人或者道德的或经济的机构的实际行为完全符合司法机关在判决中所定下的任何严格的规则或"标准"。那公式所表现的只是一件特殊纠纷中正确的相互关系，在这件纠纷中法官或是仲裁人实际决定了当事人应该或不应该怎样。在这些发生纠纷的事件以外，还有千千万万的交易，从来不弄到法庭或仲裁人的面前来，它们的情况是各种各样的。那公式只是一种概括的公式，一种理智的创作，可以在有关道德、法律和经济关系的分析程序中帮助理智。然而，若是当事人果真到法庭或仲裁人面前来争论，那公式却也包括一切可能的法律、经济或社会关系，这些关系可以用来对问题作出一个判断，这些关系存在于那千千万万的交易或惯例中，法官或仲裁人据以得出他们的理论。

这是因为还有一种没有组织的和不明确的集体行动我们叫它"习俗"，那同样的公式对它也适用，并且所有的法庭都从它那里得来它们惯用的假定，用习惯法的方法把各种关系弄得比较明确和肯定。习俗在强制力和不明确这两点上彼此差别的程度很大，有的仅仅是常常改变的实际惯例，没有一定的拘束力，有的却是命令性的习俗。银行支票的使用在法律上不是命令性的，可是一个商人如果拒绝开出和接受有偿付能力的银行的流通票据，就无法继续营业。由于最有力的一种制裁——有关损益的经济制裁——习俗已经成为命令性的，尽管没有明确的规定。可是也许没有一种有组织的法庭来执行它，使得它明确而肯定。命令性的习俗，不管是没有组织的或是有组织的作为现行机构，明确地或者不明确地指示个人必须做和必须不做什么，能不能以及可以不可以做什么。

我们考察集体（不管这个集体是一种现行机构或是习俗）对个人行动的控制、解放和扩张，可以得到一种普遍的原则，或是因、果或目的的相同点，这种原则我们叫它“业务规则”。这种“业务规则”，在美国法庭的判决中被总结起来叫做“合法程序”，或者“合理的法则”。它们不是一种预定的和永久的，或者神命的东西，像洛克和法学的自然权利派所假设的那样，而只是可变的规则，有时候叫做“标准”；因为时刻变化的经济和社会情况，法庭或者仲裁人暂时采纳这些标准，据以对诉讼当事人发出命令。

根据霍费耳德派法律的分析和术语来研究，我们可以区别这些命令的四种不同的意志的状态，每一种状态给对方当事人产生一种集体的能力或者无能力。如果法庭或者仲裁人命令被告履行一种服务、偿付一项债务，或是不得扰害原告，那么“必须”或“必须不”这些助动词的对象是被告。连带地，这意味着那原告有了“权力”或“能力”可以请集体行动帮助他使被告遵照他的意志行事，因为被告“必须”或“必须不”这样做。这种权力，从意志的意义来说，是由助动词“能”表现的。

另一方面，如果法庭拒绝强迫被告采取行动或不采取行动，那原告就“不能”请集体行动来行使他的意志。用专门名词来说，这是一种“无能力”。连带地，那被告所处的地位就是在有关问题上他“可以”随便怎样做。这是一种特许。

然而，既然一件交易的当事人之间有一种相互的关系，那原告也“可以”在有关问题的其他方面随便怎样做，被告“不能”在那些方面得到集体行动来帮助他迫使原告遵照他的意志行事。可是，如果原告也被命令了要履行服务、偿付债务，或是在他这方面不得扰害对方，那么，和以前一样，那助动词“必须”或“必须不”是跟助动词“能”有相互关系的。

这样，正是一个机构的“业务规则”，表现为法庭或仲裁人在运用机构的制裁中的意见，比习俗更加明确地决定一件交易的各有关方面能做、不能做、可以做、必须做或必须不做什么。

把这些意志的决定变成相应的经济上的等义名词，就有了个人在他的交易中可能获得的四种经济地位，每一种地位使他处于一种和其他当事人有相互关系的“经济状态”：集体的机构给他树立(1)“安全”或可靠的预期，同时它相应地要求其他当事人(2)“服从”或符合那些预期。如果法庭或仲裁人不给予集体制裁的帮助，一方的当事人就可以(3)“自由”随便自己怎样，而另一方就(4)“暴露”，可能受到损失，损失的多少将决定于对方运用那种自由的程度。这样，像上文所说明的，雇主因雇员有离职或不离职的自由而没有保障；工人因雇主有雇用和解雇的自由而没有保障。

我们更进一步去看那有相互关系的社会术语，“权利”表示个人作为公民“能”或是有“权力”——有时候叫做“能力”或“资格”——要求国家或其他集体机构给他安全的预期，用一种命令使人必须服从或符合这种预期；反过来说，如果对双方都不加以任何义务，社会关系就是双方相互的又有自由又没有保障，都可以受到经济学上所谓“自由竞争”的危害。

这种相互关系使我们能区别从美国最高法院以往六十年的判决中发展出来的财产的三种意义。美国宪法（第五条和第十五条修正)禁止国家和各州的立法机关不经合法程序“剥夺”生命、自由或财产。在1872年的一件重要案件里,[①]最高法院认为财产的意义是有形体财产,自由的意义是免于奴隶状态。当时,“剥夺”财产或自由,意味着一时的“业务规则”,所谓国家不得剥夺一个人在自由处置有形体财物或他自己的身体方面的安全。这是有形体财产的一种物质的意义,可是它也有一种经济的价值。

“剥夺”财产,在当时又意味着剥夺一个人的权利,使他不能要求国家责令另一个人履行一种有关经济量值的交货或偿付的义务,和它有关的是“债权”或者资产,和“债务”或者负债。这种“无形体的”财产或契约也是一种“经济量”。[②]

无形的财产就大不相同,这是另一种“经济量”(像信誉、专利权、特许权等等的价值),它的意义在1890年进入美国的法庭判决。若是判决所争的问题中“无义务”(霍费耳德所谓“特免”),当然就有“无权利”的一面。“无义务”的经济上的相应状态是“自由”,“无权利”的经济上的相应状态是“暴露”,可能受到对方的“自由”的危害。商人在经济损益上的“暴露”是顾客有自由可以买或不买的“经济量”或商品;顾客在得失上的“暴露”是商人有规定价格否则不卖的自由。

因此,如果各方面受到平等待遇,就有一种“自由”和“暴露”的交互作用的状态,在公式里可以看得出。这是一种决定价格或工资的买卖的交易的意义,是“无形的”财产的意义(有别于“无形体的”)。最高法院在这些交易中所承认的无形的财产,全是那些对未来的有利的交易的预期,一般叫做企业的商誉、或是好信用、或是好名声、或者近来人们叫做“产业的好感”的工资劳动者的好

① 屠宰场案件(1872年)。

② 参阅本书下册第9章(Ⅰ),第3节,麦克劳德和经济数量的意义部分。

感[1]；这一切从前称为“自由”，可是现在也称为财产，因为它们是经济量，具有价值。根据1890年的这些判决，[2]如果各州或者国会削减一家铁路公司所取的价格，或是废除差别待遇，或是想要弄得雇主和雇员间讨价还价的能力平等，那么这种削减价格，或者这种干涉选择的机会，或者这种使人损失讨价还价的能力，就是一种对财产的“剥夺”，虽然所取消的或者所削减的是财产的价值，或是有关方面的行为，而不是物质的财产本身。

这样，财产的意义，按照宪法里的用法，从有形体的财物扩大到讨价还价的能力，从身体行动的自由扩大到一切经济交易中讨价还价的自由。

(7) 时间——最后，发生这个问题，自从洛克、斯密和李嘉图时代以来人们所用的那种传统的商品概念结果怎样了？他们的商品的双重意义是物资和所有权。1856年麦克劳德曾努力想要完全在所有权的基础上创立一种政治经济学体系。可是，他的理论受到所有的经济学家的排斥，因为他们认为他把同一样东西计算了两次，一次作为一种“物质的”东西，一次作为对那样东西的权利。可是，那些经济学家们自己却已经在他们把商品作为物资和有形体的财产那种双重意义中，把它计算了两次。

古典经济学家的困难是在“时间”的概念上。麦克劳德虽然前后不一致，却是第一个人指出“现在”是将到的未来和已往的过去之间的时间的零点。[3]从“现在”这个移动着的立脚点，所有权（作为我们重述麦克劳德的说法）总是注意未来，而物资却注意那生产它们的过去的劳动。可是，交易发生在时间的现在点，在这里所有



① 康芒斯：《工业的商誉》，1919年版。本书第10章，《合理的价值》。

② 康芒斯：《资本主义的法律基础》，第15、36页。

③ 参阅本书下册第9章（Ⅰ），第4节，麦克劳德部分，关于时间的议论。

权的权利被转移了。在经济理论从商品改变到交易以前，“时间”概念不可能重要。因为“时间”是一个活动单位的一种要素。

然后，在交易成立以后，如果发生争执，法庭根据当事人当时的目的，或者根据立法的目的，或者根据法庭自己的公共政策的实用主义哲学，运用各种伦理原则——这一切合在一起我们称为“习惯的假定”①——对那已经发生的交易，假定它在有关商品、价格、货币或其他经济量方面，包含有种种一定的预期。这种现在加以估价的未来的数量，就是“资产和负债”，预期的财产的安全、服从、自由和暴露，以及预期的个人的履行、克制和避免。

这种心理的和理智的程序，我们在讨论“契约”和“应得数额”的原则时已经提到，从这里面产生了一部分关于契约的学说。一经在判决中加以肯定，这些习惯的假定，根据前例的原则，就成为各有关方面对于他们现在交易的未来经济后果的预期。这不过是预测的原则的一种特殊的例子，这种原则我们叫做“未来性”的原则，是一切人类行为的一个特征。

曾有人提出问题，并且永远会有人提出，能不能有一种“未来性的科学”。我们回答，如果人类活动是这门科学的题材，一定会有这样的科学。从最早的预言者、术士和巫医的时代起，经过各种科学中所作的假定，直到现代商业的悲观主义和乐观主义，以及现代的经济预测成了专业，支配人类活动的始终是“未来性”的原则。也许一种未来性的科学是不可能；然而一种专讲“交易和预测”行为的科学，运用对失败和成功进行观察所得的知识来考查，却是一种人类活动的科学。实际上，我们可以说人类生活在将来，而活动在现在。甚至自然科学也有相当大的一部分还不免于无知、偏见或

① 参阅本书下册第 10 章（Ⅴ），《习惯的假设》。

过分强调，这一定会有的[①]：但是它们是科学的，因为它们的预测的方法是科学的。

一种研究所有权和交易关系的科学更是这样——它们本身就是对未来的预测。

（8）价值的"交易的"意义——价值和资本的概念经过了三个历史阶段，从每一阶段今天的实际结果来说，我们可以称为工程经济学阶段，家政经济学阶段和制度经济学阶段。

工程经济学阶段从李嘉图开始，由马克思加以精细的推敲，最后成为弗雷德里克·泰勒的"科学管理"。在这里价值和资本的实际运用的概念是"使用价值"，或者商品和服务的技术品质，它们每单位的价值不随着需求或供给的增减而增减，可是随着生产中所需要的劳动和技巧的数量而增加，随着损耗量而减少或者"用光"。使用价值也随着文明方面的变化而变化，像弓箭让位给火药或炸药，或是用裙圈张开的女裙让位给光腿。由于这种发明或风气上的变化，使用价值也可以称为"文明价值"，受"废弃"和"发明"两方面的影响。如果使用价值被积蓄起来供将来进一步生产之用，这种积蓄就是"资本"，按这个名词的古典的意义来说。我们却称为"技术的资本"；它的属性是使用价值。

使用价值，或者技术资本，是劳动所产生的——就是，体力、脑力和管理性的劳动的联合，像马克思在"社会必要劳动"的名义下所陈述的那样。在变成用计量单位表示的量以后，它就成为"科学方法的"。这种计量法是工程师泰勒的成功，他和他的信徒们设计出一套"使用价值"的生产中所需要的物质的计量单位，分为三种：第一种是物质的数量，例如"蒲式耳"或"吨"；第二种是物质的质

① 参阅本书上册第 102 页。

量，例如"一等"或"二等"；第三种是"单位工时"，生产每一单位所需要的工作量。

工程经济学在"工时"这个复合名词下加入时间因素，结果产生了"效率"的概念，"效率"的科学在现代工程和农业学院里列为专业学科。

家政经济学阶段从戈森、哲逢斯、门格尔、庞·巴维克这些人的快乐主义或者快乐—痛苦学派开始；在这里，不通过货币的使用，个人比例地分别支配他所有的各种各样的食粮、衣着、住所、土地、设备以及其他生产用品和消费用品，以便从他所能控制的有限的物质资料中获得最大限度的总满足。在这里，价值的概念是一种每单位物资的效用递减的概念——随着所得的数量的增加而递减；或是一种每单位物资的效用递增的概念——随着所得的数量的减少而递增。既然这种效用并不客观地存在，像使用价值那样，而是主观的、在个人的心里和感觉里，一般就把它包括在心理经济学的范围之内。可是，这种效用的现代意义的特殊化却是在家政经济学或者消费经济学里，包括那自己生产只供自己使用的孤立的农人在内。就这些情况来说，目的都是从各种物质资料中取得最大限度的人类满足，但是每一种东西本身的每个单位所产生的满足，却随着数量的增加而递减，随着数量的减少而递增。

然而，既然这种心理的价值是一般的稀少性原则的一个特殊问题，我们可以干脆叫它"稀少性价值"，和"使用价值"成为对比。

在这一方面，稀少性价值可以从心理经济学被变成制度经济学，在制度经济学里，所有权通过交易买卖被让与和取得。在这里，稀少性的计量单位是另一种制度——货币，有关所有权的名称是"价格"，而不是那心理的名称"边际效用"。

因此，每个单位的商品或服务具有两种可以计量的价值，它的使用价值，不随着数量的多少而减增，和它的稀少性价值，随着数量的多少而减增。

最后，一切商品和服务，当估值的时候，都是在目前的或遥远的未来，以致，由于预期的或长或短的等待，或者或大或小的冒险，一个未来的数量在价值上总被认为不及一个种类相同和多寡相同的现在的数量。这种人类天性的普遍事实的心理基础，曾经庞·巴维克加以精细的说明，①他是要给制度经济学的一种普遍事实找寻心理的基础。这种普遍的事实在任何市场上都出现，在市场那里它是转移所有权的谈判里的一种因素，并且是信用和银行制度的基础。价值的这个现在的一面和那预期的一面比较，是价值和资本的意义的一种第三面，通常称为利息或升水，如果在将来加给，或者称为折扣或贴现，如果现在就扣掉。

因此，根据交易的和所有权的观点来说，价值的意义有三种，每一种由于自己本身的原因都很容易变化：使用价值，来自李嘉图和马克思的工程经济学；稀少性价值，来自心理经济学；交易价值，也是来自心理经济学。这一切在一个指定时间的一件现在的交易中有关所有权的预期里面结合起来，我们照麦克劳德的说法，把这个叫做一种"经济的量"，而不是一种物质的量，因为未来性是它的三方面之一，这三方面合在一起构成现代资本的意义。

古典学派和快乐主义学派的商品实物并不消失——只是通过所有权的制度转移到未来。实际上，那未来也许是非常之短，不值得加以计量，但无论如何总是未来性。交易是根据对目前的或遥远的未来的预期，受到由财产制度组成的集体行动的保障，并且只有在谈判结束以后才有交易。交易是在法律和习俗的作用下取得和

① 庞·巴维克：《资本实证论》，英译本，1891年版。

让与对经济数量的合法控制权的手段，包括对劳动和管理的合法控制权，它们以后将生产商品以及把商品逐步地送给最终消费者。

这样，制度经济学，或者所有权经济学，不是完全跟古典派和心理派经济学家脱离关系——它把他们的理论转移到未来，那时候实际物品将被生产、交货或消费，作为现在的交易的结果。然而，它把法律上的控制权和被占有的物资分开了。所有权的转移是一件现在的交易，发生在一个特殊的时间，一个时时刻刻都有的时间的流动点。将来的后果也许是古典派和共产主义经济学家的那种生产的工程经济学，或是快乐主义经济学家的家政经济学，这两者都靠物质上的控制。可是，制度经济学是对商品、劳动或任何其他经济量的法律上的控制，而古典的和快乐主义的学说只涉及物质的控制。法律上的控制是未来的物质的控制。在有关代理、委托管理、信托等法律中受益人的问题上，可能有所不同，但这些关系并不影响交易本身，在这种交易里主要的是法律上的控制权，受使用、稀少性和未来性这三方面的限制。[①]

我们说有价值的是法律上的控制，不是物质上的控制，似乎和正统派经济学家的假定完全相反。在他们看来，物质上的控制对于创造和消费财富是必要的。在这方面他们得到一个明显的结论，可是，他们的理论里没有加入"法律上的控制是未来的物质上的控制"这个观念。他们由庞·巴维克的心理学把未来性带进了经济学。可是，未来性始终作为财产的权利存在着，而这一点心理派经济学家不承认。然而，庞·巴维克作了一项宝贵的贡献，他追溯未来性的所在，把它从未来的消费的心理改变到取得物质控制以供将来使用的现在的劳动。我们更进一步把它追溯到谈判的心

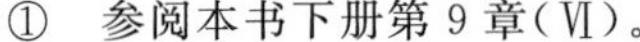

① 参阅本书下册第 9 章(Ⅵ)。

理，这种心理的结果是成立交易，从而取得法律上的控制，然后才能有物质上的控制。①

(9)履行、克制、避免②——可是，法律上的控制不仅是一种经济量，而且是对个人的未来行为的控制，这种控制将决定那经济量的各方面。

人类意志在它的一切活动上的特性，是在不同的对象中进行选择，因而经济学和自然科学有所区别。那选择也许是自动的，或者也许是被动的，由另一个人或者集体行动迫使当事者不得不这样做。不管怎样，选择是整个的身心在行动——就是，意志——不管它是在财富的生产和消费中跟自然力打交道的物质的作用和反作用，或是参加交易的人彼此要劝诱别人的那种谈判的活动。

每一个选择，一经分析，就显出是一种具有三方面的行为，这种行为——例如从发生争执时所提出的争点中可以看得出——同时是履行、避免和克制。"履行"(包括偿付)是对自然或者对他人运用能力，取得或交出一种物质的或经济的数量。"避免"是向一方面运用能力，而不向较次的另一方面去运用；"克制"是不运用全部能力(除了在紧要关头或是在被迫的情况下)，而只在一种有限的程度以内运用一个人可能运用的道德的、物质的或经济的能力。因此，克制是对履行的一种限制；履行是实际做出的行动；避免是放弃或避免了的另一种可能履行的行动——这一切全在同一点时间发生。

克制和避免通常结合在"不作为"这个法律名词里，可是，既然这个名词并不说明所"不作为"的是什么，我分析它为克制或是避免。



① 参阅本书下册第9章(Ⅰ)，第4节(10)，《从心理经济学到制度经济学》。

② 参阅康芒斯：《资本主义的法律基础》，第69页。

从“选择”的这三个方面产生了“合理”的原则。履行意味着作出服务，或者迫使别人服务，或是偿付债务。避免是不干涉别人的实行、克制或避免。克制是履行的“合理的”运用。每一种都可能是义务或是自由，连带地就有相应的别人的权利或者暴露；每一种都可能依据那特殊机构当时的“业务规则”，受到集体行动的强迫、准许或限制。

一切集体的强制力，通过法律的或仲裁的程序，影响行动中的意志的这三个方面——这种意志和洛克的“力”的概念完全不同。“履行”的命令和法律上“应得数额”原则的含义相似，就是，一个人应得的经济量。美国调节公共服务事业公司所供给的服务量或者所取的价格，那种办法就含有这个原则。“避免”的命令是一切集体的命令中最原始和最普遍的一种。它产生所有的财产权和个人自由，从原始的禁忌和摩西十诫到所有各种各样现代的有形体的、无形体的和无形的财产。它产生不干涉的义务，使第三者，甚至第一或第二当事人，不得干涉人们许可的预期，或者关于土地和物资的使用（有形体的），或者关于服务和债务偿还的履行（无形体的），或者关于因为一般所谓商誉好而确实可以预期的有利益的交易（无形的）。

当立法当局和行政当局不经过合法程序企图剥夺财产，或者财产的价值、或者自由时，美国最高法院命令他们遵守的就是这种避免或克制的义务。从经济学的观点来说，这一切集体的命令，不管是履行、克制或是避免的命令，都包含在所谓资产和负债那种时时变化的经济量里面；从法律的观点来说，它们是财产；从集体行动的观点来说，它们是“业务规则”。从经济状态来说，它们是安全、服从、自由和暴露。从那现行机构本身对个人的控制来说，它们是“有能力、应负责任、无能力、特许”。

(10)关键的和一般的交易——一百多年来，经济学家一直在研究一种补充的“物品”的学说，这种学说发展到近来，成为一种限制的因素和补充的因素的学说。然而，从人类在利益冲突中的意志活动的观点来看，我把它叫做一种“关键的和一般的交易”的学说。我将简单地使用关键的或限制的这两种字眼，“关键的”一词有关意志的方面，“限制的”一词有关客观的方面，它们是限制因素和补充因素的同一关系的两面。

人类意志有一种奇怪的可是习见的能力，能在成百成千的复杂因素中，对某一个因素发挥作用，从而使其他因素靠它们本身内在的力量，产生所希望的结果。很少的一点钾肥，如果是限制的因素，就会把土地的出产从每英亩五蒲式耳增加到每英亩三十蒲式耳。稍微操纵一下加速器，就会使汽车的速率高到每小时五十英里。对一个在工人群众中占着重要地位的人略施控制，就会把暴乱的局面变成照常运行的机构。一种增加得很慢的因素——例如建筑地基，成千的企业家和工人在人口集中地点互相竞争，要取得使用权——只要对土地所有者在法律上的控制权稍微加强一点保障，就会使土地使用者不得不从他们的利润、利息或工资中多抽出一笔钱来付地租给那个不在地主。

再说，限制的和补充的因素不断地在改换地位。在一个时间是一般的因素，在下一个时间也许变成关键的因素。一次也许是钾肥，后来一次也许是水；一次，在订立地租契约的时候，关键因素也许是地基；另一次，在谈判工资的时候，也许是一个熟练的技工或者甚至是正在罢工的工人；另一次，当商业信用是限制因素的时候，也许是银行家；另一次，在律师还未取得判决、其他一切可能停止的时候，也许是一个法院或者最高法院。以此类推，可以有无穷的关键的和一般的因素的变化。人们在取得未来的需要中总有一个限制的因素，由于影响这种因素或是供给或不供给这种因素——在特殊的时间、地点或数量上——可以使整个复杂的宇宙受到一个形体微小的人类的控制。

当然，如果在同一个时间所有的一般因素都成为限制因素，那就没有一个因素是关键的，事情就没有希望了。整个机构在破产或革命中瓦解。因为，一般地，在一个运行中的机构里，限制的因素不是在同一时间积累的——而是在连续的时间内相继发生的。我们将要看到，人生经济事务方面的一切研究中最重要而且最困难的是关键的和一般的因素的研究。它完全是人类意志在行动中的普遍原则——这种原则，从洛克那种类似物理学的被动的心灵的概念里不可能出现，只有在经济学成为一种研究人类意志一切活动的科学时才能发现，才能充分发展。①

(11)谈判的心理学——如果制度经济学因此是意志的经济学，它就需要一种意志的心理学来配合它。这是交易的心理，我们可以适当地称为交易心理学或者谈判心理学。所有比较老的心理学派差不多都是个人主义的，因为它们研究个人对自然或是对其他“自然的”个人的关系。个人不是被看作有权利的公民，而是作为自然的物质的或生物的物体。这种自然主义的个人主义，所有洛克的模仿心理学、柏克莱的唯心主义心理学、休谟的感觉心理学、边沁的快乐—痛苦心理学、快乐主义的边际效用心理学、詹姆士的实用主义、沃森的行为主义以及近来的完形心理学，都是如此。它们全是个人主义的。只有杜威的习惯的社会心理学可以成为谈判心理学。



交易心理学是谈判和所有权转移的社会心理学。参加交易的每一个人都想要影响对方，使对方做到履行、克制或避免。各人在

① 参阅本书下册第9章(Ⅶ)，《利润的边际》；又第9章(Ⅸ)，第3节，《关键的和一般的交易》。

或大或小的程度上改变对方的行为。因此各人想要改变那将要转移的经济价值的大小。这是商业、习惯、立法、法庭、行业协会、工会的心理。拿惯用的说法来说，它成为买卖的交易里的劝说或强迫；管理的交易里的命令和服从；或是限额的交易里的辩论和恳求。这一切都是谈判的心理。可以指出，它们是行为主义心理学的一个特殊问题，目的在于所有权的创造和移转。

可是，这些不过是陈述事实。对谈判心理学的科学的了解归结为最少数的几种一般原则，或是因、果或目的的相同点，在一切的谈判里都有，可是程度不同。

首先是交易参加者的个性。当事人享受不到经济理论所假定的平等，他们受到人类中种种差别所引起的有利的或不利的影响，例如各人的劝诱能力不同，各人对诱因和制裁的反应不同。

再则还有当事人所处的环境的相同和不相同。第一是可供选择的机会有少有多。这是和效率或者创造机会的能力分不开的。



一切谈判的目标总是在未来的时间——未来性的普遍原则。"业务规则"总要明确地或者默契地考虑到，因为这是对于在集体行动的控制、解放或扩张下当事人所能做、必须做，或者可以做的事情的预期。其次，每一件事里总有一种限制的因素，这种因素由聪明的谈判者、售货员、经理、体力工人或者政客在紧要关头加以控制，将决定补充因素在目前的或遥远的未来的结果。

因此，谈判的心理是交易的心理，它给经济量的所有权的转移提供诱因和制裁，根据不同的参加谈判的人，以及当时的稀少性、效率、未来性、业务规则和限制因素的情况，造成变化不定的货币估值。

从历史上来看，可以看出这种交易的心理已经有了改变，并且还在不断地改变；因此资本主义、法西斯主义、纳粹主义或者共产主义各种不同的哲学都是它的变化。在习惯法的判决里，劝说和压迫或强迫之间不断变化的区别是显而易见的；劝说被认为是一种合理状态的结果，这种状态或是机会均等、或是公平竞争、或是讨价还价的能力相等或是合法程序。可是，经济的压迫和暴力的强迫是这些经济理想的否定，差不多每一件经济冲突案件，都根据本案的具体情况，成为一种对劝说、压迫或强迫心理的假定或研究。甚至管理的和限额的谈判也受这种制度变化的支配，因为命令和服从的心理是随着服从、安全、自由或暴露状态的心理方面的改变而改变的。现代的"人事管理"证明谈判心理学上的这种变化，像前面引用的丹尼逊的表述所说明的那样。①

这一切的基础在于每一件交易中所含有的、我们已经加以区别的那三种社会关系：冲突、依存和秩序的关系。各有关方面，因为那普遍的稀少性原则，被卷入一种利益的冲突中。然而他们相互依赖，把对方需要而没有的东西的所有权相互让与。这里的运行法则不是一种注定的利益协调，像神权或自然权利的说法或者古典派和快乐主义派的机械的平衡所假定的那样，而是它实际上从利益冲突中造成一种可以行得通的财产和自由的相互关系和有规则的预期。因此，冲突、依存和秩序成为制度经济学的范围，它的基础是稀少性、效率、未来性、"业务规则"以及关键的因素这些原则；可是在集体行动控制、解放和扩张个人行动的现代观念下彼此有相互的关系。

这样，我们可以明白怎样经济学家和法学家的"自然权利"观念造成了他们认为过去应该造成的一种框架，要现在的个人在它的范围以内行动。那是因为经济学家和法学家们没有研究集体行

① 参阅本书第 80—81 页，"管理工作分析"。

动和谈判的心理。他们假定现行的财产权和自由权是固定不变的。可是,如果"安全"、"服从"、"自由"和"暴露"只是各种集体行动的可以改变的运行法则,面向着未来,那么所谓一定的框架也只是一句空话,实际上集体行动在控制、解放和扩张个人在未来的财富的生产、交换和消费中的行动。①

因此,制度经济学所倾向的最后的社会哲学——我们认为这是关于人性和它的目标的一种信仰——不是什么由神权或自然权利、或者物质主义的平衡、或者"自然法则"所注定的东西。它可能是共产主义、法西斯主义、纳粹主义、资本主义。若是管理的和限额的交易是那哲学的出发点,结果就是共产主义、法西斯主义,或者纳粹主义的命令和服从。若是买卖的交易是研究的单位,趋势就是走向机会均等、公平竞争、讨价还价的能力均等、合法程序、自由主义哲学以及有节制的资本主义的理想。可是,可能有各种程度的结合,因为这三种交易关系在一个集体行动和永远变动的世界里相互依存,并且变化多端;这就是那变化不定的未来的制度经济学的世界。

## Ⅲ 观 念

洛克的"观念"是作为物质对象的简单的摹本而开始的。这些对象,在经济学里,是商品和个人。然后,由于一种被动的观念的组合,较为复杂的有关实体、关系和样态的观念成为观念的"集合体"。这是两百年来经济理论的概念。

可是,如果心灵本身是一种活动单位,它就实际上创造自己的

① 参阅本书下册第10章(Ⅲ),《从自然权利到合理价值》。

观念。观念不是现实的摹本——它是一种有用的想象，我们从而取得生活或者取得财富。既然谋取生活也被化成一些活动单位，那就需要一种比较复杂的观念的分类。

我们将竭力保持以上所作的对洛克的“观念”和“意义”的区别，不仅是字眼上的而且是观念上的区别。观念是我们用来从事研究的理智的工具。我们将改造人们所熟悉的一些观念的体系，使它们适合我们的题材。这种题材就是人类通过合作、冲突，以及那控制、解放和扩张个人行动的“业务规则”，在生产和取得财富中的交易。这些外界的活动最初接触到我们的时候仅仅作为感觉，因此我们不能肯定它们是由我们身体外面发生的变化所引起，还是由身体里面发生的变化所引起。等到认为内部的感觉是由外界发生的事情所引起的，我们就称它为“感知”。感知是我们给予感觉的意义。

可是，到这个程度为止，我们还没有超过牲畜或婴儿。下一步是取得语言，我们用语言把我们的知觉对象叫做“狄克”或“爸爸”，然后按照相同点、相异点和数量将它们分类。



就我们的需要来说，有五种相同点和相异点，自成一个体系，从洛克的“简单观念”（这是知觉对象）直到他的最复杂的观念。可是我们不用他的“实体、关系和样态”那种复杂的观念，而创立五种心理的研究工具，从简单观念到具有高度复杂性的观念。

最简单的观念（或者工具）是一种“概念”，从“属性的相同点”产生出来的概念，例如“人”、“马”、“使用价值”、“稀少性价值”。

较为复杂的是“原则”，这里我们指的是一种假定的“行动的相同点”。概念不包含时间的成分，而对于一个原则的观念，时间过程却是不可缺少的。从这种原则的观念里推论出许多特殊问题，例如法则、因、果、目的。所谓“供求法则”并不是一种法则；它是稀少性原则的一个特殊问题，而且，因为原则含有时间关系，它是一种“因、果或目的的相同性”。例如，稀少性的原则可能是活动的一种原因、或是活动的一种结果、或是活动者所意图和一种目的。所有我们也许能把政治经济学的所谓“法则”归纳进去的其他原则，都是如此；我们可以把它们归纳为一切经济活动的一种因、果或目的，例如效率、未来性、集体行动的运行法则，以及限制的因素，控制了这种限制的因素就能控制那些补充的因素。[①]

各种科学都想要把它的复杂的活动归纳成最简单和最普遍的原则。如果我们也给政治经济学做这种工作，把它和物理的及生物的科学区别开来，作为社会学的一个分支部门，那么最简单的并且因此是最普通的因、果或目的的相同性就是“愿意”。“愿意”不是“意志”，也不是洛克的“实体”，或者“存在”，或者“力”——它只是一种假定的因、果或目的的相同性，从对人类行为的经验中产生出来的。

然而，因为“愿意”的意义包括心理学和经济学之间那道很可争论并且也许无法跳过的鸿沟，我们将效法奥格登的“两种语言的假设”，他用这种说法在类似的情形下从生理学跳到心理学。[②]奥格登会用两种语言陈述同一件事。例如，“记忆”是心理学的语言，而“保持力”是相应的生理学的语言。这两种语言的手段并不解决洛克和现代“行为主义者”的关于无意识的生理学怎样变成有意识的心理学那个不能解决的问题，可是它使奥格登能够从一面转移到另一面，适应了需要，而不至于使他自己对任何一种说法负起无可挽回的责任。

在“愿意”的经济学里，我们需要的不仅是一种两种语言的假

① 参阅《牛津字典》中对法则和原则两字的解说。

② 参阅奥格登：《心理学意义》，1926 年版。

设;我们需要一种包含心理学、法学和经济学三种语言的假设;实际上,需要一种四种语言的假设,如果我们肯像奥格登那样,容纳生理学上的行为主义者。①我们研究疲劳和推销术时需要生理学。我们关于"愿意"的四种语言的假设是心理学、法学、经济学和生理学。在心理学方面,那是观念、意义和评价;在经济学方面,那是评价、选择、行动和预测,这构成交易和"运行中的机构"的经济量:在法学方面,那是习俗、政治、习惯法和成文法的集体行动,它控制、解放或扩张交易或机构;在生理学方面,那是腺、分泌物、神经,它们使身体继续活动或停止活动。

这种关于意志的四种语言的假设,将承认洛克把观念作为一个内部世界模仿一个外部世界,因而注入各种科学的二元论和怀疑主义;可是它超越了他的二元论,由于把他的"观念"这个名词理解为四重性的活动——解释意义、评价、选择以及服从或不服从习俗和法律的社会规则。

"愿意"的这四种语言的假设 ,在"将来时间"的意义上获得统一。未来性同时含有心理学方面的预期,经济学说上的一种可以计量的数值、法律上的未来的实现,以及诱因和制裁所引起的生理学上的分泌的反应。

因此"愿意"成为一种因、果或目的的普遍原则,适用于某种样态的行动,决定于人们因为预期的事件而对一些语词和事件所作的解释;一种动态,决定于在那些预期事件的人们心里所引起的对于相对重要性的感觉;一种动态,受到我们称为制度的那种集体行动的约束、解放和扩张。那行动本身是人们根据这种解释、评价和限制而反复进行的交易。因此,"愿意"的意义是那分不开的解

① 参阅沃森:《行为主义》,1925 年版,《行为—比较心理学导论》,1914 年版;又所著《行为主义》条目,见《英国百科全书》,第 14 版。

释意义、评价、交易和管理的活动,这里面“解释意义”是半理智的语言;“评价”主要是感情的语言;“交易”是经济的语言;而伦理、法律和财产是集体的或制度的语言中的运行法则。

这四种语言的假设使我们能避免在形而上学的困难问题上采取肯定的立场,同时却可以容纳非物质的东西——就是,和交易以及“运行中的机构”分不开的预期。我们用“未来性”替代形而上学。

它又使我们可以区别(我们将反复地区别)一切思想过程中必然会有的“类比”的两种意义,同时却利用一切语言里到处都有的那种辞义适当的类比,而不采用不熟悉的语词和符号,像自然科学可以做的那样。因为类比不过是发现相同点的方法。正确的类比是真正的相同点。经济思想史上曾发生似是而非的类比,由于把根据自然科学推论出来的意义转移到经济学上,例如我们已经看到洛克从牛顿的天文学和光学、或者从比较晚近的有机体的生物科学、或者甚至从人类意志本身作出的种种推论。这些似是而非的类比往往用这一类名词来表示,诸如“实体化”、“物质化”、“物化”、“给予生气”、“人格化”、“使永久化”、“万物有灵论”、“物质主义”①。

错误的类比可以总结为机械论、有机体论和人格化这三种,因为它们错在把物理学、生理学或个人心理学里用得适当的观念转移到经济学里。这种观念,我们认为可以避免,可以用“交易”和“运行中的机构”这两种观念来替代,并且认识到我们在说到它们的时候,是运用心理学、法学、经济学和物理学的四种语言,来表示同一行为的四方面。这“运行中的机构”和“交易”对经济学的关系,

① 弗兰克:《经济事务中的不稳与不调和的原则》,载《政治学季刊》,1932年第47号,第515—525页。

就等于怀特海的“有机组织”和“事象”对于物理学①,或者生理学家的“有机体”和“新陈代谢”对于生物学,或者形态心理学上的整个人格对于意志的个别行为②。凡是有这种从机械论、有机体论或者个人心理学里移植过来的意义潜入的地方,我们认为结果所产生的那种理智的工具不适合于经济的研究,虽然由于语言的贫乏,我们往往不得不使用它们,作为一种可以容许的生动的类比。

比原则还要复杂的是“公式”,由心灵构想出来,用以研究部分与整体的关系。它在研究虚线和虚数的纯正数学里达到惊人的成功。我们构成的其他心理的公式是:买户和卖户对他们所参加的一件交易的关系;买卖的交易本身对那运行中的机构(它们是这个机构的组成部分)的关系;个人对社会的关系,公民对国家的关系;等等说不尽的各式各样的关系。无论那公式怎么简单或复杂,它总是人们心里所想象的一种部分与整体之间的关系。

韦伯,在桑巴特之前但是在里克特之后,创立了一种类似公式的东西,他称为“理想的类型”。它的目的是消除主观的因素,提供一个完全客观的公式,包括研究和了解一切社会事实的关系所必需的东西。因此,他们的理想的类型不包含是非的关系。可是,即使如此,不同的研究者对于什么是必需的东西就会有不同的意见,或者对于各种东西所占的重要性彼此看法不同,像克朗诺和谢耳廷指出的那样。因此韦伯创造了“资本主义精神”或者“手工业精神”的理想类型。这种理想的类型在研究者的心目中是固定不变的,如果事实和它不符,他并不将那理想的类型加以改变,使它符合事实,而是以后再把事实作为“阻力”来谈,虽然阻力和类型完全

① 怀特海:《科学与现代世界》,1925 年版。

② 科勒:《猿的智力》,1917 年版(英译本根据再版本,1925 年版);《完形心理学》,(1929 年版);考夫卡:《心的成长》,英译本 1924 年版;彼得曼,布鲁诺:《完形学说与完形问题》,英译本 1932 年版。

同样的重要。可是，交易和运行中的机构的公式避免了这些困难，因为它是从实际行为而不是从各别的感觉或“精神”出发的。没有必要去找一种内在的精神的原则，来解释行为的相同点。这种原则本身是客观的，如果从一个机构的“业务规则”里产生出来。①

最复杂的观念是一种“社会哲学”，通常说起来总是加上“主义”这两个字，例如个人主义、社会主义、无政府主义、法西斯主义、资本主义、土地均分主义、工会主义的哲学等等。我们用“社会哲学”的地方，欧洲经济学家用“意识形态”。我们认为“意识形态”是纯粹理智的。它没有感情、活动或发生效果的力量。可是，一种社会哲学有两个主要的关系点——它以有关人类天性的伦理感情为基础，在未来树立一个所希望的目标。这里显得主要的是一种目的的相同性，使一切概念、原则和公式的意义都居于次要，服从于目的。这种哲学并不总是一个明确的观念。它通常是半意识的。如果一个人着手来证明一件事或者一个问题，他怎样能选择那些足以作为证明的事实，真是不容易。其实正是我们的社会哲学不知不觉地给我们选择我们的事实和解释。然而，一种社会哲学，为了研究的目的，只是一种复合的观念，它“没有固定的自然界里的对象”，像洛克说公道、法律或上帝那样，而是可以从一切其他观念里推断出来的。

我们的“观念”的意思有些像霍布生给科学下的定义，作为一种“配合感知的概念的组织”②。然而又有不同的地方，因为对我

① 克朗诺:《约翰·康芒斯，他的经济理论的基本特点》；谢耳廷·亚历山大:《论马克斯·韦伯的厂史的文化与科学的逻辑理论，特别是他的理想型式概念》，载《社会科学与社会政策文献》，1922 年第 49 号，第 623—752 页；并可参阅本书第 10 章(Ⅵ)，《理想的典型》。

② 霍布生:《在自然科学的领域中》，1923 年版。寇因所持论点恰好相反，参阅寇因，摩里斯:《理智与自然》，1931 年版，《法与社会秩序》，《论法律心理学》，1933 年版。

们来说，我们这门科学的研究对象是人，他们本身有他们自己的“概念的组织”。因此经济科学家有两种“概念的组织，”一种是他自己的，他用来构成他的科学，另一种是他的研究对象——人的，他们构成他们自己的“概念的组织”，为了他们自己的目的。

这样，我们在心里一再地构思，用一种我们叫做“理论化”的程序，创立五种心理的工具供研究和了解之用，总括在一起，我们叫它们“观念”和观念的“意义”。观念，作为意义来了解，是感知、概念、原则、公式和社会哲学。它们是分不开的，并且因为它们互相依赖，我们又创立一个第六种观念，叫做“学说”。

更恰当地来说，学说是理论化的活动的过程，理论化是一种思想的方法。各种不同的理论化的方法对经济学说发生了重大的影响。哲学家黑格尔把它说成主题、对照和综合。主题是一种最初的主张，对照是它的反面，综合是在较大的规模下二者的调和。这个公式黑格尔运用在日耳曼民族政治进化中所体现的“世界精神”的进化上；后来又经马克思运用在社会的物质进化上，普鲁东运用在效率和稀少性的经济矛盾上。一种心理的公式被说成了客观的存在。①

后来，既然外部世界的进化显然是公式的一部分，思想的程序于是被说成分析、溯源和综合。分析是分类的程序，我们用它来比较和区别异同，从而能够把题材分解分概念、原则、公式和哲学。溯源是分析所有的因素中不断发生的变化，就是达尔文的所谓“天择”。综合是分析和溯源合成一种关于部分对整个的时刻变化的关系的公式。这样，通过分析，我们分类、一再细分，并且解释各种价值的概念或者效率和稀少性的原则的意义。通过溯源，我们说

① 参阅本书上册第8章(Ⅷ)，《马克思和普鲁东》。

明价格方面的变动、或者早先的习俗变成许许多多现代习俗的经过、或是从石器时代到无线电时代各种发明的演变。通过综合，我们把时刻变化的个别部分结合成一个时刻变化的整体。

这种关于世界上经济事实的思想公式的产生，结果引起十九世纪晚期“静态论”和“动态论”的区别，这是从早期的自然科学里承受过来的。如果我们考察那些采用所谓“静态的”思想方法的经济学家的工作，我们就发现他们的方法是假定除了它的变动正在被研究的那一项因素以外，一切其他因素都固定不变。这种方法在实验室的科学里是可以实行的，而且结果已经在那些科学方面有了重大的发现，因为——由于用巧妙的设备——可以把所要研究的一项因素以外的其他因素都保持得固定不变，而全部被研究的对象不提出抗议，也不作个别的或集体的抗拒。可是，在经济科学里被研究的对象是活的人，他们个别地和集体地在行动，他们不容许进行那种实验室的试验。所以，静态的分析只能是一种心理的假设，它的基础仅仅是假定其他因素不变；不可能把任何人弄得真正地不变，以便进行对理论的试验。

在早期经济学家著述的时候，还没有研究一个变化复杂的问题所必需的统计或数学理论。实际上，这种统计和数学理论直到战后的研究工作中才比较容易获得，特别在美国是这样。所有的因素同时在变化，并且分化为微小的因素，它们也在变化，和一切其他因素发生连带的关系。复合变化的问题在世界范围内存在；许多国家里的数理经济学家努力工作，想要解决这个问题，对时刻变化的个别部分和时刻变化的整体之间可以量度的关系，作出一种综合的结论。

可是，这里在“动态”这个名词的意义上产生了一种区别。我们辨别为“复合的变化”和“复合的因果关系”。在自然科学里，因果关系完全不讲，因为被研究的对象没有自己的意志。数理经济学家必须想法同样地处理经济科学，丢开因果关系不谈。因、果和目的的观念完全是人类的发明；它们的产生是由于人类意志要通过个人和集体行动来控制和征服一切其他人类的和非人类的因素，或者抗拒这种控制和征服。老派经济学家假定利益协调，想借此把所有这些人类的因素作为“阻力”完全排除出去——像数理经济学家在他们的复合变化的理论里所做的那样。可是，必须到人们创立一种行动中的人类意志的理论，能适合人类这些主观的、不可解的、热烈的和打仗似的活动以后，才能说整个政治经济学被变成一种可以实行的经济科学。

这一点我们想要用关键的和一般的交易的公式来做到。人类创立部分对整体的关系的公式，想要发现什么是限制的因素，对这种因素取得关键的控制，就会在其他因素方面产生变化。在这里因、果和目的的观念发生；物理学上的复合变化的理论变成经济学上一种复合因果关系的理论。

虽然“综合”这个名词可以用在这种程序上，但是还需要一个更精确的名词。韦伯给它“了解”这个名称。埃克利给它“洞察”这个名称。我们依据埃克利的说法，把思想的方法归结为分析、溯源和洞察。

“洞察”的意义自会明白，如果我们考查五十年前经济学家关于“演绎的”和“归纳的”研究方法的争论。演绎法似乎就是三段论法，有大前提和小前提，从而产生一个必然的结论。例如，人是会死的——大前提；苏格拉底是人——小前提；所以苏格拉底是会死的——必然的结论。

然而，如埃克利所说①，我们所要知道的是现在躺在手术台上

① 参阅南达科塔大学工学院院长埃克利，刘易斯的论文，载《哲学杂志》，1925 年

的这一个特殊的苏格拉底是否会死在外科医生的手里，以及什么时候会死。这里，我们有许许多多的大前提，其中有些让我们希望他将活下去，另外有些叫我们担心他将要死。这里我们所需要的是洞察。

在经济学里就是这样。我们在研究那大前提本身，想要看出是不是在这里和这个时候他们能被控制。"供求法则"，或者我们应该说"稀少性原则"，是必然的，丝毫不差，并且像死或引力定律一样，不能避免。可是，我们所要的是控制死、引力和供求（假如我们能做到的话），或是弄清楚是谁控制了这些。假如我把一个人从十层楼上的窗子里丢出去，使他丧命的是我呢还是引力定律？如果一家大公司卖出同样货品或服务，向有些顾客取了高价，而向他们的竞争者取了低价，那些高价的顾客是"供求法则"使他们破产的呢，还是由于那公司不公平地运用了稀少性的原则？我们需要的是洞察。

因此"归纳"这个名词，或者归纳的研究方法（也含有演绎），有两种意义。归纳也许是一些作为小前提的例证的集合，这些例证合在一起的时候仅仅是重述那大前提。这样，我们就是用循环论法在论证。或者，像埃克利所说的，归纳也许是一种新的"洞察"，深入地认识到大小前提的复杂性，所有的前提必须按照那特殊的情况以及已经发生或可能发生的后果，加以权衡。

这种"归纳"是埃克利用来替代"综合"的东西。综合不仅是演

10月第22号，第561页、1927年10月第24号，第589页、1930年2月第27号，第85页和《工程教育杂志》，1928年4月第18号，第807—822页；本书下册第10章(Ⅵ)，《里克特及马克斯·韦伯》；库克关于法律学方法论的论文：《科学方法与法》，《约翰·霍布金斯校友杂志》，1927年第15号，第3页；《英国百科全书》，第14版，《类比》。《因果关系》、《逻辑》、《科学方法》等条目。沃尔夫：《科学方法要义》，1930年版；康芒斯：《英美法及经济理论》中，论门格尔及希慕勒的部分，《现代经济理论》，第3编，第313页。

绎和归纳——它是洞察一个变动的和永远有新发现的世界里整个局面的限制的和补充的部分之间的关系。它是明悟、了解以及对事物的合宜性的一种"情绪的意识"。当它成为行动的时候，就是关键。重大的和新颖的洞察曾在经济思想的进展上留下痕迹。我们根据以往经济学家的学说推论我们现在的学说，他们每一位都贡献了一种以前没有或是不明确的新的洞察或见识。老的关于演绎和归纳的争论，在努力获取"洞察和了解"的伟大运动中消失了。发展的程序永远不会完。更多的洞察和见识大有用武之地。旧的见识在它们的时间和地点曾经是了不起的和重要的——人们决不应该忘记或是一笔勾销。新的见识是需要的，可是它们也需要旧的见识的帮助，因为"世界的经济困境"① 比以往任何一个时期更使人为难，然而类似的困境在过去也曾有过。

因此，一个理论，按照我们对这个名词的用法来说，是一种包括"分析、溯源和洞察"的复合活动，由心灵主动地创立起来，以便了解、预测和控制未来。"理论"，或者"理论的"，这种字眼，往往被一个注重实际的人用作一种谴责的语词，他自命是只讲"事实"。他对"哲学"这个字眼通常不像这样地反对。研究者不应该问他的"理论"是什么，而应该问他的"哲学"是什么。他用这个名词的意思，没有疑问，是指洞察和了解。可是，当那注重实际的人预测货价将要上涨，因而尽量多买进的时候，他就是一个理论家。若是货价不涨而且下落，他因此破产，那不是因为他注重实际，而是因为他的理论错误。他没有分析所有的事实；没有考虑正在发生的一切变化；没有把分析和溯源结合为一种正确的洞察，从而看到在变化中的许多复合的关系。换句话说，他没有用一种正确的理论指导他

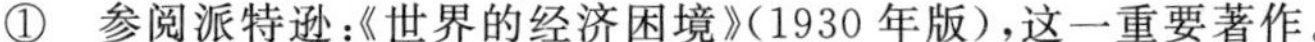

① 参阅派特逊：《世界的经济困境》(1930 年版)，这一重要著作。

的实践。他是一个很差的理论家。所以，理论这个名词意味着一种正确或不正确的对限制的和补充的因素的洞察。它不是事实，而是对事实的预测。如果是正确的，就是一种会适合所需要一切未来事实的见识。如果不正确，那就完全是一种错误，需要纠正。

然而，"理论"这个名词还有另一种意义，就是"纯理论"，而我们现在所说的是"实用的理论"，就是皮亚斯所说的"科学"的意义。[①]经济学家可以区别为"纯理论者"，如果他们的论证只是根据任何一种他们采取的假定来进行和欣赏，而不管他们的理论在实验时是不是行得通；或者可以区别为"科学的理论者"，如果他们顾到他们的理论的实际价值，适用于了解、实验、尝试、指导他们自己和其他参加活动者的未来的事情。纯理论总是必须从假设出发，就是从认为是对的一种普遍的原则出发。在这些假设的基础上，用逻辑的方法引申理论。

所有的科学都作这种区别。数学可以说明这一点。纯正数学不是一种科学，而是一种"公式"。这种公式是用数字的语言在心里构成的。任何一种前后一贯的方法，能根据一种假设把一些数字结合起来的，就是一个正确的公式，有时候可能有用。欧几里得认为他的假设或原理是自明的，因此产生一种肯定的推论说，经过某一点不能作出两条平行的线。他把假设和外界的现实混淆起来了。可是，洛巴切夫斯基于 1829 年由于一种新的洞察，作出一项同样不矛盾的公式，证明经过一点可以作两条和某一直线平行的线。两者都是纯理论，可是它们从不同的假设出发；欧几里得从平面和静止的点出发，而洛巴切夫斯基，或是他的后继者，从动的空间和相对的时间出发。每一种理论本身都是前后一贯的，因为根

① 参阅本书上册第 4 章，《休谟和皮亚斯》。

据各人从而出发的假设，结果都正确。在洛巴切夫斯基以后七十五年，爱因斯坦利用这一段时期中数学家所作的修改，把从来没有用的公式运用于在宇宙间疾速运动的光点，代替那种假设的在地球上固定不动的点；据说他曾经说过，他的发现是由于对每一种假设都提出疑问。后来，实验证明了那公式对于一种新的事实的秩序是有用的。这是实用主义理论的一个例子，这种实用主义的理论，我们叫它科学。①

在经济学里也是同样的情况。每一种经济思想的学派，从它自己假设的若干事实或原理中加以推断，都贡献了一些纯粹的理论，根据这些理论，最后可以产生概念、原则、公式和社会哲学，作为思想的工具，从事于建立理论、研究、发明、实验、计划和行动。

可是，经济学里的纯理论不能看作和自然科学里的纯理论完全相同，因为自然物质没有目的、意志、权利或利益。经济学家本身就是他这门科学的有目的的对象的一部分。这一点也许不会显现出来，除非他被一种危机逼迫，必须在冲突的利益之间作一种选择；这时候也许发现他的纯理论里面含有那指挥他的决定的种种假设。



以上是纯粹观念的一种分类，按照它们的“主观的”意义，分为感知、概念、原则、公式、哲学和理论。观念也可以按照“客观属性”的相同点来分类，例如，使用价值、稀少性价值、人性的或伦理的价值。或者，它们又可以按照“社会关系”的相同点来分类。我们将要应用的主要的几种是买卖的、管理的和限额的交易，习俗以及统治权。

这三种分类的原则，我们可以称为“概念”的分类，有时候叫做

① 参阅本书上册第4章，《休谟和皮亚斯》；下册第10章，《凡勃伦》；上册第8章（Ⅹ），《从绝对论到相对论》。

"静力学",这里面不发生时间和因果关系的问题。可是,如果我们把它们看作活动单位,有时候由于比拟较老的物理学,叫做"动力学",那就需要一种按时间顺序、从因果关系或目的来分的观念的分类。这种分类是按照因、果、目的或者所谓"法则"的相同点,但是这所谓"法则"我们叫做"原则"。这些原则可以归结为稀少性、效率、未来性、业务规则和关键因素那五种相同点。为了便于参考,我们把这种观念的分类法列表如下。必须注意,这些观念实际上并不真正分得开。它们不过是思想的工具,为了适合研究的目的,必须把它们相当地结合起来:

### 观念的分类

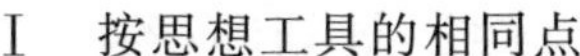

Ⅰ　按思想工具的相同点

1. 感知(感觉的意义)
2. 概念(观念、属性、关系的相同点)
3. 原则(因、果、目的的相同点)
4. 公式(部分和整体的关系)
5. 社会哲学(人类天性和终极目标)
6. 理论(洞察、实验)

Ⅱ　按客观属性(概念)的相同点

1. 使用价值(文明价值)
2. 稀少性价值(需求和供给)
3. 未来价值(现在的折扣价值)
4. 人性价值(善和恶)

Ⅲ　按社会关系(概念)的相同点

1. 买卖的交易
2. 管理的交易
3. 限额的交易
4. 习俗(法律以外的)
5. 统治权(法律的控制)

Ⅳ　按因、果或目的(原则)的相同点

1. 稀少性(买卖)

2. 效率(管理)
3. 未来性(预测、等待、冒险、计划)
4. 业务规则(限额、"运行中的机构"、习俗、统治权)
5. 关键的和一般的交易(意志的控制)

最后,主要的观念是"不断的变化",是两世纪以来所造成的根本区别,从洛克的观念变化到二十世纪的观念。这是从以"物体"为研究对象过渡到以"活动"为研究对象。物本有属性和关系,可是,人类的活动有因、果、目的、关键的和辅助的因素。我们不仅仅研究属性和关系,我们也研究活动。我们不研究个人和物质的东西,而研究交易关系和运行中的机构。我们不用洛克的概念、实体、关系和样态,而创立希望的和不希望的预期的原则、公式和哲学。

以上的观念的分类,我们认为在下文中颇为有用,现在可以拿它和别的说法比较,扼要地讲一讲:



首先是,从洛克传到十八和十九世纪的经济思想的那种一个被动的心灵反映外部世界的观念。这种观念,直到达尔文创立了他的生存竞争学说以后很久,才让位给新的观念,认为一个主动的心灵构成它自己的观念,为了进行研究和洞察事物。观念是人类最伟大的发明,用来征服自然,以及在竞争中战胜其他的人。晚近心理学里采用的"意义"和"评价",把以往那种纯粹理智的哲学和逻辑的观念,跟那在利益冲突中维持生存和优胜权的情绪与活动结合起来。

可是,生存不仅是个人的生存——而是集体的生存。这一事实,虽然人们很明白,但是在经济学里,直到从奥古斯特·孔德开始的社会学的兴起以及晚近由罗斯加以修正和总结后[①],才得到

① 参阅罗斯:《社会心理学》,1931 年版。

应有的重视。不过这种社会心理遍及全部人口，而我们的“社会哲学”只限于那运用他们的公民权利从事于“谋利的职业”的四千八百万人。社会心理的意思就是我们所谓集体行动的意思，这种集体行动通过一切集体行动所需要的“业务规则”控制着个人行动。

个人主义心理学，就有关我们的研究的范围来说，有三种形式：两世纪的经济学上的个人主义，晚近的“行为主义”心理学和“形态”心理学。

经济学上的个人主义可以认为就是“净所得”经济学。个人被说成是收入一种“净所得”，它的数量决定于他支出的工作或钱和他收入的快乐或钱之间的差额。这使得个人被孤立起来，隐蔽了利益的冲突。可是，我们的交易的经济学始终是所有权的转移。这种移转总是创造两种债务，“履行”的债务和“偿付”的债务。这是总收入和总支出，不是个人的净所得。一个人的总支出和交易中对方的一个人或若干人的总收入完全相等，引起利益冲突的是这种“支出—收入”的大小。每一件交易中有两种所有权的移转，一种物质的东西或服务的所有权的移转，和另一种“东西”——偿付的诺言——的移转。交易造成两种债务。假如我们不是从那造成债务的活动开始的话，它就可以叫做一种债务经济，由集体行动加以执行。这就可能讲到一种交易的或谈判的心理，这种心理本身是社会心理，它引起双重的所有权移转和双重的债务的造成。

这种谈判的心理按照三种不同的交易采取三种不同的形式：在买卖的交易里是劝说、压迫或强迫的心理；在管理的交易里是命令和服从的心理；在限额的交易里是恳求和争论的心理。

这是一种行为主义的社会心理学，因此就需要和个人主义的行为心理学分别清楚，个人主义行为心理学家完全摒弃观念，认为观念只是主观的和不能量度的，他们的心理的基础是腺、肌肉、神经和血液循环等等。谈判的心理学绝对是一种关于观念、意义和习惯的计量单位的心理学。

谈判心理学比较接近“完形”心理学，然而后者显然是一种个人主义的心理学，有关个人从婴儿时期起的心理的成长。相同的地方在于形态心理学是一种“部分—整体”的心理学，这里面每一件特殊行为都和个人一切行为的整个配置有关。可是，我们在研究这种“部分—整体”关系的社会含义中用作工具的心理概念是一种“公式”。正是由于构成一个公式，经济或社会研究者学会了那最好的调查研究方法，这种方法主要是一种建设性的、当面商谈的方法①。

奥古斯特·孔德，社会学的创始人，把理论化的方法分为三个历史进化阶段，称为“神学的”、“形而上学的”和“实证的”阶段②。我们研究从洛克到今天的经济学家，因而得到类似的三个阶段，我们称为“人格化”、“唯物主义”和“实用主义”阶段。



在人格化的阶段，实际上需要两个阶段，才能配合孔德的分类。第一是“迷信”阶段，或者假设一些任意主宰一切的意志，可以比拟人类的意志，支配着人类的事情。这是孔德的“神学”阶段，人类学家称为“万物有灵论”。第二是“理性”阶段，或是孔德的“形而上学的”阶段，这个阶段假设有一种非任意主宰的而是仁慈的、合理的意志，支配着人类的事情；这个阶段由洛克、魁奈、斯密以及十八和十九世纪的许多经济理论和法律理论给说明了。

在下一个唯物主义阶段里——这是一种非仁慈的形而上学，

① 例如，参阅宾加姆与穆尔：《怎样访问？》，1931年版；《社会问题工作中的访问、访问记者及商谈》，美国家庭福利会1931年版；林德曼：《社会的发现》，1924年版。

② 孔德，奥古斯特：《实证主义概观》，1892年版。

由李嘉图、马克思和供求理论者给说明了——人们又用类比法发现了原因在于某些预先假定的“势力”或“法则”，或是在于一种机械的自然物质的“平衡”，这种平衡，在一个假设会有一定结果的世界里，不受人类意志的影响，而自起作用。然而，往往难于决定这种形而上学的经济学家究竟是仁慈的理性主义者还是非仁慈的唯物主义者。

孔德的“实证”阶段还保有一些人格化、形而上学和宿命论的成分。我们的篇幅有限，不能在这一方面多加发挥，可是，由于观察经济学家和实行家在思想上和行动上互相矛盾的情况，尤其大战以后情况，我们的第三阶段是不断的研究和实验的阶段，我们用皮亚斯的名词，叫它实用主义。在实用主义阶段，我们又回到一个变化不定的世界，没有宿命论或形而上学，不管是仁慈的或是非仁慈的，在这个世界里我们本身和我们周围的世界经常在一种时刻变化的利益冲突中。像洛克那样，我们研究我们自己的心灵和周围的世界在人类的社会里怎样行为，人类的未来大家坦率地承认是不能预料的，但是，可以用洞察的眼光和集体行动，加以相当的控制。

我们认为这是制度经济学的问题。制度经济学不是什么新的东西——它向来显然附带地包括在一切经济理论里。所以，它往往似乎很肤浅，因为它是那么平常和熟悉。可是正因为这个缘故，所以需要研究，而且最难研究。一切科学的整个历程曾经是从最遥远的对象——甚至在数以千计的光年以外——到最亲近的，我们自己的行动中的意志。科学的进展不仅是从简单的到复杂的，而且是从遥远的到平常的。①

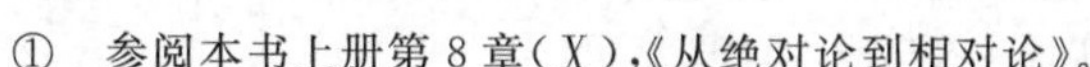

① 参阅本书上册第 8 章（Ⅹ），《从绝对论到相对论》。

# Ⅳ 利益的冲突

政治经济学以往在极端个人主义和极端集体主义之间变动不定。经济学家的每一种派别都是从利益冲突中产生的，可是每一种派别都否定它从而产生的那种冲突，认为是不自然的、人为的、暂时的东西。甚至集体主义的专政也计划要消灭利益冲突。个人主义各派期望达到在私有财产基础上的未来的利益协调；集体主义者期望达到在集体财产基础上的未来的利益协调。因此，我们可以把所有的经济学说看作未来协调的理想化，不是对现有冲突以及怎样从冲突中产生秩序的科学研究。

十八和十九世纪的个人主义的理想主义有几个原因。第一是人们假定天赐恩惠和世界丰裕——只要神的法则不受人间罪孽的阻碍，就不会有利益的冲突。



另一个原因是“净所得”的概念，而不采取总所得的概念。净所得是个人的总所得和总支出之间的差额。可是，一个个人的总所得是另一个个人的总支出，一个的总支出是另一个的总所得。净所得的概念里没有利益的冲突；冲突起因于一个人的总所得在另一个人是相等的总支出。

这种利益的协调和冲突的说法，是由于研究中所用的根本单位而起。商品被看作和有形体的财产——物资的所有权——是同一的，因此利益冲突从而产生的所有权就被忽略了。当人们必须解说无形体财产或债权时，也把它们和商品同样地看待，商品的买进和卖出只是一种取得一笔净所得的手段。除非采用交易的概念，意味着两种所有权的移转以及结果两种债务的造成，不可能把总所得和净所得区别清楚。但是，我们使交易不仅成为利益的冲突，而且成为相互依存以及从冲突中建立秩序的集体努力。

因此，政治经济学这门科学起源于利益的冲突，以及人们要把利益冲突改变为一种理想主义的利益协调的努力。经济冲突变成政治冲突和战争，这都是由于稀少性而起；而经济上的阶级是由于利益的相同，要在世界上有限的财富来源中取得和保持一份的所有权。世界上不仅有两种阶级，像马克思所说的那样，而是在利益相同之中有多少不同就有多少经济上的阶级。最广泛的分类通常是根据财富的生产者和消费者的区别，可是，作为所有人，这些又分为买的人、卖的人、负债的人、放债的人、农人、工人、资本家、地主；这些又分为麦农、棉农、银行家、制造家、商人、熟练的和不熟练的工人、矿主、铁路所有人等等，可以无穷尽地分成阶级、分阶级以及分阶级的更细的分类。

对这些经济阶级和他们的冲突进行研究（不是加以理想化），其重要性在于这些阶级一直在根据他们的经济利益的相同点，组织和团结起来，采取一致的行动。数以千计的这种组织出现和消没，有些是全国范围甚至国际范围的，总部设在具有经济或政治重要性的大都市，像纽约、华盛顿、伦敦、巴黎；有些只限于一地或一区，根据他们利益相同的范围来决定。[①]各处都发生了集体行动的组织，时盛时衰，利益相同的范围或广或狭；从这些冲突中或者产生一种可以行得通的利益协调，或者产生僵局，或者引起大崩溃，那需要另一种集体行动——实际政治和战争——的实力干涉，不是造成“协调”，而是从“冲突”中建立“秩序”。

自从经济学的研究开始和哲学、神学或自然科学分开，研究者所采取的观点决定于当时认为最突出的冲突，以及研究者对冲

① 联邦贸易委员会曾出版包括数千家这种组织的工商人名录。

突的各种利益的态度。经济学家当中的这种分歧就是所谓经济思想的“学派”。我们可以在这里对这些派别扼要地讲一讲，以后再详细陈述。

第一种学派是十三世纪和以后的“经院派”经济学家，他们的领袖是教会神父，最著名的托马斯·亚奎纳(1225—1274年)。他们生在一种封建主义和强权者的绝对暴力的时代；然而，当时的商人阶级已经开始致力于从贵族和教会的支配下争取自由。新的经济问题成为买的人和卖的人以及借债的人和放债的人之间的冲突。亚奎纳攻击从罗马法学中承袭下来的民法，以及希伯来关于借钱给异邦人(非犹太人)的法律。根据罗马法，以超过实际所值的价格卖出东西或者以低于实际所值的价格买进东西，都是合法的；根据罗马法和希伯来法(后者只限于借钱给异邦人)，高利贷是合法的。亚奎纳建立了教会神父的“神的”法律，大意是说，既然一切人类都是兄弟，卖出东西取价超过“实值”，或买进东西给价低于“实值”，就是欺骗的罪行；为了钱的使用而索取代价是犯罪的，那是出卖并不存在的东西，因此引起不平等，违反公道。他提出“友爱”来代替“冲突”，作为经济学说的理想。

这种解决经济冲突的方法，甚至今天当人们考虑到若是在经济生活中消灭了压迫、守秘密和不平等，公平和合理的状态究竟是怎样的问题时，还要想起。为了解决这个问题，人们创立了铁路调查委员会、市场调查委员会、商事仲裁、劳动仲裁、司法法庭，各种各样说不尽的机构。亚奎纳的合理价值的观念是以劳动成本为基础，因此他的理论是第一个劳动价值论。

其次是重商主义学派，由于封建主义衰落，从前被人轻视的商人阶级取得了政治权力。重商主义者的目的是说明君主或立法机关怎样可以增进商人的利益，从而增进国家的利益，当局可以实行保护税则、出口奖励金、股份公司垄断性的特许、航海条例，或者对殖民地和本国的农民进行剥削；这样可以造成一种出超的贸易差额，使其他国家的金银流入本国。重商主义者在十七世纪中盛极一时，以洛克和1689年的英国革命为最高峰。实际上，他们今天还继续流行；不过那派别的现代名称是国家主义、保护（贸易）主义、法西斯主义、纳粹主义或者共和党。

第一个对重商主义提出抗议的是法国的重农主义者，在他们当时被称为"唯一的经济学家"。他们的领袖魁奈从1753年起就说，重商主义的政策对于像法兰西这样的农业国家是极其有害的，因为它偏重制造家、商人、银行家和他们的公司，而这几种人是非生产性的，只有自然力是生产性的。再说，金银不是财富——它们只是流通的媒介，便利财富的交换。这种财富，如果政府不加干涉，就会像血液一样，自然地流向需要的地方，供商品交换之用。

从这种比作血液的生理学的类比，魁奈和他的信徒们推论出自由贸易的学说——让"自然"任意发展，不必使政府参加商业。因为"自然"是仁慈的并且能生产财富，不需要那种为了商人和制造家的利益而造成的人为的稀少性。重商主义歧视农业——只有在这一种行业里"自然"所生产的超过生产者所消费的，而剩余归于非生产的阶级。重农主义者的理论今天还有人重新提出来，例如，美国农民说他们供应世界上的衣食，可是不能维持生活或是保养地力，因为那企业阶级（他们称为"资本家"）控制政府，歧视农业。重农主义在法国盛行了三十年，可是这个学派今天在土地均分主义、农业经济学、单一税、累进主义或者不久以前的民主党这些名义下，也还流行。

再其次是古典派经济学家，从1776年起七十年中他们的领袖是那彼此见解颇有分歧的亚当·斯密、马尔萨斯、李嘉图和约翰·

勒。

斯密承受了重农主义者的自由贸易学说和反对重商主义，但是，他的祖国是一个在工业上领导世界的国家。因此，在他和他的信徒们看来，自由贸易会保持英国工业和运输业的领导地位，让原料和食粮的生产由其他国家担任。他代表了重商主义和工业主义的冲突，正如重农主义代表了重商主义和土地均分主义的冲突。因此，他抛弃了重农主义学说中认为只有自然能生产财富的那一部分，回到亚奎纳和洛克的理论。现在他说生产财富的是劳动。工业、商业和运输业中的劳动也生产财富，虽然他对重农主义者让步，承认在农业里自然的恩惠增加了劳动的成果。

同时，马尔萨斯在他的著名的《人口原理》（1798 年）里说明了人口增加比自然和劳动的生产力增加得快，并且他提出了稀少性、情欲、愚蠢、困苦，作为经济科学里的基本原理。后来达尔文采用了这些说法，加以扩充，在他的《物种起源》（1859 年）里应用到所有的生物上面。



1817 年，李嘉图，一个敏锐的资本家，采取了马尔萨斯的稀少性理论，以自然的吝啬代替了十八世纪那种上帝和自然的恩惠。这是一种从神学到唯物主义的改变：自然不帮助人——她抗拒人，甚至在农业里也这样。从这种改变了的对自然的观点，李嘉图展开了地主的利益和资本家及工人的利益发生冲突的理论。人口的压力迫使劳动和资本向外扩充范围到较低的耕种边际，或者向下增加深度到较低的生产边际，结果总是有一种把工资和利润减到最低限度的趋势，因为工资和利润总是相等于在这种最低边际上所能获得的数目。然后，竞争使全国的利润和工资一律相等，结果在自然的阻力较小的好地上，资本和劳动的所得也不超过在实际使用中的生产力最差的土地上的所得。这就留下了一种剩余，李嘉图称为地租(约翰·穆勒称为自然增值),完全属于土地所有者,他们本身不需要花费任何劳动或业务经营。这种地租在英国更由对食粮的保护税则予以增多。结果,李嘉图提供了理由,根据这些理由工业家们在三十年后能够战胜地主们在议会里的抵抗,废除地主们为了抬高粮价而制定的那种保护税则。

李嘉图和马尔萨斯的悲观理论,所谓人口过剩造成递减的工资和利润,引起了社会主义、共产主义、无政府主义、土地国有论、单一税制和工团主义等种种学派。

共产主义派——根据马克思在他 1846 年和普鲁东辩论中的说法——保留了李嘉图的利益冲突,但是不像李嘉图那样对土地和资本有所区别。李嘉图的分析把资本家和工人联合起来在税则问题上反对地主。可是,马克思认为地主和资本家的利益是一致的,由于他把他们都作为只是财产所有者,他们联合控制的政府被用来剥削工人——一种非财产所有者的无产阶级。纠正的方法是一种未来的利益协调,可是要从没收一切私人所有权开始,以便把资本家都变成一种无产阶级。这一点,在列宁和斯大林的肯定和领导下,在 1917 年 10 月的俄国革命中获得了意外的成功。共产主义引起的反动力在德国发展成为纳粹主义。

马克思和共产主义者代表工资劳动者的利益,而普鲁东和无政府主义者代表小自耕农的利益,反对大地主;代表小商人、小工场场主或小包工和零售商,反对大批发商、大包工以及他们和那控制金融与信用的银行家的联盟。普鲁东的剥削者是"商人资本家",而马克思的剥削者是"雇主资本家"。从普鲁东的小有产者互助主义,以及他的代表劳动力的纸币,产生了合作生产、合作销售、信用联合会、绿背纸币主义、民粹主义等等,这一切都是想用农民、工人或小商人的合作行动或政治行动来排除中间商和银行家。

最后，马克思的共产主义和普鲁东的无政府主义由索雷耳在二十世纪初把它们结合起来，称为工团主义。这个主义引起的反动力发展成为意大利的法西斯主义。

李嘉图的悲观主义的另一个结果是土地国有派，约翰·穆勒和亨利·乔治在十九世纪后半期中是这一派的领袖。穆勒虽然在古典经济学家之列，却和他们有一点重要的区别，就是他丢掉了李嘉图的劳动价值论，改用货币作为价值的尺度。他接受李嘉图的地租理论，并且，为了避免没收，建议地租方面一切未来的自然增值应归国家所有。亨利·乔治更精确地遵守李嘉图的意旨，建议一种对地租的单一税，取消对资本和劳动的一切捐税。美国人没有经济理论的帮助，已经把这种自然增值的原则作了一次特殊的运用，在公路、街道和灌溉渠的建设中，为了筹措经费，对土地所有人有特别征税的规定，征税的多少决定于这种建设增加土地价值的程度，并且以不超过建设的费用为限。

同时，李嘉图的悲观的结论，这种引起了共产主义和无政府主义并且后来又引起工团主义、法西斯主义和纳粹主义的结论，在一段失业情况严重以1848年欧洲革命为顶点的长时期中，曾受到利益协调派所谓乐观主义者直截了当的反对。在十九世纪中叶，这一派的主要人物是美国的亨利·凯雷和法国的弗雷德里克·巴斯夏。凯雷赞成保护税则，有利于美国的工厂厂主；而巴斯夏赞成自由竞争，有利于法国的财产所有者。巴斯夏在和无政府主义者普鲁东作冗长的辩论中陈述了他的种种理论。

按照凯雷和巴斯夏的说法，跟李嘉图以及共产主义者和无政府主义者相反，地主或资本家和工人同样地对社会有一种服务。这种服务的价值就是雇主或工人一定会不得不付的另一种代价，假如他不付地租给地主，或是不付利润和利息给资本家的话。他付出地租而使用优良的土地，比他去使用那种不付地租的边际土地，所得较多；他付给资本家利润和利息，比他去给那种不能获利的边际资本家工作，所得较多。乐观主义者的理论还留存在为私有财产辩护的理由里，留存在美国法庭的价值理论里，留存在机会的选择里。然而，这种理论已经由比较近代的机会均等和讨价还价能力均等的原则加以修正。

古典经济学家认为乐观主义者肤浅，虽然我们将看到后者的理论是美国法庭的理论。可是，经济学家认为财产权是不说自明的，不需要辩护或研究；于是把财富解释为物资和物资的所有权，就在这种矛盾的定义的基础上建立了他们的理论。凯雷和巴斯夏实际上是现代"无形的"财产的观念的创始人。可是，这些经济学家只有"有形体的"财产的学说。所以，他们认为所有权的一面等于物质的一面，因而不需要研究，并且把他们的理论建立在物质的东西的生产成本上，他们自己只管分析财富的生产、消费、冒险和交换的物质条件。

在他们以后不久，麦克劳德走到"商品"这个名词作为财富和财富所有权这种双重意义的另一极端。他试图完全去掉物质的东西，把政治经济学完全构立在债务和其他财产权的可转移性上面。可是，古典经济学家提出反对，他们认为财产权是表面的而且包含"一物两算"，例如麦克劳德在采用英美法的一项错误见解时曾辩说，如果一处农场估价一万美元，那么用这个农场作抵押的一笔五千美元的债务就是一种额外的"财产"，使得总的价值成为一万五千美元，其实只是一万美元。正统派经济学家认为必须不管财产权，而只管分析物质东西和劳动服务的生产、交换与消费。

这种明白地丢掉财产权是心理经济学家那个新学派的方法，这个学派在1848年欧洲革命以后出现，在一段三十年的时期内他们的创始人是那不著名的戈森（1854 年）和著名的哲逢斯（1871 年）、门格尔（1871 年）和瓦尔拉（1874 年）。后来庞·巴维克（1884 年）、克拉克和费特把经济学的心理学派推进到晚近时期。我们分析一下这个心理学派，发现它是制度经济学的最近的前驱。

十九世纪中所谓历史学派在德国兴起（罗曳、希耳德布兰德和克内斯），这一派推翻其他学派的整个论证方法，在经济学里采用了历史研究的方法，现在这已经成为一种重要的方法。他们说现行的生产和买卖制度是过去的不断变化的情况硬给现在造成的，是一种进化的结果。这一派把习俗、财产和利益冲突这些概念带进了经济学，这些都是古典派和心理学派明白地拒绝不谈的。历史学派引起了伦理和制度学派（希慕勒、凡勃伦），他们注重习俗、立法、财产权、公道和不公道，作为经济科学中的重要因素。

从一个完全相反的方向发展，数理经济学家那一派也是从心理学派中产生的。可是，数学和统计已经成为研究的工具，而不是问题的解决，这种工具任何学派都能根据它所采取的准备数理计算的假设，加以使用。



二十世纪是资本主义的一种第三阶段繁荣的时期，我们称为金融资本主义。我们在上文中已经注意到普鲁东和马克思的抵触——普鲁东代表小有产者、小工场主和小自耕农，反对那控制信用和市场的大商业资本家和银行家；马克思代表雇主—资本家的工厂里的工资劳动者。马克思研究的是资本主义的工业阶段，在这里雇主成为资本家，有大规模的生产适合于扩大了的市场，这种市场过去是由运输造成，由商人控制的。

我们查一下批准专权利的记录，就能大致确定在美国从商业资本主义转入工业资本主义的时期。那是从 1850 到 1870 年这二十年。在这二十年中，专利品的数目从每年一千以下跳到每年一万二千以上。就是在这个时期里铁路造成一种全国性的市场，专利权办公室造成一种工厂制度。

第三阶段金融资本主义的先驱，是商业资本主义阶段的商业金融，具备商品销售所需要的短期信用。可是二十世纪的那些和商业银行有关系的银行辛迪加，或投资银行家，取得支配的地位，控制着产业的合并、债券的销售以及一些公司的理事会，这些公司的债券他们经手卖出，并且一般认为他们应该负责。他们在萧条的时期中挽救了不能周转的企业，把它们接收过来，然后在繁荣恢复时供给它们资金。千百万的散户投资者现在自动地归到所信任的银行家的领导之下，把他们的储蓄的管理权转让给这些银行家。一家公司有将近六十万个股东。产业的所有人大部分是一批看不见的投资者的队伍，由一种看不见的银行辛迪加控制着。通过国际间的联系，辛迪加是全世界的银行家。各国设立一种“中央”银行，美国最近的类似的机构是联邦准备银行制度。国家、地方、产业和工人，都服从这种官方的和半官方的统治；二十世纪经济学成了银行家集体行动的“制度经济学”，这些银行家在世界范围内控制着商人、雇主、雇员甚至国家。

因此，战后的政治经济科学是从七百年的经济冲突和结果的十多种经济思想派别继承下来的遗产。它似乎回到了亚奎纳的“合理的价值”，然而是一个非常复杂的科目，包含着全世界一切冲突的利益，这种利益冲突经过世界大战和战前的历史变迁，已经呈现在人们面前。从前的一次世界战争，1789 年法国革命后的那二十五年，发动了十九世纪的各派经济思想。接着，1848 年革命以前的长期萧条引起了无政府主义、共产主义、社会主义和乐观主义等非正统的经济学家。现在新的世界大战带着它的俄国革命、意大利的法西斯主义、德国的纳粹主义和金融资本主义，已经在世界范围内发动了数以千计的经济学家，从事于再一次修正经济科学的基础。

因此，我们可以对以前的各派经济家家重行分类，按照他们对现今在繁荣和萧条的波动以及财富和贫穷的不均中生活的千百万人的各种意见，合于其中的哪一种，加以分别。有一种是“听其自然”的见解：认为我们对它没有办法；一切无可避免。又有一种“剥削”的见解：一切都用精明的手段从别人身上去取而不多给报酬。最后，有实用主义的见解：让我们调查研究，了解应该怎么办和能够怎么办，然后共同行动，如果可能的话，建立一种合理办法和合理价值的制度。

或者，这些经济学家的派别，又可以根据他们的理论由此出发的根本研究单位的观点来分类——例如，商品论者、心理论者、交易论者。但心理论者也是商品论者，并且我们又称他们正统派经济学家，因为他们对一件商品的观念，是物质的东西就等于东西的所有权那种矛盾的观念。不谈所有权的一面，一件商品（例如一块面包）可以从客观的和主观的两种观点来看。客观地说，它是劳动的产品，劳动对那否则是不加控制的自然力加上了有用的特性。对于这种特性，我们给它李嘉图和马克思所用的名称——“使用价值”，这是“财富”的真正的意义。可是主观地说，那同一商品是在特殊的时间和地点满足某一个人的欲望的手段。这个人既不需要太多也不要太少，而是需要恰到好处。这种个人主义的供求关系，我们称为“稀少性价值”，或是“资产”，因为它的关键在于商品的稀少或丰裕，和财产权的意义相同。

可是，对交易论者来说，那根本单位是一种经济的活动，有关未来的物质东西的所有权的让与和债务的创造。这种活动我们称为交易，并且我们把交易区别为管理的、买卖的和限额的交易。这三种类型的交易是我们的根本的活动单位，一切经济关系都能加以归纳，化成这种单位。

因此我们的分类，根据经济学家在研究中所用的根本单位，把他们区别为两种类型：(1)商品经济学家，他们又分客观的和主观的两派，前者以商品的有用性(使用价值，客观的)为研究的根本单位，后者以依赖商品的感觉(递减的效用，主观的)为研究的根本单位；(2)交易经济学家，他们以各种交易为研究的根本单位。

可是，交易是一种所有人的关系——人与人之间的关系——而商品，如果在它的定义里不包括所有权，是人与自然之间的关系——或是财富的生产的物质关系，或是欲望的满足的心理关系。因此，交易作为一种所有权的或是制度的研究单位，本身就含有经济学家们意见分歧的一切问题。这些问题我们已经称为“冲突”、“依存”和“秩序”。

在每一件经济的交易里，总有一种交易的冲突，因为每个参加者总想尽可能地取多予少，然而每个人只有依赖别人在管理的、买卖的和限额的交易中的行为，才能生存或成功。因此，他们必须达成一种实际可行的协议。由于这种协议不是完全可能自愿地做到，就总得有某种形式的集体强制来判断纠纷。如果人们接受这种判决作为前例，在以后的交易中当然地遵守，那么有权判决的当局不需要干涉，通常也不加干涉，除非冲突又达到顶点，成为原告和被告的一件纠纷。这种方法，我们称为**以判决纠纷来制造法律的习惯法方法**。对这整个的作用，我们称为**运行中的机构的运行法则**，它的目的是**从冲突中造成秩序**。

还有一个第三种的交叉分类法，可以按照各学派用作他们的社会哲学的基础的根本单位来区分。这种分类法把经济学家区别为“买卖派”、“管理派”和“集体派”。第一派以买卖的交易为单位；

这一派的极端是无政府主义，它完全丢掉管理和限额。第二派以管理的和限额的交易为根本单位；它的极端是共产主义的哲学。第三派把限额、管理和买卖结合在一起，作为一种集体行动的系统；它的现代的结果是各式各样的社会主义（有别于共产主义），例如基尔特社会主义、国家社会主义、法西斯主义、纳粹主义（民族社会主义）以及工团主义、工会主义、金融资本主义。

这又引起另一种交叉分类，按照经济学家们对社会和社会里集体行动的看法，把它们看作机械体、机器体、有机体或是“运行中的机构”。

如果是一种机械体的理论，或者用巴雷陀的说法①，是一种“分子社会论”，那么这种理论家采用物理学和化学的类比，社会不过是一群人口，而不是一种社会团体，盲目的自然力在起作用，没有什么因、果或目的，好像海洋的波浪或者恒星或行星。这些学派倾向于“听其自然”的见解。

和“机械体”的类比大不相同的是“机器体”的类比。机器体是一种人类设计的**人为的**机械体，而机械体是原子、波、浪、旋流等等的一种**自然的**运动。可是，机器是**人为的**，作为对社会的类比，形成一种机器论的哲学，由于工程师在机器时代的商业和政治中支配一切的地位，它日渐重要。机器成为全国甚至全世界的一种所谓“运转的设备”，如果我们把轮船、电信和无线电考虑在内。它有它的动力发动机、动力传送的电池以及原料、劳动和产品的组织，配合那整个的“社会机器”。一切都受现代科学家和科学工程师的技术能力的支配。这种类比适合管理派的经济学家，它们倾向于各种形式的独裁，不管是共产主义的、法西斯主义的或者资本主义

① 参阅本书下册第10章（Ⅱ），《从个人到制度》。

的；或是倾向于一种全国经济设计委员会，或者比较晚近的技术统制，或是一般地说来，倾向于我们所谓工程经济学。这种类比决不会倾向于听其自然的见解。它倾向于相反的方面：让我们一切用科学和科学管理来做。

其次，有些相似，可是从生物学而不是从物理学推论出来的，是“有机体”的类比。这里社会由一个中心动力所支配，例如“社会意志”或“社会价值”，通过“社会劳动力”在发生作用，这一切都类似人类的意志。它的价值和活动，以及一切个人，都消失了，变成了专门化的手、耳朵、眼睛、胃，服从一个唯一的意志的命令。这种学派倾向于从前费尔默的理论，或者各种独裁的社会主义（例如法西斯主义或纳粹主义），甚至倾向于金融资本主义的霸权。

可是，这些都是从其他科学里得出的类比。我们称为“戏剧性的或者诗意的类比”，和每一个研究者在他自己的特殊科学范围内所构立的“科学的类比”，形成对照。在“社会”里显得类似物理科学中的机械体或机器体，或者类似生物科学的有机体的东西，成为英美所谓“运行中的机构”，这是直接用商业的语言和习惯以及法庭的判决来说。这种集体行动的现行机构，有它们各式各样的“业务规则”，每一种都顾及到未来和控制着个人行动；正是这种集体行动，我们用作我们所研究的真实的东西，而不是从其他科学推论出来的类比。他们是谈诗，我们是谈散文。

除了机械体、有机体、机器体和“运行中的机构”这些概念，经济思想的派别又可以按照它们据以解释实际情况的因、果和目的的观念来区分，例如平衡论、过程论和制度论等等。这些名词不可以认为是绝对的，因为它们以不同的程度在所有的学说中都出现。

“平衡”论，或者不如说是一种自然机械体的自动平衡论或分子论，用人格化的方法，硬注入一种目的，像海洋的波浪“寻求他们的水平，”或是“宇宙的谐调”带着它的“天体的乐声”。它们的模范是牛顿的“运动的定律”（见所著《自然哲学的数学原理》1687年）。它们倾向于利益协调的理论，认为法律和它所涉及的利益冲突是“病理学的”，不属于经济学。

“过程论”注意“变动”以及从极微小的但是无意的或偶然的变动中所产生的进化。它们的模范是达尔文在《物种起源》（1859年）中所讲的“天择”，那里面他说明了遗传、人口过剩、变化性、生存竞争、适者生存这五重的过程，整个过程是从马尔萨斯的“稀少性”原则引申出来的。

制度论，或者像我们的说法，现行机构论，建立在平衡论和过程论两者的基础上。然而制度论所注意的是有意的和有目的的变动，是一种管理的平衡而不是自动的平衡。这种有目的的控制，达尔文称为“人为的选择”，意思是说，人类的智力，通过个人或集体行动，按照他们自己认为合宜的观念，控制进化。这些理论起于新的社会学科学，在美国首先陈述这些理论的是罗斯，在他的《社会控制》（1901年）那本书里。

这样，我们对于经济思想的派别有好几种交叉分类：第一，根据它们由于阶级冲突的历史起源；第二，根据它们的放任主义、剥削或是实用性的社会哲学；第三，根据它们的研究所用的根本单位，是商品、感觉或是交易；第四，根据它们的哲学以哪一种交易为基础，是买卖的交易，还是管理的或限额的交易；第五，根据它们的方法和类比，是机械体、机器体、有机体或是“运行中的机构”，或者是平衡、过程或是集体行动。

在经济学的研究中，这些互相冲突的派别和见解得到不同的结论，在这样的一团迷雾中我们不能从普遍接受的假设出发，然后用演绎的方法推论到怎样实际应用于我们当前的问题。我们不如从头做起，像洛克在十七世纪的神学和政治教条主义的类似的迷雾中从头做起那样，当时那种情况曾引起混乱、不容异己和内战。我们应该检查我们的智慧，看看我们能真正了解的有多少，以及我们可以用来研究和了解的思想工具是些什么。我们研究的对象是人类经过合作、冲突和遵守业务规则在生产、取得和限额分配财富中的活动。这些活动最初出现的时候仅仅作为感觉，我们不能肯定它们是由我们内部早有的倾向和社会哲学所引起的，还是由外界的活动所引起的。只有细心考察这种早有的倾向（我们称为习惯的假设）①，我们才能把自己准备好，以便从事于研究和了解。我们要把这件工作做得最好的方法，是继续像我们开始时对洛克那样，考察经济思想的各种派别怎样把它们自己特殊的社会哲学注入或没有注入它们的学说。我们将继续用这种方法，不是研究所有的经济学家和哲学家，而是研究那些我们称为“新见识的先驱者”那些人。他们各有一些贡献，这些贡献我们在总结的时候必须给予适当的应得的重要性，和所有其他人的冲突的或矛盾的意见同样处理。这种适当的重要性，我们称为“合理的价值”。



## V 历史的经济支柱

近代历史上的集体行动从封建主义起，继续到1689年革命时英国的商业资本主义，然后发展到十九世纪中叶的工业资本主义，然后再到二十世纪的金融资本主义。可是，这种制度的发展同时带来了一种货币的发展，从硬币到纸币然后到信用货币，所有债务、捐税和一切能卖的东西的价格都用这种货币计算，必要时由法

① 参阅本书下册第10章（V），《习惯的假设》。

律来施行。

虽然批发价格不过是许多因素之一，可是它们在历史上那样地突出，以致用生物学的类比来说，可以称为历史的经济支柱（图 1）。物价变动的学说是“货币的”或是“非货币的”，无关紧要[①]；所有的个人和所有的阶级却必须用价格来计量他们在一个货币和信用的世界里的成功或失败。再说，批发价格占控制的地位，因为这是生产者收到的价格，从这里面支付工资、利息、利润和地租的绝大部分。“社会”由这种“现金关系”联系在一起，或者因现金的崩溃而崩溃。

**图 1　美国和英国的批发价格**

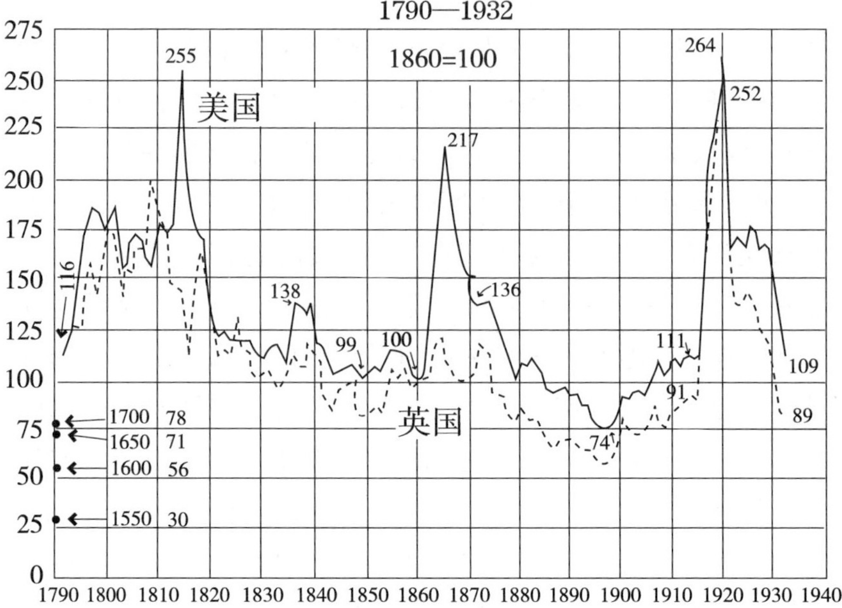

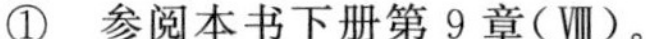

① 参阅本书下册第 9 章（Ⅷ）。

不联系到物价水平变动的历史，经济学家的理论以及利益的冲突不容易了解。从美洲的发现以及君主们疾速增加通货以后，到伊丽莎白女王执政的中期，物价上涨三倍；这一事实和资本家、农场主、商人和制造家阶级的兴起，很有关系，因为大大地减轻了他们的租金、债务和捐税的负担。可是，同时劳动阶级的情况，却由于从农奴制变成现金工资这种制度上的改变，而大大地压低了。

到了十七世纪末叶洛克的时代，由于物价不断上涨，资本家阶级已经非常富有，足以对那腐朽的封建阶级发动革命，虽然在法国一百年后这才实现。到1732年休谟才在经济学里讲到一种不动的物价水平和一种涨落不定的物价水平之间重要的区别，作为对商业资本主义下已经发生的变动的一种解说。世界范围的物价变动这个新发现的因素，一时非常令人感到不安，以致古典派和快乐主义的经济学家，从亚当·斯密起，都把它抛弃在他们的学说之外，作为仅仅是"名义价值"，而代以他们认为比较实在的劳动——痛苦、快乐和劳动力，作为"实际价值"的尺度。

洛克的学说出现在十七世纪末叶，其时物价指数在二百年中已经涨了三倍以上，而休谟的学说出现在1732年，魁奈的学说在1758年，斯密和边沁的学说在1776年。可是，马尔萨斯和李嘉图劳动学说是在1815年以后的十年中出现的，当时物价正在猛跌；马克思、普鲁东、巴斯夏以及美国的凯雷的非正统的学说却是物价长期继续下跌以后很久在1840年才出现的。他们也在表面的物价变动以外寻求一种更根本的东西。心理派经济学家，哲逢斯、门格尔和瓦尔拉，也是寻求比物价更根本的东西，他们在十九世纪七十年代的十年中出现，这时候物价下跌又是一种令人不安的因素。可是自己研究物价变动的统计派和制度派经济学家，到二十世纪才开始发生影响，特别是在1920年后的物价下跌以后。

因此，在十八和十九世纪全部时期中，各派经济学家不能把一般物价动态中的这些表面的和名义的变动，加入他们那种比较根本的关于自然和人类的学说。货币、信用和一般物价变动的理论来自一个不同的方向——统计学和数学，跟劳动、痛苦或快乐毫无关系。迟至二十世纪，特别在世界大战以后，统计学才获得理论的基础和它自己的专用名词，这种理论和名词，在这一门科学完备了以后，也许使人们可能对这种重要的社会变动，像物价、繁荣和萧条、就业和失业、继续营业和破产、乐观主义和悲观主义、财富分配方面的变动，甚至从封建主义到资本主义各个阶段的那种重大的制度上的变动，加以衡量、说明它们的相互关系，并且预测它们的发展程序。这种范围广泛的一般的物价变动，不管是批发价格或是别种价格，将不是单纯的“名义”价值，而成为正是制度经济学里的实际价值。

# 第三章 魁奈

## I 自然秩序

魁奈是重农学派的创始人，这个学派，法国人和亚当·斯密都称为“唯一的经济学家”。他是由理性指导的物质类比的倡议者——比洛克还更胜一筹。洛克曾用“劳动”、“自然的恩惠”以及“金属货币的积累”作为他的经济学的基础。魁奈去掉“劳动”，用“自然的恩惠”和“货币的流通”作为他的经济学的基础。斯密后来以“分工”作为他的经济学的基础。现代经济学回到货币，不是作为一种物质的商品，也不是作为一种流通，而是作为一种交易的反复[①]。压低一种人的物价，以便另一种人发财，在国外廉价和外国人竞争，从而把不断地积累起来的金属货币输入国内，这一种所谓贸易顺差是重商主义的货币谬论。休谟在 1752 年已经揭穿了这种谬误的见解，魁奈在 1758 年继续这方面的工作，使货币成为一种流通，而不是一种积累。

洛克在 1692 年从“个人”出发，魁奈在 1758 年从“商品”出发。个人现在成了对“商品”的一种舵轮，引导它沿着“上帝”、“自然”、“理性”和“丰裕”那条同样有益于人的大路前进。可是，魁奈发现了一种妨害这种天意注定的“幸福”的原因，和洛克所发现的不同。

---

① 参阅本书下册第 9 章（Ⅵ），《交易的货币和价值制度》。

他所谴责的不是洛克的专制君主，而是洛克的重商主义。君主应该专制——魁奈和费尔默一样地认为这是合乎自然和神意的。可是，他们应该遵守上帝安排在“人类理性”中的自然秩序，服从它的指导；不应该用税则、奖励金、公司组织和其他特权，为了商人和厂主的利益而损害农业。

魁奈的著作《经济表》对于1758年以后二十年中法国知识界的惊人影响，只能用达尔文的《物种起源》对1859年以后科学界的影响来比拟。老米拉波赞扬魁奈的发现，说它可以媲美世界文明的其他两项最重大的发明，文字和货币①。它的独到之处是把机械论引进了经济学。达尔文后来用遗传、变化、生存竞争、天然淘汰和适者生存那一种盲目的机械论代替上帝的意志；魁奈却使专制的君主服从一种自然、理性和上帝的慷慨宽厚的机械作用。重商主义想要任意控制价格，以便积累金属货币；魁奈代以货币在一个方向的自然流转和商品在相反方向的流转，让价格由“自然”调节。

魁奈是地主并且是路易十五的宫廷侍医。他相信君主专制，他的理论是关于行政管理的课程，针对着一个不遵守“自然法则”的无能的专制政权而讲的。② 魁奈所可能应用的唯一的科学是哈维在1628年证明血液循环时所创立的一种生理科学。这血液循环现在能解说财富的生产和流通，作为物理学的一个部门。因为财富对于社会有机体，正如血液对于动物有机体。社会有机体——就

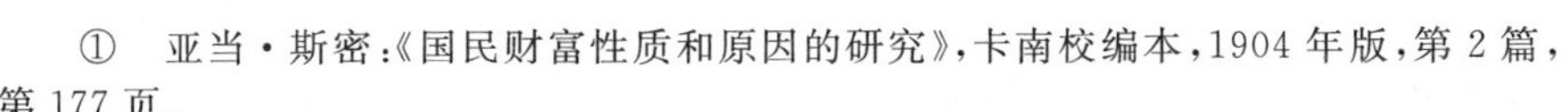

① 亚当·斯密：《国民财富性质和原因的研究》，卡南校编本，1904年版，第2篇，第177页。

② 魁奈，弗朗斯瓦：《经济表》，1758年版；《农业国政府经济之一般原则》，1763年版。引文根据奥古斯特·翁根编：《魁奈的经济与哲学著作》(以下简称《魁奈》)，1888年版。并参阅德莱：《重农学派》，1846年版，和韦尔论重农学派的重要经济论文，载《美国经济评论》，1931年第21号，第607—619页。该文主要针对魁奈的追随者们，而非魁奈本人。经济学家常将杜阁归为重农学派的代表人物。实际上，他的理论在若干重要论点上与重农学派截然不同。参阅本书下册第9章(Ⅳ)，第2节。

是，一个农业的王国——像动物有机体那样，从土壤、空气、日光和雨水中吸取食物、织物原料、木材、矿物；处理它们，消化它们，然后把它们流通到社会躯体所有的部分。躯体的各部分吸取生活所需，全部的东西不断地从大地得到补充。魁奈的理论被庞·巴维克很适当地称为“果实论”①。那是一种“生命力”理论，在这种理论里，财富的生产是生命力的量的增加，并且在这种理论里，“流通”不是生产的，因为它只是把能量传送到系统的各个部分，在传送的过程中消耗掉很多。商人和制造家也不是生产的，因为他们或者立刻消费商品，使它们再去参加流通，或者以制成品的形式，只送回一些和他们所消费的东西等量的东西。他们不能送出更多的东西，因此不能生产一种剩余。

魁奈认为只有生命力是生产的，因为由于它的能力；一样东西再生产出来时不仅和原来的同量，而且量会增加。这种增加是一种剩余，一种纯产物；这种增加是生产的，而同量的再生产是不生产的。其他的力量，包括人的劳动在内，只是以不同的形式，再生产和它们所消费的等量的东西。生命力也是那样，可是它还额外生产一部分它自己那种“能力”的剩余。其他力量都是再生产的。生命力是生产的。因此，再生产是不结果实；生产是活力。所以，只有耕种土地的人是生产的；所有的商人、工匠、制造业工人和知识分子都是不生产的；不是因为只有耕种者生产使用价值——魁奈承认其他的人也生产使用价值——不过这种使用价值只是东西的形式的改变，不是量的扩大。量的扩大是交换价值的扩大。

① 庞·巴维克：《资本与利息》，英译本1893年版，第63页（论杜阁对魁奈理论的运用）。杜阁以地质过程说明矿山生产力，“土地每年生产果实，矿山却不生产果实，矿山本身只是一种贮藏的果实。”此点系吉德与里斯特：《经济学说史》（英译本1913年第2版，第14页）所引证。

可是，实际的结果是，土地耕种者本身算作生产的，还是对他们客气。他们不过帮助那真正生产的自然的生命力，只有这种生命力才有能力扩大东西的体积和量。耕种者实际上是不产生果实的，因为他们不增加东西的体积和量。他们仅仅把种子放在地里，饲养动物，把食料送给牲畜。其他都靠自然，他们自己的食物和生活资料是生产的，可是，他们的劳动不是生产的。不管是在人类或是在自然里面，只有那种我们称为“生命”的力量是生产的，因为只有它能把一粒小麦种子扩充到50粒，把一头小牛扩大成一头母牛，把一个婴儿扩大成一个农民。这种量的扩大，构成魁奈的著名的所谓农业的“纯产物”。

可是，很奇怪，魁奈的这种纯产物不是使用价值的产物；它是交换价值的产物。

这里出现了“财富”和“资产”的混淆，以及物资和物资所有权的混淆，这一点在两百年来很多的经济学说中普遍存在。几乎可以说，假如魁奈和早期的经济学家懂得公司财政那种有关制度的科学——这种科学讲资产和负债的相等，讲资产减去负债以后的净值——很多的混淆和意见冲突一定是可能避免的。对我们来说，财富是使用价值，使用价值随着量的丰裕而增加。资产是对稀少性价值的所有权，稀少性价值随着量的丰裕而减少。我们将看到这一点混淆在一百五十年的理论中普遍存在；魁奈使我们第一次有机会可以发现这种混淆是怎样发生的，并且可以研究财富和财富所有权这两种绝对相反的概念被混为一谈的一些方法。

为了说明这种情况的来由，我们必须注意，不仅在魁奈的时代，甚至从上古到现在，流行的“价值”的概念是“能力”、“实力”、“胆力”、“精力”、“重要性”、“影响”、“势力”、“效力”等等概念。因此“交换价值”这个名词是这种意义被扩充到商业上去。交换价值是“交换能力”、“购买力”和“支配的能力”——支配别人的商品和服务。当买卖人或是普通人说“我的汽车值多少？它的实际价值怎样？”，他所想的是汽车在交换中的支配力，特别是能得到多少钱。在商业化的国家里，所有的人都是直觉的重商主义者。魁奈和他的信徒们这一派重农主义经济学家，能追究这种常识的、经验的、直觉的思想的真相，说明真正的交换价值的实质不是“支配货币的能力”，而是“支配商品和服务的能力”，用一个人自己的商品和服务可以换到若干商品和服务的能力，这真是他们的一种重大的贡献，真是最困难的永远不会完的对经济理论的贡献。在魁奈以前，从来没有人能对交换价值提出一种物质的解释。教会和道德主义者攻击“钱”；人们对于做钱的买卖的人和孜孜求利的人有一种成见；树立了有益、使用价值、福利或服务这些概念，作为在伦理上和金钱对立的东西。可是，从来没有人能够用物质的可以计量的根据，说明所需要的方法，从而推论出交换价值的隐藏的性质。所以，当时对魁奈的经济表那样地热烈欢迎。



魁奈丢开使用价值不谈，认为那不过是个人对于他们从流通中取出来的物质东西的利用。他集中注意力在交换价值上，作为在交换中支配商品（不是货币）的能力：一个国家的“财富”，由于增加具有这种“交换能力”的物质东西的数量，而获得增加。

这种“能力”的增加从哪里来呢？魁奈说，它来自丰裕的自然力，这种力量增加那可以用来制造衣、食、住的物资的数量。这种由于自然力的物资的增加，增加了交换价值的量，因而增加国家的力量。价值和交换价值是同一的，也就是每个人的常识所同意的“交换能力”。可是这种能力的来源是农业，不是制造业或者商业。

那么，既然只有通过农业才可能为人类产生丰裕的物资和衣、食、住，为什么法国的农业弄得那样萧条呢？魁奈的答复是：由于重商主义政策强行造成的人为的稀少，这种政策不容许交换价值符合于天赐的价值的增加。农业受到法国重商主义政策的抑制。政府赐予商人和制造家的独占事业和行会种种买卖上的特殊权利，错误地认为应该供给他们廉价的农产品，让他们可能在国外出售工业制成品，把交换得来的金钱运回国内。自然是仁爱的力量，扩大全国的生命。她增加她的产物，耕种者的工作只是把他自己的生命和她的结合在一起，把他取诸自然的一份还给自然。因此，那仅仅运输和改造物资并不增加它们的量的商人和制造家，他们从耕种者手里取来和消费掉的东西，完全是损失；虽然他们在那一番行动中，由于改变物资的种类、形式和地点，也增加了物资的功用。不错，商人和制造家送回工具、肥料和食品帮助耕种者，就这方面来说，他们也是生产的；可是他们是不生产的，就他们所消费的或是他们送给别人（同样不生产的人）去消费的东西来说。

耕种者、商人和制造业工人都必须有一种最低限度的生活资料。实际上这是魁奈时代一切耕种者（农民）所得的生活；可是那些不生产的阶级的生活资料没有一点贡献可以使土壤恢复力量，而耕种者的生活资料却有贡献，因此是生产的。这样，所谓生产的东西，就是那种以流动财富①和固定财富的形式回到农业上去的东西。流动财富（年垫支）是种子、粪肥、机器损坏的修理以及农民的生活资料。固定财富有两种，自耕农的"原垫支"，例如机器和设备，以及"土地垫支"，或者地主的固定设备和改良，例如围篱、排水渠、建筑物和改进了的地力。

这些固定财富的所有人诚然应该取得利息，但不是因为他们

① 这里所谓流动财富和固定财富就是流动资本和固定资本的意思，重农主义者当时还没有固定资本和流动资本这样概括的概念。——译者

的设备整个是生产的。固定设备中能创造纯产物的部分，只有作为损耗、折旧或消耗的那一部分，因此这一部分，根据定义，应该和种子、肥料以及耕种者的生活资料一起列为流动财富。只有这些流动的东西，用在土地的耕种上，能生产一种超过它们自己的数量的纯产物，从这种纯产物里所有人和君主取得他们的收入。不生产阶级的人数增加，会相应地减少以后每年的纯产物，因为它使那本来可以作为流动财富回到土壤里去的一部分东西不能参加流动。① 总而言之，魁奈的经济表正是美国农民的观点，他们抱怨中间人、工厂和城市居民用掉那么多他们的产物，弄得他们不能维持土壤的改良和地力，最后不得不抛弃他们的田地，迁往城市。魁奈是最初的农业经济学家。

魁奈的困难在于他运用这些物质的概念（关于天然资源的保持），作为和稀少性的概念（关于商品的交换价值）是同一的。他使“财富”成为财富的交换价值，或者在交换中支配商品的能力，那是资产而不是财富。他这一下排斥了相对稀少性的观念，并且因此肯定了经济理论中那种排除货币（量度稀少性的工具）的观念。他回到一种物质的物物交换经济，在这种经济下，据他的说法，国家的财富是货物丰裕，具有很高的用其他货物计算的交换价值，而不是一种重商主义的很高的以货币计算的稀少性价值和很低的以商品计算的稀少性价值。重农主义者要商品，只有人们自己的商品又多又有很高的交换价值时，这些商品才可能大量取得。货币只是名义价值——它是交换和计量的工具，用这种工具我们可以知道我们自己的商品是否具有很高的交换价值。必须注意，当魁奈说到“价格”时，他意思是说以其他商品计算的交换价值，不是以货



① 汉尼：《经济思想史》，1911 年版，第 175、176 页。

币计算的交换价值。

那么,货币是商品的交换价值的计量标准。可是,在魁奈看来,计量和流通并不生产财富——它们只是便利商品的流通,按照早已决定的、以商品计算的交换价值来流通。因此,他说财富不是货物的丰裕,而是好价格的货物的丰裕——就是,不是使用价值的丰裕,而是交换价值的丰裕。路易西安纳的野蛮人有很多的货物,像水、木材、猎物、农作物等等,可是,这些东西在它们取得对法国、英国、西班牙等国家的交换价值以前,不成为财富,就是说,一定要它们流通了并且换回了别的商品,才成为财富。①

国家所需要的是大量的商品,具有很高的单位交换价值,能换得其他国家的其他商品。国家的纯产物不是商品的使用价值,而是丰裕的商品的交换价值。重商主义者相信国家的实力在于有大量的现钱,这就需要原料的交换价值低,以便促进工业制成品的输出,通过国外贸易,为本国取得货币。这意味着货币的交换价值高,而农产品的交换价值低。可是,魁奈认为国家的实力在于大量的原料在国内贸易和国外贸易中具有高的交换价值,从而增多纯产物,因为从这里面可以付出捐税。

在流通的过程中,这种交换价值愈遵守"自然秩序"(这是丰裕的秩序),没有人为的束缚和政府特许的权利的干扰(这种束缚和特权有利于制造业和商人而压低农产品的价格),国家的农产品在国外和国内贸易中就更有利润,更能使农民可以恢复地力,使农业获得成功,全国人口以及各种阶级的工资有所依赖。

可是,法国的政策恰恰相反。商人和制造家增加他们的实力,用低价购买农产品,以便利用结果的廉价输出品,换回金银。魁奈

① 《魁奈》,第353页。

主张用高价出售农产品来增加国家的实力。商人阶级用低价从农民那里买进而高价售出——他们的利益和一个农业国家的利益是对立的，农业国家的物资所有人应该以高价售出，以便扩大农业，从而扩大产品的流通，这正是商业本身的长远利益所依靠的。[①]人们不应该压低食粮在国内的交换价值，以便供给输出品所需的廉价原料，因为在和外国人贸易中这样做根本上是不利的。如果交换价值高，收入也高。这种说法引起魁奈的反论："丰裕而没有交换价值，不是财富。稀少而价格高，是贫乏。丰裕而价格高，是富裕。[②]"这不是一种反论，如果自然是慷慨的，如果稀少是政府硬造成的人为的稀少。

自然，或者不如说"自然秩序"（仁爱的丰裕的秩序），若是人们不加干涉，将产生高的交换价值，因为"自然秩序"包含每个人自己的利益，由那指导农业的同一仁爱的秩序所指导，这意味着每个人自会选择自然预先准备的行动路线，获得高的交换价值和丰裕的物产。

终于魁奈看出了为难的处境。他曾排斥重商主义者关于运用国外贸易顺差来增加国家金银输入的那种谬论，可是自己却陷入另一种错误——增加农产品的供给而不减低它们的交换价值。这种困难使得他在 1765 年，就是他的《经济表》问世七年以后，实际上放弃了他早年对生产的和不生产的阶级的区别。[③]

因为，从保持物资的观点来说，显然农产品的绝对的数量越大，国家的财富越大；可是，从商业和买卖的观点来说，农产品的相对的数量越大，它们的交换价值越小，因此国家的财富越少。所以在 1765 年魁奈处理这个困难问题时，他改变了他对于不生产的和

① 《魁奈》，第 322—324、344 页。

② 同上书，第 335 页；吉德与里斯特：《经济学说史》，第 14 页及以下各页。

③ 《自然权利》部分，《魁奈》，第 359 页。

生产的阶级的区别。现在他说，“不生产的”阶级不是不生产的，除非他生产太多，超过农民会在交换中以善价吸取的程度。假使那样，那过剩的产品是一种“虚幻的财富”。换句话说，不把财富解释为商品的使用价值，而解释为它们的交换价值，结果就是那些不生产的阶级也生产财富，如果他们生产的东西不太多。他所谓“虚幻的财富”是资产，不是财富。

魁奈在他的新的分析里接下去又说，对农民也是同样的道理。如果他们生产太多的原料，国内其他的人不能以对农民自己有利的交换价值去买，那么，他们所生产的就不是财富，而是“虚幻的财富”。因此，根据魁奈现在1765年的说法，不生产的阶级只是相对地不生产而不是绝对地不生产，生产的阶级只是相对地生产，决定于每一种人生产出来跟别人交换的相对的数量。两种人都是生产的，只要他们所生产的不超过他们对全部生产的适当的比例。他强调这一点：“我说要和全国的财富成适当的比例”①。

所以，魁奈起先把生产的阶级解释为那些由于自然的恩惠，增加一笔纯产物到商品流通的总额的人，而不生产的阶级是那些不增加物资的人；后来他严肃地研究物质的东西（我们称为“使用价值”或财富）和私人所有权的“稀少性价值”（我们称为资产）之间的区别，才发觉他真正的意思是说，所有的人都是生产的，只要他们的使用价值的数量彼此有适当的比例，符合它们的相对的稀少性。若是比例适当，他们的具有使用价值的产品就是真正的财富，因为能获得有利的交换价值；可是，假如一种商品的供给过多，就成为“虚幻的财富”，因为只有很少的交换价值或是完全没有。他从物质的概念——增加物资的使用价值来增加具体物资或财富的流

① 《自然权利》部分，《魁奈》，第391页。

通，转移到稀少性的概念，所谓各种使用价值的数量要构成最适当的比例，防止某些产品过多以致减低价格，或另一些产品太少以致抬高价格，以便稳定稀少性价值。他的“虚幻的财富”是资产。

然而，魁奈坚持他原来对不生产阶级的定义，他的信徒们又遵守这个定义，以致他的 1765 年的修正似乎被后来的批评家忽略了。他企图调和农产丰裕那种物质的概念和农产品的高交换价值的概念，他说，不生产的阶级所起的“自然的”作用反正是非常之小，在宇宙的一种自然的、丰裕的秩序里，政府对不生产的阶级不给予任何特殊权利，他们对交换价值只有很小的影响，可以不去管它。好像坏事若是小，就不算坏事似的！

据魁奈说，自然生产力的天然的稀少性可以认为是当然的，并且可以不加考虑，认为它对于决定其他价值没有重要作用，如果把重商主义的人为的或集体的稀少性给去掉。这是由于，按照“自然秩序”，凡是有自由可以取得财产的人总是喜欢从事于制造业而不喜欢农业，因为制造业的困难较少，城市生活又比乡村生活较好。结果个人一定会“自然地”分配得合于适当的比例，农产品尽管丰裕，交换价值还是会高的，假如没有政府造成的妨碍和特权使农业受到损害的话。[①] 再则，他为了调和前后的说法，在 1765 年又说所谓不生产的阶级只是指这种阶级中经营奢侈品的那一部分。

然而，物质的概念和稀少性的概念是矛盾的。一种是财富，另一种是资产。使用价值的物质的概念是说，一种商品的每一个单位所含的有价值的能量不随着供给的增多而减少。水能止渴，一千加仑水所能止的渴是一加仑水的一千倍。这是使用价值，每单位的使用价值不因数量增多而减少。魁奈的交换价值也像这样。

① 《自然权利》部分，《魁奈》，第 391、392 页。

照他的说法，除非受到人为的或者政府造成的稀少性的扰乱，交换价值是商品所含的一种预定的自然物力的物质的流通，具有支配或换取其他商品的能力；这就是说，一百万蒲式耳小麦所有的交换价值应该是一蒲式耳的一百万倍。这个极端的例子使得这种说法不合理，可是魁奈的“自然秩序”不容许不合理的事情。

魁奈的哲学受了他的“不生产的阶级”这个名词的损害，这一点由亚当·斯密稍微加以纠正，他部分地用“劳动”代替了“自然”。但是魁奈的“流通”和交换价值这两种物质的概念后来被马克思吸收了，而斯密的“分工”没有被吸收。有两种流通系统，货币的流通和商品的流通。后者把商品（这是从自然得来的）送到整体的各部分。前者把各人早先传递给别人的交换价值送还各人。流通不增加任何东西，它仅仅把自然早先已经创造的东西传送给别人。这种早先的创造是价值，意思就是“力”，就是自然的丰裕的可是看不见的力量。流通，若是任它自然发展，不过是把以前作为包含在自然恩惠里的东西，作为交换价值表现出来。

杜阁、亚当·斯密、李嘉图和马克思对于魁奈所谓“年垫支”和“土地垫支”，给了“资本”的名称：资本是储蓄，采取流动的和固定的物品这两种形式，就是，能卖的商品；同时这些商品的流通和能卖性，在李嘉图和马克思的理论里，又产生一种物质的概念，交换价值，可是相等于另一种对象化的“能力”——劳动的力，而不是魁奈的自然的力。

## Ⅱ　道德秩序

魁奈承认了物质的概念和稀少性的概念之间的矛盾以后，于是像我们已经看到的那样，运用他的“自然秩序”的观念来弥缝，这种自然秩序不容许发生矛盾。它是这“自然秩序”的另一部分，魁奈用来给地主和君主的收入辩护的。亚当·斯密整个地吸收了魁奈的“自然秩序”的这一部分，可是，他不给地主和君主辩护，而是用来给资本家辩护。因为，魁奈说，既然产生剩余的不是地主和君主的全部固定资本，而只是其中“流动的”一部分，固定资本的损耗、折旧或消耗[①]，包括耕种者的生活资料在内，那么，怎么可以说他们应该根据他们的固定资本（土地垫支）收取利息，并且实际上取得全部纯产物呢？他们有权利取出他们所投入的部分，就是相等于像上面所讲的他们的流动的物品的部分，正如现在的耕种者和不生产的阶级所得的一样。可是，对于固定资本中仍然留在他们手里没有用掉、没有增加到自然里去、也没有参加流通进行再生产的那一部分，为什么他们也要取得利息和纯产物呢？生产纯产物的既然是耕种者的生活资料而不是地主的所有权，为什么不应该由耕种者取得全部纯产物而去掉地主呢——像法国革命中农民接收田产的时候那样？



魁奈用“自然秩序”和“自然权利”给耕种者和不生产的阶级辩护。耕种者和不生产的阶级从地主和君主手里取得他们生活必需的资料。他们取得和他们所投入的相等的一份——这和物理学的任何定律同样的自然。[②]

可是，还有自然秩序的另一部分，“道德秩序”，它天然地使人类必须遵守和物质秩序一样。这道德秩序成为地主和君主的辩护者，认为他们应该取得地租、利息和捐税种种形式的纯产物。

然而，这道德秩序完全就是1758年当时法国地主和君主的惯例。重农主义者对国家的看法是大地主的看法，这些大地主享有

---

① 参阅本书上册第8章（Ⅲ），《平均》。

② 参阅他为不生产的阶级（区别于奢侈阶级）的收益所作的辩护。《魁奈》，第390—391页。

君主赐予的特权，他们像他们的君主一样，设置自己的采邑小朝廷，自为统治者，统治他们的臣民。魁奈并不区别统治权和私有财产。他心目中的对象是1758年的法国和德国，它们的封建采邑也就是统治权单位，各自设置领主法庭和武装兵将。领主就是统治者，通过一些执行他的权力的官员来行动。①他的臣民十分之九是农业工人和小自耕农；其余的是手工工人，在小作场里处理农业工人转移过来的羊毛、皮革、猪肉；或者他们是家庭仆役，是真正的手工制造者，用手精巧地处理主人交给他们的产品。他们不是国家的公民。享有主权的所有人取得一份，不是因为他们参加生产，而是因为他们在魁奈所熟悉的道德秩序中的地位。他们是贵族，仅仅因为是贵族，由于道德上的权利，就是至高无上的。没有他们，什么也干不了；因为他们的祖先最初供给了土地，他们本身也给了耕种者以及不生产的阶级安全和衣食。

魁奈所希望的并不是推翻地主和君主或是由宪法上或所有权上的限制加以约束。他只希望地主和君主在行使他们的主权时要遵守"自然秩序"，不要把他们无知的命令强加在财富的生产和流通上。他们靠道德秩序保持他们的地位，可是不服从自然秩序。



因为，自然是聪明的、仁爱的和慷慨的，像洛克所说的那种"自然"。因此，照魁奈的说法，物质规律，是那显然对人类最有利的自然秩序中一切物质事情的规定的路线。"道德法则，来自同一仁爱的根源，是道德秩序中一切人类行动的规则，符合于那显然对人类最有利的自然秩序"。从这种自然法则中产生自然权利。魁奈说，自然权利是"一个人享受适合他的幸福的事物的权利"；公道——

① 吉德与里斯特：《经济学说史》，第19页。

决定自然权利的自然法则的标准——是"一种自然的和最高的标准，为理性所承认，这个标准显明地决定什么属于自己，什么属于别人[①]"。

"自然秩序"的这些定义，包括"道德秩序"在内，使得魁奈能调和哲学家关于自然法则、自然权利和自然公道的一切矛盾的观念；因为他的自然权利的观念是一种有伸缩性的观念，要适合任何时间和地点的情况，可是这一下把"自然权利"弄成自然的不合理。这样，一切哲学家所说的各种明明矛盾的自然权利，如果以它们显然是真实的那种时间和地点为标准，就都是真实的了。杰斯提尼安说得对，自然权利是自然对动物默示的一切，如果它们是动物。因此，在孤立的状态中，个人的自然权利是他凭自己的力量和智慧所能取得的不管什么东西，如果他是孤立的。甚至霍布斯所说的"一切人反对一切人"的无限制的权利也是对的，如果那是一种无政府状态。同样地，有些人说自然权利是普遍的和最高的权利，也是对的，如果我们是在说一个具有最高权力可以管理一切人的国家。同样地，有些人说自然权利不是绝对的而是受默认的和明确的契约的限制，也是对的，如果这种契约是合乎习惯的。甚至那些完全否认自然权利的人也是对的，如果他们所说的是对于自然权利没有认识的人。认识是"光明"，没有它理性就看不清事物，在一个像法国那样的国家里，只有对那些既有理性又有认识的人，自然秩序才存在。



因此，在魁奈和重农主义者看来，君主应该明文制定的根本法律是国家和私人怎样进行关于"自然秩序的法则"的教育的一种法律，这是"引向理性的光明"。最大的罪行是使得人民愚昧无知，因

① 《自然权利》，《魁奈》，第 359、365 页。着重点是本书作者加的。

为指导理性的是对自然法则的认识，这种认识把理性引向维持权威、财产、丰裕以及地主和波旁王朝的安全。

总之，魁奈的自然法则、自然权利和自然秩序的观念完全是当时和当地的习俗。习俗是自然；统治权是重商主义。可是对于魁奈，习俗成为一种认为现状是合宜的意识，一种经过教育的常识，一种明显的制度，使合乎习俗的事物显得自然，一经国家干涉就不自然了。习俗是利益的协调，是劳动与资源的适当调和。这种适当的调和是自然恩惠的结果，倘若统治权不加干涉，它会使个人流入自然的最慷慨的途径，而不流入其他的途径，以致他们从流通中勉强榨取，超出自然本身对自己的恩惠的适当分配。如果他们遵守这种自然秩序，政府就不会在自然吝啬的地方鼓励太多的出产，害得在自然本来慷慨的地方其他的出产太少。总而言之，自然秩序是魁奈认为好的经济，人为的秩序是重商主义者和路易十五所支持的坏的经济。

魁奈认为，这种自然法则，像这样作为理性来了解，具有创造丰裕所需要的智慧和仁爱这两种特性，因为这种法则是一位聪明的上帝为了人类的幸福而制定的。所以，它们是“改不了、打不破的、最最好的法则”。魁奈心目中所对比的反面事物，就是当时欧洲的君主们任意制定的、因而是人为的法律。这些成文法和自然法则不同，因为它们造成稀少，而自然产生丰裕。这种区别是由于成文法可能发生误解、腐化、强迫、反复无常，因而违反自然法则，后者却是不能改变的、有理性的、仁爱的、慷慨的。因此，这种自然秩序和道德秩序的自然法则，根据像魁奈这样一个 1758 年路易宫廷里的聪明的仁爱的地主的了解，应该作为成文法的最有效力的公式。

这样，洛克认为自然法则可以为制造家和商人辩解，反对君王和地主；魁奈却认为它可以为君王和地主辩解，反对制造家和商人。他们都认为上帝、自然、理性和丰裕是同一的。他们的区别在于受益人不同。

似乎是一种自相矛盾的话，魁奈一方面用自然秩序和道德秩序给地主的地租辩解，另一方面却又得到那实际的结论，认为所有的捐税应该在地主的地租上征收，一切其他捐税全部取消。这一点可以从两方面来解释：

他的可以征税的“纯产物”不包括地主对地力的维持，也不包括地力的改良。这些是地主的“垫支”，如果希望地主恢复原有的地力，就不能对这些垫支征税。应该征税的部分只是从原始地力得来的纯产物①。

另一种解释是，他所想到的只有农业地租以及主要地像销售税、进口税和公路税这种税收。当时法国的税收不仅是对国外进口货征税，而且对从农村运到城市的国内输入品征税，对公路上的强迫劳动也征税。这些捐税妨碍货物的流通，压迫农民。它们增加农业生产的成本，减少从农产品销售上所得的纯税收。取消这些捐税以后，农业地租一定会大大地增加，这种增加的地租可以作为增加税收的对象。魁奈是主张（实际上往往有这种情况），一种最有势力的阶级，地主以及垄断工业家和商人的行会，应该放弃他们的特权，相信整个国家的生产力增加也会对他们有益。后来杜阁在一个省区内消除这些对商业的障碍时，证明了魁奈的学说的正确性，增进了那一省的繁荣。可是，当杜阁试图以全国规模实行同样的改革时，贵族竟然能够使他罢官去职（1776年），因为他们有一套他们自己的自然秩序的观念②。人们常说，杜阁的重农主义的

① 参阅本书上册第8章（Ⅶ），《李嘉图和马尔萨斯》；下册第10章（Ⅶ），第5节，《课税的警察权力》。

② 参阅本书下册第9章（Ⅳ），第2节，《资本和资本物品》。

改革也许会防止了法国革命，可是在当时的现状下享受利益的那班人的眼光没这样远。革命把他们的庄园分给了农民，并且废除了商人和制造家的行会。

在魁奈之后四十年，马尔萨斯以自然的稀少代替了自然的丰裕。六十年后，李嘉图以劳动克服“自然资源的自然稀少”的力量，作价值观念的基础。九十年后，马克思吸收了魁奈的流通、李嘉图的劳动、自然的稀少，丢掉了地主、君主和资本家。一百二十年后，亨利·乔治吸收了魁奈的自然权利、自然的恩惠和李嘉图的地租，构成他自己的单一税的主张。在这段时期内，在魁奈之后十八年，亚当·斯密部分地丢弃了他的自然的生产力，回到洛克的劳动论。可是，在斯密甚至在魁奈以前，而他们两人都没有注意到，休谟已经以稀少代替了丰裕，不仅作为经济学的基础，而且作为财产权的起源。

# 第四章　休谟和皮亚斯

## I　稀少性

洛克和魁奈在丰裕的原则上使法律、经济学和伦理学三者发生相互关系，而大卫·休谟把他们的相互关系建立在“稀少”的原则上。亚当·斯密说他是“现代最最卓越的哲学家和历史学家”，然而斯密否定了他的理论的基础，回到休谟所否定了的洛克。休谟在 1739 年说：

> “在相当的环境下，给人类造成完全相反的不同情况：产生极端的丰裕或者极端的贫乏；在人类的心里造成高度的……人道或者极度的贪婪和恶毒。使得公道完全无用，那是完全破坏它的本质，停止它加在人类身上的义务。……很少的享受是从‘自然’的敞开的慷慨的手里给予我们的；可是通过技巧、劳动和勤劳，我们能大量地取得享受。因此，财产的观念在一切文明社会里成为必要。因此公道对公众的有益；因此公道才有它的价值和道德上的义务。”①

休谟所谓“效用”的意思是公共效用——等于现代的“社会效用”——或是公共福利，或是社会的利益。后来，边沁的意思是指私人效用，或者个人的快乐和痛苦。休谟的公共效用对个人的影响在于使私利的动机服从公共效用。边沁的私人效用是私利，他认为和公共效用是一致的②。



---

① 格林与格娄斯编：《休谟哲学全集》，（共四卷）1875 年初版，1898 年再版，第 4 卷，第 183 页。引文根据再版本。

② 参阅本书上册第 6 章。

如果照休谟的说法，公共或社会效用是公道的唯一根源并且是它的价值的唯一基础，那么，它对个人怎样起作用呢？对这些个人，照后来边沁的说法，只有他们自己的快乐和痛苦能起作用。休谟的答复是，决定于"稀少性"的程度和"人的品格"。

> "让我们假设，"他说，"自然赐给人类那么丰裕的各种外界产生的便利品，以致完全靠得住，不需要我们操心或劳力，每个人都能随心所欲地满足愿望，不管他的食量多么大，或是欲望多么奢。……在这样的幸福状态中，显然其他各种社会美德一定会发扬，提高十倍；小心谨慎的斤斤计较的所谓'公道'的美德，一定永远不会有人想到。如果人人都已经富裕有余，把财物分开还有什么意义呢？如果不可能有任何侵害，为什么要建立产权呢？这件东西为什么要说是我的呢，如果在别人把它抢走的时候，我只要一伸手就能拿到一件同样有价值的东西？假使那样，公道就完全无用，就会是一种无聊的形式，绝不可能列为美德之一。"这种丰裕的状态是"一种黄金时代的诗意的想象"和"一种自然状态的哲学的想象"。①

因此，"公道"和"私有财产"起因于相对的稀少性。可是共产主义，他接下去说，起于绝对的稀少性。



> "假设一个社会里一切普通必需品那样缺乏，最大限度的节约和勤劳也不能使大多数人免于死亡，不能使全体免于极度的困苦：我相信，人们会承认，在这种紧急的关头，严格的公道法则只好暂停，让那强烈的迫切需要和自保生命的动机发挥作用。船只失事以后，人们抓住所能抓到的任何一种保障安全的东西，不顾以前那种财产的限制，也算是犯罪吗？'公道'那种美德的用处和目的是保存社会里的秩序，从而取得幸福和安全；可是当社会由于极端贫乏就要灭亡的时候，暴力和不公道就不是什么可怕的大恶了。……甚至情况虽不像这样的紧迫，如有必要，公众也就打开粮仓，不征求所有人的同意。……在饥荒中均分面包，即使用权力甚至暴力来实行，会认为是犯罪或者侵害吗？②"

① 《休谟哲学全集》，第 4 卷，第 179、180、184 页。

② 同上书，第 4 卷，第 182 页。

休谟接着又从斯巴达以及罗马的土地均分法里举了一些历史上的例子，可是结论说在他的时代，英国人关于财产方面的习俗，像人们对自己的生产品的所有权、经过同意的让与、合同的执行、遗产继承，一般地都比共同的或平均的所有制对公众更为有益，因此也更合于公道。

然而，论证的理由却从洛克的“丰裕”状态中的自然法则和“神的理性”改变为休谟的“稀少”状态中的必需和利便。

> “仔细研究那些写文章讨论自然法则的人，”休谟说，“你总会发现，不管他们从什么原则开始，他们最后一定在这里结束，归根于人类的利便和必需，作为他们所创立的各种规则的根本原因。反对制度而不得不这样承认的一种让步，比在实行这些制度中所陈述的理由，更有力量。”①

人的品格的悬殊也使公共效用和公道成为一种变化的和相对的问题。



> “……假设，虽然人类的贫穷仍然和现在一样，可是胸襟大大地开阔了，非常友爱和慷慨，人与人之间普遍存在着最深挚的情谊，对别人的利益和对自己的利益同样关怀：如果是这样的话，显然公道的**用处**就没有了，因为宽仁厚爱这样普遍，财产和义务的区分和界限也就不会想到……我心里对于人我的利益已经不分彼此，为什么还要在邻人的田和我的田之间设置界标呢？……全人类将成为一个大家庭；一切公有，随便使用，无所谓财产。”②

休谟提到正直、慷慨、勇敢、有良心、有诚意等多种美德，以及亚当·斯密后来用“同情心”这个名词所包含的一切；并且把他的伦理学和经济学建立在人格和稀少性这两项原则的基础上。根据这些原则，他试图驳倒洛克和霍布斯的伦理学说，认为“他们主张

---

① 《休谟哲学全集》，第 4 卷，第 189 页。

② 同上书，第 4 卷，第 180、181 页。

自私的道德体系;”① 还要驳倒亚当·斯密、边沁以及一百年来经济学家从他们那里吸收得来的一些经济的和伦理的理论,这些人的经济学都是以私利为基础的。②

> “我们发现了一些实例,”他说,“在那些例子里,私人利益和公共利益是分开的;甚至是相反的。可是,我们注意到,尽管利益这样分离,道德心理还继续存在。凡是那分开的利益显然一致的时候,我们总发现这种心理显著地增加,比较热烈地爱好美德和憎恨邪恶……这些情况,使我们不得不否定那种用利己主义的原则解释一切道德心理的学说。我们必须采取一种范围较大的公共感情,认为社会的利益对我们不是无关紧要的,即使为社会的利益本身打算。‘有用’只是达到某种目的的一种倾向;所谓只要目的本身对我们自己没有影响,就不管达到目的所用的是什么手段,这种说法是矛盾的。因此,如果‘有用’(公共或社会效用)是道德心理的一种来源,如果这种‘有用’不是完全从自身出发,那么,凡是有助于社会幸福的事物,就会直接获得我们的赞美和好感。”

这一点后来亚当·斯密否定了。然而,如果我们熟悉现代的工会“伦理”以及工业、商业和银行业的业务“伦理”,我们就会看出完全是由于休谟所说的机会“稀少”和结果的利益冲突,才从冲突中产生了那一切经济上的美德,例如诚实不欺、公平交易、公平竞争、合理地使用经济能力、机会均等、自己生活一让人生活、商誉和合理价值,这些都是把自己的切身利益放在第二,首先应该和别人分享那有限的机会,才可能平平安安地从事交易,保持整个机构的不断运转。按休谟的说法,稀少性的作用既表现为自私自利又表现为自我牺牲,一种以休谟的稀少性为基础的经济学才可能把经济学、伦理学和法学结合起来;利己主义的经济学,沿用亚当·斯

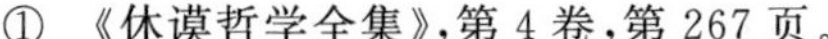

① 《休谟哲学全集》,第4卷,第267页。

② 同上书,第4卷,第207页。

密或约翰·洛克关于自然丰裕和神的恩惠的假设，使经济学和伦理与法律分离。因此我们不采取供求“法则”或利己主义，而使“稀少性”成为经济学和法学上的一种普遍原则。

休谟又作了一个和以前相反的、另一极端的假设。

> “同样地，假设有一个善良的人陷落到恶棍的社会里去。他没有别的办法，只好把自己武装起来，他所抢到的刀或盾不管是谁的东西；尽可能取得一切防御和安全的手段；他平常对公道的特别重视，现在对他自己的安全或者别人的安全已经没有用，他不得不只听‘自卫’的命令，不顾那些已经不值得他顾虑和注意的人①”。

休谟然后丢开这些极端的例子，讲到历史上社会的实际复杂情况。他说，“社会的普通情形是这些极端之间的一种中间状态②”。社会在实际运行中不是极端状态。它们在运行中具有高度的复杂性和变化性，决定于人的品格和环境。他认为，要发现公共效用和公道在历史上的不同意义，我们必须依靠“法规、习俗、前例、类比以及许许多多其他具体情况，其中有些是固定不变的，有些是变化的和强制的”。③

这一切都可以从另一种观点归纳为休谟的重复、变化和未来性三种观念，这三种观念他用“习俗”的名称详细地陈说。

## Ⅱ　从习惯到习俗

休谟和洛克不同，因为他把一切观念说成仅仅是主观的感觉，而不是心智的模仿和理性的反省。柏克莱已经开辟了这条路，休

① 《休谟哲学全集》，第4卷，第182—183页。

② 同上书，第4卷，第183页。

③ 同上书，第4卷，第191页。不应该将休谟的“公共效用”与此词当前较为狭义的用法，如“公用事业公司”混为一谈。

谟认为他的学说是“最伟大的和最有价值的发现之一”,[①] 于是休谟采取他的这种说法。

柏克莱曾指出在洛克的学说里“观念”的双重意义——感觉和被感觉的实体,并且说明了,作为单纯的知觉,感觉不产生宇宙间秩序、连贯和统一的关系。洛克的“一件事物的观念”仅仅是一种“观念”,而观念只是一种感觉,可是柏克莱认为观念必须是一种对许多感觉之间的顺序的统一关系的感觉。因此,柏克莱认为,被感觉的实体的真实性完全不存在,只有上帝的真实性存在,我们直接感觉到上帝作为一个有秩序的、一贯的、仁爱的意志,指导着我们和世界。

可是,休谟更进一步,认为心灵不是洛克和柏克莱的那种只知道自己的感觉的“灵魂”,而只是感觉本身的连续,这些感觉不能知道它们自己[②]。“心灵不是一种实体,”一种有观念的继续存在的器官;心灵只是一种代表一系列观念的抽象名称;感知、记忆和感觉是心灵;在思想程序的背后,没有可以看得出的“灵魂”[③]。因此,休谟达到他的最终的怀疑主义,认为世界只是感觉的连续,心灵作为理智,决不能了解这些感觉之间的真正联系。

休谟接下去确实把观念说成“摹本”,可是这种“摹本”不是洛克那种外界事物的原原本本的图像——而是模糊的感觉,重复或再现比较生动的感觉。“对同一事物的两个观念只能由于不同的感觉而不同。”“我们的观念是我们的印象的摹本”,并且“它们彼此的区别只在于有力或生动的程度不同”。[④]

---

① 《休谟哲学全集》,第 1 卷,第 325 页。

② 同上书,第 1 卷,第 326 页,并参阅格林关于柏克莱与休谟的综述,第 1 章,第 149 页。

③ 杜兰特:《哲学的故事》,1926 年版,第 281 页。

④ 《休谟哲学全集》,第 1 卷,第 560 页(附录)。

这样,照休谟的说法,各种印象或感知,不管是外部的或是内部的,不管是关于物体的大小、动静和软硬,或是它们的色、香、味、声、冷、热或者因此而引起的痛苦和快乐,原来的基础都相同——都是印象。那些印象是内部的、会消灭的存在物;因此我们不知道它们和继续存在的外界实体或者仍然保持原样的内部灵魂有关系的情况。灵魂不看到它本身在感觉这些印象——灵魂只是那会消灭的感觉本身的前后连续。

因此,在哲学上休谟达到了绝对的怀疑主义。可是,实际上不是如此。休谟的解释是"活动"和"习惯"[①]。活动给我们经验,经验是具有相似性、连接性和因果作用的观念的联系。因果作用是最广泛的,并且在"动"和"力"的两种关系里出现。"动"是一个物体在另一个物体中产生的,而"力"是产生这种运动的能力。动是现行的,力是潜在的。因此,原因和结果,现行的或潜在的,是

> "一切利益和责任的关系的源泉,由于这种关系,人们在社会里相互影响,并且安排了统治和服从的地位。一个主人是这样的一个人,他由于自己的强力或者双方同意,有了一种能力或权力可以在某些方面指挥另一个人的行动,这另一个人我们称为仆人。一个法官是一个能在一切有争执的案件中决断问题的人,他能照他的意见在社会的任何成员之间决定任何东西的所有权。一个人有了能力或权力以后,只要运用意志,就可以把能力或权力变成行动。"[②]

因此,意志是活动力。能力或权力是通过意志作用来行动的能力。可是休谟由于不能分析"选择",重复了洛克的物质的类比[③]。



---

① 休谟把"习惯"和"习俗"看作同一意义,我们对它们加以区别。

② 《休谟哲学全集》,第1卷,第320—321页。

③ 参阅本书上册第8章(Ⅵ),《能力和机会》。

作为观念，这些同样的经验是在原来的经验以后遗留的或者重现的那种熟悉而较不生动的感觉，因此，这是我们由于记忆和想象而了解的、印象的“反省”。观念是外来经验的内部的重现，它们能产生一种新的印象——反省的印象，这也是感觉，但是，主要地向着未来，例如欲望、厌恶、希望、恐惧。

这种反省的感觉构成休谟的“意见”和“信念”的概念，我们把这些称为“意义”。信念不能产生于现在的感觉，然而没有现在的感觉它又不能产生。它和重复是分不开的，这种重复休谟称为“习惯”。①

> “……现在的印象，凭它自身的力量和效力，单独地作为限于现在一刻时间的一次感知来说，没有这种效果。我发现，一个印象，在它第一次出现时我不能作出结论，后来到我对于它的通常的后果已经有了经验的时候，就可以成为信念的基础。我们一定在过去的事例里每次都观察到相同的印象，并且发现它总是和某种其他印象结合在一起……伴随着现在的印象、并且是若干过去的印象和连带事件所产生的信念……立刻就发生，不需要再经过任何理性或想象的活动。这一点我能肯定，因为我从来没有觉得有这种活动，并且找不到任何新事物能作为这种信念的基础。现在我们把一切由于过去一再发生的事物而产生的东西称为‘习惯’，因此我们可以树立一条确实的真理：任何现在的印象所引起的一切信念，都是完全由这习惯而来。当我们习惯于看到两种印象联系在一起，一种印象的出现或一种印象的观念就会使我们产生另一种观念。”②

他然后把他的实验反过来，发现了倘使只有观念没有现在的印象，

> “那么，虽然由于习惯仍旧会联系到有关的观念，可是实际上没有信念，也没有说服力。所以，现在的印象对于整个的作用还是完全必要

① 包克：《经济学评论》，1922年版，第151—152页。

② 《休谟哲学全集》，第1卷，第402—403页。

的；在这以后我把印象和观念比较了一下，发现它们的唯一区别在于有力和生动的程度不同，于是我对全部问题的结论是：信念是观念的一种比较生动和比较深刻的概念，产生于它对现在的印象的关系。”①

这样，意见或信念是“一种和现在的印象有关的或者连在一起的生动的观念”。② 我们可以说，它是印象的意义。

这样，休谟改变了“自然法则”的观念，不仅改掉洛克和魁奈所谓上帝早已发出的命令以及他们那种协调的自然法则的观念，而且也改掉因果之间有一种必要关系的观念以及任何一种“论辩”。他使自然法则成为单纯的预期，“完全由习惯而来，习惯使我们预期将来会有和我们已经习惯了的同样状态的事物。这种把过去转移到未来的习惯或决心是完全的、不折不扣的；因而在这一类的推论中，想象力的最初冲动具有预期的性质。”倘使过去的经验有矛盾，这种“最初的冲动……因此就打破了”，并且我们判断，若是矛盾的经验果真再现，其内容将是混杂的，和过去的内容一样。“这里的结果是或然性较低，不过无论如何，未来类似过去的假设……是完全由习惯而来。”③

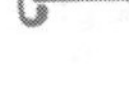



“因此所有或然的推论只是一种感觉。不仅在诗和音乐里我们必须听从我们的爱好和情趣，而且在哲学里也是这样。如果我相信任何原则，那只是一种观念，对我的印象比较强烈。如果我认为某一套理论比另一套好，我只是从我的感觉上决定让它们的影响占优势。事物没有什么可以看得出的联系；在习惯以外也没有其他原则对想象力发生作用，使我们能从一种事物的出现推想到另一种事物的存在。”这种成见是不自觉的。“过去的经验决定我们关于原因和结果的一切判断，它可能不知不觉地影响着我们的心灵，以致不受注意，甚至也许我们似乎

① 《休谟哲学全集》，第 1 卷，第 403 页。

② 同上书，第 1 卷，第 396 页。

③ 同上书，第 1 卷，第 431、432 页。

还不知道。”①

他承认，有时候，没有习惯，单凭反省也似乎产生信念。我们甚至能“仅仅用一次实验就取得对一种特殊原因的认识”。心灵然后对于原因或结果“作一种推论”。可是，这种表面的困难自会消灭，如果我们注意到我们有无数的实验使我们相信这个原理：“同样的东西，在同样的情形下，将产生同样的结果。”因此我们的经验就转移到我们没有经验过的情况，或是明白地、直接地、默契地或是间接地。②

因此，我们所了解的休谟就是，在我们的一切事情里，不管是一般生活，或是科学或哲学，不是我们的理智（像洛克所说的那样），而是我们过去的感觉的重复“在决定那和现在的印象有关或联在一起的生动的观念，”因此，这种观念不是理智的认识，而是个人的成见，也就是个人赋予外来印象的意义。

同样的说法也适用于休谟对道德的观念。马勒伯朗士、卡德沃思和克拉克把道德关系作为纯粹理智的解释，而休谟却说这种理智的关系只是一个意思的几种说法，像数学里面那样，是感觉不到的；然后他把他的伦理学建立在社会效用和稀少性的感觉上，这一点我们已经知道。③

休谟的著作的编辑人，黑格尔派哲学家格林在1875年著文，反对像这样把自然法则和道德法则的基础从原来的人类全体的理智改变到休谟所主张的个人的感觉和预期。格林写道：

> “把自然秩序变成依靠‘预期’，完全颠倒了实际科学程序中分别给予信念和现实的地位，这一种学说，像这样赤裸裸地说明或者这样一贯

① 《休谟哲学全集》，第1卷，第403—404页。

② 同上书，第1卷，第405页。

③ 同上书，第4卷，第190页。

地坚持，竟然表面上会被有学问的人采用，倒是令人不解……预期是'反省的印象'，倘使原因和结果的关系仅仅是预期，那么，一种似乎最不能归结为感觉的东西，竟然被说成是感觉了。……一种由这种预期构成的预期，完全不能有助于自然规律的概念在归纳的科学中实际所起的作用……由于'对自然的疑问'，所谓我们相信有一种自然规律，只要能把它找出来就好了，我们实际是硬要自然承认一种她不会自己拿出来的法则……各种现象之间有规律的关系，不是印象，也不是观念，只能在思想中存在。"①

根据以上这一段话，格林结论说，"假如原因和结果的关系仅仅是习惯，怎样用它来扩充知识就还需要说明；熟悉的感觉的再现的预期和归纳的科学之间的鸿沟还待填补；洛克所谓'一种自然的科学是不可能的'那种'疑虑'，没有被克服，反而被扩大为一种理论体系②。"

杜兰特同样地表示了格林的反对。



"……休谟破除灵魂的概念，毁坏正统的宗教，还不满足；他又要打消法则的概念来毁坏科学。自从布鲁诺和伽利略以来，科学和哲学一样，运用了很多自然法则，运用了因果关系中的'必然性'；斯宾诺莎就在这个引以为豪的概念上建立了他的宏伟的形而上学。可是，休谟说，我们从来没有看出原因或者法则；我们看到事件和连续的关系，推断因果作用和必然性；法则不是一种永恒的和必要的支配事物的命令，而仅仅是我们的形形色色的经验的一种心理的总结和速记；我们没有保证可以断定以往观察到的因果关系将在未来的经验中同样地再出现。'法则'是事件发生的顺序中人们观察到的一种习惯；可是习惯里面没有'必然性'。

"只有数学公式有必然性——只有它们是内在的和不变的真实；而这一点不过因为这种公式是一种'同义异说'的表现方法——宾辞已经包含在主辞里面；'3×3=9'是一项永恒的和必然的真实，只因为

① 《休谟哲学全集》，第1卷，第275、276—277、286页。

② 同上书，第1卷，第285页。

‘3×3’和‘9’是同一的东西，表现的方法不同而已。”①

然而，现代科学所做的恰恰是休谟在习惯的名义下所说明的东西。休谟在区别两种心灵的概念，一种是洛克和格林所理解的被动的概念，另一种是主动的心灵的概念，心灵在构造它自己的工具，供研究和行动之用，包括法则、原因、结果必然性等等思想工具在内。倘若心灵是被动的，它就看不出它的“消灭中的感觉”之间的关系。可是，如果心灵是主动的，它就真正地创造、感觉，并且根据消灭中的感觉的部分和全体之间一种假设的关系发生作用。休谟的怀疑主义所破坏的是被动的心灵的观念。他所预言的是主动的心灵的观念。

## Ⅲ　实用主义

1878年，美国实用主义的创始人皮亚斯创立主动的心灵的概念，从而消除了休谟的怀疑主义。他是参加联邦政府地质测量工作的一个自然科学家，他深入地研究了休谟在考虑实际事务时作为藏身之所的“习惯”和“习俗”。皮亚斯不用理智和感觉而用习惯和习俗作为一切科学的基础。他把他的学说叫做实用主义，可是他的意思只是指科学研究的方法。因此他避免了休谟那种心理学的被动心灵的极端怀疑主义和休谟的批评者那种预先注定的“自然秩序”。正因为自然科学家皮亚斯说明了一切科学研究的心理，所以我们想要仿效他，采取实用主义这个名词，作为我们试图在这本书里运用于经济学上的研究方法的名称。



我们并不忘记从休谟到皮亚斯②那一百四十年的一段时期，

① 杜兰特：《哲学的故事》，1926年版，第281页。

② 特别请参看伏格林，埃里契：《论美国精神的形式》，1928年版，第19页。

以及其间在哲学上的实用主义的先驱,例如杜格耳德·斯图亚特和威廉·霍季森。我们只是认为皮亚斯的方法对于我们的目的较为有用。我们也不是忘记皮亚斯以后的五十年,其间有一些后起之秀像詹姆士、杜威和席勒,也没有忘记科勒和考夫卡[①]的形态心理学。皮亚斯后来反对詹姆士和席勒那样的利用他的"实用主义"这个名词,他说他自己的学说是一种认识论和真理的考验,而他们的学说是一种生活、价值或欲望的哲学。他说,詹姆士把对观念的真理的考验解释为不仅在于它是否产生预期的后果,而且在于它是否产生有利的后果,例如个人的幸福,或者杜威所谓有利的社会后果。[②]

因此,我们不得不区别和使用实用主义的两种意义:一种是皮亚斯的纯粹科学研究方法的意义,这种方法他从自然科学中得来,可是也可以适用于我们的经济交易和机构;另一种是参加这些经济交易的有关方面他们本身采取的各种社会哲学的意义。我们因此在后一种意义下非常接近地跟着杜威的社会实用主义走;而在我们的研究方法上却仿效皮亚斯的实用主义。一种是科学的实用主义——一种研究的方法——另一种是人类的实用主义——经济科学的研究对象。

皮亚斯,在他的科学的实用主义里,一开始就区别清楚并且把知觉之间的关系加入感觉本身,这是休谟所不采取的,因为他不能



---

① 詹姆士,威廉:《实用主义》,1906 年版。《极端经验主义》,1912 年版。特别应参看杜威,约翰:《确定性的寻求——知与行的关系的研究》,1929 年版。席勒:《人道主义》,1903 年版;关于科勒和考夫卡,参看本书上册第 119 页。

② 参阅皮亚斯的论文,《一元论》杂志,1905 年第 15 号,第 161—181 页;1906 年第 16 号,第 147—151、492—546 页。

把它们作为感觉来解释①。皮亚斯说明这个方法，谈到有意识的感觉的两种成分。“在一首音乐作品里有个别的音，也有调。”休谟的印象和观念是“音”，那是一些在不同的一刹那间的孤立的感觉。可是，不是“调”，因为“调”是经过一段时间流动的一种感觉的连续。

> “单一的音，”皮亚斯说，“可以延长到一小时或一天，它在这段时间的每一秒里和在整个时间里同样圆满地存在；在它响着的时候，它对于感官是存在的，在这个感官里过去的一切和未来同样地都完全不存在。可是‘调’的情况就不同了，‘调’的完成需要一定的时间，在各部分的时间内只演奏‘调’的各部分。它靠前后的程序不乱，靠接连发生的声音，这些声音在不同的时间传进耳朵；要听出‘调’，必须有一定程度的连续不断的意识，使我们察觉一段时间的事件的存在。当然我们只有听那些个别的‘音’才能听出‘调’；但不能说我们直接地听到‘调’，因为我们只听到一刹那间存在的东西，一种连续的程序不能在一刹那间存在。这两种对象，我们立刻或直接觉得的和我们间接觉得的东西，在一切意识中都有。有些成分（知觉）在它存在的时间内每一刻都是完全实在的，另一些成分（像思想）却是有起头、中间和末尾的一种作用，在于接连发生的若干知觉的调和一致，这些知觉在心灵里流过。它们不能直接地全部存在，而必须包含一些过去的或未来的部分。思想是一根谐调的线，贯串着我们的接连发生的知觉②。”

因此，皮亚斯认为，思想本身不是一种纯粹理智的抽象作用，也不是像柏克莱和休谟所说的一种知觉的连续；它是我们称为“意义”的那种东西。贯串在知觉的再现之间的，是通过回忆和预期的感觉的陪音。皮亚斯说，思想和其他方式的关系（例如音尔）不同，因为“它的唯一的动机、观念和作用是产生‘信念’的感觉，”而不是产生理智的认识。信念有四种特性：

① 见皮亚斯六篇论文之一：《怎样使我们的观念明白》，《通俗科学月刊》，1877—1878年，第12号，第1—151、286—302、604—615、705—718页；第13号，第203—217、470—482页，1923年版。引文根据选集。

② 同上书，第39、40页。

"……它是我们觉得的东西；……它消除疑惑的不安；……它在我们的性格里树立一种行动的规则，或者简单地说，一种习惯。……思想的最后结果是意志力的发挥。……信念的要素是一种习惯的确立……思想的整个作用是产生行动的习惯；……凡是和思想有关、而不符合它的目的的东西，都是外加上去的东西，不是它本身的一部分。……因此，要发现它的意义，我们只需确定它产生什么习惯，因为一件事情的重要性完全在于它引起什么习惯。……那习惯是什么，决定于它在什么时候以及怎样使我们行动。所谓'在什么时候'，就是每一个对行动的刺激都起因于知觉作用；所谓'怎样'，就是行动的目的都是要产生一种切实的结果。这样，我们归结到具体的和实际的东西，"因此，皮亚斯称为实用主义，"作为各种思想的真正特性的根本，不管它多么微妙。……我们对任何事物的观念就是我们对它的切实的效果的观念。"①

他最后说出一种准则，关于在我们的观念上怎样取得科学的明确。"考虑一下我们所想的对象可能会有什么有实际影响的效果。然后，我们对这些效果的概念，就是我们对那对象的整个概念。"换一句话说，实用主义是"未来性"。



然而，这里暂时的结论只是休谟的所谓个人的成见，这是随着不同的人的不同的感觉而不同的。皮亚斯更进一步，要取得那种不偏于成见的科学的信念。这是"真实"的问题，并且是我们所谓"习惯"和"习俗"的区别。

因为，皮亚斯对那形而上学的、最后的和根本的真实问题的解答，成为不是个人的偏见，而是社会的一致的意见。真实是一种本身自有特性、不受任何人对它的看法的影响的东西。"一切从事研究的人最后一定会同意的意见，就是我们所谓真理②，这种意见所

① 《怎样使我们的观念明白》，第 41、43、44、45 页。

② 皮亚斯，作为一个科学家，并不是指最终的真理而言。他的意思是指知识的现状，它随着更进一步的真理而改变。

表现的对象就是真实。我对真实的解说是这样。”[①]

这样，形而上学的意义被改变了。它已经不是个人对最后真实的理智的认识问题，像洛克、柏克莱和休谟所认为的那样。它的问题是那些有能力研究的人在预测世事中大家同意的期待，他们在大家继续同意的范围内，感到有信心为未来采取同样的行动。这不是休谟的那种纯粹偏见的信念——它是科学的信念，是没有偏见的对意义的解释。休谟不得不回溯他所能看到或记得的个人经验[②]，去找一些“无可疑问”的东西；皮亚斯只需要由所有看到、记得和用实验证明的人给予社会的认可，就可以没有疑问。这是我们要分辨的偏见和科学的区别，习惯和习俗的区别。偏见是个人的意见。科学是众人一致的意见。习惯是个人的重复。习俗是一种社会的强制，是那些同样感觉和同样行动的人的集体意见对个人的强制。

因此，皮亚斯揭露休谟的缺点。第一，休谟的心灵的观念，和洛克的一样，是一种完全被动的接受外来印象的容器[③]，这种印象只存在一点时间；而皮亚斯的心灵的观念是一种主动的、继续不断的、对印象进行组织和再组织的机构。第二，印象存在的时间长于休谟那种数学上的点，因为它们保留过去的印象（就是记忆），它们在流动着的现在中再现和改变，并且它们预期一种感觉于最近的未来，这种未来总是在变成现在。休谟认为，时间是一个接一个的数学上的时间之点，各个点本身没有持续期间。皮亚斯认为，时间是瞬息的一刻，本身就包含着过去、现在和未来。因此休谟是感觉论者，而皮亚斯是——实用主义者。

① 《怎样使我们的观念明白》，第 57 页。

② 《休谟哲学全集》，第 1 卷，第 384 页。

③ 杜兰特：《哲学的故事》，第 295 页。

既然皮亚斯的心灵的概念是主动的印象组织者，休谟的"印象"本身现在就在它们的部分对整个活动(过去的和未来的)的外部关系方面被皮亚斯采用，而不是作为个别的印象进入心灵，只靠相似性、连接性和继续发生的顺序把它们结合在一起。心灵不是等待印象，而是不断地找求印象，把它们分为一部分一部分的，重新构成新的感觉。那些新的感觉不是休谟的被动的印象，而是皮亚斯的主动的信念，目的在于达到未来的行动。这种部分对整体和过去经验对未来预期的关系，成为我们的交易和"运行中的机构"的心理。

皮亚斯又使我们能看出休谟的怀疑主义是由他的个人主义而来，并且是由于他那个时代的一些大哲学家的孤立的理论，他们没有得到科学研究者的合作和批评。休谟的怀疑主义，是他不信任完全靠个人的理智来发现事物的形而上学的最后真实，像洛克和在他自己以前的大多数哲学家那样。因此，他否定理智，认为它是脱离感觉和社会的一种抽象的东西。他对理智的了解是感觉之间的空隙，因而是什么也没有。休谟在这种怀疑主义方面是非常坦率的。



> "我在我的哲学上所处的那种毫无希望的孤寂的境界，首先使我害怕和烦乱。……我所走的每一步都是犹豫踌躇的，每一次新的反省使我担心在我的推论中又是一次错误和不合理。……我能相信吗，脱离一切固有的见解，就是追求真理？……有两种原则，我不能使得它们一致；我也没有能力来否定它们，就是，所有我们的各别的知觉是各别的存在，以及心灵绝不能看出各别的存在之间任何真正的关系。幸而，既然理性不能消除这些疑云，自然本身就可以做到……我吃，我玩一盘双六[1]，我聊天，我和我的朋友们很快乐。……"[2]

---

① 西洋双六，一种用象棋和骰子在盘上玩的游戏。——译者

② 《休谟哲学全集》，第1卷，第544、545、548、559页。

这样,休谟在变成实用主义者的时候,忘记了他的怀疑主义。

格林对休谟的批评在一方面是合理的,在另一方面却不合理。合理的一面是说,休谟的个人经验的观念决不能作科学的基础,因为那只是个人的孤立的经验,是偏见,不是科学。可是,格林在另一面是错误的,他硬说科学需要一种注定的规律性,以便有一种自然的"法则"。科学所需要的不过是皮亚斯的那种预期的一致性,就是,有能力研究的人们可以作同样的预期,这种一致的意见因此对个人研究者具有习俗的束缚力,个人必须遵守。

休谟的勇敢的怀疑主义是他的时代的个人主义和一个先验者的孤立状态。皮亚斯的真实是科学研究者的世界的一致。休谟的教育观念证明这一点。他认为一切信念和推论是由于习俗的缘故,可是他不区别"习俗"和"习惯"。因此,他谈到教育的时候,就把它看成"一种人为的而不是自然的原因",虽然它"对心灵发生影响和感觉、记忆或理性一样①"。

然而,如果我们对习俗和习惯加以区别,习俗也就是教育,因为它是从幼年时代起周围的人所一再给予的印象,这种印象使个人不能不符合习惯的假设;休谟所说的"习惯"指的是个人的习惯,个人可以从自然本性的重复或其他人类的重复中获得这种习惯,不受集体意见的道德强制的影响。习惯实在是一个个人主义的名词,因为只限于个人的经验、感觉和预期;而习俗是由那些集体地同样行动的其他的人的经验、感觉和预期而来,这就是广义的教育。习惯是由于个人的重复。习俗是由于继续存在的团体(团体里的人尽管变动)的重复。它对个人有一种强迫的效果。休谟说过,"影响人类的那些意见,一半以上起因于教育",实际上这些意

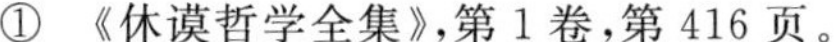

① 《休谟哲学全集》,第1卷,第416页。

见全部起因于习俗。因此，教育不是不自然的——它是通常的社会的作用，人们经过一生一世反复地和别人打交道以及必须符合集体行动的要求，从而获得了习惯。教育是从服从习俗中养成习惯。皮亚斯所谓意见一致也是这样。科学家的信念一致具有习俗的力量，能给个人创造新的习惯。

这样，通过休谟在1739年和皮亚斯在1878年发表的著作，我们接近了“意义”的意义。然而这种意义，为了我们的经济学的目的，还不够完全，因为休谟是个人主义者和感觉论者，皮亚斯的研究范围是自然科学。到了杜威，我们才发现皮亚斯被扩充到伦理学；到了制度经济学，我们才发现它扩充到交易、“运行中的机构”和“合理的价值”。然而，休谟的“信念”，像皮亚斯所理解的那样，正是我们所谓“意义”的意思。

“信念”，或者“意义”，首先是偏见。休谟说，“在经过我的最精确的推理以后，我说不出为什么我要同意，并且只觉得有一种强烈的倾向要竭力按照我所看到的现象或光景来考虑事物。”他说，“我的感觉总是有偏向的，因此我在理智上是怀疑的，可是我的有偏向的感觉仍然是我给予现象的意义”。

这些意义由经验中产生。“经验是一种原则，它教导我过去事物的各种结合的关系。”他说这些关系是相似性、连接性和因果作用。

反复的经验成为习惯。“习惯是另一个原则，它使我预期同样的事情发生于未来。”

经验和习惯成为想象。“它们联合起来影响想象，使我形成某些观念，比另一些没有同样有利条件的观念较为明确和生动。……因此，记忆、感觉和理解的基础都在于想象或者在于我们的观念的生动有力。”

可是，所有这些感觉只有在受到外来的印象刺激的时候才会发生，它们从那个印象所推断出来的结论是信念。“因此，意见或信念可能是非常明确的，是一种和现在的印象有关或者联在一起的生动的观念。”这种信念，我们将称为习惯的假设①。

这种信念“是观念的一种比较生动和深刻的想象”，它根据它本身和连带发生的热情、痛苦及快乐比较起来的相对的强度，“推动意志”。

因此，照休谟的说法，信念是个人给予事物的有偏见的意义。它还需要皮亚斯所说的那种一切善于研究者的一致的信念，以便消除偏见，取得科学的对预期的信心。

因此皮亚斯的实用主义就是科学的研究方法。人们往往反对所谓实用主义的“哲学”，认为它所根据的是“凡是有用或有效的”就是真实，就是“是”。如果一个买卖人业务成功，他就是“正确”。如果一个打劫银行的强盗能把财物拿走，他就有理由那样做。但是皮亚斯的意思不是这样。他的意思是，如果一种“理论”经过事实的试验和别人的证实，说明它“能行”，那么这种理论就现有的知识和一切已知的事实而言就是真实的和正确的②。

## Ⅳ 从自然到运行中的机构

经济科学里的试验也有些相似，像皮亚斯在自然科学里所发现的那样。可是，主要的区别是自然科学所研究的是关于宇宙体以内各种活动的知识，包括人类，作为自然的物体；而经济学所研

① 参阅本书下册第 10 章（Ⅴ），《习惯的假设》。

② 关于实用主义进一步的发展，参阅盖耶：《皮亚斯，詹姆士和杜威所发展的实用主义的真理论》，1914 年版，参阅本书下册第 10 章（Ⅰ），《凡勃伦》。

究的是个人作为公民，由各种集体给他们不同程度的权利、义务、自由和暴露。这种特性需要一种有别于过去的一些心理学的谈判的或买卖的心理学，甚至现在的所谓社会心理学。它的活动范围是买卖、管理和限额，受集体行动的业务规则的限制。过去的一些心理学是个人主义的，实际上必然是这样，因为它们的对象是人类作为自然物，而不是人类作为运行中的机构的成员或公民。皮亚斯的实用主义，应用在制度经济学上，就是公民与公民间这些经济关系的科学研究。它的对象是以个人为成员的整个机构，所研究的活动是他们的交易，受着一套完全不同的法则的支配，不是自然的法则，而是一种暂时是集体行动的业务规则。

# 第五章　亚当·斯密

## I　利己和互利

休谟以“稀少”和“公共效用”代替了洛克的“丰裕”和“公共财富”，亚当·斯密对休谟的“效用”的理解，就是这种公共利益或社会效用的意思。可是，一方面斯密作为一个哲学家，同意休谟的公共效用的观念，另一方面，在所著《道德情操论》(1759 年出版)里却认为它作为一种人类所共有的“情操”，不能对个人起什么作用。他说，这种观念是从“哲学家的反省”中得来，不是个人要维护公道的直接动机。“我们赞许一件事，第一个原因很少是由于心里认为有用，”不管是对我们自己还是对社会有用，我们往往是直觉地、不需要反省就欣赏我们自己和别人具有的人类优良品质，例如合理、聪明、克己、仁爱、公道、慷慨、公德心，“并不想到它们对社会的效用”；我们直接地不赞成和憎恨那些相反的品质，例如贪婪、自私和邪恶，并不查考它们对社会全体的影响。所谓一切优良品质对公众有益的观念，“显然是一种回想，不是最初使它们获得我们赞许的东西。”①

因此，斯密以内在的情绪替代了洛克的内在的观念。他把洛克的从反省中得来的“复杂观念”变成了不是从反省中得来的一种复杂的、同情和反感的感觉。这种复杂的感觉他称为“情操”，不是

---

①　亚当·斯密:《道德情操论》，1759 年版，引文根据 1822 年版本，第 205、216、217 页。

"反省"。反省是"哲学家的回想"。

一切情绪的最高的合成品是"是非的意识",也许等于我们的"是否合宜"或者"洞察"的观念。这种是非的意识是我们本性里生来就有的,是一切情操的总和,它的特殊的例子是同情、反感、良心和责任感这些感觉。斯密仿效休谟的"生动的观念",而用一种"生动的想象"代替洛克的冷静的推理。他说,当然我们并不真正地感觉到和别人完全相同的情绪,实际上是我们通过一种"生动的想象"把自己放在别人的地位,从而判断他们的或是我们自己的行为是否正当。这种是否正当的意识,然后可以加以人格化,作为"公平的旁观者","心灵内部的人","我们的行为的伟大的评判员和仲裁人","神意的代理人",他使我们的行为服从我们所同情的美德,并且使我们反对我们所厌恶的邪恶。

因此,斯密在1759年保卫了"国家的道德"以后,又在1776年从事于保卫"国家的财富"。这里也有一个神意的代理人,他不需要教会,或国家或任何集体行动的帮助。这是"人性中一种互通有无、物物交换、互相交易的倾向"。这种天赋的倾向潜放在那里成为一种原因;它不是分工的结果,像人们假定的那样。

> "劳动生产力上最大的改进,"他说,"和劳动运用于任何地方时,大部分的技巧、熟练程度和判断能力以及大部分的机器都似乎是分工的结果。……在管理完善的社会,一般富裕程度,将普及于最下等阶级的人民,但招致这一般富裕的根本原因,不外是各种工艺产物的大增,但这又是分工发达的结果。……引出上述那许多利益的分工,原本不是任何人类智慧的结果,不是人类想求一般富裕的结果……而是由于人性中互通有无、物物交换、互相交易的倾向,……是理性言语那诸种能力的必然结果"。①

① 亚当·斯密:《国民财富的性质和原因的研究》,1776年版,本书引文根据卡南校编本1904年版,第1、5、12、15页。

斯密有时候受到人们责备，认为他赞扬利己心不顾后果，然而他的利己观念，跟洛克和魁奈的一样，是附属于他的天赐恩惠的观念的。这天赐恩惠的观念，在人类心灵里种下了互利的本性，这种本性他称为"是非的意识"，这又引起分工、交换和世间的丰裕。在上帝的意旨中，利己是以自我牺牲为主体的。个人有意识地只追求自己的利益，可是在这种天赋本性的指导下，他像蜂巢里的蜜蜂一样，不知不觉地同时促进了全体的福利。如果他后来想到这一点，那么，和哲学家的回想一样，那只是一种托词，只是给他的出于有意识的自私心的行为作一种伪善的辩解。斯密说：

> "由于每一个人定然会竭力投资维持国内的产业，从而指导这类产业，使其产品尽可能有最大的价值；每一个人定然各尽所能，尽量使社会的岁入加大。固然，他们通例没有促进社会利益的心思。他们亦不知道他们自己曾怎样促进社会利益。他们所以宁愿投资维持国内产业，而不愿投资维持国外产业，完全为的他们自己的安全；他们所以会如此指导产业，使其产品价值达到最大限度，亦只是为了他们自己的利益。在这场合，像在其他许多场合一样，他们是受着一只看不见的手的指导，促进了他们全不放在心上的目的。他们不把这目的放在心上，不必是社会之害。他们各自追求各自的利益，往往更能有效地促进社会的利益，他们如真想促进社会的利益，还往往不能那样有效。一般假装为公众幸福而经营贸易的人，据我所知，并不曾成就多少善事。但这种假装的商人既然不多，所以用不着多费口舌，来谏止他们这种假装。"①

这种有意识的利己的意图，一般动物是没有的，它们只凭无意识的本能行动。可是在人类，"理解和语言的能力"造成私有财产的本性和物物交换、互相交易的倾向。这些是

> "人类所共有，亦人类所特有，在其他各种动物中，是发现不出来

① 《国民财富的性质和原因的研究》，第1篇，第421页。

> 的。无论哪种动物，都不知物物交换，更不能了解任何其他种类合约的作用。……也从未见一种动物，以姿势或自然呼声向其他动物示意，说：此为我有，那为你有，我希望以此易彼。……但人类几乎经常需要同胞的协助，所以假使他仅仅依赖他人的恩惠，一定不行。他如果能够刺激他们的自爱心，使有利于他，并告诉他们，替他做事，是为他们自己的利益，他要达到目的，就容易得多了。不论是谁，不论他要与旁人做何种买卖，他首先就要这样提议：请给我以我所要的东西吧，同时你也可以获得你所要的东西：这句话是交易的通义。我们日常必要的东西，几乎全是依照这个方法从他人手上取得。我们每天所需的食物饮料，不是出自屠户、酿酒家、面包师的恩惠，那仅出自他们自利的打算。……社会上，除乞丐外，没有一个人的生活，是全然仰仗于别人的恩惠。"①

因此，不管是同情心或是利己心，总是相互的关系，发源于上帝赋予的是非的意识。那些认为斯密在他的《国民财富的性质和原因的研究》和《道德情操论》里自相矛盾的人，忽略他的天赐恩惠的神学；这天赐恩惠，等于洛克和魁奈的学说里所讲的世间的丰裕。休谟从"稀少"推论出利己心和公道，可是斯密、洛克和魁奈从"丰裕"出发。如果自然的资源是丰裕的，一个人取得他所能取得的东西就不会损害任何其他的人，只要他是以自己的劳动交换别人的劳动。对方若是不满意于他所提供的交换条件，尽可以向很多的其他对象去交换。原来提供条件的人也不因对方不接受而有所损失，因为他也有很多的其他出路。总有足够的东西可以留下来，让别人用同样的方法取得他们所能取得的一份。在一个丰裕的世界里，利己心并不损害任何人，像洛克说明的那样；虽然在一个"稀少"的世界里利己心确实损害别人，像休谟说明的那样。可是，斯密的世界不是"稀少"的世界。

现代经济社会给了我们一种工具，对休谟和斯密都可以加以

① 《国民财富的性质和原因的研究》，第15、16页。

检验。繁荣的周期是斯密的“丰裕”;萧条的周期是休谟的“稀少”。

所以,斯密在他的《道德情操论》和他的《国民财富的性质和原因的研究》里并不矛盾。在前一部书里,他讨论个人因为别人的美德,而对别人的需要牺牲自己,这是在一个丰裕的世界里。在后一部书里,他讨论对别人的需要牺牲自己而不管对方的善恶,这也是在一个丰裕的世界里。因为,同情心和买卖交换的倾向都服从一个高级代理人——“是非的意识”,这是丰裕的世界里一种认为合宜的意识、良心和协调。同情心以自我牺牲来促进那些德行获得赞许的人们的福利。可是,交换的倾向对于那些即使我们所厌恶的邪恶的人,也让他们受益。两者相互补充,并不矛盾。两者都需要自我牺牲,可是在一个天生丰裕的世界里,这两种情况下的牺牲都无关紧要。①

可是,这种天生的丰裕不符合历史事实。假使斯密研究像库克和布莱克斯顿所讲的那样的英国习惯法的发展,假使他采用休谟的“稀少”原则作为解释,代替那流行的自然神教的恩惠和丰裕的原则,他也许会发现他的“理解和语言的能力”产生了一种不同的结果。他一定会发现,互利不是一种天赋的本性,而是一种历史发展的产物,是集体行动实际从利益冲突中创造利益的相互关系的产物。他一定会发现,不是有一只看不见的手在引导个人的利己心走向公共的福利,而是那看得见的普通法庭的手在采取当时



① 詹姆士·邦纳对斯密的思想,追溯到孟德维尔:《私人的恶,公共的美德》。参看邦纳:《哲学与政治经济学中的历史关系》,1893年版,第154页。詹姆士·邦纳追寻的根据只有表面上的道理。因为斯密的交换的倾向胜于对别人的恶习的厌恶,正像在丰裕的世界里这种倾向不管对别人的美德的同情心一样。雅各布·魏纳认为,斯密的《道德情操论》,使“德行”在经济事务中仅占一“不重要的地位”。参看魏纳:《亚当·斯密与放任主义》,《政治经济杂志》,1927年第35号,第198、206页。但是,如上文指出的,斯密的理论实际上是轻视德行的,甚至使它在经济事务中只充当一个伪善的角色。他可以始终不变地这样做,因为个人的德行和个人的私利都不能促进“公共的效用”。

和当地的良好习俗，使一些顽强不驯的个人必须遵守，符合休谟所谓“公共效用”。在这种集体行动控制而又同时解放和扩张个人行动的制度的历史范围内，他一定会发现为什么在他的十八世纪的英国，人类会达到那个阶段，能够说，“这是我的，那是你的；我愿意拿这个换那个。”

可是，斯密没有求助于习惯法。他无意识地人格化和永久化了他当时的习惯法，作为一种是非的意识，作为这样适宜于在社会生活中的生存。他一心所注意的是成文法规。他在用上帝的法规替代重商主义的法规。和洛克一样，他熟悉习惯法的当时的习惯，因而就把这些习惯看成等于神的法则。

## Ⅱ　自由、安全、平等、财产



根据斯密的理解，重商主义政策的运行，直接地通过它所采取的措施，间接地通过它所容许的一切。在直接的方面，它是一种政府帮助私营企业的政策，利用保护税则、奖励金、殖民和航海条例、公司组织特权等予以扶助；在间接方面，它是容许个人通过私人的集体措施，采用规则或遵守风俗习惯，束缚个人的充分自由，使他们不能从事于无限制的竞争。斯密认为，政府在维持一种自然自由的制度方面所负的责任，不过是“保护社会，使其不受其他独立社会的暴力行为和侵害”；保护“社会的每个成员，使他不受任何其他成员的欺负或压迫，或是建立精密的司法行政的义务，”包括个人的（不是集体的）契约的执行；“建立和维持某些公共事业和公共机关……因为利润决不能抵偿任何个人或少数个人经营这种事业的费用。”[①]这就否定了一切奖励金、保护税则、公司组织的特权、

① 亚当·斯密：《国民财富的性质和原因的研究》，第2篇，第185页。

贸易的限制、劳动立法、童工法律等等。

然而，他的政府的观念不是完全放任主义，像后来无政府主义者所主张的那样。他的意思是政府主动地使各个人和其他的个人隔开。每个人，用人类学的语言来说，是不许接近的“禁忌”，可是，每个人可以自愿地暂时取消禁忌①，可以自愿地授权政府要他自己履行自己的诺言，保障别人的利益。如果做到这样，各个人就有“完全的自由”。这种完全的自由意味着他可以用任何方法追求他自己的利益。他可以任意处置他自己的身体，或者他所有的自然物，或者他的劳动的产品，或者他从交换中得来的别人的劳动的产品；借助于国家的实力，来实现他个人的意志。天赋的“是非的意识”足以防止自由的滥用，虽然这种自由得到国家的力量帮助它实现。

这种自由的利己主义的概念，以法律为后盾，是和“安全”的概念分不开的，因为，假使不能有把握地预期别人在未来以及目前不会有不利于我的举动，或者别人一定会实行他们的诺言，那么像人类这样一种靠“预期”生活的家伙，就会不肯生产、储蓄或交换。



这种概念也意味着机会“平等”，因为，假使某些人不许有不利于别人的举动，而后者对前者却不受同样的限制，那么前者就不自由，而后者是自由的。如果这是逻辑上必然的结果，那么我们所得到的正是斯密所谴责的重商主义或地主特权主义的结果，因为它授权或容许特权阶级侵害那些勤劳和节俭的商人、制造家和农人的自由，这些人他认为正是生产力、节约和交换所依赖的。

总之，个人的私利的取得是由于既把别人隔开，不许有对他不利的举动，又把他们用契约结合在一起，使两方面都可以发生对他

① 弗兰克，劳伦斯：《经济学的解放》，《美国经济评论》，1924 年第 14 号，第 17—38 页。

最有利的作用。斯密的利己主义的意义不完全是一种放任主义的政府；它是一种习惯法的自由、安全、平等和财产的意义，由洛克的独立的司法使其实现。实际上，这意味着司法的统治权，不是立法的统治权。

可是，不仅立法是妨碍自由平等的集体行动。斯密认为，凡是限制个人竞争的一切风俗习惯和规定种种办法、规章或君子协定的一切私人联合，都同样应该禁止。他说，“同一行业的人聚在一起，即使为了娱乐消遣，他们谈话的结果很少不是图谋不利于公众的勾当或者想法抬高价格。”因此，他谴责同业协会以及现代商业伦理的那种“自己生存、让人生存”的谅解。这些都违反一种“完全自由”状态。对这种聚会加以阻止，虽然不合于“自由和公道”，但是，法律应该“决不以任何方式便利这种集合；更不应该使它们成为必需的”。他认为最好在现代生活中，取消所有的城市居民住址录和电话簿，因为，不应该有这种登载他们姓名的“公开记录”，把“那些否则可能决不会相识的个人联系起来”。有了住址录和电话簿的帮助，他们可能彼此同意放弃他们的完全自由，接受规章的束缚。同样地，有些规定，“使同业的人能要他们自己出钱，照顾他们的贫、病、孤、寡，使他们管理一种共同的利益，使这种集合成为必需的[①]。”因此，连慈善组织和互助保险也侵犯自由。

雇主和他们的工人也是同样的情况。“雇主们人数较少，联合起来比较容易得多；……我们实际上很少听到说起这种联合，因为这是事物的普通状态，也可以说是自然状态，所以没有人说起。”这些联合“把劳动的工资甚至压低到自然率以下[②]”，这种情况是不



① 亚当·斯密：《国民财富的性质和原因的研究》，第1篇，第130页。

② 同上书，第1篇，第68、69页。所谓公司组织，斯密包括行会和类似的同业协会以及股份公司。

会发生的，假使雇主们不放弃他们的完全自由，遵守他们自己作出的规定。

可是，对利己的完全自由所有的限制中，最讨厌的是那“使全体服从多数”的规定。在一种自由的行业里，除非每一个从业者的一致同意，不能建立有效的联合，而且必须每一个从业者继续意见相同，联合才可能保持。可是，一个公司组织的多数能够制定细则，规定相当的处罚，这种处罚比任何自愿的联合更有效地和更长久地限制竞争。“所谓公司组织对于更好地管理业务是必要的，这种说法完全没有根据。对工人的真正的和有效的纪律，不是他的公司组织的纪律，而是他的顾客们的纪律①。”

因此，斯密在主张恢复一切个人的完全自由和平等的神圣自然权利时，没有误解习俗，或者公司的细则，或者现行组织的运行规则，或者我们近年来所谓“商业伦理”的强制力，或者商业中有稳定作用的惯例、公平竞争的“自己生存、让人生存”政策、现代在规定价格上“服从领袖”的办法，或者工会的工厂委员会规则：这一切，斯密没有误解它们的性质。这一切通过集体控制个人任意行动的自由，对个人的产量强加限制。因此，斯密的自由的意义不仅没有立法所造成的法规的强制，而且没有任何道德的或经济的强制，例如习俗，或者同业惯例，或者商业伦理，或者集体压力，或者集体谈判，这些在今天都谴责减价竞争者，或破坏同业规定的破坏者，他们非分地从有限的资源或消费者有限的购买力中攫取自己的利益。斯密的所谓劳动是世界上从未有过的自由劳动。

这是由于他的理论是神赐恩惠、普遍丰裕、理性的时代和明辨是非的意识等等理想主义。因此，不会有不平衡的生产过剩，没有

① 亚当·斯密：《国民财富的性质和原因的研究》，第1篇，第130、131页。

公司组织或其他集体活动所造成的人为的稀少。他以这种丰裕、恩惠和明辨是非的理论，像魁奈那样，反对政府所制定的一切法规章则、一切税则、一切习俗的束缚，甚至怀疑用租税维持义务教育以及结果的教育服从政治。① 他要废弃那束缚个人的习俗和业务规则，从而树立一种纯粹个人主义利己心的神圣法则；他用一位慷慨的上帝的指导和他的代理人"是非的意识"替代欧洲的全部管理的政策，甚至公然反对那公共的同情心，尽管它把人们结合成团体，照顾他们的贫、病、孤、寡。在这方面他表现了时代的心情，法国革命实现了他的主张，废除教会、地主、协会和公会。② 斯密差不多造成了拿破仑的独裁政治所能容许的最大限度的"无政府时代"。

斯密的理想主义不能不是那样，假使他废除经济事务方面的一切集体行动。废除了集体行动，理论家就必须在个人的心里找到一套维持社会运行的本性。这种本性必须是由一种关心人类幸福的外界的力量放在那里的。这外界的力量是上帝。完成他的目的只需要三种本性——同情、交换和明辨是非的意识。这三者替代经济上的一切集体行动。



财产，在斯密看来，和洛克的看法一样，是法律对劳动者的保护，使他可以保有他劳动的物质成果，供他自己使用，不受他人的侵犯。这是那种物质的、殖民地时代的或者农业的"有形体财产"的概念，这种概念洛克和魁奈都有，它的基础不是"稀少性"的概念，而是实际持有具有使用价值的东西。斯密不可能用稀少的原则为"财产"的基础，像休谟提出的那样，因为那一来结果就会否定上帝，并且给重商主义的垄断性的或特别优待的办法找到理由，它

---

① 亚当·斯密：《国民财富的性质和原因的研究》，第1篇，第131—136、437—462页；第2篇，第249—299页。

② 制帽商及贩卖人法规，1791年；和其他法规。

的借口正是限制供给可以有利于大众。可是,他的自由的定义没有包括个人财产的全部意义。自由包括为了自己使用而占有物质的东西,听他自己任意处置;包括出卖或不出卖那个财产的自由、规定价格的自由、未来的安全以及在法律面前和一切其他的个人平等。

可是,这种私有财产完全是个人财产,他的意思和一切法人组织的财产,或者联合的财产,或者所有人的意志必须服从任何习俗、同业行规或细则,是有精细的区别的。因此,我们若是用"个人财产"这个名词,就符合斯密的主要观念,尽管他用了一些表面上不同的名词,例如"劳动"、"个人"、"私利"、"交换"、"生产力"、"节俭"、"商品"甚至"国富"。他所谓"劳动者"总是有形体财产的个人所有者。他所谓"商品"总是由个人所有的商品。他所谓"国富"是个人财富的总和。因此,他所谓财富就具有双重意义,既作为物资又作为物资的所有权。他所谓利己心是一个不受到任何管理的个人所有者的自由意志。总之,斯密所谓个人愿意生产财富并且和别人交换的观念,指的是"个人的有形体财产",而不仅是可能属于团体所有的私有财产。

这种财产的意义美国最高法院在解释宪法第十四条修正中采用了,可是不像斯密那样只限于个人的财产,或者不包括团体的财产。[①] 后来,最高法院为了要把现代商业惯例归入财产和自由的意义的范围,不致受到立法的限制,就进一步对交易和定价的自由给予财产的意义。法院采取洛克和斯密的上帝、自然和理性的观念;可是,它扩充了财产的意义,包括法人组织、交易甚至没有成为法人组织的组合以及按照当事人在交易中所规定的价格进行买卖的

① 康芒斯:《资本主义的法律基础》,1924 年版,第 11 页。

权利。这种意义上的扩充是无形财产的基础，无形财产又是“运行中的机构”的观念的基础，一个运行中的机构的最重要的事情是有利的买卖的预期。我们可以说这是美国目前宪法上的财产的意义，1890 年以后才达到这个程度。它不仅包括斯密的个人的私利，而且由于包括了斯密所不包括的组合权，财产的意义成为一种人格化的组合（股票持有人和债券持有人的组合）在有关占有和使用一切稀少的东西方面的团体的私利。这样，财产的意义就包括团体的占有的自由，团体的让与的自由，团体的取得的自由，以及团体的和别人联合的自由。这些权利的对象都不是具体的东西，而是东西的所有权；财产的意义成为个人和团体之间的交易的预期。

因此，财产的意义从具体的东西扩充到交易和预期的交易的重复，并且从使用价值扩充到稀少性价值（表现为价格）。斯密在他的财产和自由的意义里既不包括财产的交易，也不包括它的稀少性价值。后者是重商主义的弊病。前者已经包括在自由里面。重商主义的理论和实践摆在他面前，需要对付，它们完全以稀少性的事实和公共效用的托词为根据。他说，这种托辞，用来辩护联合组织对个人买卖的控制，是伪善的；另一方面，个人为了自己的利益而劳动和积累，却是照顾公共福利的老老实实的方法。他认为，稀少的原则使经济学说不得不受物质自然，或者政府的政治控制，或者行会和公司的垄断行为的支配——这一切都包含在他的“重商主义”的意义之内。

针对着这种我们可以叫做“集体的稀少”或者“协定的稀少”的虚妄的理论，他创立了一种个人生产力的理论，这种个人生产力的发挥，不是通过个人财产的制度，而是通过个人财产的自然法则，不受到政府、公司组织、习俗或者任何其他联合行动的控制。因此，他的三个主要论题，生产力、节约和有效的需求，关键都在于他的一种个人意志的观念，这个人意志，由于完全自由的诱发，在一个丰裕的世界中从事于生产、积累和交换。这就成为个人的有形体财产，和重商主义或公司主义的政策在一种人为的稀少的世界中所造成的任何形式的团体的、集体的或政府的财产或控制，完全相反。

这样，斯密以个人财产代替法人团体财产或集体控制，抛弃了休谟用稀少性作为财产的基础那种现实主义的说法，而像洛克那样，用自然秩序、上帝恩惠和丰裕为基础。因此，他实际上是用发源于财产的习惯法的“个人的稀少”代替一种由政府、协会或公司组织利用成文法赋予的权力，订立规章和实行限制所造成的“集体的稀少”。他认为财产的基础不是“稀少”的事实，也不是习俗的事实，而是他所讲的个人对自己劳动的产品应该享有所有权。和洛克一样，他把事实和对事实的辩解混合在一起了。

可是，我们对财产物、财产权和认为财产是正当的理由，加以分别；这种分别斯密是没有的，他必然没有，因为他的社会哲学是一种道德秩序的哲学，在这种哲学里一种习俗和对它的辩解肯定是分不开的。总之，他的理性的观念，和洛克的一样，是把“快乐”和“认为快乐是正当的理由”结合在一起。

如果我们要分出这些区别，那么，财产作为一种有形体的事实就是物质的东西的占有，因为它们是稀少的；财产权利是跟着这种占有而发生的集体的安全、强制、自由和暴露。这些财产的权利，斯密在劳动的基础上认为正当。可是，财产本身——或者不如说是资产，包括有形体的、无形的和无形体的财产，并且有别于财产的权利和理由——不过是个人的稀少性的情况，按照当时通行的规则，在决定他们和其他个人的交易。斯密不可能想到后来任何形式的集体财产的发展，无论是公司组织或是联合行动——它们使个人自由和个人财产服从机构的集体规则。休谟所理解的稀少性是衣、食、住和土地的稀少，可是，对于买卖人、工人、债权人、债务人、地主、佃户来说，稀少性是所有人的稀少。这种所有人是占有或者有希望占有食物、衣服、住所和土地的买户、卖户、贷款人、借款人、地主、佃户。人们付出代价是因为这种所有权的稀少；这代价不是食物、衣服、住所和土地的代价——而是如麦克劳德后来在1856年所说的那样①，是为了换取一种权利，使政府不许任何别人占有和使用这有关的食物、衣服、住所或土地。稀少性，作为一种买卖中的直接事实和经济学的研究对象，是有合法控制权的人的稀少，不是物品的稀少。只有对野兽的欲望而言，这稀少性才是食物的稀少。就人类的欲望来说，稀少性是实际的和可能的"食物所有人"的稀少，愿意命令代理人转移所有权和命令劳动者生产使用价值的所有人的稀少。

这种分别是和亚当·斯密时代的常识相反的。可是，现代的"在外"所有人、公司、辛迪加、联合组织、大企业的资金供给以及批发买卖，已经改变了斯密时代的常识。物品有物质的形体，由工人处理；可是所有权有稀少性方面的问题，由买卖人谈判交涉。买卖人是稀少性专家。在小制造者、小商人和小农人的时代，他们自己工作、自己积累和自己交换，这种区别不明显也不很重要。

## Ⅲ　劳动痛苦、劳动力、省免的劳动

在关于"劳动"的重要性方面，斯密比洛克前进了一步。他不仅说财产的权利是由自由劳动者对自己的产品的权利而来，像洛

① 参阅本书下册第9章(Ⅰ)，第3节，关于麦克劳德部分。

克那样，而且他给了劳动三种他认为相等的意义，可是，这些意义后来把经济学家分成三派，讲“劳动力”的李嘉图—马克思派、讲“省免的劳动”的凯雷—巴斯夏派和讲劳动痛苦的新古典派。

这三种意义在他讨论商品的真实价格和名义价格的那有名的一章里，可以看到：

> “一切物的真实价格，即欲得此物的人真实负担的费用，亦即获得此物的辛苦勤劳。一切物，对于已得此物但愿以之出售或交换他物者，真正值得多少呢，那等于因占有其物而能自己省免、转嫁在别人身上的辛苦勤劳。自身做成的货物，固由我们自身的辛苦而得；以货币或货物购得的物品，亦由劳动购买。此等货币或货物，使我们能够免除这种辛苦。它们含有一定量劳动的价值，依此价值，我们可与其他在想象上含有同量价值的物品交换。劳动是第一价格，是原始的购买货币。世间一切财富，原来都由劳动购买，非由金银。所以，一物，对于已有此物但愿以之交换新物者，所值恰等于这物所能购得的劳动量。”①

既然劳动的痛苦（辛苦勤劳）、劳动力和省免的劳动这三种意义，斯密认为是相等的，其中的任何一种可以用作他的价值的尺度。斯密没有接受休谟根据稀少性的对财产的解释，又否定了一切形式的对供给的集体控制，认为那是重商主义的人为的价值，于是他在劳动的痛苦中找到了一种限制产量的自动的原则。痛苦是他对稀少性的人格化。

伊利·哈勒威提出一种伦理的原因，说明斯密何以把价值解释为劳动的作用，而不是稀少性的作用。② 他说：布芬道夫说过，一件东西的价值是由于它能满足欲望，它的价格却是由于稀少性的

① 斯密：《国民财富的性质和原因的研究》，第1篇，第32—33页。很有意义的是乔治·西默（《货币的哲学》，1900年版）也依据与自然“交换”的同一思想。这种思想可以追溯到十七世纪的威廉·配第；参阅帕尔格雷夫：《政治经济学词典》。

② 伊利·哈勒威：《哲学中激进主义的形成》，共三卷，1901年版，第1卷，第172页。

作用。斯密的老师赫契森教授说过，价值是由于产生快乐的能力和取得的困难，后者他认为和稀少性相同。我们注意到，假如用后来边沁派经济学家的精确的名词来说，这些意义一定会被说成效用和稀少性。可是，我们也注意到斯密所仿效的是洛克。洛克心目中有着一种"财产是权利和自由"的法律上的财产论，和1689年革命以前英国君主的专制权对立。他用劳动力的生产力学说为这种权利辩护，又用劳动痛苦的理论作为对罪孽的惩罚。

斯密同意这种"自然的和不可侵犯的"财产权利，可是我们应该注意，他把价值解释为劳动痛苦的作用而不是稀少性的作用，就是把稀少性人格化为这个劳动的痛苦，等于赫契森的"取得的困难"。劳动痛苦是一种能使那感到痛苦的劳动者立刻了解的东西——他感觉不到稀少性，也感觉不到他的劳动力——他感觉到劳动的痛苦，这痛苦随着天然资源的稀少而加重，随着丰裕而减轻。如果稀少性是哲学家的回想，痛苦却是人类的感觉。

斯密的劳动的两种意义①，"痛苦"和"力"，后来成为马尔萨斯和李嘉图两人分歧的根据。马尔萨斯采用斯密的"劳动痛苦"，李嘉图采用斯密的"劳动力"。② 它们是同一个稀少性的人格化的两种意义——主观的和唯物的意义。可是，这种分歧在马尔萨斯和李嘉图以后的一百年中大大地发展了。那"力"的唯物的意义变成控制自然的"力"，后来被马克思采用了，结果引起俄国的革命；另一方面，我们将发现它只产生那没有被人格化的"效率"原则。那主观的意义"痛苦"，在斯密和马尔萨斯手里，是价格的人格化；后来的经济学家用货币——斯密的"名义"价值——代替"劳动"时，货币

① 斯密的第三种意义"省免的劳动"，在1837年变成凯雷对稀少性的人格化。参阅本书上册第8章(Ⅵ)，第3(2)节，《服务的价值》。

② 参阅本书上册第8章(Ⅶ)，《李嘉图和马尔萨斯》。

变成不是付给自然的代价，而只是一种被解除了人的关系的购买力，支配和换取别人的服务，最后归于制度的原则，作为稀少性的尺度。

既然斯密在他对劳动的人格化中差不多包括了后来一些学派据以各树一帜的各种概念和原则，我们在分析斯密的"劳动"的意义的时候，就必然要预先说到他们的理论。惠特克曾指出，早期的"劳动"经济学家混淆了价值的根源、价值的调节者和价值的尺度这三种观念；他所作的区别一部分是根据维塞尔的意见，认为亚当·斯密把两种相反的理论，一种哲学的和一种经验主义的理论，放在一起。[①] 然而，斯密的"哲学的"见解并不是哲学，而是人格化。它的实质是人格化劳动和自然；这种人格化支配了他的经验主义的见解，认为欧洲经济政策的实际历史的发展完全和"自然秩序"相反。那人格化的自然秩序，一定会在历史上依照一种神圣理性的原则，完成它的任务，这神圣理性的意旨是物资丰裕和人类幸福；他的著作中所谓经验主义的和历史的部分，是为了要说明人类怎样由于集体的行动，颠倒了自然秩序。他的所谓"归纳"法不是归纳的。那是搜集若干证明来表示人类违反了事态发展的自然顺序。"自然"从自由、安全、平等、财产开始。可是，人类从奴役、不安全、不平等和个人受集体行动的控制开始。

斯密对劳动的人格化也是这样。劳动被想象为和仁爱的自然进行一种交换，自然跟人类在一起工作；然后劳动者彼此交换他们的产物，不是按照自然秩序，而是在集体行动的规则下进行，破坏自然秩序。因此，他对劳动和自然的人格化，是把我们所讲的买

① 惠特克：《英国政治经济学中劳动价值学说史与评述》，《哥伦比亚大学历史、经济、公法研究杂志》，1904 年第 19 卷第 2 号；维塞尔，弗里德里克：《自然价值》英译本，1893 年版，第 XXVII 页。

卖、管理和限额的行为都人格化了，可是不包括任何的集体行动，他认为集体行动是人为的，和自然相反的。这些人格化就使他的理论成为一种人对自然的关系的经济学，而不是人对人的关系。

因此，斯密的“价值的根源”是个人的人的意志在处理一个慷慨的神的意志所供给的物资；他的价值的“调节者”是神的统治规定一种处理自然和人类所必须遵循的法则，这种法则一定会实现的，假如不是集体行动用它的业务规则代替了自然秩序；他的劳动，作为价值的“尺度”，是一种本来可以稳定的尺度的人格化，假如不受到货币和集体行动的干扰。

根源、调节者和尺度这三种观念不可能分开，因为，如果要对一种根源或调节者从数量上加以说明，只能用计量的标准来说。现代自然科学已经放弃了根源和调节者的观念，只讲重复和测量的标准。在数学的影响下，这也渐渐地成为经济学里的态度，我们认为这是错误的。

因为，根源和调节显然不能从经济学里去掉，如果还要认为它是一种人类意志的科学。根源、调节甚至计量的标准，都是由人类的目的产生出来的观念，自然科学不妨想要去掉它们。可是，如果经济学所研究的是人类的买卖行为，这些指向未来的目的就是研究的对象。洛克、魁奈和斯密要寻求原因，那并不错——他们的错误在于人化自然和劳动，作为根源、调节者和量度者，实际上他们应该向交易、习俗和集体行动的业务规则中去找。他们把**因果作用**放在上帝的意旨里，实际上应该像休谟和皮亚斯那样，把它放在人类的目的里。他们要找一种终极的或根本的原因作为他们的“调节者”，在洛克、魁奈和斯密看来，这是仁爱的宇宙的自然法则。他们要根据这个终极的、自然的原因找一种**尺度**，就是劳动和自然，受着神的恩惠的指导；其实量度的方法是一种习惯和法律的纯粹人为的和集体的手段，任意创立一些单位，以便把宇宙和人类活动说成数字。

## 1. 价值的根源

> “价值一词，有两种不同的意义。它有时表示特定物品的效用，有时又表示因占有其物而取得的对于他种货物的购买力。前者叫做使用价值，后者叫做交换价值。使用价值很大的东西，其交换价值往往极小甚或绝无；反之，交换价值很大的东西，其使用价值往往极小甚或绝无。例如，物类中，水的用途最大，但我们不能以水购买任何物品，也不会拿任何物品与水交换。反之，金刚钻虽无多大使用价值可言，但须有多量其他货物，才能与之交换。”①

因为这些理由，斯密和他的后继者在经济学说里摒弃了使用价值，认为经济科学只和交换价值发生关系。可是，现代的科学管理又把使用价值带回了经济学，斯密一定当时有一种不同的使用价值的意义，使他加以否定。实际上，我们发现斯密在他的一切论证中实地运用了使用价值的观念。实际上，他的整个哲学是根据一种使用价值的理论，我们将按照他陈述的各种方法进行分析。

正如我们已经暗示的那样，这需要把他的“价值”这个名词分析为它的两个组成部分，使用价值和稀少性价值②。因为，根据现代统计的需要，我们知道，价值是一定数量的使用价值，用它本身的物质单位计数，乘每单位的以货币计量的稀少性价值。例如，一定数量的叫做小麦的那种使用价值的价值，是蒲式耳的数目乘每蒲式耳的价格或稀少性价值③。既然斯密从天赐丰裕和人类罪孽的假设出发，进行他的分析，我们将在这些假设里，发现他的使用

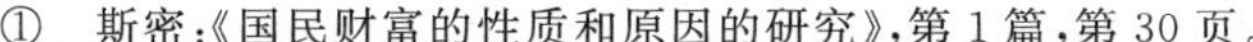

① 斯密：《国民财富的性质和原因的研究》，第1篇，第30页。

② 参阅本书下册第9章，《未来性》，第三种组成部分。

③ 费希尔，欧文：《资本和收益的性质》，1906年版，第13页。

价值和稀少性价值的意义。

（1）使用价值的根源——我们已经用“劳动痛苦”这个名词作为等于斯密的“辛苦勤劳”，并且有别于“劳动力”。斯密没有单独地作成一种劳动力学说，或者使用价值学说，因为，他的发源于自然恩惠的丰裕论以及他的作为和洛克所谓对罪孽的惩罚意义相等的劳动痛苦论，不需要一种克服自然阻力的力量的学说，像李嘉图后来考虑到自然的吝啬时所需要的那样。然而，我们细察斯密的生产和交换学说，就可以推断他把劳动力作为使用价值的根源是什么意思。这样推论起来，他的使用价值的观念是洛克的那种二元论的观念，所谓内部的心灵模仿外部的世界。外部的物质世界是使用价值。内部的心理世界是快乐。

可是，斯密的劳动痛苦量，在他看来，等于一定数量的劳动力。因而，劳动力所创造的若干数量的产品必然在内部引起等量的痛苦。我们可以把这种相等（这是洛克的模仿论）叫做“心理平行论”，跟我们将叫做“机能心理学”和“交易心理学”的东西，有所区别。“心理平行论”仿效洛克的“内部心灵摹仿外部世界”的观念。



我们画了四种图解（图 2、图 3、图 4、图 5），说明我们所想象的亚当·斯密原始的价值公式，以及后来某些派别的经济学家的公式。每一种图解我们将在适当的地方加以详细的说明，可是，它们的基础全是同一个经济概念——“稀少—丰裕”。为了便于说明，这个基线可以说是商品小麦的稀少或丰裕，用蒲式耳为计量的标准。基线上的点向右移动时（由箭头记号表示），小麦量增加，趋向丰裕；向左移动时，小麦量趋向稀少。向右，丰裕增加；向左，稀少“增加”；这样，丰裕是递减的稀少，稀少是递减的丰裕。

根据斯密和李嘉图的说法（图 2），产品量的增加就是使用价值量的增加，同时也就是人类快乐或福利的增加。它背后的假设

**图 2　心理平行论(斯密,李嘉图)**

快乐(福利)
使用价值(财富)
产品量
劳动量(痛苦,力)
稀少　蒲式尔　丰裕

**图 3　机能心理学(快乐)**

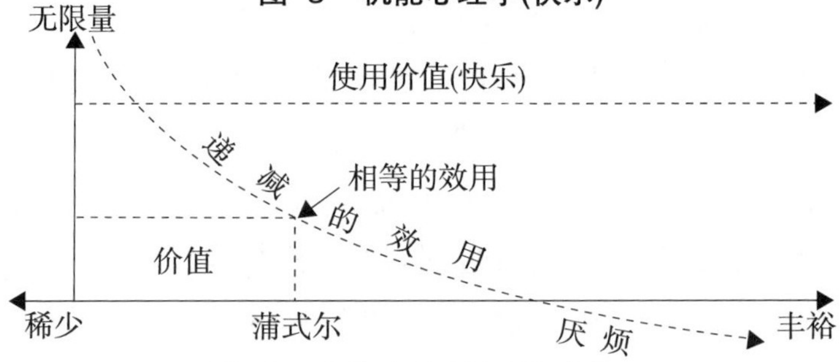

无限量
使用价值(快乐)
递减的效用
相等的效用
价值
稀少　蒲式尔　厌烦　丰裕

**图 4　机能心理学(快乐,痛苦)**

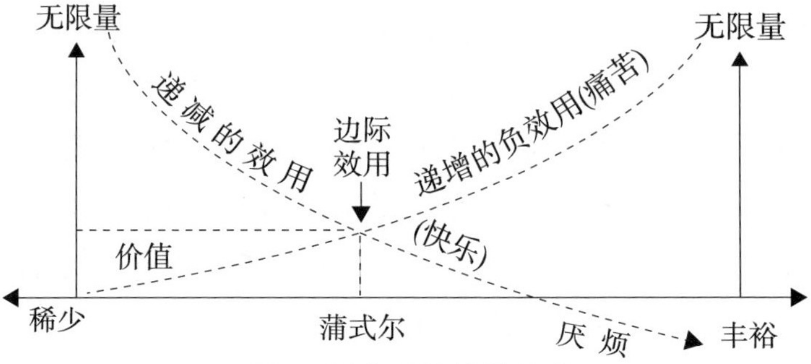

无限量　无限量
递减的效用
边际效用
递增的负效用(痛苦)
(快乐)
价值
稀少　蒲式尔　厌烦　丰裕

**图5　马克思的价值公式**

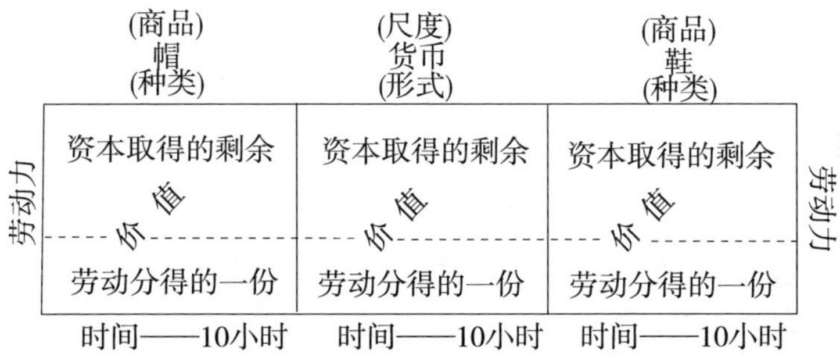

| (商品)<br>帽<br>(种类) | (尺度)<br>货币<br>(形式) | (商品)<br>鞋<br>(种类) |
|---|---|---|
| 资本取得的剩余 | 资本取得的剩余 | 资本取得的剩余 |
| 价值 | 价值 | 价值 |
| 劳动分得的一份 | 劳动分得的一份 | 劳动分得的一份 |
| 时间——10小时 | 时间——10小时 | 时间——10小时 |

劳动力　劳动力

是，人类的欲望一般是无限的，斯密否定使用价值，因为，在他看来，那是指无限制的主观的快乐，不是和它平行的客观的使用价值。

可是，这客观的使用价值和产品的量是同一的，因为产品就是一定数量的使用价值。产品量的增加（在他看来，这是劳动痛苦或劳动力的等量的增加）也就是使用价值数量的增加，从它的主观的"快乐"的意义上来说。这种心理平行论实际上并不是完全平行的，因为快乐也由神的恩惠无代价地予以增加。

图 2 的目的是说明李嘉图在斯密的四十年后多么简单地就抛弃了斯密的劳动痛苦，只采用斯密的劳动力。实际上，这种改变包含一种有关"自然"的根本哲学方面深刻的变化，从自然的天赐丰裕转变到自然的吝啬和人口过剩，像马尔萨斯于 1798 年提出的那样。可是，这种变化并不改变使用价值和快乐的连带关系。丰裕增加，就是生产所需要的劳动力的数量增加；这等于物质产品的数量增加，它的属性（即小麦的使用价值）以同样的程度增加，也就是人类的快乐或福利增加的程度。

这种平行论的原因是显而易见的，和图 3 比较一下就可以看出。斯密和李嘉图都没有每单位的效用递减的概念，这种效用递减我们称为机能的心理，因为它决定于稀少和丰裕。这种心理的状态是世纪中叶以后由戈森、哲逢斯、瓦尔拉和门格尔各自发现的。现在人们知道了主观的福利（快乐）不是无限的（在某一样物品上），而是随着丰裕的增加而每单位递减，随着稀少的"增加"而每单位递增。向着丰裕的一面发展，它可能成为一种使人"厌烦"的甚至害人的东西，像那会淹死人的一股洪水。向着稀少的一面发展，水可能成为有关生死的"无限量"的效用。

这种机能心理学斯密或李嘉图都不懂，因此对使用价值，除了解作一般福利而外，不能给予其他的意义。然而斯密对于使用价值和与它平行的快乐却有一种解释，就是他所谓“国家的财富”。为了证实这使用价值的意义，我们引证埃德温·卡南的话。

卡南指出“wealth”(财富)这个名词在文字学上不过是“weal”(福利)这个字①的一种较长的形式，并且“wealth”的比较老的意义是指那种福利，它“完全依赖占有或者按期收入某些外界的东西，例如面包、肉、衣服或是钱，以致这个字渐渐地被用于那些东西本身，以及因获得这些东西而产生的那种身心的状态”。亚当·斯密采用 wealth 这个字的时候，它的意义已经变成这种外界的东西，不是那主观的福利，而且“已经是非常普通，以致辞典编辑者忘记提起从前的意义”。②

这符合我们看到的十六世纪和十七世纪中的情况，而以洛克为最高峰。公共福利(Common weal)和公共财富(Common wealth)当时是可以同样地用作经济数量的表示，并且都还有一种政治上的政府的意义。③ 到斯密的时候，他所不谈的那个名词“使用价值”具有同样的意义，福利和财富——福利，指快乐或幸福那种主观的使用价值，和客观的使用价值或财富平行，像我们的图 2 所表示的那样。

可是，卡南也指出，到了亚当·斯密、李嘉图和所有的自然经济学家(除了罗德戴尔)的时代，“财富”已经也包括交换价值的意义④，——这种意义的扩大带来了严重的后果，因为价值的这三重

① 参阅本书上册第 207 页图 2。

② 埃德温·卡南：《1776—1848 年英国政治经济学中生产与分配学说史》，1894 年版，第 1 卷，第 2 页。

③ 在下面这书中，对这些意义的可以互相交换性写得很明显。《关于英国福利对话集》大约系 1549 年所著，1581 年出版。1893 年，伊丽莎白·拉蒙德根据手稿校订再版。一般认为作者系 W. S，至于 W. S. 为谁则无从考。

④ 卡南：同上书，第 5 页；罗德戴尔：《公共财富的性质与起源之研究》，1804 年版。

意义，作为福利、财富和交换，变成了普鲁东、马克思、美国绿背纸币主义者以及实际上一切纸币论者所理解的那种诡辩的意义，这些纸币论者主张货币的供给要和人们所生产的或是所有的价值（使用价值）的数量相等。

根据以上所说的，我们得出一个结论：跟斯密和李嘉图的心理的使用价值平行的，还有一种物质的使用价值，用蒲式耳、加仑等物质单位为计量标准，相当于他的“社会财富”或“国家的财富”的意义。它的特性是不随着丰裕而每单位的使用价值减少，也不随着稀少而每单位的使用价值增多，和后来效用递减的意义相反，递减的效用是随着丰裕而每单位的效用减少，随着稀少而每单位的效用增加。使用价值是“丰裕”价值，可是机能价值是“稀少”价值。简单地说，使用价值是斯密对他客观地所谓物品和财富的一种主观的意义，它随着丰裕而增多。

若是这样的话，使用价值或者物品就可以说是一种价值，它随着物质的和文化的不同而变动，而不是随着供求的关系。物质的不同是种类上的不同，例如鞋或小麦；质量上的不同，例如春小麦或冬小麦，一级，二级；变质、损坏或消耗程度的不同。文化上的变动我们区别为“文明价值”，因为那不是供求上的变动，而是风格或时尚、宗教或道德以及新发明或新发现等等文明上的变动，这种变动改变人们欲望的目的物，从弓箭变到炸药、从马变到汽车、从图画变到电影。这些文明价值的递减的使用价值应该加以区别，称为“废弃”，其递增的使用价值称为“发明”。①

换一句话说，使用价值是物或人的一种物质的和文明的属性，不是一种稀少性的特质；可是，和稀少性一样，它也有一种心理的

① 参阅本书下册第9章（Ⅷ），《世界范围的偿付社会》。

说法。[①] 它的心理的价值决定于它的物质的特性，而不是决定于数量；决定于快乐，不是决定于稀少性；决定于当时的文明，不是决定于供求。因此，使用价值应该和物体的颜色、形状、重量、体积或容积同样地来解释。使用价值确有数量的关系，可是，这是物质的数量，有它们自己的物质的计量单位，例如布以码为单位，木材以一百二十八立方英尺为单位，电力以千瓦时为单位。[②]

我们可以看出，这种物质的使用价值的意义，尽管它有客观的和心理的两种说法，因而是满足人类欲望的东西和欲望本身之间的一种关系的观念，其中并没有一种观念，认为个人真正依赖拥有多少数量的某一种特殊使用价值。那是洛克的二元论的观念，我们称为“心理平行论”，不过它同样地也是那种“福利和财富”的双重说法的假设——福利，是“快乐”的心理学的说法，经济学的说法是财富的丰裕。

斯密所研究的是不同商品的交换价值上的不同，而不是在不同条件或不同数量下生产同一商品所需要增加的痛苦。生产一蒲式耳小麦所需要的痛苦（或等量的力），多于生产一蒲式耳马铃薯所需要的痛苦。所以，两三蒲式耳马铃薯交换一蒲式耳小麦。李嘉图从劳动痛苦改变到斯密的意义相等的劳动力时，他的意思也是指这种交换价值。小麦所包含的劳动力两三倍于马铃薯，这说明了小麦和马铃薯的交换率。

① 现代经济学家，受了快乐论经济学家的影响，通常硬说早期的使用价值的意义中含有他们自己的递减效用的意义。这一来，他们给了效用一种双重的意义，一方面是那早期的意义，每单位的效用不随着数量的增多而减少，另一方面是后来的意义，每单位的效用随着数量的增多而减少。后一种意义，我们认为，古典派经济学家以及他们的仿效者马克思都没有。

② 庞·巴维克：《资本实证论》，英译本1891年版，把这些“技术”关系排除于政治经济学之外，其实在这些关系中，它们倒可以看见效率、经理事务等观念。

快乐论经济学家注意到同一商品数量增多时每单位的效用递减(图 3)以后,发生了一个不同的问题。如果供给增多时每单位的效用减少,那么,每单位的"负效用"或痛苦是不是也随着生产的增加必然会引起的疲劳的增加而增加呢?这一漏洞是快乐论奥国学派的缺点。他们说,机器代替劳动以后,我们已经脱离了斯密所写的那种原始时代的"痛苦经济",进入一种"快乐经济"。可是,痛苦仍然存在,并且随着增加同一商品的产量所需要增加的努力而增加。这样,古典派经济学重新出现,作为新古典派,他们的公式大致可以用图 4 来表示。假如根本没有供给,拿某些东西,例如水来说,效用(不是使用价值)就可以增高到无限量,并且显然没有生产它的劳动痛苦。可是,如果劳动增加,每单位的劳动痛苦的强度就增加,同时每单位的快乐减少。

可是,树并不长到天空里去。在某一点,假定是边际效用点,供给就停止增加,因为递减的快乐等于递增的痛苦。



因此,有两种边际效用的说法——奥国快乐论派和新古典派。在前者的不讲痛苦的经济学里,一种商品的快乐在下降中达到一点,在这里另一种商品的快乐超过它;结果在各种商品的递减的效用中进行选择,从而达到一种平衡(图 3)。在各种对象之间进行选择的那一点同样地决定大家的边际,成为平衡点。这一种说法,1890 年在庞·巴维克手里,作为"效用成本"论出现,也就是在可以任意选择的对象中择善而取,所获得的边际利益。①

可是,新古典派所说的边际效用是苦与乐的平衡点,在这里同一商品继续生产的痛苦等于继续消费的快乐(图 4)。

这样,在十九世纪末斯密的平行论已经成为机能心理学,由于

① 参阅本书上册第 8 章(Ⅵ),第 3(1)节,《服务的成本和产品的成本》。

把使用价值的意义变成递减的效用，把痛苦的意义变成递增的“负效用”。价值的概念仍旧像从前那样，是一种两面的概念，这一次是边际效用或稀少性价值乘物品的数量或使用价值，从前是劳动痛苦乘使用价值的数量。

另外还有一个原因使得斯密在他的经济理论中没法安排使用价值，就是，个人的服务。这种服务显然是无形的，一经完成马上就不见了。可是，它们确实是有用的，而且它们的用处在服务完成以后还继续下去。斯密和他的信徒们只能分别“生产的”和“不生产的”劳动。医生、律师、政治家、牧师、教师、音乐家或演员、科学家、家庭仆役、主妇，都是“不生产的”，因为他们的劳动的功用不出现在一种商品里，这种商品可以贮存起来和在市场上出卖，或者直接交换别种商品或别人的劳动。这种服务的价值只能用货币来计量，例如工资和薪俸，或者用它们直接交换得来的商品来计量。因此劳动本身只能当作一种商品看待，它的价值是它的交换价值。个人的服务有交换价值，可是它们的使用价值只出现在别人的快乐里，并且没有像“吨”和“码”那样的计量标准，可以用来量度快乐。

“包含”在商品里的劳动，情况就不同了。劳动给了那个商品一种外加的价值，可是，既然连它的“使用价值”都被看作心理的，这外加的价值只能作为一种外加的交换价值来计量。

一百五十年的经济理论工作对于怎样适当地处置这些个人服务的问题，大费踌躇。如果它们是使用价值，我们除了用货币以外怎样能量度它们？可是，货币量度它们的稀少性价值，不是它们的使用价值。货币量度它们的供求，或者它们的讨价还价的能力，或者习俗的力量，而不是它们的功用。这一个半世纪的理论研究采取了各种概念和方法，要使个人服务的功用成为和“生产的”劳动的功用一样，包括在一般的使用价值的概念之内。这些概念之一是“平均工时”，由马克思首先采用并且在科学管理的理论中取得精确的意义。另一种是“总”劳动的概念，用“工时”计量，它不把使用价值加在某一件商品上，而加在一个团体所生产的全部商品上。这“总”的概念是现代“部分—全体”关系的公式的一种特殊的例子。另一种是科学家、发明家和工程师的脑力劳动的概念，这种劳动被看作某一个事业单位的“总”劳动，结果是各种劳动中最生产的，因为它扩大创造使用价值的能力，所造成的一种产量超过所有其他全体人的能力的产量。这种劳动还包括那可以叫做国家的“总”劳动的教师、牧师、政治家、政客、警察等等，他们总的工作扩大整个国家增加使用价值的产量的能力，不管他们所得的报酬是出于税收或任何其他来源。

另一种概念是把使用价值这个名词本身分析为四重意义，作为基本的、形态的、时间的和地点的“效用”。[①] 基本的效用是必须利用的自然力。利用自然力是改变它们的形态、时间或地点——怎么样、在什么时候和什么地方需要它们——不管它们的交换价值、价格或者工资。医生、家庭仆役、主妇甚至音乐家和演员的所谓个人服务，是把形态、时间和时间效用加在那不然就无用的自然力上面。这种服务直接增加东西的物质的使用价值，可是所得的报酬属于完全不同的范围，决定于讨价还价的能力、习俗、稀少性、机会、选择的可能性以及进行服务时服务者的经济条件等一切情况。

正是这种对别人的服务和对别人的控制之间的矛盾、生产和营利的矛盾、使用价值和稀少性价值的矛盾，使经济学家分成各种

① 就是使用价值。

派别，可是斯密不谈这些，因为他一心一意地致力于“个人主义对重商主义”一个问题。

没有下一世纪中经济学家们作出的这些精细的区别，亚当·斯密的使用价值的根源的概念是什么呢？就是任何增加丰裕的东西。斯密认为有五项因素，能增加丰裕，它们和限制丰裕的劳动痛苦不同；这五项因素是，劳动力、分工、交换、节约以及农业中的“自然的恩惠”。

马克思后来把洛克和斯密所指的那种劳动力更精细地分为体力的、脑力的和管理的能力。假使我们要说得更精确一些，就应该用“运动”的说法来表示，这样，体力的意思是用神经、筋肉和骨头移动自己的身体或者其他物质的体。那应该说是物质的力，而不是“体”力。那是用直接撞击来推动外物、自身或别人的物质力。那是物质的力量，并且可能是暴力。

可是，脑力是间接推动事物的能力，在空间上隔着一段距离或者在时间上是将来；它的方法是直接推动其他物体，使其他物体发动它们自己的物质力量。工具、机器、发动机、飞机，都是起源于脑力。

管理的能力，同样地用运动的说法来说明，就是推动别人用他们的体力、脑力和人格的力量去推动物和人的能力。

放在一起来说，这三方面的力可以更恰当地统称为人力，实际上这是洛克、斯密和马克思所用的“劳动”的意义，因为他们的劳动者显然是体力、脑力和管理性的劳动者。增多使用价值和国家财富的是人力。

可是，这种人力的最大的生产力起因于分工，分工使人们可能专业化并且需要交换。斯密的全部工作是论述多种多样的分工所造成的生产力增加，从工场的分工说起，然后继续说到产业的、地区的和国际的分工，这一切全需要交换产品。

因此，斯密认为"交换价值"是劳动力必须采取的"形式"，如果它通过专业化来生产最大数量的使用价值。劳动力既然是使用价值的根源，就只能在一种文明的环境以内发生作用，那环境决定它造成的使用价值所采取的种类和形式。

后来，马克思把斯密的使用价值的观念里所有这些根源、种类和形式的含义，有系统地陈述出来（参阅图 5）。**根源**或"实体"，按照洛克和马克思的说法，是劳动力。使用价值的**种类**决定于物质的和文明的情况，例如帽和鞋。斯密认为，价值的**形式**有两种，生产的和不生产的劳动，前者是为了交换的产品的根源，后者是为了立刻消费的产品的根源。两者都有用，可是生产的劳动以交换价值的形式创造使用价值，不生产的劳动创造使用价值，采取为了立刻消费的形式。

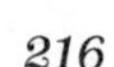



因此，从马克思说回去，生产的劳动所采取的形式是分工所造成的交换价值的形式，不生产的劳动所采取的形式是没有交换价值的那种消费品的形式。前者是所谓"商品"的意思。商品是一种采取交换价值形式的使用价值。① 任何助长交换价值而不加成本的东西，增加生产；因此，银行制度和纸币，以一种没有成本的媒介替代成本很大的黄金，从而增加生产。②

在这里斯密和魁奈不同。魁奈生在一个农业社会里，这个社会的繁荣，他认为，系于农产品丰裕而交换价值高。可是，斯密和洛克一样，生于一个农业和工业都发达的国家，它的繁荣系于农产品和工业品的交换。魁奈把情况描写为商品的流转；斯密把它作为一种地区的和职业的分工。

---

① 参阅马克思：《资本论》，第 1 卷，第 1 章。又本书上册第 8 章，《效率和稀少性》。

② 斯密：《国民财富的性质和原因的研究》，第 1 篇，第 279—283 页。

> 斯密说，“即令一国居民的收入，全然是其居民勤劳所能获取的生活资料量，”然而，“一国以商业及制造业为媒介，得比较其国土地在现耕作状态下所能提供的数量，每年从外国输入较大量的生活资料。都市居民，虽往往毫无土地，亦得赖自身之勤劳，吸取他人土地原生产物。不仅工作的原料，他们的生活资料亦可从此取得。都市与其邻近诸农村之关系，往往即是一独立国与其他诸独立国之关系。……小量的制造品，得购买大量的原生产物。……反之，无工商业的国家，就大都不得不费去大部分本国原生产物，来购买极小部分的外国制造品。”①

然而，像魁奈所说的那样，这些农产品的低交换价值和工业品的高交换价值并不使农民受到压迫，若是没有人为的稀少现象从中妨害。那是自动的、因而也是自然的交换价值，是分工和专业化以及交换使劳动生产力增加的结果。假使农人必须自己制造，他们的农作物的产量就一定会减少。由于地区的分工，他们的生产力提高了，所以他们农产品的低交换价格对农人自己有利。他们从扩大了的生产力中获得的补偿，超过他们因低价格所受的损失。斯密在城乡贸易、国际贸易以及国家与殖民地之间的贸易方面所作的卓越的研究，是为了证明交换价值符合劳动生产力的差别时双方所得的利益。

可是，这是生产力的意义上的一种改变。魁奈使生产力系于具有交换价值的商品的**数量**——并且只有自然的活力能增加那数量。可是，斯密使生产力的意义系于具有交换价值的商品的**使用价值**——并且劳动力把使用价值加到自然所生产的原料上去，不需扩大数量。因此，他们对于财富是在于具有交换价值的商品的数量，还是在于数量上增添的使用价值，意见不同；这一点意见不同实际上使斯密和魁奈在生产的和不生产的劳动的意义上部分地

①　斯密：《国民财富的性质和原因的研究》，第2篇，第175页。

一致，可是分歧的地方很大。对斯密来说，生产的劳动者是那些为了和别人交换而生产的人；魁奈的"自然"的生产力也是为了交换的生产。不生产的劳动者是那些为了自己或别人消费而生产的人，对魁奈来说，这使得自然也变成了不生产的。照魁奈的说法，自然必须增加具有交换价值的东西的数量，才是生产的；可是，照斯密的说法，劳动力必须增加具有交换价值的东西的功用，才是生产的。①

因此，斯密认为生产的劳动是以交换价值的形式生产使用价值的劳动。他认为，只有交换价值构成国家的财富，因为，这种价值只有在分工增加了具有交换价值的使用价值的地方才存在。

可是，交换价值的形式，除了作为一种形式用来增加使用价值而外，没有重要意义。斯密的交换价值的观念给他提供了对重商主义斗争中最重要的发现：有效需求和货币需求的区别。有效需求在于"交换的物品"的生产，不在于货币的占有，而且这种生产，只有采取交换价值的形式，才能作为有效的需求。重商主义者曾辩说，增加货币的供给就能增加需求。可是，斯密说明了货币分配到各个国家和各方面，只根据"交换的物品"（使用价值）的生产多寡。创造对劳动和商品的有效需求的，不是货币——是商品。创造商品的，不是货币，而是劳动。那么，以交换价值的形式生产使用价值的生产的劳动，才是对其他生产的劳动的有效需求；因此交换价值不仅是物质的东西的形式——它是各种生产的劳动者相互提供的诱因，促使他们增加生产力。可是，我们讲到诱因这种意义，就已经把意思转移到货币价格上去了，那是斯密所不讲的②。



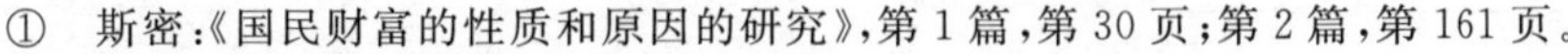

① 斯密：《国民财富的性质和原因的研究》，第1篇，第30页；第2篇，第161页。

② 参阅本书下册第9章(VII)，第4(2)节，《商业的供求法则》。

斯密的有效需求的观念关键在于他的“分工”，它排除了货币和递减的效用。分工把魁奈的流转观念改变为一种“有效需求”的关系。魁奈以自然为根据，不可能构成这样的观念。他有两种流转——货币的流转是一个方向，货物的流转是相反的方向。可是，斯密在他的交换价值的意义里排除了货币。照魁奈的说法，商人和制造家，由于重商主义的特殊权利，只是从货物的流转过程中任意抽取若干。可是，照斯密的说法，制造家积累而不消费商品的使用价值，从而创造一种有效的需求，就是，在交换中不仅支配其他商品而且也支配劳动的一种能力。劳动所增加的具有交换价值的使用价值，成为一种对劳动本身和劳动所生产的其他使用价值的需求。既然消费者所需要的是使用价值而不是一堆一堆的物质，那么，对劳动的总需求就是使用价值的总增加，由资本家积累起来并且给予劳动者作为维持生活的资料，交换他们所生产的更多的使用价值。对劳动的有效需求以及对其他产品（当然包括国外输入的产品）的有效需求，受资本家所积累的并且可以提供交换的使用价值的数量的限制。生产出来立刻就消费掉的使用价值不能留下这种支配的能力，或者有效的需求，用斯密给它的另一种名称来说。这种使用价值已经不存在，当然它的交换价值，或者诱致别人去生产商品的能力，也跟着一起消灭了。可是，所有可以移动的和可以积累的形式的使用价值，都成为对劳动和其他商品的有效需求。这种使用价值实际来到市场上，显而易见地起着一种需求的作用；另一方面，那消费了的东西，不留下等量的再生产在市场上出现，是不生产的。

因此，斯密所用的“生产的”一词等于有效需求，“不生产的”一词的意思是不能创造有效需求。因此，创造商品和劳动的有效需求的，不是货币而是商品；不是稀少而是丰裕；不是分配而是生产；

而且只能以交换价值的形式来创造。[①]

从斯密的有效需求的观念产生了所谓不会有"生产过剩"那种事的结论,后来由詹姆士·穆勒更加以详尽的陈述[②]。那是每单位使用价值不随着数量的增加而递减的概念的一种逻辑的结论。对斯密来说,倘若在一个注定了协调和丰裕的世界里会有生产过剩,那岂不是一种违反神的恩惠的想法。必须到效用递减已经发现以及货币在经济理论中恢复了它的地位以后,实际上,必须到马尔萨斯已经创造了一种对上帝的新观念以后,才可能对于在丰裕中因失业而挨饿的现象提出一种合理的解释。

正是这有效需求的观念,通过交换价值、分工和生产的劳动,对斯密提供了他的使用价值的丰裕的另一种重要根源——节约、避免浪费、储蓄。在这里斯密承受了杜阁的理论[③],为一百五十年的经济科学树立了储蓄程序在物质上和法律上的同义的说法[④]。

储蓄的法律上的意义是私有财产。物质上的意义,照斯密的说法,在于保存劳动和农业的出产品,即使只保存几天。储蓄不是储蓄货币,而是储蓄使用价值。商人以商品的形式储蓄。农人以蔬菜、谷物和牲畜的形式储蓄。制造家以机器和商品的形式储蓄。储蓄在法律上的意义是所有权,在物质上的意义不是货币,而是商品、各种改良和机器。这些东西节蓄下来,因为它们或者它们将来的产品有交换价值,并且因此具有对其他使用价值(货物和服务)的有效需求。

① 斯密:《国民财富的性质和原因的研究》,第 1 篇,第 313 页。

② 参阅本书上册第 8 章(VII),《李嘉图和马尔萨斯》。

③ 参阅本书下册第 9 章(IV),第 2 节,《资本和资本物品》。

④ 这种理论根本丢掉货币不谈。它是一种物质储蓄的概念,不是货币的投资或债务。后来对于物质储蓄和货币投资的相同性的假设,受到威克塞尔的信徒的怀疑。参阅第 9 章(VIII),第 3 节,《从边际生产力到资本的收益》。

李嘉图以后，经济学家把生产看作克服自然阻力、产生任何满足欲望的服务的努力。可是，斯密的那种“为了财产而愿意”的概念，已经包含了这种意思。因此，他的“生产的”劳动是那创造一种能卖的商品的劳动，这种商品能储蓄起来，以后能构成一种有效的需求，相当于它的使用价值。另一种劳动力是“不生产的”，因为它所创造的只是一种立刻消灭掉的服务；或者，如果那是一种物质的产品，它在家里就消灭了，没有出来在市场上起作用。他所谓使用价值是为了将来交换的商品存货，其中没有货币的关系。因此，对他来说，生产不是仅仅使用价值的生产。他所谓使用价值是一种具体存在的特质，能积累起来，并且能在交换中转手。生产是交换价值的生产——也许似乎是一种诡辩，然而不是诡辩，如果我们考虑到对斯密最有关系的不是稀少性，也不是货币。对他最有关系的是“愿意”创造丰裕的使用价值，为了它们对其他国家的商品和服务的有效需求①。这需要通过生产力、节约和交换来实现，不是仅仅凭空洞的愿望或者货币的购买力。对斯密来说，商品是用商品购买的，不是用货币。

生产的劳动因此是有效需求的生产，而不生产的劳动消灭掉，不留下任何东西可以由资本家为了它的有效需求而节约和储蓄起来。因此，所有生产、效率、劳动力的技术问题，像后来的报酬递减和递增、各种要素的斟酌比较、劳动管理、通货膨胀和通货收缩的信用和货币问题，对斯密都不存在。对斯密来说，生产和积累完全是由于愿意工作、储蓄、交换、因而增加使用价值的数量——货币只作为一种无声无臭的媒介。

这“节约”的理论是魁奈和斯密的主要区别。对于魁奈，积累

① 这种诡辩引起了普鲁东和马克思的争论。参阅第 8 章(Ⅷ)，《马克思和普鲁东》。

是自然所生产的物质东西的积累，可是，对于斯密，积累是劳动加到这些物质东西上的使用价值的积累。一个是天然资源的保存，另一个是节约。因此，斯密虽然和魁奈都认为一切家庭仆役、政府、官吏、君王、专门职业阶级、音乐家、陆军、海军等等他们的工作尽管有用并且有交换价值，他们却是“不生产的”；但是，斯密认为他们不生产的理由和魁奈的理由不同。斯密认为，这种人的工作“就在做的时候马上就消灭了”，“因此没法储蓄。”魁奈认为，他们的工作不增加物质的东西的总量，而是实际上从总量里减去他们的交换价值的数量。魁奈把同样的理论应用到“工匠、制造家和商人”。他们是不生产的，因为他们不增加物质的总量，反而减少它。可是，斯密认为他们的工作是生产的，因为它没有在做的时候消灭掉，并且因为它生产了一种外加的使用价值，具有一种外加的交换价值，等于他们所消费的使用价值。积累在于以商品的形式储蓄这种使用价值，这种商品可以交换，取回相等的使用价值①。

例如，自然从一蒲式耳种子生产出五十蒲式耳小麦，可是，当这小麦变成面粉状态从磨坊运回时，农人发现他用几蒲式耳小麦交换一蒲式耳小麦磨成的面粉。魁奈把农人的小麦上这种减少，作为磨坊工人的“不生产的”劳动的交换价值，加以谴责。斯密却说得好听，把它作为磨坊工人的“生产的”劳动所造成的额外使用价值的交换价值。魁奈认为磨坊工人是不生产的，因为他所消费的小麦减少了市场上小麦的总量。斯密认为，磨坊工人是生产的，因为交给农人换取他的小麦的面粉的高级使用价值，等于农人交给磨坊的小麦的低级使用价值。磨坊工人储蓄了面粉使用

① 斯密：《国民财富的性质和原因的研究》，第 1 篇，第 314 页；第 2 篇，第 173—175 页。

像以前说过的那样，我们用“使用价值”这个名词作为和斯密的“财富”意义相等。

价值超过小麦使用价值的那额外部分，自己不消费它，而把它卖给农人。因此，他的劳动是生产的，如果它生产使用价值和那农人交换。

因此，斯密的储蓄的理论和他的劳动力、分工、交换价值和使用价值等理论是分不开的。魁奈的流通过程，照斯密的说法，就是一种储蓄过程，而不是一种减少物资总量的过程，因为它是一种以增加交换价值的形式增加使用价值的过程，这使用价值增加了以后，就被“储存起来，准备于必要时运用”。所储蓄的不是东西的躯体——而是增加的具有交换价值的使用价值。

因此，具有交换价值的使用价值的储蓄，不仅区别生产的和不生产的劳动，而且也区别生产的消费和不生产的消费，区别积累和消费，区别财富和贫穷，区别有效需求和愿望或货币。生产的劳动是那种劳动，它通过储蓄，积累具有交换价值的使用价值。生产的消费是那种消费，它至少由一种等量的从生产的劳动中得来的使用价值的积累加以补充。这种积累只是储蓄；财富却不仅是使用价值的丰裕，而且是具有交换价值的使用价值的丰裕，其表现的形式是储蓄起来的商品、改良和机器。愿望必须得到有交换价值的商品的支持，才能发生有效的需求，这是斯密的“生产的劳动”的意义。

必须假设，最后这些商品的积累自会产生可供消费的使用价值，这些改良和机器自会扩大使用价值的量，并从而扩大交换价值的量。这些最后的使用价值的丰裕带来快乐，可是，这种使用价值实现的时候将是心理的、随着消费者的爱好而彼此大不相同。因此，斯密在经济学里不谈使用价值。同时，重要的价值是它们所贮存的具有交换价值形式的使用价值，就是，它们的持久的有效需求的能力。人们只要增加具有交换价值形式的使用价值的数量，最后消费者的使用价值可以让个人的心理去衡量。

这种概念很像现在仍然流行的一些常识的想法。甚至到今天,还有人认为一个国家的"生产的"劳动是那生产具有市场交换价值的商品的劳动,为家庭或田地而生产的劳动是不生产的。

可是,有一点和斯密的交换的观念不同。斯密,和魁奈一样,不把货币包括在他的交换价值的意义里。货币只是一种不稳定的价值的尺度。可是,现代生活和债务的关键在于售出货物收进货币。它是资产和负债的膨胀和收缩。它的变化不管什么使用价值、劳动痛苦或者劳动力。把货币作为一种表面的东西而排除出去,使得正统派经济学不能处理现代的经济。

然而,斯密保留了一点奇怪的、魁奈的遗迹,一种现代常识和"农业经济学家"也保留的遗迹,这是洛克的更深邃的认识的一种退步。洛克曾想象在农业里劳动生产总值的百分之九十九,自然只生产百分之一。魁奈曾想象在农业里自然生产国家生产总值的百分之一百,劳动不生产任何东西。斯密在他的经济理论里不包括使用价值(后来李嘉图包括了[①]),所以没有看到完全是劳动(或者不如说人力)生产使用价值。同样地,因为他继承了自然恩惠和丰裕的假设,跟马尔萨斯和李嘉图相反,所以他没有充分地区别人力所生产的使用价值和自然所生产的物质躯体。

> "在农业上,"他说,"自然与人同劳动;自然的劳动虽无需代价,它的生产物却和最昂贵的工人的生产物一样,有它的价值。……地租……可以说是自然力的产物。地主把这种自然力借给农业家用了……用在制造业上的生产劳动,不能引出这样大的再生产。在制造业上,自然没有作业,人做了一切;……和投在制造业上的等量资本比较,投在农业上的资本,不仅可以推动较大量的生产劳动,而且,按照比例于它所雇

---

① 麦卡洛克编:《李嘉图著作集》,1888 年版,第 169 页;并参阅本书上册第 8 章,《效率和稀少性》。

用的生产劳动量，它对于一国土地劳动年产物所附加的价值，既然更大得多，对于国内居民的实富与收入，所增加的价值，亦是更大得多。”①

这样，斯密对魁奈让步，承认农业的生产力较大，就是抛弃了洛克。洛克曾说过，劳动生产全部价值的百分之九十九。斯密承认农业的劳动比制造业的劳动更生产，可是不肯像魁奈那样说，前者是全部“生产的”而后者是全部“不生产的”。他说，“生了三个孩子的结婚生活当然比生了两个孩子的结婚生活的生产力较大；同样地农人和乡村劳动者的劳动当然比商人、工匠和制造家的劳动的生产力较大。但是，一种劳动的生产力高，并不使另一种成为完全不生产的。”②

然而，我们跟魁奈和斯密两人都相反，我们说劳动所生产的不是躯体——而是那躯体的功用。自然增加躯体，可是她也许喜欢增加莠草而不增加食粮。还是自然产生小麦的收成呢，还是人利用自然的某些力量同时芟除另一些力量，从而产生小麦的收成呢？自然在生产小麦中的力量比自然在推动一艘海轮每小时三十英里，或者比自然推动一架飞机每小时二百英里中的力量，是不是更生产一些呢？或者，生产是不是人类的智慧对自然作了她本身决不会想到的某种处理呢？需要李嘉图从自然的丰裕改变到自然的阻力（即使在农业里也有自然的阻力），才可以驳倒斯密所谓自然的生产力在农业里比在制造业里较大的那种谬论，因而回到洛克的学说。斯密的错误在于混淆了自然增加物质的躯体，和人类引导自然资源趋向使用价值的增加。

在斯密以后七十余年，马克思循着李嘉图的理论作出他的对劳动力和使用价值的唯物主义的分析。可是，即使在今天，物质躯

① 斯密：《国民财富的性质和原因的研究》，第1篇，第343、344页。

② 同上书，第173页。

体和使用价值的混淆还没有完全澄清，而只是正在澄清的过程中，由于"效率"的社会意义在代替自然力量的生产力的概念①。

通过他的分工和结果产品的交换，斯密获得了进一步的伦理的理由，可以为财产辩解。洛克的辩解只做到了说明劳动者对于他个人所生产的东西应该有所有权，同时洛克对于通过货币交换得来的别人的产品的所有权却难以辩解。斯密以他的分工提供了理由，而根本不谈货币：如果有完全自由可以交换产品，那么，劳动者一定会注意他们给出的劳动量一定要完全等于，或者"想象上等于"他们在交换中收进的劳动量。因此，凡是有财富的人就会使得别人有等量的财富，因为一个人的劳动的积累，拿去交换，一定是等于在交换中收进的别人的劳动的积累。这里斯密的理论又是错误的，因为他漏掉了货币、信用和讨价还价的能力，通过这些因素某些人可以榨取别人的财富而使自己变得富有。可是，由于撇开了货币，他的分工和完全自由，加上洛克的丰裕和神的恩惠，不仅辩护了个人在自己的产品上的私有财产，而且也辩护了私有财产中用交换的方法取得的别人的产品。

对于休谟的稀少性和公共效用的概念，也是这样。丰裕代替稀少以后，休谟的"公共效用"或者公共福利，作为个人行动的一种动机，完全不存在了。没有集体行动的干预，个人完全自由的结果是只有使别人获得相等的财富自己才能取得财富，那么，除非在极其例外和紧急的时候不应该让国家干涉。② 若是处于这种完全自由的自然状态和自然丰裕的条件下，各个人就只有用他自己的辛苦和勤劳作为量度他自己的产品和别人的相等产品的标准。这就

① 参阅本书上册第 8 章，《效率和稀少性》。

② 斯密：《国民财富的性质和原因的研究》，第 2 篇，第 32、43、83、184—185 页，战争、公路等。

不需要什么公共效用或公共福利的概念，因为上帝那只看不见的手，通过丰裕和物物交换的本能，已经足以照顾公共的利益。斯密的是一种“丰裕”的哲学，不是休谟的那种“稀少”的哲学。

（2）稀少性价值的根源：a. 心理的和所有权的稀少性——我们详细地讲了劳动作为“痛苦”和“力”的双重意义，这双重意义后来造成了李嘉图和他的后继者马克思跟斯密和马尔萨斯的分歧。李嘉图的一派通常称为唯物主义的经济学家，斯密和马尔萨斯却属于一般的心理派经济学家。可是，我们对这两派作更适当的区别，称他们为心理的和所有权的经济学家。作为劳动痛苦来说，那“真实价格”是所牺牲的辛苦和勤劳的量。作为劳动力来说，“真实价格”是劳动者所有而出卖给一个雇主的劳动力的量。前者是心理的，后者是所有权的。

斯密的所谓劳动者被想象为本身具有一定限度的“安闲、自由、快乐”，其中一部分他予以“放弃”，为了和自然进行的一种人格化的交换。这是必须付给自然的“真实价格”、“原始价格”、“真正成本”，它造成各种东西的价值。在斯密看来，这不是人格化——而是“真实的”。

可是，李嘉图和马克思后来对劳动者的看法跟习惯法对他的看法一样——作为自由的劳动者，他有着自己的身体，或者不如说是有着自己的体力、脑力和管理的能力，这些能力的使用他能在公开市场上出售。这种劳动力也是一种有限的存货，所存的不是快乐（它的牺牲是痛苦），而是生产物品和服务的力，它的牺牲是所有权的割让。这也是洛克的观念，是他从习惯法里吸收得来的。他的劳动者是一个自由劳动者，拥有他的劳动力，当这个劳动者把劳动力和自然资源“混合”在一起的时候，结果的产品是他的私有财产，他可以任意卖给别人。

从斯密到李嘉图和马克思，所有意义上的变动，是由于一种跟斯密和洛克不同的关于自然的哲学而来。那是从仁爱的自然变到吝啬的自然，起因于马尔萨斯的人口过剩学说。[①] 在李嘉图和马克思手里这是一种从神学到唯物论的变动，而奥古斯特·孔德一定会把它说成一种从神学到形而上学的变动。[②] 它牵涉到稀少性价值的自然根源的意义上的一种变动。李嘉图发现这自然根源客观地在于自然对劳动力的抗拒；可是，斯密认为自然的目的是丰裕，因而发现稀少性价值的根源主观地在于人性对辛苦勤劳的抗拒。

到了马克思手里，李嘉图所暗示的意思变得明确了：劳动者是自由的，因而他的劳动力归他自己所有。可是，他不是卖给被斯密人化了的自然，而是卖给一个雇主，像李嘉图所理解的那样。

这实在就是习惯法的财产的概念。习惯法在处理所有权的移转时，不管什么痛苦或快乐。法律只注意意志。那劳动者曾否有意要把他的劳动力卖给雇主，他当初期望得到多少代价作为交换？意向的推论不是根据痛苦或快乐，而是根据当时当地的习俗和惯例，按照早已有的契约和等值交换的原则。

这种稀少性价值我们称为所有权的稀少性，[③]并且在稀少性的意义上我们有三个历史阶段：斯密的心理的阶段，所谓劳动者对劳动痛苦的抗拒；李嘉图的唯物主义的所谓自然对劳动力的抗拒；马克思的有关所有权的所谓自由劳动者不愿出卖他自己的劳动力，换取低微的工资。



① 参阅本书上册第 7 章，《马尔萨斯》。

② 参阅本书上册第 2 章（IV），关于《孔德》的几节。

③ 卢埃林：《法律制度对经济学的影响》，《美国经济评论》，1925 年第 15 号，第 665—683 页；卢埃林像休谟一样，使所有权的稀少性成为联系法律与经济学的基础。克内斯和伊利在以前也曾发表同样的观点。

在各个阶段的背后，实际上各个阶段从而产生的根源，是十八世纪习惯法对自由劳动者的概念——一个自由工资劳动者，不完全无产，而是拥有他自己的“人力”，在当时当地的市场上以可能获得的不管什么价格出卖。再远一些，还有孔德所想象的种种观念本身发展所经过的历史上的阶段，这些阶段我们加以修正，作为斯密的人格化阶段，李嘉图和马克思的唯物主义阶段，以及关于制度怎样实际运行的交易行为的阶段。

亚当·斯密不加研究就采取了常识的见解，认为人类欲望是无限的，因此人类快乐所受的限制，只在于为了满足这些欲望而生产的一切使用价值的总量。可是，斯密把使用价值作为和“某一种东西的效用”的意义相等，而不区别一切有用的东西的丰裕和单独一种东西的丰裕，也不区别使用价值的主观的和客观的意义。

然而，斯密的见解又是一种常识的见解，所有的自然经济学家当然都知道，可是没有包括在他们的分析里，完全因为他们没有区别整体和那组成整体的各部分。直到斯密以后将近一百年，才由后来的心理派经济学家作出这种区别。人人也知道这种对某一样东西的欲望的主观强度，随着当时可以得到的数量的减少而增加，最后可能达到有关生死的地步。这种个人对某一种东西的依赖——我们称为稀少性价值——被适当地区别为机能的心理，这是洛克所谓内心模仿外界那种流行的二元论所没有注意到的。因此，自然经济学家或者完全不顾这种机能的事实，或者尽量加以低估——像魁奈对他所谓“虚幻的财富”那样——或者代以人格化或唯物主义。

但是，斯密的见解，从常识来说，也能动听。劳动力是使用价值的根源，趋向于丰裕和较低价格；劳动痛苦限制使用价值的供给，趋向于稀少和较高价格。劳动力和劳动痛苦之间的区别，就是一种随着丰裕而增加的价值的根源和一种随着稀少而增加的价值的根源之间的区别;劳动力引起使用价值,劳动痛苦引起稀少性价值。如果任何增加丰裕的东西是使用价值的根源,那么,任何限制丰裕的东西就是稀少性价值的根源。

因此,斯密的稀少性价值一部分是明说的,一部分是暗示的。他的明说的稀少性价值是限制生产的人为的垄断,垄断的起因是集体行动,这种集体行动使个人不能参加享有特权的职业。他的暗示的稀少性价值是在没有集体行动的自然状态中个人对产量的限制,这种自然的稀少性价值的根源是劳动痛苦。

他认为,他的明说的稀少性价值就是垄断,垄断就是集体行动,不管是国家或是私人的联合。这是他的重商主义的意义。"实际上,这一种或那一种垄断似乎是重商主义制度唯一的机器。"① 因此斯密不能像休谟那样认为稀少性是私有财产的原因,既然他已经把稀少性和重商主义的集体行动说成了同一回事。集体行动是稀少性的一种人为的原因,因为它限制了个人的产量。但是,稀少性是一种显明的事实,所以他必须认为它的根源是由上帝种植在各个人的心里。

在这方面斯密只是按照常识来说。稀少性,在通俗的和经验的想法,就等于取得的困难,不管这困难是由于什么原因;因此稀少的程度越高劳动的痛苦就越大,或是费力较多或是工作时间较长。交换价值也是这种情况。生产一种丰裕的东西以便交换一种稀少的东西,其生产的痛苦必须和所要换取的稀少物品的生产痛苦等量。因此,劳动——作为痛苦、努力、辛苦、勤劳、取得的困难来了解——随着自然的稀少而增加,又随着自然的丰裕而减少。如

① 斯密:《国民财富的性质和原因的研究》,第2卷,第129页。

果那种东西是丰裕的，像空气或水，人们只受很少的痛苦或者完全没有痛苦就能取得，因此它的价值小。如果是稀少的东西，像鞋或帽，就需要相当的痛苦，或是劳动强度高或是工作时间长，因此它的价值大。结果，倘使我们能去掉一切人为的稀少性，像去掉集体行动以后那样（不管这集体行动是私人的或是政府的），那么，所要取得的东西的自然稀少性的程度就等于由直接或间接交换取得那样东西所需要的劳动痛苦量。稀少性越大，劳动痛苦越大；丰裕的程度越高，劳动痛苦越少。劳动痛苦是稀少性人格化的一种常识上的说法，也是稀少性价值的根源。这种说法使各个人立刻就能感觉到；因此，斯密以稀少性的人格化替代休谟的稀少性的"哲学的回想"。

可是，休谟的"回想"不是心理的稀少性——而是所有权的稀少性。从所有权的观点和从心理的观点显然可以推论出一种相同的收入对支出的稀少性比率。如果把劳动者看作一个自由劳动者，自己占有他的身体，包括体力、脑力和管理能力在内，那么他所有的是一笔很有限的、稀少的劳动力资源。他现在的支出（不是他所受的劳动痛苦，而是他让与的劳动力）是从他的有限的人力供给中扣除出来的，这种人力，因为是稀少的，就应该和人们占有的一切稀少的东西一样，称为财产。这是洛克的观念。洛克的劳动者是一个自由劳动者，自己的劳动力归自己所有，当他把劳动力和自然的丰裕资源混合起来的时候，结果所得的使用价值成为他的财产的增加，补偿他在劳动力上相等的财产支出。然而，洛克没有把稀少性观念加入他的财产的意义，像那比较现实的休谟那样，因为他集中注意于神赐丰裕和人类的根本罪孽。可是，他也没有推论到心理的根源，像斯密那样。

休谟的理解是比较正确的。他用简单的"稀少性"的观念把所有可以区别为财产、法律和伦理的东西都结合在一起。斯密把它们分开，成为他的三个观念：(一)一种有使用价值的物质的东西，(二)自然的人格化，作为恩惠和丰裕，像洛克那样，还是(三)洛克那种伦理的辩解。

但是，如果我们把财产(私人财产或是联合的财产)看作一种预期的交易的重复，那么，财产就完全是稀少性的作用，像休谟所说的那样。除了就稀少的或预期是稀少的东西而言，财产的权利并不存在。[①] 财产的价值总是一种稀少性价值。人类在稀少性的推动下努力(个别地或集体地)取得所有权，完全是出于本能的，和生命本身一样；它的三重的意义可以分别为财产的“目的物”，财产的“本能”和财产的“习惯法”。那本能也许会破坏别人，和它会保存自己一样。“本能”这个名词是极其恰当的，因为可以理解为指一切有生命的东西(不管是畜生或是人类)，由于资源的稀少而发生的行为。财产的本能是稀少性的本能，财产的目的物是稀少的东西。

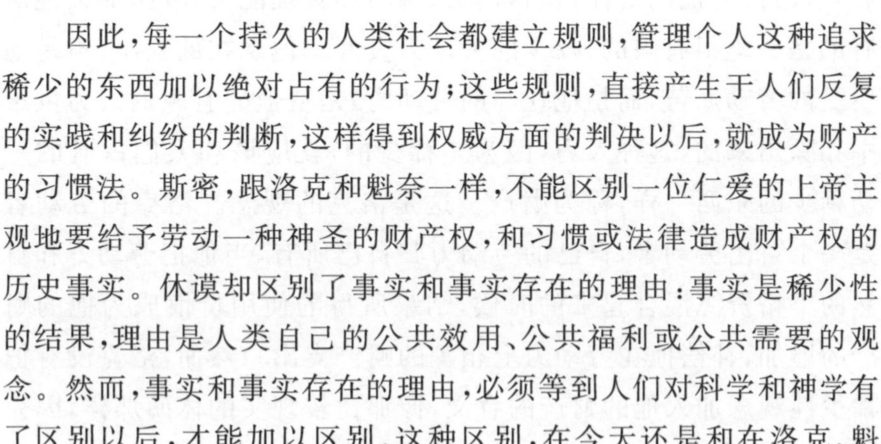

因此，每一个持久的人类社会都建立规则，管理个人这种追求稀少的东西加以绝对占有的行为；这些规则，直接产生于人们反复的实践和纠纷的判断，这样得到权威方面的判决以后，就成为财产的习惯法。斯密，跟洛克和魁奈一样，不能区别一位仁爱的上帝主观地要给予劳动一种神圣的财产权，和习惯或法律造成财产权的历史事实。休谟却区别了事实和事实存在的理由：事实是稀少性的结果，理由是人类自己的公共效用、公共福利或公共需要的观念。然而，事实和事实存在的理由，必须等到人们对科学和神学有了区别以后，才能加以区别。这种区别，在今天还是和在洛克、魁

① 这种区别在斯密以后八十年，直到麦克劳德才指出。参阅本书下册第 9 章(I)，第 3 节，《财产和财产权》。

奈和斯密的时代一样，没有分辨清楚。对事实的辩解被当作事实来说，亚当·斯密的例子使我们看出那是怎样做到的。

根据洛克的说法，事实不过是一种心理的解释用词语表达出来，目的在于使别人知道所发生的情况。既然是这样，说服力这个要素就是事实的组成部分。事实的说服力在于能引得别人接受。因此，既然事实是人们从非常复杂的经验中选择某些特质所构成的一种心理的解释，要造成事实的这种说服力，就必须选择一些会使人相信的特质。斯密选择了劳动痛苦作为他自己对于财富的取得和积累的具有说服力的解释。劳动痛苦是非常含糊的说法，可以包括一切经济、法律和伦理的意义，同时又非常动听，可以获得人们同意。它能使每个人承认它作为人性的一种根本事实，是一切活动的基础。它有一种伦理上的道理，和许多物质的、稀少性的、所有权的意义分不开。总之，劳动痛苦是一种事实，是稀少性的人格化，并且是一种理由，证明斯密以个人劳动代替重商主义的联合行为是对的。

前面所说的那种习惯法的"所有权的稀少性"，我们称为"讨价还价的能力"。斯密本人也注意到：

> "霍布斯说：财富就是权力。但获得或承继大宗财产的人，未必就获得了或承继了民政上军政上的政治权力。他的财产，即令可以提供一种获得政权的手段，但单有财产，不一定就会有政权在握。财产对他直接提供的权力，是购买力，是对于当时市场上各种劳动各种劳动生产物的支配权。"①

斯密这样评论的这种所有权的稀少性，向来是重要的问题。人们自然地发生疑问，为什么从斯密和最初的"古典"经济学家到现

① 斯密：《国民财富的性质和原因的研究》，第1篇，第33页。

在的新古典派这百余年来，他把稀少性人化为痛苦那种说法会始终是经济理论的基础呢？答案必须在重商主义的问题以及个人主义对集体主义的一切问题中去找。集体行为引起人为的稀少性。劳动痛苦引起自然的稀少性。斯密的劳动痛苦，通过分工和完全的个人自由发生作用，替代重商主义的理论和实践以及一切集体行动。重商主义，无论是政治的或是通过私人的联合，人为地限制供给；劳动痛苦自然地限制。

然而，事实的发展是，斯密的重商主义，通过集体控制的各种形式，例如政党、税则、私营公司、辛迪加或联合会，已经成为支配的势力，超过了斯密所能想象的程度。种种政治的和所有权的集体行动，他曾斥为重商主义的人为的垄断。造成稀少性的正是这种集体行动，而不是他的所谓劳动痛苦。今天的经济学是一个相对稀少的世界里以所有权稀少性为基础的修正的重商主义，不是一个丰裕的世界里把稀少性人格化为劳动痛苦那种含糊的说法。

b. 自由和丰裕——斯密的缺点在于他的语词的双重意义——一种伦理的和一种经济的意义。他的伦理的意义是，假如没有集体行动就一定会有公道，以及由于集体行动实际上已经有了不公道。他的经济的意义是，没有集体行动就一定会有自然的丰裕，以及集体行动实际上硬造成人为的稀少。

这样，他的"自由"一词具有经济的和伦理的两种意义。经济的自由是丰裕，伦理的自由是不受集体的强制。自然状态是一种自由的状态，因为它是丰裕的状态而不是集体行动。他的稀少性的意义也是如此。他的稀少性的伦理意义是劳动痛苦作为合理价值的调节者。他的经济意义是集体行动的种种人为的稀少。

因此，对斯密来说，痛苦的对立面不是快乐而是自由。痛苦减少，自由就增加，因为自由的意思是可供选择的东西丰裕。痛苦增加，自由就减少，因为痛苦的意思是可供选择的东西稀少。很对，这是自由的经济意义。可是在斯密看来，这自由又是集体行动的对立面：集体行动增加，自由就减少，或者集体行动减少，自由就增加，因为自由是不受集体的强制。这是自由的伦理意义。

斯密的根本缺点在于他把所有权的稀少性人化为心理的稀少性。所有权的稀少性是习惯法和成文法，它们规定财产所有人的安全和自由，包括仅仅是自己的劳动力的所有人的那种自由劳动者。个人可以选择的对象不是自然所提供的东西——而是所有人提供的东西。你不能在街上一路走去，按照你所需要的各种东西对你的边际效用任意取为己有。所有人和警察在那里警戒着。工人们不能根据痛苦的多少来选择工作。他们必须按照习惯和法律容许财产所有人提出的条件决定工作或不工作。财产的价值在于它的稀少性价值。因此，在自由竞争的情况下，所有人有自由可以不生产一种商品，或者可以在商品已经生产以后不拿出来给别人使用。这是他在交换程序中，能够维持商品的稀少性价值的唯一方法。

因此，即使在一切集体的强制都去掉、因而习惯法上的所有权的自由十分完全的时候，仍然是所有权的稀少性支配一切，由于所有人可以自由地提供和接受机会，一方面能通过生产创造丰裕，另一方面又能限制过度的丰裕。可是，可供选择的卖户多，构成买户的所有权的自由；可供选择的卖户多，构成卖户的所有权的自由。工人和雇主有相等的所有权的自由，因为双方有相等的自由，一个有工作或不工作的自由，一个有雇用或不雇用的自由——政府的官吏应该自己不加干涉，并且不许别人干涉。可是，双方也许没有相等的经济的自由，因为工人如果不接受这种工作，他的另一条路也许是增加他的劳动痛苦总量，作为他不得不付出的代价，而对于雇主却无关紧要，也许只是在他的企业所要雇用的成百成千的工人中放弃掉一个而已。[①]

在一切买户和卖户、地主和佃户、金融家和实业家的交易中，可以举出其他类似的例子。要可能有"完全自由"，不仅必须没有法律的义务，而且必须有丰裕的经济机会。

这许多所有权稀少性的情况都不在亚当·斯密的私有财产的概念范围以内，因为他假设：所有依赖重商主义的法律来维持的稀少性已经去掉，所有联合财产连同它的经济压力已经去掉，以及一切不平等的情况消除了以后，平等的个人之间的分工，通过生产、节约和交换，一定会造成极大程度的丰裕，使任何人都不需要再作痛苦的选择。在斯密以后七十五年，乐观主义者凯雷和巴斯夏承受了这个观念[②]。

因此，斯密和魁奈一样，心目中只有那用集体行动造成稀少性的重商主义立法政策，并且在这方面斯密的对比的自动稀少性的概念，是他不能区别丧失自由在立法上的意义和在习惯法上的意义。就立法所造成的稀少性来说，未能如愿的竞争者的选择的自由，因为法律规定不得从事竞争而受到限制；未能如愿的消费者或生产者的选择的自由，因为以前的生产者所供给的物品或原料结果减少而受到限制。斯密假设这种立法的稀少性一经消除，一切稀少性就会消除，就变成和劳动痛苦量完全一致，因此，当立法上的自由取得的时候，经济上的自由就会取得。

但是，私有财产的习惯法本身是以资源的稀少性为基础的，而斯密认为它的基础是人们应该占有自己的劳动成果的自然权利。

① 康芒斯：《资本主义的法律基础》，第58页；参阅上册第8章(Ⅵ)，第3(6)节，《强迫的限度》。

② 参阅本书上册第8章(Ⅵ)，第3(2)节，《服务的价值和产品的价值》。

财产的稀少性的意义仍然存在，作为把那种根据别人的需要来说算是稀少的东西抓在自己手里不放。自由和稀少性成反比例，如果自由的意义是在经济上有数量丰裕的各种东西可以供人选择，不管这种丰裕是由于没有上级权力的强制或是由于自动的分工。若是有选择的完全自由，就没有稀少性，因为人们所想望的东西是非常丰裕的，像空气那样，在供给丰裕的情况下所有选择的意识都消失了。若是完全稀少，完全没有供给，那就没有自由。这是休谟的"回想"。

然而斯密的看法是常识的、经验的看法。当工人发现除了接受苛刻的条件找不到工作的时候，他不去分别工作的稀少和自由的丧失。实际上，他有所有权的自由，可以拒绝工作，因为他是他的劳动力的所有人。机会的所有人有相等的所有权的自由，可以拒绝雇用他。双方各有伦理意义的自由。相反地，正是根据这种分别，社会主义者和共产主义者发明了"工资奴隶制度"这个名词。

可是，在所有权的自由的背后，还有经济意义的自由。工人的选择的自由随着工作机会的丰裕而增加，随着工作机会的稀少而减少；相反地，他结果所受的劳动痛苦，却随着机会的丰裕而减少，随着机会的稀少而增加。可是，从中调节的是财产的习惯法，而不是自然恩惠的丰裕。那调节或管理也许好也许不好，也许聪明也许糊涂，也许公道也许不公道。它也许扩张自由，甚至超过它束缚自由的程度。可是调节者不是痛苦，而是现行组织的集体行动。

## 2. 价值的调节

人们称为"重商主义"的各种经验的政策，是跟着在封建制度的反对下发展起来的君主政体和市场一道逐渐形成的，同时也由于从经验中认识到，交换价值，作为制造家和商人维持生活的手段，决定于对供给或需求的控制。英国的中央政府为国外和殖民地市场以及国内市场上制造家和商人的当地行会供给了这种控制。这种管理或调节，人们根据公共福利来说，总认为是正当的——斯密却认为这是一种伪善的辩解，因为它总是偏袒少数特权阶级，他们的私人利益被说成好像跟公共利益是一致的。洛克用议会代替君主来行使这种集体的控制，而斯密实际上用司法代替君主和议会，虽然在理论上并不谈起。

他们的理论的基础都是回到神的恩惠的自然法则，而不是由国王（洛克的说法）或者议会和行会（斯密的说法）对供给与需求加以任意的调节。因此，斯密需要一种自然的供求调节者来代替集体的调节，他认为这种调节者不在普通法庭，而在每一个勤劳节俭的制造家和商人的心里。

> "……个人的利害关系与情欲，自然会使他们投资于通常最有利于社会的用途。但若由于这种自然的倾向，而致此等用途的资本过多，则其利润必降落，其他各用途的利润必提高，从而立即使他改变这错误的分配。用不着法律干涉，个人的利害关系与情欲，已经自然会引导人们把每个社会的资本，尽可能按照最适合于全社会利害关系的比例，而分配于国内一切不同的用途。"①



这样，斯密在"虚幻的财富"这个问题上和魁奈的意见相同。"虚幻的财富"会自动改正的，因为个人在必要时会不顾他们的自然爱好，不得不改变他们劳动的对象，从生产跌价的东西改变到生产涨价的东西。可是，魁奈因为自然生产财富，就认为这个问题是矛盾的，不加讨论；斯密却说明了在劳动生产财富的情况下这一点怎样会做到。

---

① 斯密：《国民财富的性质和原因的研究》，第 2 篇，第 129 页。

斯密说，第一，这种自然状态是一种完全自由、安全、平等、有财产、有流动性的状态，不受任何货币和债务的干扰。各个人能够迅速地从一种职业移转到另一种职业；他不被风俗、习惯、忧虑或者任何集体的限制所束缚。像巴雷陀后来所说的，这是一种“分子的”社会的概念。

第二，社会作为一个整体来说，它的需要是无限的。这种假设可以两方面利用，或者从需求方面或者从供给方面。斯密两面都运用了。需求方面以他的有效需求的观念为基础，供给方面以劳动痛苦的观念为基础。两方面合在一起，结果趋向平衡，用不着集体行动。

需求和供给的相等后来由詹姆士·穆勒详细陈述，①又有李嘉图继承其说，虽然穆勒不过是把斯密的意思说得明白透辟一些，并没有加上什么新的东西。用我们自己的话加以复述，如果人类的需要或欲望是无限的，那就可以通过创造更多的使用价值，把人类的快乐扩大到想象不到的程度。因此，交换价值是不会低落的，如果在新需要发生时适当地增加各种各样的使用价值。每种东西增加对所有的别种东西的需求，如果让生产扩张到最大限度，就不可能有生产过剩。例如，如果由于分工（假设有完全的流动性，并且不管时间因素），生产力增加一倍就能使每种物质产品的产量增加一倍，那么每种数量增加了一倍的东西就使对其他各种东西的有效需求增加一倍，而其他各种东西的数量也增加了一倍，因此每单位的交换价值不会有什么改变。

可是，即使这种无限需求的理论也需要一种因素能在某种物

① 参阅詹姆士·穆勒：《为商业辩护》，1807年版；重述于另一著作《政治经济学概要》中，1821年版，第186—195页。约翰·萨依：《政治经济学》，1803年版，英译本，第4版，第76页，前曾述及。

品太多时限制供给，太少时增加供给，使一切价格得到调节，符合于各种东西所包含的这种调节因素的多寡。李嘉图后来发现这种因素是边际劳动者。斯密发现它是一切劳动者的辛苦和勤劳。他所谓劳动痛苦，作为稀少性价值的根源，其作用在于限制出产量；他所谓劳动痛苦，作为稀少性价值的调节者，其作用在于把出产量适当地分派在各种职业当中，使各种工作中的劳动痛苦均等。作为稀少性价值的根源，当人们认为所得不足以补偿痛苦时，产量就受到限制。作为稀少性价值的调节者，在所得大于痛苦的职业里产量就扩大，在另一些所得不足以补偿痛苦的职业里产量就缩小，便每单位所得的痛苦平均化。因此，痛苦作为稀少性的根源只影响某些特殊职业，痛苦作为调节者影响所有的职业。

李嘉图认为调节价值的边际劳动者是生产最少的劳动者，这适合他的"自然的吝啬"的理论。边际劳动者是一个在最大的自然阻力下工作的劳动者。这个劳动者，在自由市场里以及在劳动可以流动的条件下，通过竞争，调节其他自然较为慷慨的地方其他劳动者的产品的交换价值，同时又调节一切产品的交换价值，因为所有的劳动者都从报酬低的职业转移到报酬高的职业。效率最差的劳动者的生产力调节所有的劳动者的产品的交换价值。

可是，斯密的价值的调节者不是效率最差的劳动——而是最痛苦的劳动。人类注定了要劳动——这是由于最初的罪孽。他不得不放弃一部分安闲、自由和快乐，以便物品可以被生产出来。但是，这应该做得公平。人们不应该使任何一个人在他为了大家的利益而从事于生产、积累以及交换使用价值的活动中，比任何其他的人受到更大的痛苦。当时的重商主义状态不仅是效率差，而且也不公道，因为它武断地用集体行动管理个人，不让他们听任那只看不见的手自然地加以调节，那只手在各人心里安放了一种按照痛苦分配的公道原则。

这个原则是使用价值收入和劳动痛苦支出的比率。人们的私利和财产使他们能把自己的劳动适当地支配在各种工作中，结果这种收入和痛苦的比率基本上大家相等。他们不需要集体行动的帮助。

然而，为了达到这调节的目的，斯密不得不抛弃他最初所说的那种孤立的个人，而代以在任何时间和地点一切个人的平均劳动痛苦。这样一来，他的平均劳动痛苦成为既是价值的调节者，又是价值的尺度，他说：

> “等量劳动，无论在什么时候、什么地方，对于劳动者都有同等的价值①。劳动者如果健康、体力、精神如常，熟练程度技巧程度如常，那要提供等量劳动，就非牺牲等量的安乐、自由与幸福不可。他所受得的报答品不论多少，他所支出的代价，总归一样。他的劳动，虽有时能购得多量货物，有时只能购得少量货物，但这是货物价值变动，不是购买货物的劳动价值变动。不拘何时何地，凡在生产上已增加困难而需要多量劳动的货物，必然腾贵（稀少）；生产已较便宜而必需劳动已较少的货物，必然低落（丰裕）。从而，只有劳动本身的价值绝不变动，只有劳动可以随时随地较量各种商品价值，只有劳动是最后的、真实的价值标准。所以，劳动是商品的真实价格，货币只是商品的名义价格。”②

这里，在一种没有集体行动的自然状态中，价值的调节者和价值的尺度都变成平均劳动痛苦。斯密不管那由于各人特性不同而引起的人的不同，和反复工作中疲劳程度的差别。历史时代的不同也不影响他的平均痛苦。在中古时代和在十八世纪完全一样。无论在什么时代和什么地方，平均劳动者在相同的时间单位里牺

---

① 卡南注释指出，此句在斯密第1版为：“等量劳动，无论在什么时候，什么地方，必须……”

② 斯密：《国民财富的性质和原因的研究》，第1篇，第35页。

牲同量的安闲、自由和快乐。它是平均痛苦，不管人的区别、劳动钟点的多少、疲劳的程度、时代、地点或种族。因此，它既是自然状态中价值的调节者，又是一种稳定的单位，可以用来在任何状态的社会里量度价值。劳动痛苦不是某一个特殊的人的特殊痛苦——而是辛苦与勤劳的一种数学公式。

必须注意，斯密没有李嘉图那种“级差”的观念，而只讲这种“平均”。可是，即使他有李嘉图的级差观念，也许还是得到同样的结果。李嘉图所讲的劳动力（价值的根源、调节者的尺度）是效率最低的劳动力——边际劳动者。这也许应该等于最痛苦的劳动痛苦。可是，斯密不用级差进行他的理论——他用平均，这种平均同时适用于劳动痛苦和劳动力。若是这样，就可以认为每单位劳动痛苦（平均）等于每单位劳动力（平均）。这似乎是他的看法——每个平均单位的劳动力连带地就有一个相等的平均单位的劳动痛苦。换一句话说，增加使用价值数量的每单位劳动力连带地有一个相等单位的痛苦，它抗拒那“力”的运用。这既是人格化，又是唯物论。

当然，假如问题只讲这一点为止，一切事物就会停顿，生产就会没法进行。可是，问题不是只到这里为止，除了对那种懒惰的劳动者以及年老和年幼的人。斯密的典型的劳动者，在私有财产的刺激下，有从事于工作、积累和交换的野心或愿望，这种力量超过了痛苦的阻力。因此，斯密能从劳动力说到劳动痛苦而不破坏他的理论体系，因为私有财产造成了一种愿意工作的心情，这种心情克服了工作的痛苦。但是，这种“愿意”不是没有限度的。痛苦最后会显出它的力量，反对增加安闲、自由和快乐的支出。

斯密对于他平均劳动痛苦的方法非常细心地陈说，这实在是必要的，因为准备用它作为合理价值的调节者和真正价值的稳定的尺度。这种平均劳动痛苦,使普通劳动者在"健康、体力、精神如常"时能从一种职业迅速地移转到另一种职业,因而有助于减少职业不同所带来的痛苦上的差别。这使得不同职业中的不平等趋于平等,"补偿某些职业中微小的金钱利益,又抵冲其他一些职业中巨大的金钱利益。"①他提到的职业上的差别是工作的辛苦或轻松、干净或肮脏、体面或不体面、业务学起来的难易、职业的安定或不安定、对工人的信任或不信任以及成功的机会大或机会小。这一切都连带地引起金钱收益上的差别,或者作为工资或者作为利润,但是,斯密不管这些金钱上的差别,因为他不管货币,而代以商品与商品之间直接的交换价值。然而,这些交换价值是有理由的,如果符合平均劳动痛苦上的差别。这平均劳动痛苦,一方面限制痛苦较大的职业中劳动的供给,另一方面扩大痛苦较小的职业中劳动的供给,从而调节交换上的差别,使其符合痛苦上的差别。

因此,他的价值的调节就是一种"真实价值"的调节者,只要不让集体行动和货币从中干涉。如果这种集体行动去掉,就会出现神的恩惠、丰裕、完全的自由、完全的平等和安全,因而交换价值将按照它们的真实价值获得适当的调节。

斯密的这种"真实价值"是"合理价值",可是没有合理价值的主要成分,就是,集体行动、稀少性、货币、风俗习惯和集体意见。法庭、陪审员、委员会、仲裁机构等等在实践中所形成的合理价值,是一种以货币表示的集体行动的概念,基于合理的人们的一致意见——这里所谓"合理的",意思是说他们是一些遵守当时最有势力的习惯的人。合理价值随着环境情况和集体控制的变化而变化,并且通过效率、稀少性、习俗、政治和最占优势的利益等等方面的

① 斯密:《国民财富的性质和原因的研究》,第1卷,第102页。

变化，在不断地演变。可是，斯密的以劳动痛苦计量的真实价值是一种永远适用的自动的原则，能调节行为，有助于人类的利益，而不需要集体行动。这是斯密把托马斯·亚奎纳的“公平价格”以及法庭和仲裁的集体行动，加以人格化而构成的同义的说法。

合理价值的两种意义的分别关键在于两种“愿意”的概念，现行组织的集体意志和私有财产的个人意志。斯密想象得很对，在一个丰裕的世界里，个人财产享有完全的保障，不会受到侵犯，不可能发生有关稀少性的冲突。因此，在这样的社会里，只要靠个人的愿意和神的恩惠，就能在丰裕物资的分配中得到合理的价格。

斯密认为劳动痛苦量就是稀少性价值的自动调节者以后，进一步研究为什么在现今的情况下劳动市场上劳动的价格（交换价值）不符合在交换产品中所付出的劳动痛苦量。这一切的矛盾，我们将发现，是风俗习惯、国家权力或其他集体行动所控制的人为的稀少性在各方面的表现，而不是由劳动痛苦量自动地加以调节。诚如我们已经提过，这是国家权力硬造成的人为的或集体的稀少性，这种权力发源于集体主义的原则，和完全自由的原则是矛盾的。在这些限制当中，有公司（行会）独享的特权、长久的学徒时期、竞争者之间的谅解、由公众负担的义务教育、国家管理的工资、物价规定、税则、为了保持贸易顺差而发给的奖励金以及由于济贫法而阻碍劳动和资本的自由流通。①



可是，即使这些重商主义对自由的妨碍都消除，仍然有两种其他的有产权的人——地主和资本家雇主——即使在完全自由的情况下，也使得劳动痛苦和工资之间的恰当比例不能实现。这两种人，他们引进了所有权稀少性的因素，是私有财产的习惯法的实

① 斯密：《国民财富的性质和原因的研究》，第1篇，第120、437页；第2篇，第141页。

例。“一国土地，一旦完全成为私有财产，有土地的地主，便爱在别人播种的土地上取得生产物，甚至对于土地的自然生产物，要求地租。”“地租，若被视为使用土地的价格，那自然是垄断价格[①]。”因此，凡是有地租的地方，地租就足以证明价格由所有权的稀少性规定，不管劳动痛苦。

斯密的利润的概念也有同样的情况。利润完全决定于一些所有人对资本的供给和需求。这里没有劳动痛苦或劳动力的问题，甚至所谓“监督和指挥”的劳动的问题也完全没有。利润“跟这种所谓监督和指挥的劳动的多少、难易和技巧毫无关系[②]”。它受两方面的影响，这两者都是特殊的所有权的稀少性。第一，决定于所使用的资本的价值；第二，决定于雇主们关于压低工资的联合行动。[③]

资本的价值是原料和工人的生活资料的数量，就是，“流动物资”，所需要的数量决定于工人的人数，在斯密的举例中一种是每人三十五镑，另一种是每人三百六十镑。[④] 显然后者的利润一定是前者的十倍以上，如果利润率相同的话。



决定利润的第二种稀少性因素是集体的稀少性。雇主们在他们财产的联合管理方面的能力和愿意的程度，也影响利润率——他们在这方面的能力和愿意的程度通常高于工人。[⑤]

然而，关于工资问题，还有一项第三种原则，可以使工资常常高于自然的价格。这是由于自然资源和人口比起来总是丰裕的，因而财富日益增多，所需要的劳动也日益增多，像在北美那样，那

① 斯密:《国民财富的性质和原因的研究》，第 1 篇，第 51、146 页。

② 同上书，第 1 篇，第 50 页。

③ 同上书，第 1 篇，第 68、69 页。

④ 同上书，第 1 篇，第 50 页。

⑤ 同上书，第 1 篇，第 68、69 页。

里是非常的“人手稀少”，如果和一个几乎不进步的国家（像中国）比较起来的话。①

因此，即使在一种完全自由的状态中，交换价值也不会和劳动痛苦相当的，因为地租和利润，起因于私有财产，并不投入劳动，也能从交换价值中取得一份；另一方面，工资本身的不同，是由于人口多少的压力不同，不是由于劳动痛苦的不同。

可是，这些还只是一部分的情况，在这种情况下，即使存在完全的自由，交换价值还是决定于所有权的稀少性，而不决定于劳动痛苦的数量。要使商品的价格可以等于各种工作的劳动痛苦量，必须在这些以外再具备三项比较一般的条件。“第一，各种职业均须为邻近所周知，且已在当地确定甚久；第二，各种职业，均须在普通状态或所谓自然状态下；第三，各种职业，均须为从事者的唯一职业或主要职业。”② 就是，即使在所有权的地租和利润以及人口的压力都去掉以后，要使工资可以等于辛苦和勤劳，必须具备公开状态、正常状态和独立状态这几种条件，以便假借习惯或行规的名义，实行集体对稀少性的支配或调节。

斯密说，没有公开性（就是，“秘密性”），使竞争者不能移动到工资或利润高的地方去，尽管他们有移动的完全自由。正常状态或“自然状态”，是消除由于自然力而发生的生物学的稀少性方面的变动，因为，照斯密的说法，“正常状态”是没有那种季节性的需求的变动，以及农业上丰收和歉收的变动。

“独立状态”的意思是不包括一切补助的产品或一些互有关系的作业，这种产品或作业，劳动者用以维持生活，而不把他的劳动算在他的主要产品上，例如在家里工作的人的产品、佃农的产品、

① 斯密：《国民财富的性质和原因的研究》，第 1 篇，第 73 页。

② 同上书，第 1 篇，第 116—118 页。

有房客的人家所收的房租以及地主的户外雇役的劳动。换一句话说，尽管法律保障个人的完全自由，但是工资决定于稀少性而与劳动痛苦无关，凡是不公开的工作、有季节性变动的工作以及互有关系的作业的补助产品，都是如此。[①]

那么，即使斯密把这许多条件都取消，问题仍然存在：劳动本身的价值和商品的价值，毕竟是不是由包括习俗在内的集体行动决定的呢？斯密把集体行动除外，只是一种“假设”。他的完全自由的条件，“假设”没有干涉、没有例外、没有种种义务、没有行规、没有风俗、没有习惯、没有保守秘密、没有季节性的变动、没有补助的产品或者互相关系的作业、没有货币或是没有集体的对契约的执行，以致各个劳动者只是一个物质的单位，受着痛苦的增减的指导。这样的一套劳动原子会像水流一样地准确，迅速地转移他们的劳动力，从一些价格低的产品（以痛苦为标准）转移到价格较高的产品，因而会提高前者的价格和减低后者的价格，造成一种平衡状态，使各种产品的供给量得到调节，从而使投入一种产品的每单位平均劳动痛苦，和投入其他任何产品的每单位劳动痛苦，获得相同的报酬。

这种人格化把人性变成物质的分子，替无政府主义者以及边沁、李嘉图和十九世纪的快乐主义经济学家作了准备。

### 3. 价值的尺度

可是，斯密心目中有一种很真实的东西——那是集体行动消

① 斯密：《国民财富的性质和原因的研究》，第1篇，第116—120页。魏纳认为斯密把这些例外大多包括进“自然秩序”，而我认为斯密未把它们包括进去。我以为斯密排除了习俗、一切集体行动及不用劳动痛苦去解释的一切例外。这些都是“人为的”，而不是“自然的”。

除以后一种稳定的价值的尺度。“他所受得的报答品不论多少，他所支出的代价（辛苦勤劳）总归一样。他的劳动，虽有时能购得多量货物，有时只能购得少量货物；但这是货物价值变动，不是购买货物的劳动价值变动。”①

因此，一方面劳动痛苦是斯密应用于自然状态的价值的调节者，现在，作为价值的尺度，他把它应用于包括种种集体行动和现行货币价格的实际状态。他用这种稳定的平均劳动痛苦，不仅量度实际社会的不平等、不公道和种种事故，而且也量度那隐藏在货币价格背后的地租、利润和工资。

> “价格的这三个构成部分，各自的真实价值如何呢，那须取决于各自所能购买或所能支配的劳动量。就是说，价格中分解为劳动部分的价值，固然由劳动测定，分解为地租部分和利润部分的价值，亦由劳动测定。”②

一切货币价格可能不断地下落，如果一切劳动的效率提高或是货币变得稀少。一切货币价格可能上涨，如果劳动的效率降低或是货币增多或是用纸币替代。有些价格可能上涨，另一些价格可能下落。垄断会造成高价，竞争会造成低价。价格可能非常的高或者合理。劳动痛苦将作为标准，测定价格是否与合理价值吻合。这是货币的价值分歧，不是劳动痛苦的价值；购买货币所需要的痛苦量的大小，测定分歧的程度。

因此，斯密的价值的尺度关键在于他的真实价格和名义价格的区别。真实价格是痛苦的支出额，名义价格是货币的支出额。一个是各个人的感觉，一个是人们集体同意的人为的计量单位。

我们如果仔细研究这些人为的单位，就看出它们是由习俗和

---

① 斯密：《国民财富的性质和原因的研究》，第1篇，第35页。

② 同上书，第1篇，第52页及注释。重点是本书作者加的。

法律加以标准化，为了把经济科学中所讲的各种需要量度的部分变成数字，例如使用价值的数量、稀少性的程度、生产率、时间的经过等等。固然，这一切的背后有着强烈的人类的感觉——幸福、不幸、快乐、痛苦、希望、忧虑、公道、不公道，并且这些是对人类的真实价值。可是对于这种种感觉，我们没有经过习俗或法律认可的标准化的计量单位。

因此，一切计量和货币同样是名义的，正如一切计量单位都是人为的。它们是一种语言的形式——数字的语言。固然，它们也许是一些符号，说明强烈的感觉正在发生，可是并不量度那感觉——只量度表面的行为。斯密想要创造一种情绪的单位，能量度经济生活上的公道和不公道。当他接触到生活中实际的事情，他发现自己在用长度、面积、重量、稀少性、生产力和时间的单位，量度交易。这一切都是名义的——没有一项是真实的。

可是，必须冲突和合作的经济行为都是名义的，而只有个人感觉是真实的，这种说法才正确。经济学上的计量单位是集体的方法，用来量度交易，为了三项重要的社会理由：准确、安全和公道。如果社会和交易是真实的，这些计量就是真实的。

每一件交易使用三种度量，一种物质的度量、一种稀少性的度量和一种时间的度量。物质的度量有两种，货物的数量和生产率或所得率。稀少性的度量分别两种时间，现在和未来时间的经过。有了马克思和科学管理以后，生产率才被变成可以计量的部分；有了庞·巴维克以后，未来时间的经过才被作为一种可以量度的部分，另外分开。

各种计量单位必须和被量度的对象属于同一性质。使用价值是“物品”会有的功用，用吨、码、蒲式耳这种物质的单位计量。稀少性价值是货物的价格，用稀少性的单位“元”计量。这两种单位在一切交易里总是用在一起的。小麦每蒲式耳二元。棉布每码一角。生铁每吨三十美元。蒲式耳、码、吨，量度使用价值的数量。美元和美分量度它们的稀少性价值。我们不用物体的单位来量度稀少性。小麦的价格，只是小麦的稀少性程度，用稀少性的价值标准"美元"表示出来；而小麦的有用的特性却用容积的标准"蒲式耳"和质量的标准"某级小麦"来表示。

各种单位由习俗或法律加以标准化，作为交易中准确、安全和公道的第一个必要条件。倘使发生争执，需要由法庭决断，法庭就根据一般认为合法的物质单位和法定的稀少性单位，进行判决。这种合法的单位是法律上的偿付和法律上的履行的计量标准。法律上的小麦的买卖成交是若干合法的蒲式耳。法律上的偿付手段是若干合法的元或者法庭认为等值的东西。斯密的自然状态没有什么法律上的货币和法律上的计量单位，因为这些是人为的单位。

有一种商品，黄金，在物质方面已经由习惯和法律加以标准化，但是在稀少性方面并没有。它的物质方面的标准是纯金二十三点二二厘，值美元一元。它的稀少性程度是它在市场上的一般购买力。这两方面是可以分开的，并且往往由宣布法定货币的法律把它们分开。法定的纸币代替了黄金作为相对稀少性的尺度。可是，纸币的票面金额或黄金的厘数，按照斯密所谓个人的感觉那种意义来说，都不是真实价值或名义价值的尺度——只是法律规定的经济行为的计量标准，因为在经济行为中人们需要准确、安全和公道。它们所量度的，不是一个孤立的个人和自然力打交道那种状态下的真实价值。纸币或黄金是量度物质和稀少性的人为的单位，由习俗、法律和法庭的集体行动强制实行的。斯密以劳动痛苦为合理价值的尺度，他所量度的是心理的稀少性；可是货币所量度的是所有权的稀少性。痛苦的单位也许可以在自然状态中量度主观的感觉；可是货币在政治、法律或其他形式的集体行动的状态中，量度经济能力、机会均等、公平和不公平的竞争、合理和不合理的价值。合理价值是以货币计量的合理的稀少性价值。

斯密的错误是由于他无论在时间上或者根本问题上，都从事物的起源出发，而不首先剖析现行组织所有的复杂情况，从时间的一点开始，这一点已经有了基础，不管这基础打得怎样，总是来自过去的积累，正走向一种还没有到头但是变化多端的未来。

斯密的努力，像洛克和魁奈的努力一样，是想要在事物的自然之理和神的理性中，找到一种已经具有永远不变的稳定性的根本的东西。可是，就我们所知道的来说，关于人类的事，没有这样的稳定性。周围的一切变化很大，不管人们的安全和预期。我们知道的唯一的稳定性是人类自己以集体行动造成的。计量单位是稳定性的工具之一，可是这种单位在自然中并不存在。它们是人类为了准确和安全而设计出来的人为的方法。斯密不能找到他的痛苦的单位，因为人类还没有人为地创立这样一种单位。然而，人类在发展过程中已经由集体行动创立了一种稀少性的单位——法定货币或者法庭认为和它相等的东西。在斯密以后经过一百多年，经济学家们才看出其中的重要性，然后才设法稳定那纯粹人为的、集体的和“名义的”计量单位——货币的稀少性价值。这种稳定货币工作的理由是社会的理由，为了使现在的和预期的交易比较准确、比较安全和比较公道。黄金的物质方面早已由洛克和牛顿用重量使它归入一种稳定的计量单位，将近二百年后人们才想法根据购买力来稳定黄金的稀少性一面。实际发生的情况是，人们发现斯密所谓表面的名义价值的尺度，在集体行动管理个人行动的世界里，正是时刻变化的稀少性的非常重要的尺度。

这种情况使人们了解到，交易中所应用的这些稀少性价值，必

须认为是为了一个已经在运行中的机构而创立的，经历了千百年的风俗习惯、财产制度和国家权力；这些稀少性价值试行的结果或是有利或是有害，但是能够人为地加以量度，然后也许还可以由集体行动使它稳定。

因此，不能说斯密的劳动痛苦的平均是不合理的。它是平均购买力的人格化。作为这样来说，现代人们编制平均价格变动的“指数”，所仿效的正是这种平均的方法，不管所编的价格是物价、工资、还是股票、债券等等的价格。这种指数里的单位，不是劳动的痛苦，而是那不经过人格化的“美元”的购买力。现代这种指数里所编的平均数，是以商品、工资或证券各种稀少性为标准的货币的稀少性。按斯密的说法，那是商品的平均稀少性，用生产的平均痛苦来表示。平均的原则本身，仅仅作为一种工作方式，是非常合理的。他的错误在于把货币人格化为平均劳动痛苦。

这种错误之所以发生，是由于他企图获得一种稳定的、以人类的辛苦勤劳为标准的真实价值的尺度，而不是一种稳定的、以货币计量的稀少性的尺度。他想要避免“金钱的”经济，代以“自然的”或“福利的”经济。用意是很好的，可是过分牵涉到根本问题。一种比较浅近而实用的方法，是继续历史上的试验，设法在金钱的经济制度中稳定稀少性的尺度，从而获得合理的价值。因为，归根结底，合理价值才是“福利经济”。

如果我们比较一下维塞尔和惠特克对价值的根源、调节者和尺度的分析①，就可以看出这三者是怎样分不开的。量度和调节分不开，因为调节必须根据量度的结果来实行。价值的根源不是预定的；它是人的目的，通过量度和调节使其实现。斯密想象价值的

① 参阅本章上册第203页。

根源起于一个仁爱的和公道的意志，这个意志支配着人类和自然的行动，他的所谓根源实在是他自己的意思，移转到自然身上。他的调节者是他理想的一种公道的对价值的调节，其中没有集体行动，而有自由、安全、平等和财产。他的价值的尺度是他那种合理价值的尺度，用来替代他所反对的当时那种人为的任意决定的重商主义的价值以及金、银和纸币的变幻无常。

## Ⅳ 社会效用

斯密认为休谟的公共效用的观念是一种哲学家的回想，不是个人要拥护公道的一种直接动机。因此他必须在各个人的心里找到一种会自动地促进公共福利的东西，而且是一种不是任何形式的集体行动所能放在那里的东西，因为他的道德和经济学说里实际上必须排除一切集体行动。

这一种东西因此就必须由一位外在的神圣的上帝放在人的心里，上帝的目的是人类的协调和幸福。可是必须不知不觉地放在那里，要使个人自己不知道心里有了这种东西和为的是这种目的，因而他可以有意识地随着自己的意思喜爱什么或厌恶什么，或者在追求自己的利益时说得别人相信他所提出的买卖会增进他们的利益，超过增进他自己的利益的程度。



我们发现斯密所谓上帝在人们心里种下的这些动机，大概有六种：同情心，自利心，是非的意识，物物交换和互相交易的倾向，为了调节产量防止生产过剩的劳动痛苦，以及一种神意的或自然的权利，不受任何集体行动的限制，除了对诈欺行为和暴力行为的惩罚或是为了国家的自卫。

这些天赋的本性或动机的具体表现，是各个人在和别人打交道的时候心里有一种相当清楚的意见或假设，对方的别人也有同样的假设。且看斯密关于劳动痛苦的想象：

> 他说，货币和物品，“含有一定量劳动的价值，依此价值，我们可与其他在想象上含有同量价值的物品交换。……劳动虽为一切商品交换价值之真实尺度，但一切商品价值，通常非由劳动评定。要确定两个劳动量的比例，往往困难。两种工作所费去的时间，往往不是决定此种比例的唯一因数。测定比例者，不应忘记它们的困难程度精巧程度，极不相等。困难工作一点钟，比容易工作二点钟，尽可以包含较多劳动；需要十年学习的工作一小时，比较普通业务一月，所含劳动，亦可较多。困难程度如何，精巧程度如何，不易寻出准确尺度。但劳动生产物互相交换时，对于这两点，又不得不有相当的斟酌。调节这种交换的，不是任何准确的尺度，却是市场上两不相亏的协议。这虽不甚准确，但日常实用，亦就够了。”①

那么，决定交换价值的，毕竟不是劳动痛苦——而是交易，交易作成，也许由于劝诱也许由于强压，这又要决定于是否一方比另一方较为穷迫或者不及另一方聪明，能力较强或较弱，或是在这笔交易以外没有其他较好的机会，或是本身所受到的竞争比对方较为严重。然而，这些不平等的情况自然状态中都不存在；在自然状态中各方都是完全自由，完全平等。斯密在陈述自然状态时放弃了他的劳动痛苦这个标准。劳动痛苦只是一种个人的意见。休谟所谓主观的公共效用或者斯密所谓同情心、自利心、是非的意识、交换和买卖的倾向或自然权利，都只有在交易中才能研究，不管是买卖的、管理的或是限额的交易；只有在法律、习俗、政党、商业组织、工会、农业合作社、银行以及一切联合组织的集体行动中才能研究，这些联合组织提供种种社会条件，个人在条件的范围以内



① 斯密：《国民财富的性质和原因的研究》，第1篇，第32、33页。本书上册第247页引文的继续。

行动，处理商品的生产、定价和消费。

斯密和一百五十年来他的模仿者的理论，我们可以称为“原教旨主义”。他们的说法以“人”和“神”的情感为基础。交易和习惯太表面、太行为主义、太普通、太平凡。在他们看来，经济学必须回到一种比较根本的东西上去——上帝、自然、理性、本能、物理学、生物学的一种终极的本质。最普通的和最熟悉的事物不必研究。

然而正是这些由集体行动控制的普通的交易，关系国家和个人的工资、利润、利息、地租、就业、失业、幸福或苦难。

只有在这各种集体行动控制个人行动的范围内，休谟的公共效用才能以具体的和可以量度的行为出现，或者斯密的种种替代公共效用的东西才能摆脱原教旨主义，走向交易主义。

同时，在斯密的《国民财富的性质和原因的研究》出版的同一年，边沁为后来的一百余年树立了一种方法论，经济学家因而可能排除法律和习惯，把斯密所讲的一些动机统一起来，变成单独的一项——快乐，用以替代集体行动。

# 第六章　边沁对布莱克斯顿

把经济学跟法律和习俗分开的是边沁。1776 这“伟大的一年”产生了边沁的《政府论》、斯密的《国民财富的性质和原因的研究》、瓦特的蒸汽机和杰弗逊的《独立宣言》。第一项是“幸福”的哲学，第二项是“丰裕”的哲学，第三项是“丰裕”的技术，第四项是把“幸福”革命性地应用到政治上。十一年前，布莱克斯顿·威廉发表了他的《英国法律评论》，同意斯密的“神圣起源”的说法，但认为在人世间英国的习惯法中达到了完善的境界。边沁的《政府论》是他对布莱克斯顿的批评，以“最大幸福”和“立法的法规”替代“神圣起源”和“习惯法”。[①] 后来在 1780 年又发表了他的《道德与立法的原理》，1789 年加以修正，在这本书里他去掉了“义务”，以幸福为伦理的根源。从此以后，有一百多年，政治经济学脱离法律，法律脱离幸福。[②] 法律的基础是过去的习俗和神的公道；经济学的基础是现在的幸福和个人的愿望。边沁教导詹姆士·穆勒，詹姆士·穆勒教导李嘉图，所以边沁说李嘉图是他精神上的孙子[③]。他的



① 边沁并非“最大幸福”原则的创始者——他最先采用普利斯特列学说里的这个原则。参阅包林的《最大幸福原则的历史》一文，见所编边沁的《义务论》一书，1834 年版，第 1 卷，第 298 页。

② 詹姆士·邦纳：《哲学与政治经济学中的历史关系》，1893 年版，第 218 页。卡特·约翰：《法律及其起源、成长与功用》，1907 年版，第 233—240 页；指出了他当时的美国重要的律师反对边沁的幸福原则的原因。卡特赞成大公司合并的新习俗，反对较旧的反托拉斯法。

③ 包林编：《边沁全集》，1843 年版，第 1 卷，第 498 页。

重孙们是一百年后的那些快乐主义经济学家。边沁实在是十九世纪经济学的创始人，这种经济学和法律、习俗、伦理都脱离了关系。

布莱克斯顿表现为，甚至自称是，边沁所谓英国法律改革的一个"决心的和坚持的"敌人，反对"最大幸福"原则所要求的改革。他不是解释法律，而是给法律"辩护"，认为法律起源于支持习俗的"权威"，或者起源于人民方面的一种"原始的契约"，所谓人民必须服从君主。他的辩解就是他的"理由"。边沁说，布莱克斯顿"毅然代它陈述理由……理由这个观念就含有赞许的意思"。甚至当他正式采用别人的理由时，"也把那些理由说成他自己的。"倘使布莱克斯顿从促进或阻碍人民的幸福这一观点来考验英国的法律，他的"理由"就不会结果引起"一种人格化，……好像法律是有生命的东西"，或是引起"一种机械的对旧制度的崇拜"，因而"就认为在法律正确的时候为它辩护，比在法律不正确的时候对它责备，功劳较大"。①

这样，边沁认为习俗就是由权威支持的传统，并且因此加以否定：评判一件行为，不是凭它是否符合古老的习俗，而是凭它对一般幸福的影响。边沁自称他的《政府论》是"从未有过的第一本书，使得广大的人们在法律方面想要摆脱权威和先人智慧的束缚。"②



如果习俗被否定了，边沁用什么理由为法律辩护呢？他在自己的愿望里找到这种理由。他说，布莱克斯顿用来给法律辩护的理由也是在这里。布莱克斯顿仅仅愿望法律维持现状。

边沁说，布莱克斯顿的国家法律的定义，不是一种权利义务的说明，而是一种对是非的意见。按布莱克斯顿的说法，"一国的法律是'国家的最高权力所规定的一种公民行为的标准，管理正当的事和禁止不正当的事'。"③边沁认为，布莱克斯顿的意见以自然法

① 包林编，《边沁全集》，第1卷，第229、230页。

② 同上书，第260页。

③ 布莱克斯顿的法律学说在我的《资本主义的法律基础》一书中有详细的讨论，本章主要研究边沁，十九世纪的经济学的创始人。

则为基础，这种自然法则受着一位具有无限能力、智慧和善心的上帝的支配。可是，实际上那是布莱克斯顿的愿望。边沁说，“许多的人不断地在讲自然法则；然后对你说出他们的所谓是和非的意见，这些意见，你应该了解，就是自然法则的全部内容①。”

因此，如果布莱克斯顿是愿望遵守先人的智慧，边沁是愿望促进一般的幸福。

> “当我说在法律的各部门中整个社会②的最大幸福应该是人们追求的目的时，……我所表示是什么呢？——此外没有其他的意思，就是，我希望这个社会里掌握政府权力的人就照这样来了解。……我这种说法，是根据当时我自己内心的真实情况说出来的；——至于这种说法的正确性究竟有多少，那是应该由读者判断的问题，倘使值得读者花费时间加以判断。”③

边沁说，布莱克斯顿的愿望隐藏在他对“非”这个名词的双重意义里，一种伦理上的“非”，和伦理上的“是”对立，以及一种法律上的义务，和一种相等的法律上的权利互有关系。但是，诚如边沁所说的，法律上的“是”在伦理上可能是一种“非”，法律上的“非”在伦理上可能是一种“是”。“是非”是一种良心的责备。“权利”是法律的强制。奴隶制度的历史说明这种矛盾。实际上，布莱克斯顿没有变化、程序、新事物或者历史等这种实际工作的概念，作为习惯法的一项主要特征。法律总是在神的理性里，这是他的自然法则的意义，法官的作用是找出那个理性，应用于当前的特殊案件。法官在判断纠纷时，并不创造新的法律，从而改变那法则本身；他

---

①　参阅本书上册第3章，《魁奈》。

②　边沁注意到所谓“最大多数”的最大幸福也许会引起多数的专制，因此代以全体的最大幸福。

③　《宪法法典》序言，《边沁全集》，第9卷，第4页。

仅仅找出自然的公道，这种公道时时刻刻都存在，不过纠纷的当事人和法官不知道而已。布莱克斯顿的概念是洛克那种被动的心灵的摹本的概念。

可是，边沁对于历史过程或变化作为习惯法的主要特征，也完全不了解。他永远是根据他的普遍幸福的原则建立**法典**。因此，他忽略了历史，在有关布莱克斯顿和他自己的根本分析中，完全靠逻辑的推论。成文法和习惯法都建立在愿望的基础上。布莱克斯顿希望法律如他想象的那样，他认为那似乎是神圣的和自然的。边沁希望它不同，因而也说得不同。既不是一种变化的和实验的理论，就只能是这样。因为，既不从历史上来研究，根据习俗的变动以及法律实践对其他变动的不断适应，使变动本身成为研究的对象，结果可以作为法律和经济学的基础的，就只有"愿望"。布莱克斯顿和边沁是"愿望家"，不是科学家。

成文法典和习惯法的区别，溯源于法律和经济学上演绎的和实验的思想方法。法典的方法和演绎法相同，都是从一种固定的社会组织情况出发，一切个别问题都是从根本情况变化出来的；实验的方法却是从一般通则范围以内的变化和新事物出发。在法典的方法中，各个特殊问题只就它本身单独地变化；一个问题的决定，丝毫不能改变法典。某一个案件按它的特殊情况解决了以后，没有持久的影响，不能作为前例。在下一次的案件中，法官的头脑仍然回到那原封不动的法典上来。

可是，实验的方法是法官造成法律的习惯法方法，在这里各个特殊案件判决以后，本身就成为法典、宪法或法规上的一种变动，因为它作为前例，有持久的影响。以后遇到新案件发生，问题就不仅是回到一种固定的法典或者回到法律或经济学里始终存在的基本原则，甚至不仅是发现一种以前不知道的、应用在这一案件上的神的意旨；而是必须把问题从许多矛盾的前例或经验来推究，其中有些会产生一种决定，有些会产生另一种相反的决定。因此，在一个习惯法的国家里，法典、法规或宪法本身在实践中随着人民的惯例和案件的判决的变动而变动①。

边沁说得明明白白，他的思想方法是那由上而下强加在人民身上的成文法的法典方法，不是来自人民本身的习惯法的实验方法。这是由于他的根本的"效用原则"以及对习惯的否定。习惯法起源于人民的时刻变化的风俗习惯，而他的效用的概念是一种由君主支配的赞成或不赞成的心情。效用是一种"心灵的行为"，一种"精神的作用"，这种作用，"运用在一种行动上的时候，肯定行动的效用，作为行动的一种特性，由它管理对行动的满意或不满意的测量。"所谓那种行动的特性是它"增加或减少有关方面的幸福的倾向……不仅指个人的每一行动，而且包括政府的每一措施。"②因此，边沁的"效用原则"不是仅仅说明快乐和痛苦作为人类的最高控制者，而是主张君主应该使自己的臣民在什么是他们的幸福这个问题上，服从君主的观念。习俗和习惯法的前例，不能束缚君主，在这方面它们完全没有关系。

边沁为了这样人们会认为他的法典包含武断的成分，就运用对人的争辩方法，硬说习惯法的法庭也同样的武断。当他们利用假定来变更法律的时候，他们的动机也是"愿望"。在法律工作者看来，"假定"是习惯法上"进步"的表现。在边沁看来，它是法庭任意"篡夺"那原来创造法典的立法权力。习惯法的法律家说，利用假定是为了促进公道。法庭的工作只限于现行法规、法典或条例的执行。在英国的制度里，法庭没有变更这些规定的立法权力。因



① 参阅本书下册第10章(Ⅳ)，第4节，《分析的和机能的法律和经济学》。

② 《道德和立法》序言，《边沁全集》，第1卷，A1页。

此他们往往

> “为了促进公道，假定现有的事实和真正的情况不同，从而避免对现有事实应用这些规定可能造成的不公道。……假定的使用是习惯法的公道的一种独特的明证，习惯法决不隐讳或者假装要隐讳法律的标准实际已经有了变更，虽然它的条文没有改变。”①

可是边沁认为，

> “法律上的假定可以说是——人们一种任意的谎言，目的在于窃取立法权力，他们不能或是不敢公然地要求这种权力，而且，除非像这样造成迷惑的错误思想，他们不能行使权力。……因此，人们总是用谎言欺人的手段，篡夺、行使和巩固这种权力。”②

因此，边沁有意识地否定在实验中造成法律的习惯法的方法，而斯密只是忽略了这一点，所以把信心寄托在立法权上。

布莱克斯顿所依赖的假定之一，是一种原始契约的假定。边沁说，“人民这方面对国王承认普遍的服从；国王那方面承认设法管理人民，所用的方法要以他们的幸福为前提。”可是，为什么需要这样一种假定呢，如果真正的考验在于决定在什么地方人民有理由拒绝服从？



> “……总之，只要服从可能造成的损害少于反抗可能造成的损害，他们就应该服从：就全体来说，只要符合他们的利益，他们就有服从的义务，并且只有在符合他们利益的时候。……假设遵守诺言的经常的和普遍的结果是造成损害，那么，人们还有义务必须遵守吗？那么，再制定法律，强迫人们遵守，还能算正确吗？……现在这另一个原则又出现在我们心头，除了“效用”原则以外，还能有其他原则吗？这个原则给我们提供了最高的理由，它本身就是唯一的充分的理由，可以辩护无论

① 在美国，比较简单和比较一般的方法是那种常识的方法，改变法律或宪法中所用语词的意义。见包威尔编：《法律辞典》，“假定”(Fiction)一词的注释。

② 《政府论》序言，《边沁全集》，第1卷，第243页。

什么行为的无论哪一点。”①

因此，边沁的依赖法典的结果是革命，而习惯法的方法逐渐地取消某些契约的执行，如果发现这些个别的契约会造成不公道。

那么，这代替实验作为法典的基础的这种“效用”，是什么意义呢？边沁修正了休谟的公共效用或社会效用的观念。边沁认为，休谟使用这个名词有几种意义。有时候它的意思是指“以用途本身作为目的的功用，不管是什么”；有时候是指“物质工具所有的一种特性，一架机器、一所房屋或是一件家具的一种特性，这里所谓效用是有助于达到所追求的目的”；有时候它意味着“快乐作为一种目的”，但是始终不表示痛苦的避免也是快乐，并且始终不暗示“幸福的观念应该和效用的观念有分不开的关系”。休谟也没有从“效用”上面推论出一种“是非”的标准，也没有回答“什么应该做，什么应该不做”这个问题。因此，休谟没有区别现有的效用和应该有的效用。休谟所陈述的种种德行仅仅是一种分类，并没有说明“它们需要怎样比例地结合起来，就能产生幸福。……他说到快乐、痛苦、欲望、情绪、感情、热情、兴趣、德行、邪恶以及其他种种实体，说得非常杂乱，完全没有说明它们的关系或相互依赖”。②

可是，边沁把这种杂乱的说法简单化了，把效用的这一切意义变成一种单一的“力”或“动力”，它驱使人类行动。

> “自然使人类受两个最高主宰者——痛苦和快乐——的支配。只有苦乐能指出我们应该做什么，以及决定我们去做什么。一方面是非的标准，另一方面因果的连锁，都系在它们的宝座上。它们掌握我们的一切言行和思想：倘若我们企图摆脱我们所受的束缚，结果将徒然予以证实和加强。在口头上，一个人尽管假说要脱离苦乐的统治；可是，实际上他仍旧时时刻刻受它的支配。效用的原则承认这种控制，并且

① 《边沁全集》，第1卷，第271—272页。

② 包林：《最大幸福原则的历史》，见所编边沁的《义务论》，第1卷，第291—294页。

假定是这样，作为一种制度的基础，目的在于运用理智和法律造成幸福。所有企图怀疑这种控制与服从的制度，都是只讲空话不讲实际，只凭幻想不凭理智，只向黑暗不向光明。”①

边沁把问题进一步简单化，认为私人效用和公共效用是一致的，休谟本来把它们放在对立的地位。休谟认为私人利益或私人效用和自我牺牲（这是休谟的公共效用）都是由稀少性而来，现在边沁认为公共效用起源于斯密的私利和丰裕。“最大幸福”是全体的私利的总和。休谟的稀少需要个人自己服从别人的利益，边沁的丰裕却使个人自己可以扩张利益而不损害别人。这丰裕往往被用作一种理由，说明美国人对政治上和金融上的贪污何以漠不关心。边沁认为斯密的一些理论是正确的，除了斯密和布莱克斯顿同意的一点，就是赞成一种原始的自然状态，这一点边沁以效用来替代。但边沁的效用不是休谟的效用。它是丰裕的效用，不是稀少的效用。

第一，所谓“社会”不是一种有组织的结合，为了共同利益而限制个人——这又是一种假定。边沁说，“社会是一种想象的团体，包含一些个别的人，作为构成它的成员。那么，社会的利益是什么呢？——就是组成社会的个别成员的利益的总和。②”并且他以议会代替社会。

第二，社会的财富在于“组成政治社会——国家——的各个人分别所有的物质财富的总和。任何一个这种个人在自己的物质财富上增加的每一原子，只要不是从任何别人的财富中取来的，就是对国家财富的总额的增加。”③因此边沁的财产概念是有形体的财

① 《道德和立法》序言，《边沁全集》，第1卷，第1页。

② 《边沁全集》，第1卷，第2页。

③ 《政治经济学手册》，同上书，第3卷，第40页。

产；他的国家财富的概念排除稀少性和交易买卖，只包括一切私人生产的使用价值的总和。

因此，社会的利益只是个人利益相加的总数——不是依赖各个人作为一个现行机构的成员彼此之间的交易。公共效用是私人效用的总数。因此，边沁的效用是斯密所谓使用价值的主观的一面，意义等于边沁的"财富的享受"，又和客观的使用价值相同，意义等于边沁的"财富的物质"。[①]最大幸福是最大享受，最大享受是最大丰裕，最大丰裕是最大量的使用价值（财富）。由于丰裕，公共效用和私人效用是一致的；按照休谟的看法，它们是对立的，由于稀少。

这种社会的概念，在一百多年中，不是一种社会而只是一种分子式的人口，[②]这种古典派和快乐主义经济学家的说法，受到马克思社会主义者和基督教社会主义者以及现代社会哲学的反对。从个人的苦乐出发，社会只是个人的总和，财富是物质东西的总和。经济学因此和伦理学脱离关系，在休谟手里不像这样，因为，边沁认为个人与个人之间，在财富的取得上，没有稀少性的关系。经济学家必须重新从头做起，这新的出发点他们叫做伦理学。对休谟的稀少性原则的忽视，成为个人和社会的二元论，经济学和伦理学的二元论。

可是，这种二元论以有关伦理学的起源的两种理论为根据。一种是个人主义的理论，主张在一个丰裕的世界里最大限度的快乐，在这里个人取得他所要的一切，不会损害别人。另一种是一个稀少的世界里利益冲突的社会理论，在这里个人如果取得他所要的一切，就可能损害别人。在后一种理论的基础上，伦理学是一种历

① 参阅本书上册第207页，图2。

② 参阅本书下册第10章（Ⅱ），《帕累托》。

史的程序，从经济争执的判决中逐渐发展，没有伦理学和经济学的二元论。在前一种理论的基础上，伦理学成为边沁的那种个人愿望，就必然会产生个人和社会的二元论。

其中的分别很清楚，如果我们不从个人而从交易出发，不从利己主义而从稀少性出发。这里我们从社会关系本身出发，它不是一种许多个人利益的协调，而是一种个人利益对集体利益的分不开的关系，这种关系需要一致行动的标准和规章，关于各个当事人从自己和别人共有的有限机会中所能取得的一份。如果个人的利益作为财产或自由而受到尊重，个人现在就不是一种人口中的原子，而成为一个国家（共同财富）的公民，由稀少性的诱因和制裁把他们维系在一起；他们作为成员的作用，在于他们预期的有秩序的一再和别人交易，这种交易关系每天每时在决定（并且将永远决定）应该生产的数量，以及人们从有限的总量中所能取得的份额。

边沁详细地陈述了愿望的计算法，可以用来测定他的所谓个人利益的总和，这总和构成全体人口的利益。在计算法里，他创立了一种共同的标准，一种快乐的单位，同时也是“痛苦的避免”的单位，这应该是一种愿望的单位，不仅可以作为量度斯密的主观使用价值的标准，而且甚至可以作为布莱克斯顿的习俗和法律以及边沁自己的法典里的标准。从食粮到宗教，从是到非，一切东西的价值，都归结到下面的方法，用可变的、表示“愿望的满足”的单位数来计算，这些单位构成一定数量的效用，也就是快乐的总和。这种计算法，一世纪后，差不多整个地成为快乐主义经济学家的计算法。我们把他所列举的各条归纳如下①：

（1）习俗或物品所引起快乐或痛苦的感觉的强度。

① 《道德和立法》，《边沁全集》，第1卷，第1—16页。

（2）感觉连续存在的时间的长短。

（3）冒险的程度，或者这种感觉的靠得住或靠不住。

（4）未来性，或者预期的实际感觉发生和现在相隔时间的远近。

（5）繁殖性，或者在这种感觉以后继续发生同样感觉的可能性。

（6）纯度，或者在这种感觉以后不发生不同感觉的可能性。

（7）范围，或者人口调查中所列出的人数，从那物品或习俗中得到总的快乐和受到总的痛苦的人数多少。

那么，如果一个立法者，或者地方长官，或者普通公民，打算采取有关法律、伦理或经济的行为，而愿意考虑他这种行动的一般倾向，他从任何一个最近最直接受到影响的人开始，考虑在第一个以后所产生的那些感觉的"价值"（"数量"），就是第一个痛苦或快乐的繁殖性和纯度；然后他把所有的痛苦和所有的快乐的价值（"数量"）总结起来，考虑有关的人数，得出结论，若是偏于快乐的一面，就是那行为的一般倾向好；若是偏于痛苦的一面，就是一般倾向坏。①



边沁确实是十八世纪理性时代以及十九世纪古典派和快乐主义派经济学的高峰。

边沁继续又说，以上所说的是关于快乐作为个人和政府应该希望达到的目的。可是，快乐和痛苦又是工具，具有达到这些目的所需要的"力"或"动力"。作为工具，这种动力是"动机"和"制裁"。

行为发生以前先有动机，因为个人看到行为以后的预期的结果。我们想象，先后的顺序似乎是这样：（1）预期的可能会引起痛

① 《边沁全集》，第1卷，第16页。

苦或快乐的事件;(2)相信它会引起痛苦或快乐的现在的信念;(3)现在的信念所产生的现在的痛苦或快乐;(4)现在的动机,要避免或取得预期的痛苦或快乐;(5)结果的意志的行为,为了避免或取得预期的痛苦或快乐。

边沁没有把这种顺序和一种"组织的"心灵的概念联系起来,这一点工作是詹姆士·穆勒完成的,詹姆士·穆勒是边沁的学生,李嘉图的老师。他用"观念的联合"解释边沁的痛苦、快乐、信念、动机和意志的关系,构成他的儿子约翰·穆勒所谓一种"心灵的精神物理学或自发的化学[1]"的那种东西,约翰利用了当时拉伏西尔新发现的化学上的"亲和力",这是边沁的牛顿派物理学所没有的。痛苦和快乐是可能发源于同样外界原因的感觉,可是观念的联合可能由于各人的"倾向"不同,把一个人牵引到一种方向,而把另一个人牵引到另一种方向。边沁解说心灵怎样起作用的活动[2];詹姆士·穆勒的观念的联合解说它的结构。它的结构和作用从感觉发展到观念;然后到观念的联合,连带着引起痛苦、快乐、欲望或厌恶的情绪;然后到肌肉的动作。这种观念的联合把一种预期的快乐和用来取得这种快乐的经济工具结合起来。这是洛克的微粒的观念被变成一种化学的类比。

"小提琴的声音是我耳朵的快乐的直接原因;音乐师的演奏是这琴声的原因;我雇请音乐师所用的钱是演奏的原因。就这件事来说,钱是感觉的原因的原因的原因,或是隔开两道的原因。……心灵……非常关心地要注意那原因;以便我们可以防止或消除这个原因,如果那感觉是痛苦的,或是供给或保留这个原因,如果那感觉是快乐的。这造成一种习惯,使我们很快地丢开感觉,转而注意它的原因。"[3]

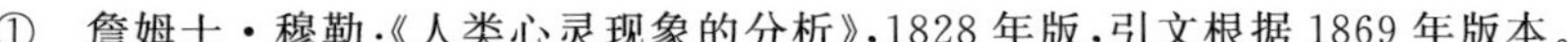

① 詹姆士·穆勒:《人类心灵现象的分析》,1828年版,引文根据1869年版本。
② 米契尔:《边沁的幸福计算》,《政治科学季刊》,1918年第33号,第161页。
③ 詹姆士·穆勒:《人类心灵现象的分析》,1828年版,第2卷,第187—188页。

我们可以看出，由于边沁和詹姆士·穆勒用物理的和化学的类比来解释心灵的结构，所以他们不能采用“效用递减”那种稀少性的概念，这是物理或化学上所没有的。边沁注意到这点，可是没有去解决它。①结果是，虽然边沁重视痛苦和快乐，似乎引进了一种心理的因素，却仅仅是一种理智上的观念的连续和外界的物质的力互有关系，所引起的不是痛苦和快乐，而是痛苦和快乐的观念。因此，当他说到痛苦和快乐的时候，实际上他是说那引起观念的物质的东西。换一句话说，边沁的效用概念本质上就是洛克和斯密的所谓外部世界和内心摹本那种平行论。这种被动的和理智的人类意志的概念，使凡勃伦可以作俏皮的评论，认为边沁所说的人和十九世纪的“经济人”那样的快乐主义的人，是

> “一个闪电似的快乐和痛苦的计算者，他在使他到处移动但是于他无损的种种刺激的冲动下，像一个快乐欲望的同性血球那样，踌躇摆动。他没有前因，也没有后果。他是一个孤立的、固定不变的标准人，处于稳定的平衡状态，除非受到刺激的力量的冲击，这种力量把他推到这个或那个方向。他自己置身于自然力的空间之中，绕着他自己的精神轴心两面旋转，任听不同的力量对他发生影响，最后跟着合力的路线走。冲击的力量完竭，他就停止不动，仍旧是一个独立的欲望的血球，和以前一样。在精神上，快乐主义的人不是原动力。他不是生活程序的根源，本身受着外界环境强加在他身上的许多变化的支配。”②

既然对意志作了这种物理和化学的比喻，意志受着痛苦和快乐的力量的推动，因此那推动他采用行动的力量本身就被称为“制裁”。边沁说，制裁“是强迫的权力或动机的来源：就是，痛苦和快乐的来源；痛苦与快乐和某种某种的行为联系起来，起着动机的作

① 米契尔：《边沁的幸福计算》，第170、171页。

② 凡勃伦，索尔斯坦：《为什么经济学不是进化的科学》一文，见选集《科学在现代文明中的地位》，1919年版，第73、74页。

用，实际上也只有苦乐能起这种作用。”①

> “有四种可以区别的来源，”边沁继续说，“从这些来源中通常产生快乐和痛苦。分开来看，可以叫做物质的、政治的、道德的和宗教的；但是各种来源的快乐和痛苦都能使任何行为的法则或标准具有束缚力，因此它们都可以叫做制裁。”②

“物质的制裁”是物质自然的力量对个人发生影响，“不经过任何人类意志的干涉，不受到有企图的改变。”可是，凡是有其他意志（甚至宗教的意志）干涉的时候，这种制裁就被人们利用，“因为它关系现在的生活。”换一句话说，物质的制裁是土地和商品；物质制裁的意义等于那物质的名词“使用价值”（它现在成为效用），或者预期的快乐或预期的“痛苦的避免”的制裁，通过物质的东西发生作用。

如果这些物质的制裁发生作用，没有任何其他意志的干涉，它们就是财富，或者不如说“财富的问题”，表现于两种形式——生活和享受。③如果这些制裁通过法官或其他的人的意志发生作用，“按照君主或国家最高统治权力的意志，”那就不是“财富的问题”，而是“安全的问题”。边沁心里所想的大概是监狱、弹药、枪炮和警棍。这些是政治的制裁，通过它们的特殊“形式”的物质使用价值发生作用。可是，制裁的运用若是掌握

> “在社会上这样一些偶然的人物的手里，例如当事人以往恰巧和他们有关系，他们的决定就根据各人不知不觉的倾向，而不根据任何固定的或一致的标准……那么，束缚的力量可以说是‘来自道德的或公众的制裁。’”

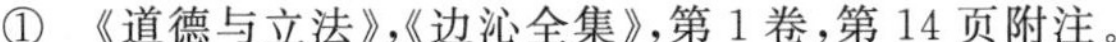

① 《道德与立法》，《边沁全集》，第 1 卷，第 14 页附注。

② 同上书，第 14 页。

③ 《边沁全集》，第 2 卷，第 194 页；第 3 卷，第 41、42 页。

这样，边沁的道德制裁不是习俗的制裁，也不是任何集体行动的规则的制裁，而是一群分子的人口中某些个人的"偶然"相遇，他们之间可能发生买卖或谈话的关系。

同样地，宗教的制裁发源于一位"最高的看不见的上帝"，运用预期的快乐和痛苦的动机，这苦乐"或是在今生，或是在一种未来"。若是在今生，那宗教的制裁就通过一些体现"自然的权力"的物质工具发生作用，大概是教会建筑物、圣经和一切法具——使用价值的另一种特殊"形式"。这里也有同道信徒们的一致的信仰和行动、对异端的裁判等等，这些我们认为属于习俗和习惯法的范围，但不包括在边沁的分类里面。这种同道信徒是"偶然"的人物。①

边沁的著作大部分是关于政治的制裁，这种制裁通过枪炮和监狱的物质使用价值发生作用。他的"道德的制裁"作为意外事件出现——"偶然机会"碰上了别的人，他们在偶然愿望的激发下，受到推动，和他自己的愿望一样。



这种道德的制裁，边沁认为其中一部分可以叫做"同情的制裁"，那是"另一个人心里的快乐或痛苦，对这个人的幸福，当事人由于受了同情之感的影响，觉得关心"。可是，他把这种同情当作一种像斯密所谓物物交换、互通有无、互相交易的本能。

"……一个人除了取得他的幸福所依赖的那些人的友好的感情而外，怎么能幸福呢？他怎样能取得他们的友好的感情呢，除了使他们相信他拿他自己的感情交换？他怎样最能使他们相信呢，除了在实际问题中给他们这种友好的感情；如果他在实际问题上对他们友好，从他的言语和行为中就可以得到证明。……自然法则的第一条是希望我们自

① 《道德与立法》，《边沁全集》，第 1 卷，第 14 页；《报酬的理论基础》，《边沁全集》，第 2 卷，第 192 页；《政治经济学手册》，同上书，第 3 卷，第 32 页。

已的幸福；明智的远虑和仁爱的心肠，又嘱咐人们……在别人的幸福中寻求你自己的幸福。……为自己取得快乐或免掉痛苦的人，直接影响他自己的幸福；为别人供给快乐或防免痛苦的人，间接增进他自己的幸福。"①

因此，同情是一种有利的快乐的交换。

同情可以这样用利己主义来解说，对义务却不能这样。义务是一种一方面的让与，不能得到交换的快乐，只有为了别人而自己忍受痛苦。

"实际上，空谈义务是极其无益的；这个名词本身就含有一种讨厌的成分；我们尽管谈论，这个名词也不会成为行为的准则。一个道德主义者，坐在安乐椅里，滔滔不绝地大谈其关于义务的庄严的教条——种种义务。为什么没有人听他的话呢？因为人人在想着利益……在道德领域里，个人的利益要求他自己不做的事，不能成为他非做不可的义务。"如果"从最广泛的意义来考虑利益和义务，可以看出，在一般的生活中，为义务而牺牲利益既不能实行，又不是人们所愿；……即令可能实行，也不会增进人类的幸福。……我们可以有把握地说，除非能证明某一种行动或是某一种行为的方针符合一个人的利益，想要对他说明那是他的义务，一定不过是白费唇舌"。正因为义务不是一种有效的动机，才需要立法，规定有赏罚的物质制裁。"凡是以有关方面的幸福为目的的法律，总竭力把法律规定为人们的义务的事物，说成他们的利益。"②

因此，休谟是对的。义务的意识起源于"稀少"，不是起源于边沁的"丰裕"。

"那么快乐以及痛苦的避免，"边沁说，"是立法者所有的目的；因此他应该了解它们的价值。快乐和痛苦是他必须使用的工具；因此他应该了解它们的力量，从另一种观点来说，这力量又是它们的价值。"③

① 边沁：《义务论》，第1卷，第17、19页。

② 同上书，第1卷，第9—12页。

③ 《道德和立法》，《边沁全集》，第1卷，第15页。

这样，“价值”这个名词从斯密的痛苦转变到边沁的快乐，或者不如说转变到减去痛苦以后的快乐的净收入。推动人类的，就是这种快乐的净收入。它的统治权通过两种制裁——欲望和享受——发挥威力。

> “欲望，有各种痛苦甚至死亡本身作为它的武器，支配了劳动，鼓起了勇气，激发了远见，使人类的一切能力日益发达。每一种欲望获得满足时的享受或愉快，对于那些克服了障碍和完成了自然的计划的人，是一种无穷尽的报酬的源泉。……未有法律的观念以前，**欲望**和**享受**在这一方面起了最好的集体法律所能起的一切作用。”①

因此，我们看出边沁用三种方法排除了习俗。他以欲望和享受替代了习惯和习俗。他以“偶然的”个人替代了习俗的集体行动和现行机构。他以立法替代了习惯法。

这些“替代”结果排除了他的“道德的制裁”和“宗教的制裁”；因为都变成了仅仅是个人的偶然的会合，这些人按照物质的规律互相冲击，没有任何反复交易的希望或预期，把信仰相同和利益相同的那些人结合在一起，无论是在一个运行中的机构、一个家庭、一个团体，或是一个教会里。



结果是只剩下两种制裁的来源，财富和议会——财富的物质使用价值和统治权的物质实力。财富供给物质的制裁，它控制人类在商品的生产、交换和消费中的行为。议会供给物质的制裁，它造成和保护私有财产。这是把亚当·斯密给简单化了，使未来的经济学家的工作愈加简单。在个人和立法或行政长官之间，没有从中干涉的集体行动，没有习俗的常规，没有习惯法。边沁既把一切经济学、伦理学和法律合并为个人的快乐和痛苦，又同样地把

① 《民法法典》，《边沁全集》，第303页。

各种诱因合并为“制裁”这个概括的名词。如果把它看作起源于行为的外在诱因，制裁是任何一种快乐和痛苦，不管是物质的、道德的、法律的或是经济的。

我们承认快乐和痛苦普遍存在并且极有影响，可是我们认为这样的结论过分概括，不适合于用来实际处理问题。快乐有不同的种类和不同的数量。这一点边沁也承认，可是他认为种类的区别不重要。经济学里碰到两种最重要的区别，一种是基于个人相互提供的诱因，一种是基于各种集体行动所提供的诱因。两种里面都有快乐和痛苦，它们是可以利用的动机。为了保存两者的区别，可以把一种叫做“诱因”，另一种叫做“制裁”。① 诱因属于个人之间的交易关系；制裁属于集体诱因的习俗和规则。边沁和斯密一样，不谈集体行动，实际上不谈买卖的、管理的和限额的交易中的劝诱、强迫和命令。他只谈个人、君主和商品；他对于区别个人行动和集体行动的各种不同的快乐和痛苦，不加区别。他的最高控制者是快乐和痛苦，不是习惯和习俗。

边沁用他的化学的类比所做到的结果是，赋予痛苦和快乐一种物质的或具体的存在。这具体的存在是——货币。米契尔曾说明这一点是怎样做到的。他从哈勒威在 1901 年发现的边沁的未发表的遗稿中引证了下面的一段话：

> “那么，如果在两种快乐当中，一种产生于货币的占有，另一种不是，而一个人同样地乐于享受，这两种快乐就应该认为相等。不过由货币的占有所产生的快乐，其数量是等于产生它的货币的数量：因此货币是这种快乐的尺度。可是，那另一种快乐等于这一种；那另一种快乐因此是等于产生这一种快乐的货币；因此货币也是那另一种快乐的尺度。在痛苦

① 参阅本书第 93 页，《经济关系和社会关系图解》。

和痛苦之间适用这同样的道理；在痛苦和快乐之间也是这样……我们若是要互相了解，就必须利用一种共同的尺度。现在的世界所能提供的唯一的共同尺度是货币。……那些认为这种工具还不够准确的人，必须找出另一种更准确的工具，否则只有跟政治和道德告别。”①

这样，边沁在他未发表的手稿里放弃了他的愿望的单位，他没有发表这种著作，对于伦理学和经济学方面所有的快乐主义者，是很不幸的。因为，有如米契尔接下去所说，

“这种对一个想象的完全孜孜为利的人的心理作用的解说，可以改成一种相当好的对边沁的快乐主义的解说，只需把金钱的说法改成心理学的说法，就能做到。用快乐替代利润，用痛苦替代损失，让感觉的单位替代“美元”，以快乐主义的计算法替代会计，把利己主义解释为求取最大限度的快乐，代替最大限度的净利，就完全改变成功了。”②

因此，边沁的“全体的最大幸福”结果成为买卖人的最大的金钱利润。然而，货币所量度的不是快乐——而是稀少性。当快乐和痛苦变成美元和美分的时候，它们就从幸福转变到相对的稀少性，然后这些稀少性成为人类行动的动力、原因和调节者。快乐和痛苦太根本了。我们的问题是比较表面的但是行为上的问题，有关货币和信用经济中的实际行动，受着稀少性、未来性、习俗和统治权的影响。边沁的快乐和痛苦模糊了这些区别。在他看来，快乐既是正的快乐的收入，又是负的痛苦的避免。可是，后者是取舍的选择，前者是收入的取得。避免是选择较大的收入而舍弃较小的收入，或者选择较小的支出而舍弃较大的支出③。取得和避免不能加



①　米契尔引。《边沁全集》，第169—170页。

②　米契尔：《经济活动的合理性》，《政治经济学季刊》，1910年第18号，第213页。参阅邦纳：同上书，第218页。

③　参阅本书上册第8章（Ⅵ），第2、3节，《选择》和《机会》。

在一起，它们是同一行为的两面——行为是在一个方向的履行，由于在另一个方向有所避免而实现。

边沁的快乐和痛苦模糊了个人交易行为和集体控制的区别，诱因和制裁的区别，利己主义和伦理的区别，幸福和稀少性的区别，情绪和金钱的区别。经济学的一些问题是比较表面的——它们摆在面上。但问题是比较明确的——是买进和卖出、借入和贷出、雇用和解雇、管理和被管理、原告和被告的问题。固然，这一切都可以归结到快乐和痛苦，可是太根本并且太难以捉摸，因为这一来一切都变成了愿望。集体行动和个人行动的业务实践和价格却系于货币和数量。

再说，边沁的"君主"也不是构成他所谓"社会"的一群个人的习俗或其他集体行动的结果。他的个人是一群人口，不是一个社会；他们是一些"偶然的"个人，不是一种在运行中的机构；他的君主是一个局外人，不是社会的一部分。他的君主显然是很专制的，因为他可以任意制定法律，不受风俗、习惯、公司组织、协会、政党的束缚，这些人们把他放在君主的地位，原来是期待他会照他们的意思办事的。边沁"希望"这位君主应该采取普遍幸福的原则。可是，君主们的行为不是这样。英国宪法起源于征服和习惯法。习惯法起源于人民的习俗，但以国王任命的法官所同意的一部分习俗为限。现在政党替代国王，选任司法官员。集体的企业组织控制政党，而习俗支配政治家和人民，超过痛苦和快乐的支配。

边沁把统治权归结到保障安全，就像他把快乐归结到金钱一样。按边沁的说法，政治经济学又是科学又是艺术。它是快乐和痛苦的科学。它是立法的艺术，运用着快乐和痛苦这个工具，为了"最大数量的财富和最大数量的人口"。[①]这个目的是一种"终极的

① 《政治经济学手册》，《边沁全集》，第3卷，第33页。

原因”；痛苦和快乐各别的制裁是“有效的原因或手段”。[①] 立法者在比较详细地研究国家的幸福的内容时，发现它包含四方面——生计、丰裕、平等和安全[②]。生计和丰裕是政治经济学的范围。安全是法律的范围；平等是次要的，因为在一个从农业、工业和商业中取得繁荣的国家里，在注意安全的条件下，就会有一种趋向平等的不断的进步。“立法者往往有一种倾向，在‘公平’的名义下，遵守平等的原则，人们应用公平的范围大于应用公道：不过这种公平的观念，空洞而不明确，实际上似乎是一种本能问题，而不是一种有计划的打算。”[③]

那么，安全是政治经济学对法律的唯一要求，甚至“自由”也只是安全的一个分支。“个人的自由是一种可以免受影响个人的某种侵害的保障。政治的自由是……免受政府官员的不公道待遇的保障。”边沁认为，自由是摆脱习俗的束缚，以效用为个人行为的基础。在所著《为高利贷辩护》一文中，他说道德主义者的规矩和教训，或是立法者的法令，只能以“盲目的习俗”为基础，如果他们不许人们自由付与和收取自己愿意的那种利率。可是，“习俗”是一种武断的指导。不同的时代和不同的国家，习俗就不同。“双方同意所表现的当事人彼此的利便”，是唯一的标准，可以说明借贷双方各自取得当时情况下最大限度的幸福；我的邻人的习俗或是立法者的命令都不能作为标准。[④]

那么，政治经济学所有关的生计和丰裕的特质是什么呢，怎样在安全和自由的保护下实现呢？边沁说生计和丰裕在于物质的东



① 《道德和立法》，《边沁全集》，第 1 卷，第 14 页。

② 《民法法典》，《边沁全集》，第 1 卷，第 302 页。

③ 同上书，第 1 卷，第 307 页；并参阅威廉斯：《卢梭、边沁和康德著作中的平等观念》，《哥伦比亚大学教师协会丛书》，1907 年，第 13 号。

④ 《为高利贷辩护》，《边沁全集》，第 3 卷，第 4 页。

西，而不在于从别人身上取得的服务。这些物质的东西是在物质制裁的压力下创造出来的，这物质的制裁就是欲望和享受。“直接的立法，丝毫不能增加这种自然动机的经常的和不可抗的力量。可是法律由于在个人劳动时保护个人，以及保障他们在劳动以后可以获得他们勤劳的果实，就可以间接地供给生计所需。”①

可是，这些欲望和享受还不仅是生计所需。“……生产了第一步的谷物以后，[它们]……建立丰裕的谷仓，总是日益增多，总是堆得满满的。……这种动向一经开始，……不会因为已经富裕而停止。”

这种富裕在于什么呢？在于由个人自己的劳动所创造的丰裕，不是由于因别人的劳动而付给他们的代价。因为，“社会的财富，如果不在于构成社会的个人的财富的总额，又在于什么呢？”②

诚然不错，我们可以说——可是，正如边沁认为社会是由一些独立自足的人类单位构成的，同样地他认为社会的财富是这些个人所有的物质单位的总和。这种总和等于“大量的幸福”。正如货币在快乐和痛苦中消失了，以及稀少性和“资产”在“财富”的概念中消失了，结果产生了一种物质的、财富和幸福的概念，它也许适合一种殖民的或者原始的孤立的农人的时代，也许适合自然资源的丰裕和有形体财产，可是不适合一种社会，在那里人们的财富（“资产”）的取得，系通过市场买卖，和一种由资本家、农人、工人、商人、银行家以及政府的协力一致的行动所支配的价格制度。那么，安全——法律的主要目的——造成一些什么结果呢？

“单只法律，就已经能造成一种固定的和持久的占有，值得人们称为财产。单只法律，就能使人们习惯于服从远见的控制，起初觉得痛苦难受，可是，后来也就愉快轻松：单只法律，就能鼓舞人们劳动——现在不

① 《边沁全集》，第1卷，第304页。

② 同上书，第1卷，第304页。

必需的劳动，到将来他们才能享受果实。……法律不是对一个人说，'你工作，我给你报酬'；而是对他说'你工作，我制止那些会夺取你的劳动果实的人，使你可以获得你自己劳动的自然的和充分的报酬，没有我，这种报酬你不能保持。'……财产的观念在于一种确立的预期——相信有权力从那对象上面得到照理应该得到的某些利益。……立法者应该非常尊重这种预期……只要他不加干涉，就是做了对社会幸福有重大帮助的工作。"①

因此，安全是保障劳动者对于他的劳动成果取得所有权，是这方面的安全。可是，边沁说，有人反对这种意见，认为劳动者或工人没有财产，并且巴卡里亚说过，"财产的权利是一种可怕的权利，也许是不必要的。"边沁认为，这样有头脑的一位哲学家说出这样的话，出人意料。穷人虽没有财产，却比"在自然状态中"情况好得多。因此立法者

"应该保持实际已经形成的分配。……当安全和平等对立，不能并存的时候，不必犹豫：平等应该退让。……建立平等，是一种空想……要求平等的叫嚷，只是一种借口，为了要隐蔽懒惰对勤劳的掠夺。"②

从这些话里面可以看出，边沁的财产概念是土地、房屋、工具这种有形体的财产，由所有人占有供自己使用，而决不是现代社会的那种无形的财产，像市场的便利，以及控制服务的稀少性和迫使对方付出那种稀少性价值，从而取得财产（资产）。他的理论对现代社会完全不适用，在现代社会里，夺取人们的财产（"资产"）是用物价，不是用立法。他对那讨厌的平等原则的理解，不是指讨价还价能力的平等化、机会均等或者公平竞争，而是意味着所有人的物质财产的平均分配。他所想的是原始的土地均分主义。③这样一



① 《边沁全集》，第1卷，第307页以下。

② 同上书，第1卷，第311、312页。

③ 康芒斯等：《美国劳工史》，第1卷，第522页，关于第一个美国劳工党（1829年）的土地均分运动部分。

种“平均的”制度，根据边沁的说法，不仅是实际上不可能，而且想要建立这种制度的愿望的根源，“不是善，而是恶；不是好心，而是坏心。”①

因此，我们可以总结地说，边沁的效用的概念里接受了斯密的丰裕而摒弃了布莱克斯顿的习俗和休谟的公共效用，给经济学家们提供了这样一种分子式的理论方法：人是一种被动的可是自私的生物，受个人利益的推动，这种个人利益被称为效用。社会是个人的总和，他们的快乐和痛苦可以用商品的数量进行加、减和衡量。货币是这种会计制度里所使用的快乐和痛苦的尺度。利己主义不会损害任何人，因为一切都丰裕。这种苦乐，由于观念的联合，被归结到物质的商品。既然货币是制度的集体行动的人为的创造物，因而是名义的，我们在陈述理论时，如果用创造和构成财富的物质劳动单位和物质商品单位，或是用构成效用和负效用的快乐和痛苦单位，就比较接近那被量度的东西；这样，我们陈述理论就不用集体的单位，一种名义的幸福的尺度——货币，而是用苦乐的大小，它们的作用和物理化学的规律同样地标准一致。政治经济学从习惯法和习俗中只取得无用的传统和先人的智慧。它需要法规和法典供给的，只是财产和契约的安全保障。这种安全必须维持事物的现状，因为任何想要做到平等的企图，既是不可能，又是坏事。政治经济学的法则，只要安全有保障，差不多和引力定律同样的准确。像物理学的平衡或化学的亲和力那样，这些法则可以机械地推论出来，根据感觉、观念、快乐、痛苦——它们是现行商品的生产和消费的主观的感应。

在边沁的这种计算法里，有两种因素被遗漏了——稀少性和

① 《论平均制度》，《边沁全集》，第1卷，第358—361页。

习俗。其所以被丢掉，是因为受到误解以及不符合当时仅有的两种科学——物理和化学——的规范。稀少性是很普通的，可是和重商主义的政府、垄断事业和公司组织的集体行动有连带关系；另一方面，稀少性就是私有财产本身。重商主义这样被否定了以后，稀少性不是表现于制度的财产的形式，而是表现于一种预定的供求平衡律的物质形式，供求的法则对一些像海洋的波浪一般的流动的个人原子，发挥作用。

习俗被看作习惯法的古老传统——像布莱克斯顿对习惯法的看法，以及有些法律家甚至到现在还有的看法，由于他们认为我们已经从习俗的时代过渡到自由和契约的时代。至于某些习俗，像商誉、同业行规、契约的标准形式、银行信用的使用、现代稳定币值的办法等等——这一切都称为"惯例"，好像习俗和惯例有一种区别似的。可是，除了所要求的一致性和所允许的变化性的程度不同而外，并没有区别。在美国和英国，使用银行支票的惯例，其强迫性不下于在封建领主的土地上服役的习俗。一个商人不能自由使用金银而又不使用支票，等于中古的佃户不能自由去跟侠盗罗宾汉入伙。他空有契约的自由。如果他拒绝收付银行支票，他根本不能继续营业。许多其他的同行业务惯例，也有同样的情况。一个工人，如果别人都七点钟准时上工而他八点才到，就不能保住他的职业。这或是"惯例"或是"习俗"。可是，像银行支票的使用，那种"惯例"和习俗具有同样的强迫性。因为，习俗不仅仅是人类糊涂的时候发生的事情；它是那种预期的交易关系的重复，个人必须遵守，如果希望和别人交易，从而维持生活或者致富。私有财产（休谟把它化成稀少性的原则）本身只是一种不断演变的习俗；因为私有财产是一切不断变化的交易的重复，这种交易，在现行规则下，取得、让与和允许稀少的或预期稀少的东西的使用权。

边沁和布莱克斯顿寻求过去的习俗。那是确实的，但已经衰弱无能。种种习俗起源于过去。可是也在过去改变，并且现在还正在改变。然而这不是它们的唯一特征。习俗也是一种预期，根据经验，预期某些惯例将来会重复，这一点使习俗具有集体行动的力量，可以使个人行动不得不符合一致的标准，对于这种标准，“惯例”和“习惯”那种个人主义的、非强迫性的名词，永远不如习俗这个名称适用。

情况改变的时候，当然有变化。正是这种变化性使得习俗可能在演变中发展。习惯法本身只是根据当时习俗的对纠纷的判决，各个判决作为一种前例在起作用。在许多矛盾的前例中，法官们有机会可以选择，因而习惯法通过“人为的淘汰”变化和“成长”，这种选择所注意的是未来的后果，而不是布莱克斯顿的上帝的意旨，边沁所谓先人的智慧。

边沁和分子经济学家甚至不把生活标准看作一种习俗，像首先由约翰·穆勒以及人们在现代工资仲裁中也显然采取的那种看法，工资仲裁规定工资和薪俸的级差，就是根据生活标准上的差别。对于早期的经济学家，生活标准是一种物质的最低限度的生存，像维持蒸汽机开动所需要的物质的最低限度的煤。它不是一种习俗，而是生理学。

假使稀少性和习俗这两项因素包括在边沁的计算法以内，他的个人、社会、商品、财富和统治权的概念就会全部垮台。那一来，各个人的活动就会变成一切其他个人的活动的一种作用，而不仅仅是一种物质东西的加和减（生产和消费）。一个国家的总财富，在某一点时间，也不会仅仅是物质的东西的总和。它一定也变成了个人和机构的“资产”，通过一种对各种财物的所有权和生产者的各种活动作适当分配和安排的程序而取得；这些生产者的活动，包括他们个人的和集体的占有、把持、讨价还价和选择取舍的行为。

边沁把习俗作为仅仅是先人的智慧而丢掉，这种习俗，在某些实践中必然会再出现的，例如，在高价勒索、差别待遇和经济压迫中；在机会的不平等和讨价还价能力的不平等中；在公司组织、控股公司、各种联合中——实际上，在全国经济组织中决定价格和数量的一切好的和坏的办法里都会出现。统治权的作用一定会变成不是仅仅保护物资的生产者和所有者，而是回复到类似重商主义的一些政策，安排和支配个人、联合组织甚至国家的活动，根据政党和最占优势的经济利益集团认为对各种人和对国家最有利的主张行事。

到了心理经济学家的时候，稀少性原则才在经济的快乐和痛苦的心理中，开始取得机能的意义。边沁曾提到“丰裕增加效用递减”的原则，可是，他对这个原则的应用和价格无关，和个人的买卖无关，和业务惯例以及习俗也无关。他的效用递减原则的应用范围，只限于对安全问题以及对个人所有的物质东西的数量不平均问题的讨论。一个富人比一个穷人所有的较多的物品，并不比例地增加他的幸福，在财富分配平均的情况下，比在不平均的情况下，总的幸福量较大。这一原则可能引起一种累进税或遗产税的制度，边沁就提倡过实行遗产税；可是他本人或者其他物质经济学家没有把这个原则应用到心理、价格和市场方面。因此，我们把边沁作为一个物质经济学家，而不作为一个心理经济学家。他的快乐和痛苦只是商品和硬币的副本。

边沁排除习俗和稀少性，而代以货币（假借快乐的名义）和统治权（假借愿望的名义），不仅为古典派经济学家李嘉图以及快乐主义的商业经济学家开辟了道路（后者以快乐替代了货币），而且也为空想社会主义者和马克思共产主义者做了准备工作。空想社会主义者采取了边沁认为应该服从“安全”的“平等”。马克思主义者采取了他的统治权，把它变成无产阶级的专政。习俗和稀少性在他们的理论里都不起作用。

边沁丢掉习俗和稀少性，使经济学和伦理学成为独立的个人的愿望。像洛克和斯密，以及在十九世纪中跟着他们走的那一派个人主义的道德主义者和经济学家，他从事于研究个人的程序，研究个人怎样作出道德的和经济的判断，以及个人的行为。可是，如果我们考虑历史的程序，考虑习俗怎样变成习惯法甚至成文法和宪法，我们就发现那是一种集体的程序，起源于利益的冲突，这一点他不肯承认。因此，我们不从个人出发，而从个人之间的交易以及预期的这种交易的重复出发——从有组织的观点来说，这是运行中的机构，从没有组织的观点来说，这是习俗。每一件买卖的交易是一种集体的程序。拿最简单的情况来说，交易也不能归结为个人单位，而是需要有至少五个人实际或可能参加，他们分别地相互构成平等或不平等的机会的关系，公平或不公平的竞争的关系，道德的、经济的或物质的力量的关系，以及共同预期在万一发生争执时由一个第五者负责判断，这第五者代表那五个人所构成的集体。

这是由几个有关的参加者共同合作的程序，从而作出经济的和伦理的判断和行为。构成伦理学和经济学问题的个人的“行为”，成为许多个人的重复的和预期的交易，也就是习俗发展为有组织的机构的业务规则。由于没有这种历史的和集体的程序，可以从而得到经济的和伦理的判断，个人主义的经济学家和道德主义者就不得不注入一种天赐恩惠的原则，像洛克和斯密那样，来替代习俗和习惯法，或是，像边沁这样，不得不用个人愿望来解决问题。

可是，我们从交易的观点开始，我们研究的对象就是真实的程序，解脱了洛克或斯密的人格化、休谟的怀疑主义、边沁的物质的类比、布莱克斯顿的神性和先人智慧。每一件交易本身是一种从利益的冲突和对冲突的集体节制中可能产生的利益协调。根据斯密和边沁的意思，它是利益的协调，因为是双方相互服务的互惠的关系。它是利益的冲突，由于双方为了夺取有限的机会，必须竞争，以及各个人在讨价还价的实力上不平等。它是对冲突的一种伦理的节制，通过法令规则和纠纷的判决等集体作用而实现。从这种节制中产生了现行的可是不断变化的机会均等、公平竞争、买卖的平等以及合法程序的理想，这些理想构成合理措施和合理价格那种有关伦理、经济和法律三方面的问题。

因此，产生了意志的（有别于边沁和快乐主义的）价值概念——不是个人主义伦理学的那种传统的意志主义，而是集体的意志主义。这是一种在稀少的机会中进行选择的概念；因此是一种经济的意志的概念，不同于那种内省的快乐和痛苦的概念。这些机会是自己和别人的财产；这种财产依靠共同一致的行动，不仅靠国家的行动，而且靠公司、辛迪加和各种联合组织，它们通过道德的、经济的和物质的制裁，决定个人在选择机会、行使权力和竞争中的安全、服从、自由和暴露。那是一种成员关系、公民关系或合作关系的概念，这种关系服从各式各样以及各种不同程度的集体强制——不同于边沁的一堆个人原子加在一起构成他的假想的“社会”。这是一种既有个人行动又有集体行动的概念，既是管理者又是被管理者——不同于边沁的被动的个人，受偶然的制裁和一个外在的君主的推动而行动。那是一种布莱克斯顿的习俗、习惯法、例规、先人的智慧甚至愚蠢的概念，这些因素在货币、信用、债务、捐税、业务措施和价格的领域里发生作用——不同于边沁的一群聪明的“闪电似的计算者”，算出“若干幸福”。

# 第七章　马尔萨斯

理性的时代终于产生法国革命。愚蠢的时代从马尔萨斯开始。无政府主义者葛德文在1793年倡议法国革命的一些原则应该输入英国。[①] 神学家马尔萨斯在1798年用"人口过剩"的原则和一种对上帝的新观念予以答复。

富兰克林早在1751年就首先提出人口过剩，作为工资制度的原因。[②] 他有一种实际的目的。那是一种理由，抵制英国殖民政策的重商主义，这种政策禁止美洲的制造业。英国不必担心美洲制造业的竞争，因为在这自然资源丰裕的地方，不可能发生一种工资制度。富兰克林从生物学上的稀少性说起，归结到所有权的稀少性。

> "总之，植物或动物的多产的天性是没有限制的，除非由于拥挤和妨碍到彼此的生活资料。地面上假如完全没有其他植物，也许可以逐渐种满和蔓生着一种东西，例如茴香；世界上假如没有其他的居民，几代以后也许可以由一个民族补充它的人口，例如，英国人。……在住满了居民的国家……所有的土地已经被人占有，并且高度地开发了，那些不能得到土地的人就必须替另一些有土地的人工作；当工人多的时候，他们的工资就会低；工资低，维持家庭生活就有困难；这种困难使许多人不敢结婚，他们因此长期替人工作，并且独身。……在美洲土地这样的多，而且这样的便宜，一个懂得农业的劳动者，在短时期内就能积蓄一些钱来买一块足够用作农场的新地，靠这块地他可以养活一个家庭，

---

① 葛德文，威廉：《论政治正义》，共二卷，1793年版。

② 富兰克林：《关于人类增殖和各国移民的探索》，1751年版。引文根据杰雷德·斯巴克斯编：《富兰克林文集》，1882年版，第2卷，第311页。

因而就不怕结婚。……估计现在北美洲有一百万以上的英国人（虽然人们想起来被遣送过来的不足八万），然而在英国也许一个人也没有减少，实际上还多了许多，由于殖民地给国内的制造业提供了就业的机会。……可是，尽管人口这样增加，北美的地方却非常辽阔，需要经过许多代才能把它住满；在人满以前，这里的劳动决不会便宜，没有人会长期……在一种行业里当工匠，而是去参加新的移民的队伍，定居下来，经营自己的事业……随着殖民地的增加，广大的对英国工业品的需求日益增长，希望无穷的市场完全在英国的势力之下，外国人不能插足。……因此英国不应该过分束缚它的殖民地的制造业。……奴隶的劳动在这里决不会像英国工人的劳动那样便宜。……〔美洲人买奴隶〕因为奴隶可以由主人随意地长期留住，只要有工作给他们做；雇用的工人经常要离开老板（往往在工作当中就走掉），自己去成家立业。……因此这些殖民地一时决不能妨害它们宗主国的依赖劳动和制造等等的行业，这种危险非常遥远，英国还不需要注意。”①



富兰克林1751年对英国重商主义者的呼吁，没有受到重视。马尔萨斯到修改他的《人口原理》，准备1803年再版时，才发现这一点。1798年马尔萨斯的议论，不像富兰克林的那样，不是对英国的利己主义作一种无益的请愿；可是，和富兰克林一样的具有一种实际的目的。它的目的是企图消灭理性时代的幻想，并且为现行制度辩解。②

法国人已经从逻辑上把亚当·斯密的同情心、利己心、是非的意识和联合行动的否定，结合起来，并且在自由、平等、博爱的名义下，废除了地主、教会以及行会、公司和任何其他组合的一切集体行动。无政府主义者之父葛德文，把斯密的否定集体行动变成了否定国家组织本身，把斯密所谓自然的自由、平等和同情变成了一切人类都同样可以成为尽善尽美，只要消除政府的有组织的强制，

① 杰雷德·斯巴克斯编，《富兰克林文集》，第2卷，第312—319页。

② 马尔萨斯：《人口原理》，1798年版，第173页。

虽然斯密还需要政府来保障财产的安全。

五年后，神学家马尔萨斯拿人类的自然罪孽来抵制葛德文的人类的自然平等，希望这一下可以打垮一切以假设的自由、平等和同情为基础的理论体系。他把斯密的为了人类幸福的天赐丰裕，变为天生的稀少，为了要磨炼人类，从“大地的泥土”炼成人类的心灵和道德品格。不仅工资制度，而且邪恶、苦难、贫穷和战争都是由于那天定的原则——人口比生活资料增加得快。马尔萨斯称为《人口原理》，也就是稀少性原则的生物学的基础。这个原理是他所谓“上帝的神奇的作用……为了创造和形成心灵；一种必要的作用，可以激发惰性的、混沌的物质，化为生气；使大地的尘土升华，变成灵魂；使泥土的肉体发出神妙的活力”。①

十九世纪的经济学家只采取了马尔萨斯在前半部书里所讲的人口过剩的唯物主义的基础，而马尔萨斯本人认为他的重大贡献却是后半部里他的“道德进化”理论。根据人口过剩的论点，经济学家们向工资劳动者宣传了种族自杀。根据精神方面的结论，马尔萨斯从后来所谓“生存竞争”出发，宣传了人类性格的道德进化。他是第一个科学的进化论者，实际上也是第一个科学的经济学家，因为他的理论不是从假设引申出来的，像斯密的颠倒历史程序，而是从程序本身的研究开始。从这种研究中他发展了经济上的稀少性原则，这是何以达尔文和华莱士读了马尔萨斯的书以后，立刻就得到他们的进化观念。不过他的是“道德起源”。他们的是“物种起源”。两者都从人口过剩出发。②

① 参阅《人口原理》(原文，前引版，第353页)。

② 引自《人口原理》，1798年第1版。马尔萨斯在1803年该书再版本中，强调预防性的抑制。经典派经济学家后来在工资收入者要求增加工资时，即采用它来对他们说教。《英国百科全书》中，达尔文和华莱士的条目，表明他们如何受马尔萨斯的见解的影响。

华莱士读了马尔萨斯的书以后立刻就陈述了他论证的程序。①他从实在的对战争、贫穷、邪恶、苦难的防止出发，不是从预防性的、意志的抑制出发，后者马尔萨斯称为道德的抑制。这种非意志的或实在的防止，只产生达尔文和华莱士的“生物学的进化”，那不是马尔萨斯的目的——人类性格的“道德的进化”。

这是马尔萨斯，摆脱了从洛克到魁奈和斯密一脉相传的、那种天赐恩惠和人间丰裕的老观念。马尔萨斯说，我们不应该“擅自从上帝推论到自然”，而“应该从自然向上推论到自然的上帝”，他的思想在我们的思想之上，“如同天在地之上”。在这神定的道德进化的程序中，首先使心灵觉醒的，是肉体的欲望的刺激，因为只有活动能创造心灵。

> “无可疑问，广大人类中倘使没有这种刺激，一定会发生普遍的和危害性极大的麻痹，毁灭一切未来进步的根苗。……为了促使人类充分开发大地，推进上帝的仁慈的计划，天意注定了人口增加的速度比食粮快得多。”②

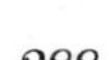



这样，洛克、魁奈和斯密的天赐丰裕变成了马尔萨斯的天定稀少。前者会使人类成为一种懒惰的、愚钝的动物；后者使他们为未来的进步而工作、思想和计划。

可是不仅斯密的丰裕和斯密的利己心，而且连斯密的同情心，都起源于人口过剩。

> “人生的忧愁和苦难构成另一种刺激，这种刺激似乎是必需的，由于一种特殊的印象的影响，可以使人的心变得温和而有人道，可以激发社会的同情，可以产生一切基督的美德，并且可以作为大量发挥仁爱心的对象。……似乎很可能，道德上的邪恶对于美德的产生是绝对必要

---

① 华莱士：《我的一生》，1905 年 2 卷本，第 1 卷，第 232、240、361 页。

② 《人口原理》，第 350、359、361 页。

的。"人口的原则"毫无疑问，产生很多局部的害处；可是仔细想一想，也许可以使我们相信它产生更多的益处。"①

可是，由此推论，当然一切人类不可能是同样的自由和完善。"社会的中间地带"最适宜于这种理智的和道德的提高。奢侈和贫穷都产生害处，而不产生益处；但是我们没有上层阶级和下层阶级，就不能有中等阶级。"倘使人们在社会里不能希望上升，或者害怕下降；倘使勤劳不能获得报酬，懒惰不会受到惩罚，社会的中间部分一定不会是现在这样。"②

马尔萨斯说，"葛德文过分把人当作一种仅仅是理智的生物"——洛克、魁奈、斯密、边沁以及理性时代的其他哲学家实际上也都是这样。把人当作一个"理性的存在物"就像"计算一个在真空中降落的物体的速率"。人是一种"复合的实体"，他的"肉体的倾向作为扰乱力的作用很强。"实际上肉体的倾向通常支配他的理性。③

因此，马尔萨斯把情欲引进了经济学，另一方面，到斯密、边沁和葛德文为止的十八世纪的思想家们所谓"感觉"，只是理智的计算器，由理性的人用来计算力量、或然性、供给和需求、最大的幸福和最大的利润。可是，在马尔萨斯看来，

> "问题……并不仅仅系于一个人是否可以被说得了解一个明明白白的命题，或者被一种无可辩驳的理由所说服。作为有理性的人，真理可以使他确实相信，尽管他可能决定采取一种违反真理的行动，作为一个复合的实体……饥饿……酒……女人，会驱使人们采取种种行动，这些行动所产生的对社会一般利益的危害，他们完全知道，甚至在他们犯

① 《人口原理》，第 372、375、361—362 页。

② 同上书，第 369 页。

③ 同上书，第 252 页。

罪的时候就完全知道。”①

如果真是这样的话，那么，不仅国家的强制和处罚是必要的，②而且私有财产制也是必要的。葛德文的错误在于认为邪恶和苦难是由于人类的制度，不是由于人类的天性。

“政治的规章制度，以及原有的财产管理，在他看来，是一切邪恶的源泉。……其实，它们是轻微的和表面的，仅仅是浮在面上的无关紧要的东西，比它们重要得多的，还有那些存在深处的污秽的原因，败坏了泉水，使得整个的人类生活之流混浊不清。……人类不能在丰裕中生活。不能大家同样地分享自然的恩赐……假设苦难和罪恶的一切原因……都消除。战争和争执停止，普遍的仁爱替代自私。”若是这样的话，把他的议论缩短来说，人们结婚就可以不负抚养子女的责任，因为根据平等原则，如果父母不养活他们，社会自会养活。人口因此就会按几何级数增加，而生活资料只按算术级数增加。他接着说：“情况变成什么样呢？……已经消失了的可恨的情欲……将在短短的五十年内重新出现。……暴力、压迫、虚伪、苦难等一切使得现今的社会这样堕落和不幸的各种罪恶和痛苦，似乎是由于那压力极大的环境，由于人性中内在的法则，而与一切人类的规章制度完全无关。”③

葛德文的社会“最好叫做惯例”。

“问题已经不是一个人是否应该把自己不用的东西给予另一个人；而是他是否应该把他自己生存所必需的食物给予他的邻人。……迫切的需要似乎命令人们无论如何必须尽可能每年增加生产物；为了实现这个第一重大的、必要的目的，宜乎进一步分配土地，保障每个人的财物，使其不受最有力的制裁的侵犯。……因此似乎很可能，一种和现在文明国家里的办法差不多的财产制度，应该建立起来，作为最好的（虽然还是不完善的）补救方法，纠正那为祸社会的邪恶。……”④

① 《人口原理》，第254、255页。

② 同上书，第259页。

③ 同上书，第176—191页。证实这一论点的许多例证之一：苏联农民在共产主义胜利后，拒不接受缴纳粮食供应城市的命令。

④ 同上书，第195—198页。

“没有疑问，”马尔萨斯结论说，“想到使社会不能有很大进步的重大障碍，竟是一种我们决没有希望克服的原因，真令人非常失望。……但是……如果忽视这个问题，也不会有什么好处。……仍然有不少对人类有益的事情需要我们去做，足以鼓起我们最大的努力。”①

他后来1821年出版的《政治经济学原理》，是他对李嘉图的唯物主义所作的一种困惑的可是人道主义的答复。②

这样，马尔萨斯用深信不疑的说法，重述了怀疑主义的休谟的结论，不仅利己心和私有财产，而且自我牺牲、同情和公道，都是从稀少性原则出发的，这稀少性原则也就是他的人口的原则。从此以后，人的情欲取得一种地位，和斯密的天赋自由以及边沁的理智的苦乐计算法并驾齐驱。达尔文和华莱士都承认得益于马尔萨斯。为了生命和财产而作的政治和军事的斗争，替代斯密的天赐丰裕；同时愚昧、情欲、嫉妒、习惯、习俗、稀少性的地位，超过了理性、自由、平等和博爱。斯密的乐观主义在马尔萨斯自认是一种“人类生活的阴郁的色彩”中消失了，可是，这种色彩他发现确实存在，因为他从人性的无情的现实出发，不混淆事实和对事实的辩解，不混淆现状和他自己的愿望，不混淆自然和自然应该是怎样。本章开始时我们讲到他认为上帝对人类的安排是对的，这种看法不是他的全书的开始。这是社会哲学家在他的《人口原理》里的结论。

这样，马尔萨斯在“理性的时代”崩溃的时候，宣告了“愚蠢的时代”。它从法国革命的无政府主义哲学起，继续到俄国的共产主义哲学，到意大利和德意志的纳粹主义哲学，到美国资本主义的个人主义哲学。“自然”的概念从洛克的伊甸乐园的丰裕改变到达尔文的稀少和适者生存——这些所谓适者之所以生存，不是因为

① 《人口原理》，第346、347页。

② 参阅本书上册第8章（Ⅶ），《李嘉图和马尔萨斯》。

他们在道德上适合，像马尔萨斯希望的那样，而只是因为他们适合了道德的和经济的环境，像休谟所推想的那样。马尔萨斯开始了一种幻想消灭的时代，这个时代有的是商业循环、生产过剩、生产不足[①]、失业、大规模的移民、关税壁垒、垄断以及地主、农民、农场主、资本家和工人的政治上和经济上的斗争；这个时代把经济学家分裂为资本主义、无政府主义、共产主义、工团主义各派的理论家；这个时代带来了又一次世界战争，结果引起了革命、独裁、关税壁垒、帝国主义、无益的美国效率以及美国对欧洲的过剩人口的激烈排斥——马尔萨斯的"阴郁的色彩"证实了，甚至浓得可怕。

① 如卡耳文·胡佛所详述的，德国纳粹政府苦心孤诣做成的情绪哲学是马尔萨斯人口原理原则的一种特殊情况。参阅胡佛：《德国进入第三帝国》，1933 年版。

# 第八章　效率和稀少性

## I　物资和所有权

整个十九世纪中，甚至回溯到洛克，“财富”一词的双重意义潜伏在各种不同派别的经济思想的根本。“财富”的意思，既作为物资又作为物资的所有权。我们称为正统派的财富的意义。首先明确辨别物资和所有权的人，是非正统的共产主义者和无政府主义者。可是，正统派始终假设财富和财富所有权是同一回事。标准的例子是商品的意义：商品是被人占有的物质资料。

双重意义的产生，由于财产的习惯意义是有形体的财产。有形体的财产显然随着作为所有权对象的有形体的东西一同扩大和缩小。如果我的小马长成一匹大马，我的有形体的财产就从一匹小马的所有权扩大为一匹大马的所有权。早期经济学家的财产的意义，不包括无形体的或无形的财产在内。他们把无形体的或无形的财产作为商品看待，虽然它们是债务和获利的机会。即使他们用有形体的财产的观念进行研究，对于物资和物资所有权，也不加区别。

物资和所有权的矛盾的意义，经共产主义者和无政府主义者于十九世纪中叶予以揭发，可是正统经济学家，包括后来的心理派经济学家在内，直到现在还继续保持那正统的双重意义。

这种双重意义，迟至 1906 年费希尔发表他的名著《资本与收益的性质》时，才明白地出现。然而，当时费希尔，只作为他的整个经济科学体系的一部分，随着商品经济学家的一般惯例，把财富解释为“人类所占有的物质的东西”。[①]他的分析不像以前那样，仅仅说到有形体的财产这个名词里所包含的对所有权的假设为止；他把那双重意义推进一步，说到它的矛盾的结论。“根据这种解释，”他说，“一件东西，要成为财富，只需符合两项条件：它必须是物质的，又必须被人所有。”

> “……有些著作家，”费希尔进一步说，“加上一个第三项条件，就是必须有用。无疑地效用是财富的一种重要属性，但不是特殊的，而只是包含在被人占用的特性之内；因此在定义中是多余的。其他的著作家，像卡南，虽然说明一件东西要成为财富，必须有用，却不指定它必须被人占有。他们因此把财富解释为‘有用的物质的东西’。然而这样的定义包罗太多。雨、风、云、大海流、天体——特别是太阳，从太阳里我们得到我们大部分的光、热和能——全是有用的，可是不被占有，所以不是普通所了解的财富。”

这里有两种效用的意义，使用价值和稀少性价值。费希尔所不包括的是后一种意义，他认为这不是特殊的，因为已经“包含在被人占用的特性之内”。这种说法确实很对，可是结果引起矛盾。诚如休谟指出，所有权的基础是稀少性。若是一种东西预期会非常丰裕，人人可以取得，不必请求任何人或者政府的同意，它就不成为任何人的财产。若是供给有限，它就成为私有的或公有的财产。太阳不归任何人占有，可是，由于占有位置良好的地基、工厂和住宅，阳光的有限供给却被人占有专用。大海流虽然是有限的，却由国际协定使三英里以外的海流成为大家可以自由使用的公海。一个国家可能占有它，假如它的海军把一切其他海军驱出海洋。因此，所有权经济学是全世界范围的稀少性经济学。当然，在我所谓技术性的工程经济学和自然科学里，东西必须有使用价值。可是，假

---

① 费希尔：《资本与收益的性质》，1906 年版，第 3 页。

如有用的东西不稀少或者预期不会稀少，它们就不会被生产出来，也不会有争取所有权的竞争——它们将不会被占有，不管是私有或公有。因此，我们认为财产价值就是稀少性价值，这个我们称为资产，不是财富；可是财富我们认为和使用价值是同一的，没有供求关系的稀少性的影响。我们承认，这种说法和流行的正统派的"效用递减"学说相反。可是，效用递减的概念的根源在于财富和资产的混淆。

费希尔正确地批判一些其他作者认为一件东西必须"可以交换"才算是财富，因为这种说法会排除公园、议会的建筑物和许多其他托管的财富。"虽然财富必须被人占有，却不必要不断地更换所有人。"当然，财富之所以被人占有，是因为稀少。所有权的第一条件是稀少；社会的集体行动建立所有权交换的规则。

> "再说，"费希尔写道，"许多著书立说的人，像麦克劳德，完全去掉'物质的'这个形容词，以便可以包括一些'非物质的财富'，例如股票、债券和其他财产权利，以及人类的和其他的服务。诚然，财产和服务跟财富分不开，财富也跟它们分不开，可是它们不是财富。把这一切全包括在一个名词之下，必然引起一种三重的计算。一条铁路、一份铁路股票和一次铁路旅行，不是三项分开的财富；它们分别是财富、对此项财富的所有权和此项财富的服务。"①

当然，在这里费希尔承认我们所指出的区别。可是，他以前曾把财富解释为必须被人占有的物质的东西（这是铁路）。所有权是权利。

我们甚至可以把这种分析再进一步引申，达到四重的计算。我们把铁路算作一个技术的运行中的工厂，生产一种财富的"服务"，作为使用价值的出产——火车供给的旅行。这是"财富"。我们又

① 《资本与收益的性质》，第 4 页。

算铁路的所有权，作为一个企业组织，规定旅行的价格，从而为所有人取得一种收入。这是资产和所得。可是，我们的“服务”这个名词有双重意义，一种是作为管理的交易的出产，生产出不受价格影响的使用价值，一种是作为所有人的收入的货币价值，由于和出钱购买服务的旅客打交道，从买卖的交易中得来的。

这些意义的重要性在费希尔对一些经济学家的批评中可以看出，这些经济学家，像塔特尔，

> “想要完全脱离具体的东西。他们认为，‘财富’这个名词不适用于具体的东西，而适用于这些东西的价值。有许多的话可以用来支持这种意见。不过，既然问题主要是字句上的，不是要寻求一个适当的概念，而是要为一个概念找一种适当的字眼，似乎不宜脱离经济学家的一般习惯用法。”①

实际上，一切会是仅仅字句上的问题，假使不是因为那两种价值，使用价值和稀少性价值，以及结果出产和所得的分别，这种分别的基础在于物资和所有权的分别，财富和资产的分别。物资生产的技术只是产生出品，不管归谁所有或是由谁享用。财产的权利把它变成所得。这不是一种字句上的分别。这是出产和所得之间的分别，增加产品的技术资本和取得产品所有权以及限制产品供求的所有权资本之间的分别。如果财富的产品(使用价值)的定义已经包括来自此项财富的所得在内，那么，又算一次使这种产品成为所得的财产权，当然是一物两算。可是，它所以成为双重计算的原因，完全由于以前就是一种财富的双重意义——财富和资产。

对于工程或技术经济学的详细内容，费希尔有所说明；可是他的说明是在所得和所有权的概念之下，而不是在出量和入量的概

① 《资本与收益的性质》，第 4 页。

念之下。他说：

> “各种不同的财富可以区别。由地面构成的财富叫做土地；在土地上的固定建筑物或设备，叫做土地改良；这两项合在一起，构成不能移动的财富，叫做不动产。一切能移动的财富（除了人本身），我们称为商品。一种第三类包括人在内——不仅被别人占有的奴隶，而且也包括自己可以做主的自由人。”①

这种就劳动力来说把人列为财富的分类，假如所有权、自由和所得这些问题都丢开不谈的话，倒恰恰是工程师的财富的概念，作为从自然力的入量中生产出来的使用价值的出量，那自然力包括人性在内。当工程师们在经济学上有所著述或作理论的推究时，他们的做法就是这样。②费希尔也引证了许多“把人包括在财富之列”的经济学家：例如，达夫嫩、配第、丘纳德、萨依、麦卡洛克、罗叟、威尔斯特因、瓦尔拉、欧内斯特·恩格尔、魏斯、达尔根、奥夫纳、尼古耳森和巴雷陀。其他的像李嘉图和马克思或许也可以加进去。实际上是马克思给了这种工程经济学它的最好的结论。它是整个政治经济学的一个十分正当的和必要的部分，因为它是生产力和效率的概念，不管财产权或感觉。这些个别的经济学家还没有认识清楚对于政治经济学的两个对立面——效率和稀少性——有加以辨别的必要，也没有机会利用“入量”和“出量”这种工程的名词（有别于商业的名词“支出”和“收入”），使其中的区别明白地显出。把社会作为一个整体，可是丢开财产和有关所有权的支出与收入不谈，这是社会的生产组织，用行为主义的字眼来说，就是命令和服从的管理的交易；它的计量标准是工时的入量和使用价

① 《资本与收益的性质》，第5页。

② 英戈耳斯：《现代经济事务》，1924年版；泰勒：《科学管理原则》，1911年版；阿瑟·达耳伯格：《职业、机器与资本主义》，1912年版。

值的出量；它的经济学是效率，它的人是动力机器。

费希尔看出这种把人列为财富的矛盾，可是假如他曾觉察他是同时用两种语言——工程的和商业的——在说话，他就不需要曲加辩解。工程的领域不需要辩解，除了把工程上的道理用在商业经济学或政治经济学上的时候。奴隶如果获得自由，问题就发生困难。费希尔说，

> “不错，自由人通常不算作财富；实际上，自由人是一种很特殊的财富形式，有种种不同的理由：第一，因为他们不像一般的财富那样被人买卖；第二，因为所有人通常高估他自己的重要性，比任何别人对他的评价高得多；最后，因为在这里所有人和被占有的物是一体。”①

如果目的是工程经济学，就不需要像这样对人类道歉。工程师本来是把人类的能力和其他的自然力量同样看待。这是“人力”。就工程师本身来说，人力不是被人占有的。然而，费希尔继续说：人，和其他财富一样，是“物质的”和“被占有的”。

> “这些属性，以及其他决定于这些属性的特质，使人们有理由把人包括在财富之内。但是，为了尽量顾到一般习惯，人们作出下面的补充定义：财富（比较狭义的）是指物质的东西，被人所占有，并且存在于所有人的身外。这个定义显然包括奴隶，但不包括自由人。可是，它比起初那种较为广泛的定义难于应用，因为需要我们把介于自由人和奴隶之间的那些人武断地分成不同的等级或种类，例如奴仆、契约佣人、长期学徒以及偿债制的黑人奴隶。……现代社会中的大部分工作者都是‘雇佣的’，就是，受着相当程度和一定时间的契约的束缚；尽管不过一小时，但是在这个范围以内，是不自由的。总之，有许多程度的自由权和许多程度的奴隶状态，没有固定的界线。”②

如果把制度经济学和工程经济学分别清楚，这些疑难就不必

① 《资本与收益的性质》，第5页。

② 同上书，第5—6页。

要了。制度经济学是人对人的关系，可是工程经济学是人对自然的关系。工程师的财富的概念不包括任何有关所有权经济学的问题，所有权经济学是历史的和制度的经济学，研究权利、义务、自由和暴露的演变。工程师的财富的概念，如果它不包括所有权，倒是正确的财富的概念。财富只是使用价值的物质的属性，无论物资、或劳动、或出产归谁所有，尽管那使用价值供给过多，以致它们的稀少性价值减低到没有人想要加以占有的程度。只要工程师仅仅是一个工程师，不受企业家的控制，他会无限地继续生产。今天，他感到诧异，世界上的企业组织竟然会不容许他运用他的能力为人类谋利益。可是，企业家一方面了解，工程师所造成的生产组织的效率越高，财富的生产就越多；另一方面他也了解，从私人的所有权、所得、供给和需求或者偿付能力的观点来说，它们的所有权价值（或是资产）却越少。

从纯粹工程学的观点来看，一切人类关系只呈现管理的交易那一种局面，工人没有自由权，暂时所有的关系只是命令和服从。国家的总人力就是总入量，总的对自然力的物质的控制就是总出量。可是在制度方面的表现是此项出量的分配以及维持机构运行的诱因。人们使用着两种计量的系统，工程师的工时和企业家的元。

这种财富的双重意义——物资（使用价值）的出量的工程的意义和所有权（稀少性价值）产生的所得的企业的意义，使我们碰到那种显出企业经济和工程经济的矛盾的局面。那是上面提到的“服务”一词的双重意义。费希尔把服务作为从资本或财富得来的“所得”。“一件工具作出一种服务，如果由于它的使用，促进了一件好事或是防止了一件不好的事。”①

① 《资本与收益的性质》，第336页。

因此，他说，“一个造纸家……”有竞争者“愿意给他一笔钱，如果他肯关掉他的纸厂。他照办了”，于是“他和他的竞争者所订的契约，对他们来说，构成一种财产；他用作手段来履行他的诺言的财富，显然是他自己这个人和他的工厂；所作出的服务是人和厂的停止活动。”①

根据这种双重的意义，一个纸厂在造纸和不造纸的时候都产生“财富的服务”。用同样的推理，可以说一个砖匠在砌砖或者在罢工的时候，都是实行服务。开动织布机是一种服务，停掉它也是一种服务。限制出产是一种服务，增加出产也是一种服务。增加物品的稀少性是一种服务，增加物品的丰裕也是一种服务。

这些矛盾显然是由于分辨不清，混淆了出产和所得、物资和物资的所有权、效率和稀少性、财富和所有人的资产。出产是一种对别人的服务，不管价格；所得是所有人收入的价格，由于他有权利在所有权的讨价还价或等待的程序中扣留住服务不让给别人，等待别人肯付出一种满意的价格。所得是有关所有权的资产的取得；出产是工程性的财富的增加，或者克伦威尔的公共财富的增加。限制出产不是一种服务——是讨价还价的能力。结果的稀少性不是一种服务——是一种取得的手段。效率是一种服务，即使它得不到任何代价。

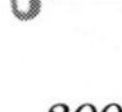



当财富、资本、所得、服务的解释含有这些矛盾的意义时，在这种定义的基础上只能建立含糊的社会计划。它们混淆了效率和稀少性、生产和所有权、出产和出产的限制、工程经济和企业经济、私人所得和社会出产、资产和财富。

然而，有一种不同的意义，在这种意义上私人所有权对社会有一种服务。那不是由于生产，而是由于生产的调节。调节的工作总必须有人来做，或者由共产主义的限额或者由资本主义的私利。

① 《资本与收益的性质》，第28页。

这种双重意义可以上溯到魁奈和所有的正统经济学家，它混淆了效率和稀少性的意义。若是工程师本身不顾下跌的价格，任意地继续生产，控制工程师的企业家就会下命令限制这种商品的产量，并且尽可能改变方向，生产其他不在跌价的商品。如果农人发现小麦的价格下跌，而猪肉的价格上涨，他把他的劳动力从种麦转移到养猪。他生产肥猪，可以供给一种比较迫切的需求，生产小麦，只供给一种较小的需求。①

这实在是一种对社会的服务，如果做得好的话。十八世纪的经济学家相信，完全靠私有财产和利己心就能做好生产的调节。可是，他们不得不靠神的恩惠来指导利己心，同时靠世间丰裕，使利己主义无害于人。十九世纪的唯物主义经济学家相信私有财产和利己心能做好调节，可是，他们不得不引用一种仁慈的“自然”法则、一种高于一切的自然权利，或者类似牛顿的平衡律的说法。若是这些还不够，他们就不得不回到十八世纪，求助于上帝和爱国心。②

可是，十九和二十世纪在每一点上都和他们相反。萧条、稀少和苦难变成跟繁荣、丰裕和幸福同样是由于自然和神意。因此，他们和一切其他的人转而求助于各种集体行动，代替上帝或自然，以便调节或控制私有财产和利己心。他们体会到科学家或工程师在控制物性的工作方面，实在已经做得很好。他们必须从集体行动中，寻求控制人性的方法。

然而，他们假借一种理想化的社会和理想化的人性，在神或自

① 康芒斯：《政治经济学与商业经济学：评费希尔的〈资本与收益〉》，《经济学季刊》，1907 年第 22 号，第 120 页。费希尔接着就写了一篇论文（《经济学季刊》，第 23 号，第 536 页），表明他所考虑的只是市场估价的原因，“它很少能准确地表示对社会的效用。”他说，这种分歧属于“社会病理学和治疗学”。但我们所考虑的是需要治疗学。

② 参阅本书上册第 2 章（Ⅰ），《约翰·洛克》。

然的引导下趋向一种假设的不断的繁荣[1]，对于某些明显的事实，硬说其中有一种理想的由私有财产和利己心调节生产的原则。所有人不知不觉地对社会做出一种服务，他们适当支配和合理使用社会的生产力量，不使一种东西的生产超过需要，而致其他东西的生产不敷需要。

因此，引起了生产的双重意义，混淆了生产和调节生产，作为一种社会服务；这是混淆了效率和稀少性。精明的企业家或所有人是"生产的"，意思是说他们调节生产，适合于价格变动一般所表现的供给和需求。可是，科学家或工程家是生产的，其意义在于扩大人类对自然力的控制，不管价格。

正因为把生产力作为扩大供给和调节供给这种双重的意义，我们代以比较现代的说法，用各种交易中的活动来解说。活动需要讲到时间、速度、比率、周转、重复等等。在这里我们分析为效用的原则和稀少性的原则。效率的意思，用管理的交易来说，是每单位入量（工时）的出产率，因此增加控制自然的力量，而不管所生产的总量。稀少性的意思，用买卖的交易来说，是从别人那里得来的所有权收入对所有权支出的比率，用元为计量标准。效率差的意思是一种较慢的每单位入量的生产率；讨价还价的能力弱的意思是一种较小的每单位支出的收入率。



速度、周转率、有形的和无形的供给等等时间概念，引起了术语上的改变，从生产改到效率，从供求改到稀少性。这样加入了时间因素，使得对社会的两种服务的区别比较清楚。效率有助于增加物品的丰裕，或者减低工时成本或者减少劳动钟点。稀少性把出产分配给那些能偿付代价的人，使那些不能偿付代价的人得不

---

① 参阅本书下册第10章（Ⅵ），《理想的典型》；上册第5章，《亚当·斯密》。

到东西,或者增加劳动钟点,或者减少那没有平等的讨价还价能力的工人的工资。①

这里对效率和稀少性分别抽象地讨论,为了加以辨别。实际上,两者相互限制,根据限制的和补充的因素的原则。②

## Ⅱ 真实的和名义的价值

以上的讨论是为了说明所有的商品经济学家,无论是古典的客观派或是快乐主义的主观派,都默认财产制度,作为他们在财富的定义中的出发点,结果产生了马克思和普鲁东的革命派以及稀少性和效率的混淆。如果改用"活动"来说,财产的概念,包含它的买卖的交易关系中的权利、义务、自由和暴露,就是稀少性的意志的一面;物资,包含它的管理的交易关系,就是效率的意志的一面。一种同样的意志的和物质的混淆贯串在真实价值和名义价值的意义里。区别的关键在于什么东西被认为重要或不重要,以及当一切在变化的时候,什么东西似乎是真实的。我们在第二章里曾经谈到,每一派经济思想在今天都有它的信徒,因为各派选择整体的一部分,在这一部分的基础上建立它的理论体系,而认为其他部分是自明的或者不重要的。实际上,每一个政治经济学研究者在他自己的心里重复各学派的历史演变,经济学说史的研究不是一种学究式的好奇考古——而是重述我们自己的思想的进化。

在我们的文明中,事实上个个人作为一个重商主义者开始他的工作生活,因为钱是他赖以取得生活的习惯的和最重要的工具。他能得到的钱越多,越是富有和成功;一个国家能从别的国家得来

① 参阅本书上册第8章(Ⅳ),《入量—出量,支出—收入》;(Ⅴ),《从流通到重复》。

② 参阅本书下册第9章(Ⅸ),第3节,《关键的和一般的交易》。

的钱越多并且需要付给它们的钱越少，似乎越是繁荣。他始终是一个重商主义者，若是他事业成功，若是国家繁荣。一切有价值的东西都用钱来衡量。

可是，他若是有思想或者事业不成功，或者国家不景气，或者债务国不能偿还，他就开始疑问，钱或货币背后的真实价值是什么，或是什么东西比货币更重要？然后他开始辨别货币是名义上的价值或者制度上的价值，另有一种东西是真实的价值。这里他的疑难问题开始了，实际上所有伴随重商主义或者信奉重商主义的各派经济思想，都陷入了个人在区别真实价值和名义价值或制度价值时所碰到的迷惑。

我们所谓真实价值的意思，是不是各有关方面之间因为没有强迫或欺骗而做到的公平合理的价值？若是这样的话，名义价值就是实际价格，而真实价值是应该成为价格的东西。这是以托马斯·亚奎纳为首的神学派的答案，也是现代制度学派的答案。



或者我们所谓真实价值是不是指一种“自然”价值，这种价值自会实现，假使没有垄断或者没有政府的干涉，让一切价值决定于劳动和资本的完全自由的竞争？若是这样的话，名义价值就是稀少性价值，而真实价值是以劳动为价值的唯一尺度所应得的价格。这是斯密、李嘉图和马克思以及亚奎纳的答案。

我们所谓真实价值是不是指我们从消费中所享的快乐，或者在生产中所受的痛苦呢？若是这样的话，名义价值就又是实际的货币价格，而真实价值是我们的满足或者牺牲。这是心理学派和亚当·斯密的答案。

我们所谓真实价值是不是指我们用钱可以买到的商品的数量呢？若是这样的话，名义价值就是货币价值，而真实价值是付出货币所换得的商品和服务的数量。这是现代经济学家的意义。

最后，名义价值本身对于那必须立刻偿付债务或者购买食粮、而他的产品或劳动卖不出足够的钱来的人，却是非常真实或现实的价值。这是一切商业经济中的意义，并且是人们何以是重商主义者的原因。

当我们碰到这些不同的真实价值的意义总是和制度学派或者货币的名义价值的意义形成对比，并且发现各派商品经济学家在名义价值的意义上意见一致而在真实价值的意义上意见分歧的时候，我们就认为必须进一步探讨名义价值和真实价值的这些意义。经过仔细分析，我们发现他们所谓名义价值实际上是指稀少性价值，这种价值依赖财产的制度，它的计量标准是另一种代表稀少性价值的制度的单位——货币；所谓真实价值是指人们认为重要的无论什么东西，包括货币本身在内。他们既假定稀少性作为一种不变因素，在碰到任何异于这种不变状态的变化时，就叫它名义价值。

困难在于习惯的稀少性尺度的不稳定。它也许是黄金、或是纸币、或是信用。金元在使用价值的物质方面被稳定为二十五点八喱，成色百分之九十，可是，它的稀少性价值是平均购买力。现代的指数发明以后，才可能量度货币在稀少性价值上的变动。各种商品，包括货币在内，有它自己的不断变动的稀少性价值。稀少性本身是一切买卖的交易中人们所需要的总数量和所能得到的总数量之间一种时刻变动的社会关系。这种所需要的和所能得到的数量被人含糊地叫做需求和供给。可是我们没有方法直接地量度需求和供给。我们只能量度供求对交易的影响。类似热度或重量的测量法。我们测量热度的变动，间接地测量它对一种由人们在上面分成固定的长度单位的水银柱的影响。同样地，我们测量稀少性的变动，根据它对一件稀少商品的价格的影响，这里所用的单位是美元和美分。

可是，这种单位本身不是固定的，像长度的单位那样。这种单位比较近似重量的单位，重量单位在海拔高处的分量轻于在标准海面，而必须用数学方法算出它们的海面等数。货币的单位也是这样。它的变动性必须根据某一时间，例如 1913 年或是 1926 年的一种假定的平均购买力水平，加以订正，然后它的稀少性的变动和它的平均购买力的变动（高于或低于那基准水平）成反比例。从这基准水平出发，个别商品的相对稀少性的变动，成为它们的价格对平均数的“离势”。

因此，平均购买力是一种统计的说法，用它来替代，就可以不必辨别名义价值和真实价值。它只是货币的稀少性价值的计量单位，货币的稀少性价值对平均购买力作反比例的变化。价格上涨时，货币单位的价值下落；价格下落时，货币单位的价值上涨。用作基线的是这种平均数，不是任何真实价值的观念，以平均数为标准来量度个别价格的离势。这是一种计量方法的学说，不是一种真实价值或名义价值的学说。

例如，统计家以 1913 年的货币平均购买力作为一百，用个别商品对平均数的离势来量度它们的相对稀少性在 1913 年以后的变化，不管这变化是由于什么原因。在以后一段时期内，也许一些同样商品的价格的平均数上涨百分之十，这表明货币的稀少性，和一切其他稀少性的平均数比较起来，已经降落百分之九。

早期的经济学家没有平均和离势的指数这种数学的方法，他们寻求一种东西，不仅要比货币较为稳定（货币无论如何只计量名义价值），而且要更真实地计量真实价值。起初，他们根据自然丰裕和自然恩惠的学说，认为稀少性不是自然的，而是重商主义政策硬造成的种种人为的稀少。重农主义者改用自然的不同的生产能力，作为商品的真实交换价值的决定因素。亚当·斯密代以平均的一般劳动量，这种劳动，财富所有人可以用他的钱或者变成钱的财富购买。对他来说，平均的一般劳动不仅是一种稳定的价值的尺度，而且计量别人的劳动可以为自己从自然资源中取得的商品和服务的真实价值。

斯密的观念乍看起来似乎很有理由。我们在必需品、便利品和奢侈品上真正享受的程度，显然决定于我们所能支配的别人在给我们服务中所费的劳动的数量。可是这个观念显然不足以区别清楚斯密主要所想的那种人为的稀少性。独占事业的所有人，比在竞争的企业中，能支配较多的劳动，如同他能支配较多的钱一样。

李嘉图纠正了这一点。真实价值不是我们所能支配的得自别人的劳动的数量，甚至不是商品的数量，而是生产商品和服务所用的劳动的数量；另一方面，他的名义价值是按照不断波动的货币价格生产出来或购买得来的商品的数量，或是贸易的独占和限制所造成的人为的稀少性。



这种说法好像又是真实的。凡是有价值的东西都是劳动所生产。实际上，李嘉图把这种生产的劳动成本，叫做“价值”。他显然假设这是唯一的“真实价值”。它适用于金银以及一切商品和服务，可以区别纸货币和真实货币以及人为稀少性和真实价值。假使没有政府造成的纸币并且没有人为的限制或特权，一切东西，包括金属货币在内，就会比照它们的生产所费的劳动数量，相互交换。其实，这是李嘉图以前五百年学院经济学家的学说，经过了修改。商品和服务，假使没有人为的限制、没有强迫、没有欺骗，一定会比照它们的以劳动成本为尺度的真实价值交换。劳动（不是工资）成本较高的商品，比劳动成本较低的商品，具有较多的价值，因此相等的劳动交换相等的劳动。

这里，李嘉图把真实价值的意义从对劳动的支配改变到生产的劳动成本，因而驳倒了重农学派和亚当·斯密的谬论，以及到今天还存在的那种错误见解，所谓在农业里自然是生产的。他又揭露了那有关的错误见解，认为在制造和运输里自然是生产的。实际上，一切使用价值是劳动的产品这种理论，和所谓自然帮助人类生产财富，因而自然也是生产的那种通常的假设是相反的。我们看到自然的力量到处发生作用。蒸汽机、瀑布、地力、酒的年代越多越好并且价值越大等等，都是自然的力量在起作用。说人和自然是生产的，似乎只是常识的说法；至今人们还不了解，在驳倒这个观念上，李嘉图是最伟大的经济学家。

他不过是把出量和入量的比率的解释颠倒过来。我们可以称他们神学经济学家的那些人认为出产由自然的帮助而增加，以李嘉图为首的一班我们现在可以称为效率经济学家却认为出产率增加是因为人类由于新发明的帮助，克服了自然的阻力。在关于人对自然的关系方面，老的见解远溯到洛克、魁奈、亚当·斯密和马尔萨斯的神学的假设，和李嘉图的唯物主义的假设成为对比。自然是对人有益的，因而在财富的生产中帮助人类，还是对人不利，因而在财富的生产中给人类造成阻力呢？无论哪一种情况，自然的助力或阻力只是程度的差别。自然在某些方面比在其他某些方面，对人帮助较多或者阻碍较少。如果使用同量的劳动，一英亩肥沃的土地出产二十蒲式耳，一英亩边际土地只出产十蒲式耳，神学派经济学家就会说在前一英亩土地上，自然的生产两倍于在最差的一英亩上。可是，以李嘉图为首的效率经济学家却会说：在前一英亩土地上，自然的阻力只是在最差的一英亩上的一半。或者，如果电力在不到一秒钟的时间内把一件消息传递了三千英里，而蒸汽机却需要四天，神学派经济学家就会逻辑地推论，自然用电力帮助人类比它用蒸汽的膨胀力帮助人类更多。可是，效率经济学家一定说人类发明和使用电力时比发明蒸汽机时，控制自然的能力更大。这是同样的、出量对入量的两种数学比率的比较，但一种把它解释为自然对人类不同程度的助力，另一种却解释为人类对自然的不同阻力的控制能力。

李嘉图明确了这个区别，他的分类不把机器和地力作为资本或土地，而作为人类劳动的增加了的生产力。[①] 我们说一块沙漠土地不生产，意思是说人类耕种沙漠土地不能生产庄稼。土地不是生产的。只有人的脑力、体力和管理的劳动是生产的，他找寻他的劳动可以生产较多成果的自然地点和自然资料，并且设法取得所有权。如果重农主义者和亚当·斯密把自然和仁慈的上帝看作同一回事是对的，那么，神就是对某些人无代价地给予财富，而强迫别人为他工作。如果李嘉图是对的，那么，自然就是人类为了自己的利益力求占有和控制的物质力量，同时级差不是由于上帝，而是由于财产的制度，这种制度保障某些所有人，使他们可以保持超出边际土地的级差利益。人们企求占有的，不是自然的生产力，而是自然的级差的阻力。这一点马克思很了解，他认为地租是一种私有财产的问题，不是自然的生产力的结果。

可是，李嘉图的真实价值的概念在细节方面没有发挥完备。这一步工作是由马克思来做的，他用工时替代李嘉图的工月或工年，这使得从生产力到效率的转变更加清楚。从此，我们就能看出共产主义和资本主义的根本区别在于所用的价值计量单位不同。共产主义用工时为价值的尺度，因此是一种“级差效率”学说。[②] 资本

① 参阅本书上册第 8 章(Ⅶ)，《李嘉图和马尔萨斯》。

② 关于共产主义与社会主义的差别，参阅本书下册第 9 章(Ⅶ)。

主义用元为价值的尺度，因此是一种"级差稀少性"学说。

这里的分别可以在前面已经提及的财富和资产的差别中看到。一个大制革厂的厂主在1921年发现，由于平均价格下跌，他的皮革的价值突然减少了百分之五十。他不得不借款五百万美元，抵补他在资产上的损失。可是事情的矛盾是，他所有的机器、建筑物、生皮、制革以及整个厂的效率等形式的"财富"，在数量或质量上却完全没有减少。对李嘉图和马克思来说，财富的真实价值是生产中所需要的劳动。这并没有减少。但是，资产的价值是名义价值，因为它只是财产的制度，这种财产的价值是按照他卖出皮革所能得的价格计量的。

当然，在这里名义的和真实的之间的区别打破了。资产在一种意义上和财富在另一种意义上同样的真实。我们放弃名义的和真实的这两个名词，只在现代统计经济学家所用的意义上加以采用；我们代以制度的名词稀少性价值和使用价值，以便适合事实。使用价值是劳动（体力、脑力和管理的）所生产的财富，不随着价格下落而减少，也不随着价格上涨而增加。它的变化性是消耗、减少、折旧、陈废和新发明。可是，稀少性价值是换取合法控制权所付的代价，用货币为计量的标准。价值本身是资产，或者所有权的价值；是使用价值数量乘货币单位（美元）价格的一种货币单位倍数。[①]



这种复合的价值的意义不是名义的，也不是真实的。它是统计和会计。它不回答这个问题：按照我们的根本真实的观念，什么是真正有价值的东西。它只是一种习惯的公式，把两个变化性很大的数值，使用价值和稀少性价值，结合成另一个变化性很大的数值，"价值"。因此，这种价值的意义关键在于所用的计量标准，而计量标准不是根本的或终极的——并不说明真正真实的东

① 包括折扣；参阅本书下册第9章，关于《麦克劳德和未来性》。

西——它只是数字的语言，用人为的单位来表示，这种单位不是天生的，而是为了便利交易，由集体行动规定的。

这样，我们把计量标准论和实在论分开。以后我们可以根据我们的伦理的假设，用我们认为重要的结论来解释计量标准，不管那些结论是属于共产主义、社会主义、资本主义、无政府主义、法西斯主义、纳粹主义、工会主义或是这样那样。李嘉图和马克思创立了他们认为是真实价值的东西，可是那不过是工时的单位，用来量度人类从自然资源中创造使用价值的能力的效率变化。

李嘉图没有详细分析他的劳动的意义。劳动似乎是一种商品，像马和机车那样，由资本家买卖、加燃料或是饲养。可是，马克思纠正了他的说法，不仅把劳动解释为社会劳动力，而且作为脑力、体力和管理的劳动。然而，马克思和他的信徒，像李嘉图那样，继续强调体力劳动。直到有了十九和二十世纪的革命性的发明以及比较晚近兴起的科学管理以后，脑力和管理的劳动才在生产学说上取得比体力劳动更重要的地位。因为，一部自动的机器，或者自动设备的工厂像面粉厂，或者现代农业机器，甚至被保养的地力，不过是以往世世代代的脑力劳动在今天科学家和工程师的心里重现；此外还有什么呢？它们是千百年的脑力劳动的结果。据说有二十万种化学合成品是自然所不知道的。这些主要是脑力劳动的出产，因为脑力劳动战胜自然的阻力；体力劳动者本身必须是脑力的，否则猴子也能做他们的工作。管理的劳动也是脑力劳动，加上那规定命令和服从的范围的制度。

这种体力、脑力和管理的劳动在发展中的重复和调和，可以叫做“社会人力”或者马克思的所谓社会劳动力。这个名词是为了给予脑力和管理的能力应有的重要地位，和体力劳动并列。它的目的是区别工程经济学和所有权经济学，这一点马克思第一个加以明确的辨别。它并不决定产品的交换价值，如马克思所说的那样，因为交换价值决定于稀少性和讨价还价的能力。可是，这个名词表示那在战胜自然阻力、创造社会使用价值中起作用的人力。

我们因此有两种“人类能力”的意义——生产的能力和讨价还价的能力。生产的能力是创造财富的脑力、体力和管理的能力，而讨价还价的能力是所有权的能力，用来把持住产品或生产，等待转移财富所有权的谈判达成协议。一个创造使用价值，另一个决定稀少性价值。两者都是人类的能力在行动，虽然从社会的意义来说是分不开的，却能用劳动的分析或分工加以区别，并且可以分开地计量。

## Ⅲ　平均

首先，我们怎样创立一种单位，用来计量一切使用价值的总数量？这种计量单位数以千百计，例如小麦的蒲式耳、建筑物的尺寸、衣服的套数、铁的吨、土地的英亩、电力的千瓦时等等，各种单位不知多少。可是，有一种单位对大家共同适用，就像货币对大家共同适用一样，这个单位，照李嘉图和马克思的说法，是生产那些东西所需要的劳动力的单位。

这个单位是一种时间单位也是一种数量单位。它量度一种程序。它把经济学从“静力学”改变到“动力学”。李嘉图没有指定一种特殊的时间单位。他使用了工年、工月或工日。马克思把这种单位定为工时，从而制定了现在已经成为科学管理的单位，用来计量个别劳动者或者一个工厂或一个国家里所组织的一切劳动。

可是，马克思的工时是一种平均工时。关于“平均”的使用，有两种相反的错误见解，可以叫做个人主义的和共产主义的谬见。

这两种谬见应该加以研究，因为在经济学里我们使用许多的平均。元的价值是它的平均购买力的反数。劳动的效率是它的平均生产能力。经济学里需要平均，因为我们所研究的是大量的动态，平均是普通日常谈话的习惯说法。然而，所谓平均只是心里存在的一种公式。并没有一个平均人或是平均购买力那种东西。只有个别的生产者和个别的价格。因此，个人主义的错误见解完全否定平均的使用，因为，只有个别的人或个别的价格有真实的存在，科学不能研究虚构的东西——它必须研究具体的真实。

可是，我们使用平均，并不硬说它真正存在。我们使用它只作为一种心理上的公式，为了研究和行动。作为一种公式，它的效力靠它适合当前的问题。牛的平均和人的平均对于某些目的也许不是一种有用的平均。可是，人类的平均寿命是人寿保险的根据。

共产主义对平均的错误见解恰恰相反。它完全抹杀个人，把各个人变成整体的若干单位部分。在这种错误见解的基础上，马克思构成他的社会劳动力的概念。个人本身消失了，而作为整个社会劳动力的单位部分的倍数或分数重新出现。普通劳动者工作一小时是他在全部工作中的单位部分。熟练工人有两三个单位部分，儿童有成人的一半，妇女有三分之二等等。个人主义的谬论否定了平均，因为只有个人真实存在；共产主义的谬论否定个人，因为只有社会劳动力是真实的存在。



可是，个人确实存在，他们作为社会的人力而存在。这是我们用一个运行中的机构来比喻的意思。他们作为交易的参加者而存在。他们的参加管理的交易是“运行中的设备”，用他们的社会劳动力生产出使用价值。他们的参加买卖的交易是他们的“运行中的业务”，各人在世界的社会人力所生产的使用价值中取得一份。他们参加管理的交易的结果是他们的共同的效率。他们通过买卖的交易，对他们的产品进行分配，这种分配决定于彼此对稀少性的控制。

那么，如果我们要比较一个工厂和另一个工厂的效率，或者同一工厂在不同时间的效率的变化，或者一个国家和另一个国家的效率，显然我们必须创立一种心理的单位，平均工时。如果我们要比较参加者所取得的份额，就必须创立另一种心理的单位，货币的平均购买力。

马克思的共产主义的谬见使得个人消失，认为只有社会劳动力是真实的存在，我们加以研究，发现他不知不觉地在构成一种加权的平均。熟练技工算作三，普通工人算作一，女工算作零点六六，童工算作零点五。个人不是真正消失，但是在一种加权的平均中，我们给予他们不同的用数字表示的价值。共产主义的谬见使一种加权的平均成为真实的存在。这种虚妄的说法有时候被称为"形而上学"或是"真实化"一种心理的公式。它是轻信的人们和毕达哥拉斯的信徒的一种普通错误，他们认为数字是真实的存在并且解决了争论。

可是，在构成加权的平均中，可能有一种更重要的错误。那是效率和稀少性的混淆。对年俸二万美元的总经理，进行加权，应该二十倍于他的每年工资一千美元的速记员吗？假使我们在制作一种平均所得的公式，这是正确的加权。可是，如果我们是制作平均效率的公式，那就说不出是不是经理的效率高于那速记员。他们做的工作不同，不能比较，然而各人都是整体的一个不可缺少的部分。我们知道经理拿的工资较多，可是，这也许是因为经理的人才比较稀少。假使经理和速记员同样的多，他们的工资大概就不会较高。这一点对带着"白领"靠薪水生活的职工来说，可怜已经是非常明显。科学家或发明家的脑力工作创造了机器或计划，增加工厂的效率,他们的贡献也许超过其他的人全体的工作,可是所得的工资少于经理,因为科学家和发明家比经理多或者讨价还价的能力不及经理。关于他们的比较效率,我们只知道他们对于那特殊团体或者整个国家的社会人力的有效率的运转,都有必要。因此,我们构立一种简单的平均,把每个人作为“一”。实际上,在做同样工作的时候,个人可以和其他的个人比较。可是,在工作不同的时候,唯一可以量度的差别是他们的工资,工资量度相对的效率。因此,平均工时单位是一种简单的平均,把每个人作为“一”。

不同的企业如果生产不同种类或不同质量的使用价值,我们也不能比较它们的效率。我们不能比较一个汽车厂的效率和一个服装厂的效率。我们可以用“美元”来加以比较,但这样就变成比较赚钱的能力或是讨价还价的能力,离开了效率。我们只能比较生产同一种类或同一质量的产品的不同企业的效率,或者比较同一企业 1920 年的效率和 1929 年的效率。

这种用平均来比较的方法是否有用,最后决定于我们对政治经济学本身的概念。经济学是一种程序呢,还是各种势力的平衡呢?是静的,还是动的呢?如果它是一种程序,那么我们所量度的是变化。这是指数、平均和离势的问题。量度效率上的变动,工时是恰当的单位。量度相对稀少性上的变化,美元是恰当的单位。一个表示脑力、体力和管理的劳动的平均生产能力的变化;另一个表示货币的平均购买力的变化。

创立了平均工时作为一种计量单位以后,怎样把公式应用于生产程序呢?马克思是第一个人分析了这种技术的社会程序,这个我们现在叫它效率,可是他叫它“剩余价值的创造”。[①]马克思创

① 这一点在本书上册第 207 页的图 5 中没有表现出来。该图所表现的是市场上的交换程序,不是工厂里的生产程序。

立了两种概念，“不变资本”和“可变资本”，以便发挥他的剩余价值的观念，可是，总的来说，根本不过是效率的概念。他说：

> “……生产资料与劳动力，不过是原资本价值放弃货币形态，转化为劳动过程各种因素时所采取的不同的存在形态。
>
> 转化为生产资料（即原料、辅助材料与劳动手段）的资本部分，在生产过程中，不会变动它的价值量。所以，我把这一部分叫做不变资本部分，或简称为不变资本。
>
> 反之，转化为劳动力的资本部分，却会在生产过程中，变动它的价值。它会再生产它自身的等价，并在这以上生产一个超过部分，一个剩余价值。那是可以变动的，可以大可以小的。这一部分资本，会继续由不变量，变为可变量。因此，我称它作可变资本部分或简称它为可变资本。这两个资本构成部分，从劳动过程的观点看，是当作客观的因素和主观的因素，当作生产资料和劳动力来互相区别；从价值增值过程的观点看，就是当作不变资本与可变资本来互相区别。”①

人们不应该推论，马克思所用的“不变”和“可变”这两个名词，意思有些像古典经济学家的“固定”和“流动”资本。他所谓“不变”资本，意思是指固定资本的折旧和陈废结合上“流动”资本中转移到工厂或农场的生产物里去的一部分。这样，用他的例证来说明，一套机器形式的固定资本的全部价值也许是一千零五十四美元，可是，在若干产品的生产中机器的耗损只是五十四美元。这种耗损的价值就是他所谓“不变”资本，资本家在生产中的垫支。假定说，一个资本家像这样在生产过程中垫支五百美元。这个数目被分为：“不变”资本四百一十美元，“可变”资本九十美元，生产过程完毕后，原来的资本已经从五百美元（C）增值到五百九十美元（$C^1$）。那增值部分九十美元是“剩余价值。”



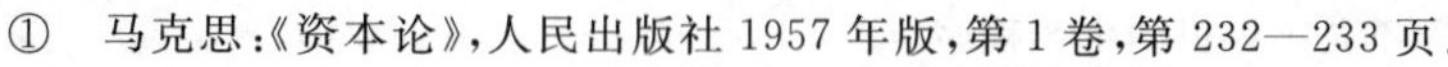

① 马克思：《资本论》，人民出版社 1957 年版，第 1 卷，第 232—233 页。

可是，那不变资本(四百一十美元)本身包含三个组成部分，原料的价值，三百一十二美元；辅助材料的价值，四十四美元；机器耗损的价值，五十四美元。我们把这些叫做原料和损耗。那全部价值四百一十美元是他为了价值的生产而垫支的不变资本。

既然所使用的机器的总价值假设是一千零五十四美元，而生产过程中所耗损的只值五十四美元，还有残余的价值一千美元，“仍然保存在机器中”。耗损的价值是“不变的”，正因为它不是“固定的”。它“流动”，就像原料的价值流动一样。所谓“流动”，他的意思和魁奈一样，是指“价值”的转移，不增多也不减少。根据同一理由，材料(原料和辅助材料)的价值是“不变”资本。这些价值的总和四百一十美元，在生产过程中，毫无变动地被“转移”到生产物中去。

可是，购买劳动力所付出的那九十美元是“可变”资本。它是可变的，因为它是活动的力量，不断地把不变资本改变为一种“可变的量”。他把这种活动的过程叫做“主观的因素”，而“生产手段”(材料和耗损)是过程中的“客观的”因素。从资本家所购买的“资本的要素”的观点来说，客观的因素是生产手段和劳动力；从“创造剩余价值的过程”的观点来说，这些同样“要素”是“不变的和可变的资本”。

扩充到一个时期的整个社会程序，马克思认为就是材料和耗损的那种“不变”资本，用光全部“残余的机器”(比照他的例证来说，是一千美元)，把它的价值转移到全部社会生产物里去。这样，所谓“固定”资本，通过“耗损”的概念，被马克思变成了和“材料”一样的“不变”资本的概念，因为两者的价值都转移到社会产品里去，不增多也不减少。

这种社会程序，我们将效法晚近的经济学家，把它叫做“社会技术周转”。马克思的理论的基础显然是回到魁奈的“流通”的概念，这种概念斯密已经悄悄地放弃，代以分工。[①] 他把"价值"这个名词，像李嘉图那样，看作等于把材料和耗损的"不变"价值转移为生产物的价值的整个社会程序中生产物里所包含的劳动力量，这种价值我们把它变成他的社会使用价值的出量，相对于他的社会劳动力的工时的入量。这又是现代的效率的意义。

显然，这里效率的概念是他的"剩余价值"概念的起源。如果使用价值的"出量"被称为"价值"，因为它是劳动所创造并且用工时来计量，而"入量"被称为"可变资本的价值"，因为它是在生产程序中供给工人生活的工时成本，那么，出量和入量的差额也许可以称为"剩余价值"，因为它属于雇主，不属于工人。

马克思的一个难题是，怎样处理工厂外面所发生的变化。他的创造剩余价值的程序只发生于工厂或农场里面生产进行的地方。他对于这种外面的势力，用两种理由解说：社会必要劳动时间，以及不变资本和可变资本之间的不变的比例。



他给予"必要劳动时间"一种双重意义，并且为它辩解。[②] 一种是生产全部社会生产物的价值所必需的劳动时间，包括"剩余价值"在内。这会包括由于耗损而用光"固定"资本所需要的时间。另一种是仅仅生产他的劳动力的价值，就是他的生活资料的价值，所需要的劳动时间。不管就哪一种情况来说，"社会必要劳动时间"都受社会条件的限制。

这些在个别工厂外面的社会条件，我们依照他的说法，可以区别为三重的：自然条件的变化，发明和陈废的变化以及一般物价水平的变化。

关于自然条件上的变化，他用农业生产中的变化作为典型。

---

① 参阅本书上册第 8 章(V)，《从流通到重复》。

② 参阅《资本论》，前引中译本，第 1 卷，第 242 页，注 29。

"假设生产一种商品社会必要的劳动时间变动了——比如，一定量棉花，在歉收的场合，就比在丰收的场合，代表较大量的劳动——一切旧商品都会发生反应。旧商品原来只是当作该类商品的一个样品，它的价值，总是依照社会必要的劳动，从而，依照现存社会条件下必要的劳动来计量。"①

这意味着他的不变资本的价值上的变化。它是"不变的"，不是在价值上不变，而是它所转移到生产物里去的价值不多于或少于它当时的价值。

"假设，"他说，"一磅棉花，今日费六便士，明日因棉花歉收的缘故，可以涨价至一先令。在继续加工中的旧有的棉花，依六便士的价值购进的，现在会以一先令的价值部分，加到生产物中去。已经纺成也许已经变作棉纱而在市场上流通的棉花，也会以原价值的二倍，加到生产物去。"②

如果不用货币而用工时计量棉花的价值，同样的道理还是适用。不变资本的作用是，通过原料的价值和设备耗损的价值，把那在多变的物质自然条件下生产出量所需要的若干工时的价值，转移到生产物里去。"社会必要"劳动不过是李嘉图的最高劳动成本(工时)——在耕种边际生产费用最大的一部分生产物所需要的劳动力。这种最高劳动成本，由于自由竞争的作用，给予所有同时在同一市场上竞争的单位同样的交换价值，不管各个单位的工时成本。因此，当人们所注意的是整个的社会生产程序和社会效率的变化的测量时，他们不考虑个别事业的级差效率或者级差效率利润。这是马克思所以排除李嘉图的地租学说的一个原因。他的"社会必要"劳动是李嘉图的边际工人，边际工人的劳动成本决定一切

① 《资本论》，前引中译本，第 1 卷，第 234 页。
② 同上书，第 233 页。

超边际的生产物的价值。①

机器的发明和陈废是在个别工厂外面发生的另一种“社会条件”。

> “假设因有一种新发明，同种机器已经可以由较少的劳动支出再生产生来，旧机器的价值就多少要减低，从而，移转到生产物去的价值，也要依比例减少。但在此，价值的变化仍不是发生在机器当作生产资料来发生机能的过程内。它在这个过程内移转的价值，绝不比它在这个过程外具有的价值更多。”②

这里可以说“……不是发生在……过程内”这句话，指的是科学家和发明家的“脑力劳动”，并且包括在马克思的“社会”劳动力的意义以内。在他看来，那不是工厂程序的一部分，而是发明和陈废的整个社会程序的一部分，通过自由竞争的作用，影响着个别工厂。

最后，在工厂里的生产“过程以外”有物价的一般涨落。这是一种“社会条件”，它或多或少地同样影响一切材料、资本设备以及劳动力的生活资料的市场价值。这里很清楚，如同马克思在关于其他“社会条件”方面所说的，他的理论的基础不是不变资本和可变资本的任何绝对的差别。而是两者之间的“比例”或相对的差别。若是所有的货币价格和工资相等地涨落，那么，生产全部产物所需要的社会劳动力和生产劳动者的生活资料所需要的社会劳动力之间的比例，显然不变。

因此，诚然很对，如果想要确定社会效率的变化多少（就是他的“剩余价值”的变化），个别特殊价格或全部一般物价上的任何变化必须丢开不谈。他对于由发明和陈废而起的技术条件上的外界

① 参阅本书上册第8章（Ⅶ），《李嘉图和马尔萨斯》。

② 《资本论》，前引中译本，第1卷，第234页。

变化所说的道理，适用于价格上的一切变化，包括丰收和歉收等农业条件上的变化。比例不变。他说：

“劳动过程的技术条件可以大大变动，以致以前十个劳动者，用十件价值很小的工具，还只能把比较小量的原料加工好，现在一个劳动者用一架贵的机器，就可以把百倍于以前的原料加工好。在这场合，不变资本(所使用的生产资料的价值量)大增加了，可变资本部分(为购买劳动力而垫支的部分)大减少了。但这种变化，只会改变不变资本与可变资本的量的关系，或改变总资本分为不变部分与可变部分的比例，却不会影响不变资本与可变资本的差别。”①

这样，马克思是第一个经济学家，他排除不必要的因素，而把一切必要的因素有系统地说得符合现代的效率的概念。人们不接受他的推理，不是因为它不准确，而是因为他的社会哲学以及他用来证明那种哲学的语词的古怪的意义。难怪马克思的共产主义信徒们在俄国会把他们的整个命运寄托在一种技术的革命上，不顾马克思所排除的那许多“社会条件”，把这些条件除掉是对的，如果所讲的只是一种效率的学说，而不是一种多方面的学说，应该要包括那种“外在的”因素，例如人民的习惯和习俗、国际的复杂情况、货币和信用、物价的涨落等等。所讲的范围只限于一种单纯的效率，作为社会程序中种种因素之一，他陈述了一种从“外在的”工程专业中刚刚开始进入经济学的原则。可是当这些工程师进一步在他们的效率概念上加上一种社会哲学时，他们结果也得到了和马克思实际上相同的结论，就是，共产主义或者颠倒过来的共产主义——叫做法西斯主义。

我们将着手把马克思的理论改造为一种仅仅有关效率的理论，根据我们所看到的它作为政治经济学全部学说的一部分所起

① 《资本论》，前引中译本，第1卷，第234—235页。

的作用。

## Ⅳ　入量—出量，支出—收入

某一个服装工厂在1920年生产一套标准服装，需要十个工时的有效劳动，可是，在1929年每套只需要五个工时。效率增加了百分之一百。在同时期内，平均工资从每小时80美分增加到每小时90美分，服装的批发价格从每套三十三美元减到每套二十四美元。效率用工时计量，劳动的稀少性或服装的稀少性用美元计量。

显然，我们用入量和出量这两个名词，假如意思是指美元的入量和产品的美元值的出量，就一定会发生效率和稀少性的混淆。入量就会是每工时80美分或90美分，出量就会是每套三十三美元或二十四美元。因此，我们用支出和收入这两个名词来替代，表示美元所计量的稀少性比率。每单位出量的入量从十工时降低到五工时，表示效率上有了百分之一百的增加。雇主的资产中对劳动的支出从每小时八十美分增加到每小时九十美分，表示劳动的稀少性增加百分之十二又二分之一；从服装销售中所得的收入从三十三美元减少到二十四美元，表示服装的稀少性减少百分之二十四。

然而，凡是常识不用工时而用美元计量效率以及经济学家不加区别地用货币的"入量"而不用货币的"支出"的地方，这种效率就和这种稀少性发生混淆。经济学家为什么用"货币入量"作为效率的尺度，最近由布莱克在所著《生产经济学导论》中说明了理由①，并且远溯到李嘉图同样地用了英镑，其实当时他的意思是劳动钟点。他们没有使用实际的货币入量，而只用一种象征的稳定的货

① 约翰·布莱克：《生产经济学导论》，1926年版，第314页。

币购买力，以便从计算中除去货币。为了分析以及分开各种因素，这样做很恰当，可是结果引起社会的错误见解。

布莱克区别“物质的”投入和“价格”投入，认为“当物质的投入完全折合成一种价格的标准时，它们可以合并为一个投入数字”。他举例说明，

> “如果一部机器使用三十二分钟，价格六十四美分；三十二分钟的劳动，价格五十六美分；六百四十匹马力一分钟，价格一美元二十美分；小麦一百一十五蒲式耳，价格一百四十美元；出量是二十五桶面粉；那么，每桶面粉的投入是 142.40 元÷25，或者五美元六十五美分。这样，把投入的资料变成价格的标准，克服了物质的投入资料的两种缺点。”①

根据布莱克的说法，这些缺点如下：

> 第一，不可能“把生产二十五桶面粉所用的三十二分钟的机器使用、三十二分钟的人工、六百四十匹马力一分钟和一百一十五蒲式耳小麦加在一起”。第二，“物质投入的资料的缺点是，它们本身完全不包括价格波动的影响。……在工资高昂而机器便宜的时期，制造家尽可能少用劳动，到处用机器来替代；可是，如果情况相反，劳动就会在许多工作上替代机器。”②



根据这些价格的计量标准，布莱克构成一种“每单位出产的最低成本组合”，这是最大效率点。这种最低的成本决定于一点，在那里一切固定的和不定的“每单位出产的货币入量”的总和是最低的。这样，在面粉生产中，“机器入量的最低成本组合”，在一个作为例证的面粉厂里，按照每蒲式耳小麦的不变价格计算，是在小麦的入量为六千七百五十蒲式耳的一点。在这一点，按照付给生产要素的不变价格计算，每蒲式耳的一切货币入量的总和是最低的，

① 布莱克：《生产经济学导论》，第 315 页。

② 同上书，第 314 页。

包括利息、耗损、捐税、修理和保养方面的货币入量在内。如果入量的其他因素都考虑在内(按假设的不变价格计算),例如建筑物、劳动力、监督管理、固定的机器和不定的机器,那么,每蒲式耳小麦的最低成本组合,出现在比九千蒲式耳的货币成本略少的一种入量左右。①

布莱克所作的这些计算,在农业经营以及实际上任何企业的私人管理中非常重要和有用。我们用这些计算作为出发点,说明所需要采取的改变,以便从私人的观点转移到集体的或社会的观点。

首先是物资和所有权的分别,以前曾经讲过。可是"物资"这个名词不恰当。我们代以"使用价值"这个名词,用一个名称包括技术上的一切有用的服务,不管服务的对象是谁。这样,劳动所作的"个人服务"和商品所作的"物质服务"同样是使用价值。两种服务都是劳动作出的,一种直接地,另一种通过物资的中间作用。

"所有权"这个名词,在集体行动中,也包括一切所有权的转移。这里所指的不是物资的所有权的转移,而是劳动直接或间接增加的使用价值的所有权的转移。

这些意义和任何主观的或心理的评价是完全分开的。主观的价值是个人主义的。客观的"价值"只是由类比推论出来的价值。它们只是种种关系或程序,碰到不管什么原因就会发生变化。"客观性"的意思是指任何本身变化与个人意志无关的事物。因此,有两种客观价值,物质的使用价值和所有权的稀少性价值,一种发源于集体的劳动力,另一种发源于集体控制个人的权力,这种权力我们称为制度。这些制度之一是货币,它是一种集体的工具,由个人

① 布莱克:《生产经济学导论》,第 391、392 页。

用于债务的创造、转移和解除。

因此，财产或者所有权和物资、劳动或使用价值同样是客观的。换一句话说，一切感情、情绪或意志都除掉，我们暂时采取纯粹科学应该采取的态度，纯粹理智的态度，没有感情或没有目的地分析劳动力在控制自然的活动方面的集体行动，以及制度在控制个人的活动方面的集体行动。

因此，有劳动成本和所有权成本的区别。后者可以叫做制度的成本。这两种是人们熟悉的“生产成本”的双重意义。把它变成根据活动来说，为了使区别可以清楚，我们用“入量”这个名词代表劳动成本，用“支出”这个名词代表所有权成本。劳动成本有三种：体力、脑力和管理的入量。所有权的成本有两种：使用价值的所有权的让与和转移的工具——货币——的所有权的让与。①

这样分析的结果成为使用价值的三重关系。它可能指出量，可能指支出或收入。作为出量，它是效用的技术特质和劳动的入量有关。这里它意味着为了“社会”的财富的创造。作为支出，它是合法控制权的让与，或者由生产它的劳动者或者由那已经向劳动者取得它的所有权的人让与。这里它意味着个人的资产由于让与而减少。作为收入，它是所有权的取得，或者从劳动者或者从那让与的前一个所有人的手里取得；或者由劳动者从雇主或商人手里取得。这里它意味着个人的资产由于取得而增多。



既然货币（作为一种制度）在技术的意义上是不生产的，它在个人和个人之间的关系只是二重的，支出或让与和收入或取得。既然现代社会主要是一种货币—信用经济，我们就惯于把所有权成本和货币成本看成同一的，这种简略的方法可以实行，如果人们

① 参阅本书下册第9章，《未来性》。

记住货币成本总是一种“让与成本”，在种类上和任何使用价值的所有权的让与没有什么不同。

我们前面所举的服装厂那个例证，可以用来说明这里的区别。做一套衣服的劳动成本已经从十工时减到五工时，减低了百分之五十。我们把它叫做每单位劳动出量（使用价值）的劳动入量的减低。可是，对雇主来说，他所支付的劳动的平均工时的货币成本已经从八角增加到九角，增加了百分之十二又二分之一。这个我们叫做货币支出，为了换取劳动出产物的所有权。它是生产能力和讨价还价能力的差额。增加了的生产能力已经使每工时财富（使用价值）的出量提高了一倍，可是工人的增加了的讨价还价的能力已经使劳动收入增加了每小时十美分，同时使雇主的资产减少了每小时十美分。如果效率用美元来计量，那么，压低工资的雇主比提高工资的雇主效率较高，如同他采用机器和改良组织，从而减低每单位出量的劳动入量时，是效率较高一样。

因此，用美元计量时，效率具有双重意义，既是减少工资，又是减少生产商品所需要的劳动量。前者是讨价还价的能力，利用相对的稀少性。后者是生产的能力，利用相对的效率。两者都是生产的“成本”，但是两种不同的成本。我们加以区别，一种作为所有权的成本或支出，决定于买卖的交易，用货币计量；另一种不作为成本而作为入量，决定于管理的交易，用工时计量。

同样的矛盾存在于他的营业的卖的一面。如果效率是以美元为尺度，那么，以高价卖出的雇主比以低价卖出的雇主效率较高，如同他增加每单位劳动的出量时是效率较高一样。

提高价格也许是垄断的或者人为的稀少性，李嘉图称为“名义”价值；而增加每单位劳动的出量是减少李嘉图的“真实”价值。我们现在应该说：增加企业家的卖价，就是增加他的资产，而增加他的工厂的出量，是增加财富的生产率。人们现在能区别效率的利润和稀少性的利润，这种区别福尔曼在他的有名的对法院判决中的意义混淆的分析里说得很清楚。[①]效率利润的取得是由于增加每单位劳动的出量率，这等于减少每单位出量的劳动入量率。[②]可是，稀少性利润的取得，是由于提高收入的价格或减少付出的价格和工资。

因此，生产能力和讨价还价能力或购买能力之间没有相同点，这种相同点在两者都用同一货币单位计量时才隐含在内。它们彼此不同，正如人对自然的关系和人对人的关系之不同。这种区别需要用计量单位加以检验。如果能用工时计量，那是人控制自然的能力；如果用美元计量，那是人控制人的能力。必须创立名词来配合这种区别。入量—出量表示人控制自然的能力。支出—收入表示人控制别人的能力。这就是工程经济和所有权经济的分别。入量—出量是从物理学和工程学得来的名词。支出—收入这两个名词适合于所有权的减少或增多，这种所有权是资产。这一切名词都在成本和价值这两个普通名词里混淆不清。

入量和出量这两个对照的名词是适当的，因为它们发源于物理学和工程学。它们表示一种“能”的量作为入量，变成另一种“能”的量，就是出量。可是这里对于科学家、工程师和政治经济学家分别所用的入量和出量这两个名词的三种意义，必须加以区别。

自然科学家关心宇宙间能量的不灭。一种形式的能量被变成其他的可是等量的形式。它时而作为电力，时而作为引力，时而作

① 福尔曼：《效率利润和稀少性利润》，1930年。

② 这必须和增加劳动入量来增加出量分别清楚。参阅本书上册第336页。

为化学作用，时而作为食物或衣着，时而作为活的人体，时而作为死的人体在消逝中变成其他形式的能。丝毫没有损失或浪费。实际上，许多时候科学家能确实证明等量的能以不同的形式出现，作为反复的入量和出量。这样，入量每秒钟一匹马力的气压等于出量五百五十磅的重量每秒钟举高一英尺；同时，这个作为入量，等于一种每秒钟七百四十六瓦特电力的出量；这个再作为入量，等于一种每秒钟一百七十八卡路里热的出量，以此类推，甚至到等量的人体的化学的入量和出量。这些等量，我们可以称为科学的理想效率，因为，如果能量不灭的理论是对的，那么，能量从一种形式变成另一种形式时，全部都有着落，丝毫没有损失。

可是，对于工程师，和科学家不同，这些能量中多数是损失和浪费掉。他关心有用的能（使用价值），不关心没用的部分。他满足于实际的效率，因为他使人类的控制参加宇宙的工作。据说蒸汽机的最高效率大约是煤所含的潜在热量的百分之十；复式凝结蒸汽机大约是热量的百分之二十五。汽油或煤油发动机可以达到汽缸里发出的热能的百分之四十；发电机可以达到机械能的入量的百分之九十，作为电力的出量。据说太阳在一季庄稼期内在一英亩地上发出的能量大约等于把一万五千吨举高一英尺，可是，人力从五十蒲式耳小麦的能量中只获得一英尺一吨的十分之一。人力的效率仅仅是七万五千分之一。科学家想要在热力、电力、震动、莠草、麦秸、小麦等等中说明一万五千英尺一吨能量的踪迹；可是农业工程师只要能把每英亩的收获量从三十蒲式耳增加到四十蒲式耳，就感到满足。他的兴趣在于有用的工作，不在没用的工作。



一切决定于工程师需要什么。如果他需要响声，他就构造他的马达和装置，尽量产生响声，其他种种出产都浪费掉。如果他要推动一架缝纫机，那么在响声和摩擦中消失掉的能量就是浪费。这是我们所谓工程经济和使用价值的意思。使用价值不是什么被动的东西——它是自然的能量在人类智力的指导下活动的结果，为了满足人类的目的，并且尽可能减少浪费。

可是，政治经济学家更进一步缩小入量和出量的意义，因为他的兴趣在于人类的能量。工程师的物质入量对于经济学家成为人力的出量。它们是自然的力量被人力变成建筑物、土壤的出产力、化学合成品。工程师不管他用作入量的是哪一种"能"。他采用随便哪一种，只要它和其他的"能"比较起来，在创造使用价值中，效率最高。作为工程师，他也不管对劳动、材料或能量所付给的代价。那是企业家的难题。如果在现有的技术状态下蒸汽动力比劳动力的效率高，他就用蒸汽动力。每个劳动者是一架机器，因此我们有了一种可以叫做工程师的"机器"劳动论，有别于商人的商品论。"商品"劳动论的关键在于因为劳动的多少而必须付给的价格。这是古典的经济学理论。机器劳动论的关键在于劳动比别种机器的效率较高或较低。这是工程师泰勒的理论。可是，政治经济学家的劳动论的关键在于个人作为公民参加一个现行机构的管理、买卖和限额的交易。人类劳动作为一个"人"而出现，就是，作为一个公民，只有公民才有权利、义务、自由和暴露，而不是作为商品或机器。①

因此，经济学家，和工程师不同，只讲一种能量——用那以工时的入量为尺度的人力，把一切他种能量的入量变成人力的出量。物质经济学家不顾这种人和自然的分别，他们把生产资料、土地和人力的货币价格合并成一种单一的入量，虽然他可能看出这种

① 一个工会和雇主达成了仲裁和失业保险协议以后，它的一位劳工领袖说会员们现在觉得自己是整个产业的"公民"，对产业的继续存在和兴隆，比雇主们自己更感兴趣。

分别对他的目的是有用的[①]。这一来，生产资料的入量是为了使用工具、机器、建筑物、公路、制造过程中的物料、燃料、食料、马、牛、农作物、组织和货币而付出的价格。土地的入量是为了使用人工的和自然的作物、森林、牧场、建筑地基、铁路通行权、矿山、石矿、水、石油、瓦斯而付出的地租。人力要素的入量是为了体力、脑力和管理的工作而付出的工资和薪俸。实际上，这些是历史上的区别和分类，由于把一切都归结为生产的货币—成本，或者所谓货币“入量”，和工程师相反，他根据货币以外的标准进行分类。工程师和企业家对于人力和机械力都不加区别。它们的出量都是一种机器的出量。

李嘉图和马克思首先作出这种区别，不是因为他们把工人看作具有财产权利的公民，而是因为他们想要辨别真实价值和名义价值。因此，除了共产主义者，没有人信奉他们的说法。然而，假使我们不把他们的理论看作真实价值的理论而仅仅看作计量标准的理论，那么，他们所陈述的就是效率的计量法。经济学家的效率原则是劳动出量对劳动入量的比率。这一原则所适用的活动是数以千百万计的管理的交易，它们通过组织和协力的行动，构成财富（使用价值）生产中每工时的生产率。这种一切管理的交易和一切财富的生产之间一切关系的总和，马克思称为“社会劳动力”和“社会使用价值”。社会使用价值是总出量，而社会劳动力或者社会人力，包括脑力、管理和体力的劳动在内，是总入量。这是全国效率的尺度。因此，例如，我们约略地推测，在过去一百二十年内，美国的人口总数增加十七倍，平均劳动钟点从十二小时减少到九小时，使得工时的数目增加十倍，但是财富（使用价值）的生产总额

---

① 布莱克：《生产经济学导论》，第383—467页。

增加五十倍。如果是这样的话，那么，全国效率，以工时为尺度，增加了大约五倍。和1810年的生产率比较，1930年每工时的财富（使用价值）生产率大概增加五倍。这种估计是使用价值的出量对社会人力的比率。

这当然是稳健的估计，但只是一种推测。首先有物质的新发明，像轧棉机，它提高了工人的产量一千五百倍。然后有能量的新发明，例如利用水力、汽力、电力和汽油；最后，人事和心理的新发明，就是科学管理。在那一百二十年内它们肯定增加了劳动的工时效率五倍以上。甚至在最近三十年中，由于运用机械力和人事管理，平均工时效率一定增加了两倍，也许三倍。

现在我们作一种进一步的发现——社会观点和个人观点的区别。使用价值是社会的财富的概念。稀少性价值是个人的资产的概念。我们的制革公司，在价格降落百分之五十以后，所有的皮革形式的社会使用价值，和在价格降落以前完全相等。可是，假使按当时的价格卖出，公司所得的货币却只有以前的一半。因此，使用价值是社会财富，稀少性价值是价格，而经济学家的“价值”是企业家的资产，是使用价值和稀少性价值的倍数。当我们说一个“富人”时，我们本能地感觉到有这种区别，可是，我们也本能地混淆了这种区别。他富有，是因为他占有大量对社会有用的物质的东西，还是因为他能从社会取得大量其他的东西呢？我们说他富有，如果他能取得其他的东西；可是，说他贫穷，如果国家的财富中真正是他的那一份不能买到很多任何的东西。这种财富的双重意义是可以分别清楚的，如果我们用生产中所需要的社会人力为财富的尺度，用货币为资产的尺度。资产是稀少性，财富是丰裕。

这就是我们所谓“资本主义”的意思，一种双重作用：为别人创造使用价值，同时又限制它的供给，以便创造稀少性价值。因此，

资本主义和马克思式的共产主义不同，①需要两种计量单位，工时和元。一种计量所创造的使用价值，另一种计量它的稀少性价值。一种是财富的尺度，另一种是资产的尺度。资本主义既是一种生产的社会，又是一种贪得的社会。资本主义不是完全贪得的，像人们用元作为计量单位时它似乎是贪得的那样。② 用工时的时候，它是生产的；用元的时候，它是贪得的。

这需要我们回头再讲生产、生产力和效率的意义的分别。生产，按照古典经济学家和他们的信徒所用的意思，有关为了适应需求而生产的数量，从他们的"生产的"和"不生产的"这些名词里可以看出。可是，生产力和效率关系生产的率，不管所生产的总额或者所需要的数额。更准确地说，效率是生产的速度。它的计量法是每工时的出产率，就是"工时成本"；生产力是这种生产率乘工时的数目。两个效率相等的厂，其中一个有一千工人的厂的生产力十倍于另一个只有一百工人的厂的生产力。③

这里有一个问题发生，就是怎样把货币计量变成工时计量。我们又是跟"平均"数在打交道。从事于生产、运输和交货的一切体力、脑力和管理的劳动（不是从事于买、卖和供给资金的劳动）的平均每小时工资，是当天的工时单位。不把其他日期的平均工资的变动计算在内，平均工时就成为一种不变的计量单位。这样，如果平均工资是每小时九十美分，后来改为每小时一美元，人们确定工时的数目时不计算工资上的变动。这是一种简单的平均，因为我们不

① 列宁和斯大林的共产主义不以货币为讨价还价的工具，而作为定额分配的工具。在他们允许自由买卖的范围内，货币才成为一种讨价还价的工具。

② 托尼：《贪得的社会》。

③ 依照下列书区别"容量、效率和生产力"的方法。斯皮耳曼：《农场科学》，1918年版。泰勒：《农业经济学大纲》，1925年版，第133页。但本书将"入量"局限于人的能量，而将前二书所谓其他能量的入量转换为人的能量的净出量。

能分别机器工人的效率和监督的效率。所有的工人都是必要的。各人都是整个机构的一部分。

"生产"的意义以前有关供给和需求的所有权经济，当早期经济学家分别生产的和不生产的劳动时，就是这种意思。在他们看来，生产的劳动是为了销售或交换而生产——效率和稀少性混淆不清。可是，效率的意义有关工程经济。工程师本身的兴趣不在于所生产的数量。他的兴趣在于生产的速率。可是，企业家的兴趣在于所生产的数量。当价格可能要跌的时候，他限制生产，或者价格可能要涨的时候，他增加生产，一方面总是要他的工程师增加生产的速度。实际上，后者是工程师的问题。他不关心价格。他的兴趣在于收入对支出的比率——获利的速度。出量对入量的比率是效率或生产力。收入对支出的比率是价格，决定于产品供应市场的速度和产品被买户吸收的速度的比例。工程师越能增加出量对人力入量的比率，他支配自然的能力越大。企业家越能增加他的收入对支出的比率，他的生产对需求的比率越小，他支配别人的能力越大。人支配自然的能力是生产力，用工时计量。他的出产是财富（使用价值）的增加。人支配别人的能力用美元计量（稀少性价值）。它是生产量对需要量的比率，产量的限制是价格、价值和资产的增加。

这种生产和生产力的混淆，使经济学家可能放弃李嘉图的人力，改用货币为效率的尺度。这混淆了生产能力和买卖能力。低价买进和高价卖出变成一种效率的定义，其实它是买卖能力的定义。后者在于利用市场上劳动和商品的相对稀少或丰裕。前者在于利用人类在农场上和工厂里支配自然势力的相对能力。如果想要对两者都应用"效率"这个名词，就应该问所指的是哪一种效率？是用工时计量的支配自然的能力呢，还是用货币计量的支配别人的能力？是讲入量和出量的工程经济，还是讲支出和收入的所有权经济？是生产中的效率，还是买卖中的有效力？

古典经济学家认为稀少性和财产是当然的。没有人会那么愚蠢，生产任何东西超过可以用有利的价格卖出的程度。因此“生产”这个名词具有生产和限制生产的对偶性的意义。这混淆了两种谋取利润的方法——效率利润，由减低工时入量对出量的比率而取得；稀少性利润，由增加收入对支出的比率而取得。货物或财富的生产，和价值或资产的“生产”，更引起了进一步的混淆。就因为这种生产的双重意义，我们分别“工程经济学”和“企业经济学”这两个名词。工程经济增加出产量，不管它在市场上的货币价值。企业经济限制和调节所生产的数量，以便维持或增加它的货币价值。两者的混淆从财富作为物资和所有权的双重意义出发。

因此，古典经济学家对于出量和收入，或者支出和入量，不加区别。这种区别隐蔽在成本和价值的双重意义里。当然，他们假设一个人的出量是他的收入。或者，如果他们看到那种区别，却没有利用它。在收入和出量的混淆背后，是那伦理的假设，假设个人的自由权和所有权权利。“在这个名词的一般意义上，”布莱克说，“人类的努力不能被另一个人所有。”[①]对现代社会来说，这种假设确是不错，可是问题是，即使在这里，人类努力的出量，在工资制度下，系被另一个人所有。劳动的出量是加在雇主的财产上的使用价值。它属于雇主，根据默契的原则，雇主在出产的取得中就对雇工负下了一种债务。事情是双重的——一种物质的程序和一种所有权的程序。物质的程序是劳动力的入量和出量，不管所有权和资产。所有权的程序是雇主的资产中货币的支出，这是工人的货币的收入，增加他的资产；当出产物的所有权转移给雇主的时候，



① 布莱克：《生产经济学导论》，第447页。

这是工人的资产中货币价值的支出，对于雇主，就成为一种收入，增加他的资产。

物质经济学家之所以不利用工程经济学和所有权经济学的分别，因而认为出量当然就是收入，其原因，如上文所说，在于他们很恰当地假设没有人会愿意工作，除非他预期所出产的使用价值成为他的使用价值的收入。他们从一个与世隔绝的鲁滨孙出发，这一点可以认为是自明的。他的出量当然是他的收入，因为没有中间的交易。可是，当鲁滨孙和忠仆礼拜五两个人工作，或是有千百万人工作的时候，出量就不是收入。问题决定于出产归谁所有。奴隶的出量是主人的收入。工人的出量是雇主的收入。工人的入量是人力。他的出量是使用价值。雇主的货币支出和工人的等量的收入是货币工资。使用价值和货币之间没有必要的或自然的关系。它们的计量标准是两种不同的制度，不能相互折合。出量和入量成反比例，作为出量的使用价值对作为入量的工时之间的比率是效率的尺度。可是，一方的货币收入和另一方的货币支出是相同的。一个是可以变化的、使用价值（财富）增加的速率；另一个是使用价值单位的可以变化的价格。

“支出”和“收入”这两个名词之所以适当，是由于它们适合于说明稀少性因支出而增加，可是因收入而减少的那种程序。它包含商品和货币的区别。如果一个所有人手里有一批存货，交出一部分给他的顾客，那交出去的部分就是他的商品支出。它减少手里商品的数量——他的存货——因而增加它对他的稀少性。可是，如果他从批发商或制造商买进一批货物，那所收进的数量就是他的商品收入，它增加他手里的存货，增加它对他的丰裕。

货币的支出和收入也是这样。他有若干货币，或是现金或是银行存款。如果他把这笔货币的一部分付给批发商，这是货币支出，减少了他所有的货币的数量。可是当他从顾客收进一笔货币、存入银行的时候，就是获得一笔货币收入，增加了他所有的存在银行里的货币的数量。

这样，支出和收入这两个名词有关个人的商品或货币的时刻变化的稀少性。它们的意义是所有权的。收入增加所有的数量，支出减少这种数量。所以“成本”这个含糊的名词必须加以辨别，作为所有权的货币或商品的支出（按它们的货币价值计算），从而减少所有的资产的价值。“收入”获得它的恰当的双重意义，作为取得的货币或商品的货币价值，从而增加所有的资产的价值。收入对支出的比率是资产的取得的速度。

因此，当经济学家把一切入量都归结成货币入量时，他们得到了混乱的结论，认为最少的成本，或最大的效率，是最低的货币成本，包括利息、劳动、折旧、修理、材料等种种因素。[①] 这种混淆是日常的常识上的混淆，对一切事物都以货币为尺度，并且是可以原谅的，因为经济科学的理论还没有吸取马克思和科学管理所用的工时计量法，还没有足够的时间来了解工程师的入量与出量的概念，跟所有权的和商业的支出与收入的概念形成对比，所以还没有充分地辨别财富和资产。一百多年前李嘉图曾明白指出这种区别，可是，经济学家们在 1845 年以后信奉约翰·穆勒，悄悄地丢掉李嘉图以劳动力为价值尺度的理论，而代以货币的价值尺度，这时候正统经济学家（有别于共产主义经济学家），已经接受了一般人的误解，把最大效率解释为最少的货币生产成本，实际上最大效率是最少的工时成本。最少的货币成本是每单位收入的最少支出；最少的工时成本是每单位出量的最少的劳动入量。



① 布莱克：《生产经济学导论》，第 391、392 页。

这一点可以再用我们前面说过的那个服装厂为例，作进一步的说明。该厂减低了缝制一套标准服装所需要的平均劳动时间，从每套十小时减到每套五小时左右。这里我们可以说劳动成本（就是工时成本的意思）减少了百分之五十。这等于反过来说，工厂的效率增加了百分之一百。

同样的话还有其他的说法。以前一小时平均劳动生产十分之一套——现在生产五分之一套。生产的增加是百分之一百。或者，以前五小时劳动生产一套的百分之五十，现在五小时生产一套的百分之一百。这是五小时内增加一套的百分之五十，等于说效率增加百分之一百。一种说法是另一种说法的反面，因为效率是一种比率，所以可能这样。如果每套的劳动钟点减少百分之五十，就是每个劳动钟点的套数增加百分之一百。两种说法相同，等于说效率增加百分之一百。

这里完全没有说到货币，或者工资、利润、价格、货币成本或货币收入。这些都是有关商品的相对稀少性的商业问题。可是，我们现在只考虑生产者的技术上的问题，关于各种生产方法的相对效率和劳动的不同程度的愿意工作的心情。“元”是买卖人的稀少性计量单位——“工时”是生产者的效率计量单位。我们用工时入量的产品出量为效率的尺度；用以美元计算的价格或工资为稀少性的尺度。我们不能用价格或工资量度效率，也不能用工时量度稀少性。 

这是生产者和出售者、制造家和商人的明显的分别。生产者或“制造家”是一个技术家、工程师、经理、工人。他的问题是怎样增加每工时入量的出量——就是，怎样增加工业和农业的效率（出量对入量的比率）。可是，当他变成出售者的时候，他就成为一个商人——买卖人。现在他的问题是价格和工资——怎样增加他所卖得的代价,或是减少他买进时必须付出的价格和工资。企业由两种方法都能获得利润——由效率和稀少性。完全作为生产者,如果经理和他的工人能增加每小时劳动入量的每小时货物出量,他们就是成功的生产者——效率专家。可是,完全作为卖者和买者,如果雇主由于收进较高价格或付出较低工资而增加他的以美元计算的净收入,他就是成功的企业家——稀少性专家。

然而,两者却是在同一的企业控制之下。这企业控制应该做哪一种活动来谋取较大的利润呢? 作为生产者或是作为买者和卖者呢?

可是,我们必须进一步辨别生产者与效率和企业与稀少性。人们往往说现代效率的大大提高是由于机器替代了劳动,并且机器排斥劳动。可是,机器并不是用来替代劳动,机器也没有排斥劳动,除了暂时地或者在价格下落利润减低的时候。事实是直接劳动转移到间接劳动。百年前需要九家农民来养活十家,包括他们自己在内。现今三家农民就养活十家,包括他们自己在内。农业效率在一百年中增加了大概三倍。实际发生的变化是六家农民从**直接**生产农产品转移到**间接**生产农产品。他们现在生产煤、铁、木材、肥料、铁路、公路、轮船、农业机器、运送货物到仓库等等,这一切间接地生产农产品。实际情况是以前九家从事于农产品的**直接**生产,一家从事于**间接**生产,现在只有三家从事于直接生产,有七家从事于间接生产。农业的效率不能以直接劳动的出产为标准,而是要以直接和间接劳动两者的出产为标准。整个国家造成了农业上提高的效率,正如农业上提高的效率解放了劳动,有助于整个国家的出产量的提高。

可是,这种说法适用于国家作为一个整体,不适用于任何特殊的农业机构。某一特殊机构从一家工具厂买来农业机器,这家厂

从其他所有人买来它的材料，并且雇佣劳动制造和运输制成的工具。那特殊农民所买进的是若干数量的间接劳动，由以前的各种工业"贮存"起来，供应给他。这种贮存的劳动由他使用，作为全国的间接劳动中他的一份，连同他自己的直接劳动，生产他的小麦的庄稼。①

这种贮存在农具、肥料和其他改良设备中的间接劳动，由于使用或陈废而损耗，必须由新的和效率更高的工具、肥料和设备来补充。若是工具等平均五年内完全损坏或者陈废，他就必须计算每年使用他从其他工业中取得的贮存劳动总量的五分之一或百分之二十。那么，为了确定他实际使用了多少劳动，他必须在每年的直接劳动的工时数目上加上他的农具、肥料和改良设备中所贮存的劳动的工时数目的五分之一。

适合这种区别的一套名词是"活劳动"和马克思的所谓"物化劳动"。农人所用的物化劳动等于他的农具、肥料和改良设备的损耗和陈废。如果它们平均每年损耗百分之二十，他就是每年使用自己手里所有的物化劳动的百分之二十。这是间接的或物化劳动的工时数，他必须加到直接的或现行劳动上去，以便确定他在生产小麦中实际使用了若干劳动。这是全国的间接劳动总量中他每年用在小麦庄稼上的一份，加在他自己的直接劳动上。



那么，如果我们仅仅用活劳动量度一个农业机构或者服装工厂的日益增加的效率，显然这种算法是夸张了的。这是一种通常的错误。我们的除数——劳动入量——必须增加，不仅要包括直接劳动或活劳动，而且也要包括间接劳动或物化劳动。

这种算法，把增加的机器的使用考虑在内，减低表面的效率的

① 参阅本书下册第9章(Ⅶ)，第5节。

增高。上文所举的服装厂的例子，效率增加百分之一百的算法只以直接的或活劳动为根据。效率的增加实际少于此数，因为新添的以新机器为形式的物化劳动没有计算在内。假使计算在内的话，直接的和间接的两种劳动的增加的效率，一定会不到百分之一百。如果每工时直接的活劳动的出产量增加百分之一百，是因为采用了物化在机器里的间接劳动，这并不意味着活的劳动的效率增加了那么多，因为，我们没有计算制造机器所需要的那额外的劳动量。拿我们的农业的增加了的效率来说，我们必须承认，以前用于现行生产的劳动有一部分被投入间接生产，构造生产钢的机器以及用于小麦的直接现行生产的农业设备。

这种由物化劳动所做的间接生产可以称为"技术资本"的作用。这种资本的数量应该用工时计量，然后作为折旧和陈废间接费用，加在生产工时上面。



我们把这样用工时计算的这种资本叫做技术资本，以便有别于以元计量的商业资本。它接近古典经济学家的资本概念，虽然更恰当地叫做"资本工具"和"财产"。

商业资本有时候被认为是工厂或农场和设备的市场价值，可是这种价值随着价格、利润和工资的变动而变动。或者商业资本有时候是投资额，可是这种数字随着股票、债券和土地价值的市场价值的变动而变动，决定于预期的利润和地租。商业资本赚得利息和利润，我们将称为财务的边际[①]。可是，技术的资本不赚得任何东西——那是出量，不是收入。商业资本的价值决定于出产的未来价格和数量，这意味着各种出产的预期的稀少性，以元为尺度。可是，技术资本的数量决定于一切劳动的过去的和现在的数

① 参阅本书下册第 9 章(Ⅶ)，第 5 节，《利润的边际》；不包括租金的原因，参阅本书上册第 8 章(Ⅶ)，《李嘉图与马尔萨斯》。

量和效率，包括物化劳动和活劳动，以工时为尺度。

因此，我们有两种不同的“间接费用”，利息和捐税营业间接费用，通称“固定费用”，和物化工时技术间接费用，通称折旧和陈废。这两种间接费用都越来越非常重要，由于全国的劳动力在所有的产业中都从直接劳动转移到间接劳动，就是，从活劳动转移到物化劳动。

这两者又是在同一的企业控制之下。国家政策使企业家应该走哪一种方向呢，为了私利，他们应该怎样指导他们的企业呢？趋向扩大商业资本，还是趋向扩大技术资本呢？这意味着，扩大固定费用中利息和惯常的利润，还是扩大固定费用中折旧和陈废呢？

还有另一种间接费用劳动，其重要性日益增加。就是“薪水生活者”间接费用。这可以叫做“活的间接费用”，不是“物化间接费用”。维持和提高产业效率所需要的一切科学家、工程师、经理、办事员、会计员、设计员、管理员、监工，是人力的一部分，简单地统称“管理”。管理的重要性日益增加，意味着劳动越来越多地从体力转移到事务的和管理的劳动。

这些无疑地增加劳动的效率，可是，如果像通常说到劳动的日益增加的效率时那样，不把他们计算在内，那就犯了两种错误。不仅仅是体力劳动增加它自己的效率。而是脑力、体力和管理的劳动合在一起增加效率。必须把它们一起计算在内，否则效率增加的推算是言过其实的，如果劳动从体力被转移到脑力和管理的工作。量度效率增加的“平均”工时，是一切体力、脑力和管理的劳动的一种均数，不管那是活劳动、活的经常劳动，或是物化的经常劳动。

在计算平均时，每一个人算作为“一”，不管是总经理或者使童，不管是男工、女工或童工。事实是，如上文已经说过，我们不知道经理的效率是不是比使童的效率较高。我们知道他得的工资较多，可是那是因为经理比较稀少，不是因为他们的效率比较高。假使他们像使童一样的多，他们的工资大概不会高于使童。这种增加了的丰裕，是今天“知识分子”的局面，并且也许是法西斯主义和纳粹主义兴起的最大因素。如果知识分子和“薪水生活者”的工资比体力工人的工资少，那不是因为他们的效率变低——而是因为他们变得比以前丰裕或是多了。关于他们的比较效率，我们只知道每个人对整个机构的有效力的运行，都是必要的。

作了这些说明以后，我们回头再讲我们的服装工厂，该厂只就直接的活的体力劳动计算时，提高了效率百分之一百。可是用活劳动和管理以及物化劳动的折旧和陈废两方面来计算，我估计了该厂的效率增加是百分之七十五，不是百分之一百。换一句话说，做一套衣服所需要的工时的比数减低到十比七又二分之一，不是十比五。这样，每工时各种平均劳动的出量增加百分之七十五是每套所需工时数减少百分之三十三又三分之一，不是减少百分之五十。这两种算法，效率都是增加百分之七十五，不是百分之一百。

在这些计算里，产品质量的提高被认为等于产品数量的扩大。因为，质量往往也能用工时计算。如果质量提高而工时不增多，就是效率有了相应的增加。如果需要相应地增多工时才能提高质量，就是效率没有增加。一套“标准”的服装是一套质量没有改变的服装，所有其他的衣服和质量上的改进都被该厂的会计员折合为和标准服装相等的工时数。这样，把质量折合为数量，从而算出该厂的效率，作为一个整体，增加了百分之七十五；或者，颠倒过来说，每单位标准产品的工时数减少了百分之三十三又三分之一。

当效率增加了百分之七十五的时候，该厂发生两种情况。服装的价格减低了，可是减低的程度不致使生产者失去他们在效率提高上的利益。工人本身的速度没有增加，因为他们的速度由于计件已经增加了，因此所增加的效率完全出于较多和较好的机器以及较好的管理。可是，第二种情况是劳动的钟点大大地减少了，每小时的工资和薪俸大大地提高了，企业的利润肯定地增加了。当效率提高百分之七十五的时候，假使服装的价格减低百分之三十三，那么服装的买户就得去了效率提高的全部利益，生产者就不会因为效率提高而得到种种利益，例如减少工作时间以及增加工资、增加利润和增加对额外投资的利息。①

## V 从流通到重复

从魁奈到二十世纪，经济学说大部分受他的商品和货币的"流通"的比拟的支配。十九世纪后期，经济学说开始接受"周转"的比拟。一个是比作"水流"，另一个是比作"车轮"。车轮的比拟保持着水流的比拟的一方面——一种比较不变的总量，由车轮的大小来代表，可是，加上另一种量，一种动力，它推动或开慢或停止那车轮，就是，改变流通的速度。丢掉物质的比拟来说，周转的意思是交易的重复率。

为了构成这种公式，需要有人为的、一种程序的开始和结束的概念，这种程序实际上却没有开始也没有结束；需要有一种总的可是变动的数量，车轮的大小，在一段时期内继续存在；需要有足够的部分的重复，它们的总和，在这期内，将等于那总的数量。用一种可以帮助了解的物质的比拟来说，它是"速度"或"周转率"，可

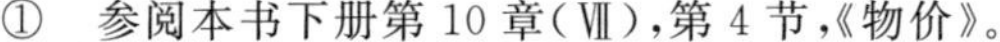

① 参阅本书下册第10章(Ⅶ)，第4节，《物价》。

是，不用比拟来说，它是重复率或者再现率。

上面所讲的这种公式不是自然的“副本”。它只是由统计的想象所创造的一种人为的解释，以便有助于控制自然或营业。在这方面，周转率，或者更恰当地说，重复率，实际上损坏了以前一种经济机械论所有的物质的类比，例如平衡、流动、倾向、循环，它们的时间因素没法量度。它给种种数理的学说，例如程序、趋势、周期、变动率、速度、迟延、预测等，开辟了道路，根据这些学说个人或联合一致的行动可以相当地控制这种程序。事实上，这种重复率的概念，已经差不多消灭了商品和快乐主义经济学家所用的一切名词的旧的意义。这种概念起源于企业的实际经营，然后由经济学家加以理论的分析。

周转这个名词似乎最初是在零售业中使用的，在那里周转率是作为销货的价值等于存货的平均总值所需要的平均时期。存货的价值是商业“资本”的一部分，销货的价值是这一期内的总收入。如果全部资本价值（包括原料和生产工具）的周转率是每年五次，那资本所赚的利润就能五倍于一个每年只能周转一次的竞争者的资本所赚的利润，结果前者就能以较低的价格或较高的利润售货。近年来这种观念已经被应用于劳动的周转，可是，我们的主要问题是把它应用于所有权的和产业的周转。周转率是重复的速度。

所有权的周转是所有权移转的率。一种相当经常的银行存款额，假设三百亿美元，在一年中完成价值七千五百亿美元的所有权移转，就是全部存款额每二十五天周转一次。这表示平均地说，全部银行款额，为了支付商品和证券所有权移转的代价，每年从存户的账上付出十二次；假使没有这个公式，货币的数量就会似乎总是经常不变，像一种流通额。这种所有权的周转率，或是交易的重复，可以区别为资产的周转。它是以元计量的，是稀少性价值的周转。

可是，技术的或产业的周转是以工时计量的。我们以前估计一百二十年中全国的效率提高了五倍，这种效率的提高是新发明和管理的结果。这些发明大多数需要大量生产工具的设备，这种工具的制造又需要很多劳动，它们是中间产品，最终的消费者必须通过它们才能得到更多的消费物品。因此，老现象以新的重要性出现——折旧和陈废。财富的总额似乎可能每年增加百分之四，可是这增加部分系由新工具构成，替代折旧和陈废的工具。旧的被新的替代的率是产业的周转，意思等于庞·巴维克的“平均生产期”。米契尔曾估计“美国人口用来工作的人造的设备，代表一种价值，等于它的赚钱者的三年至四年的努力”。[①] 既然在其他国家这种估计高到六年或七年，既然我们不仅包括设备而且也包括材料，直到送达最终消费者为止，我们不必等待进一步的调查，就可以估计材料的周转率是每五年一次。

换一句话说，如果以工时计量的出产的物质的周转是五年一次，那么以美元计量的所有权的周转就是五年中大约七十次。所有权方面的买卖的交易的速度七十倍于技术方面的速度。合法控制权移转的速度七十倍于货物生产的速度。

这种产业的和所有权的周转的双重公式，使得“运行中的机构”的概念可以实行，它具有两面，运行中的设备和运行中的业务。运行中的设备是全部固定资本和财产，可以用生产它们所需要的工时计量，这是比较固定不变的，虽然其中的部分以不同的周转率在变动。运行中的业务是全部作为资本的资产，可以用货币计量，这是比较固定不变的，虽然其中的部分由于买卖在不断地变动。所有权的和产业的周转的相互关系，运行中的设备和运行中的

① 米契尔：《商业循环问题及其调整》，1928 年版。

业务的相互关系，由于限制的和补充的因素的原则，[1]是运行中的机构。

“内部经济”和“外部经济”这两个名词有时候被用来区别一个运行中的机构的这两面。[2]可是“内部经济”结果是工程经济，有关管理的交易，生产使用价值；“外部经济”成为所有权经济，有关买卖的交易，维持或者尽可能扩大资产的总值。两者互相依赖，可是彼此不同，像效率和稀少性不同一样。

周转的比喻的其他应用可以在使用价值的意义的起源中看到。使用价值以前的意思是指从物质东西的使用中得来的快乐，因此是没法计量的，是经济学家所不采取的。可是，快乐有双重的意义，可以指对一个人全部财物的享受，也可以指享受它的一部分，例如糖或面包。一个人的全部快乐可以由于财物的丰裕而增加，从糖或面包得来的部分快乐却由于它本身的丰裕而实际逐渐减少。因此，使用价值这个名词，原来的意思指全部，后来有了部分快乐的意义，称为递减的效用，而尽可能改变和补充那递减的部分，把全部保持得比较稳定不变。

不了解这种整体对它的各部分的关系，使心理学派的批评家最初否定“丰裕增加效用递减”的原则，因为快乐显然随着丰裕而增多。周转的比喻调和其中的矛盾。作为一个整体，快乐随着丰裕而增多，同时各种不同的快乐却随着它本身的丰裕而递减，并且因此以不同的再现率重复出现。[3]直到十九世纪中叶，这种部分—整体关系才被快乐主义经济学家发现。这是周转的比喻的一种特

---

① 参阅本书下册第9章(Ⅸ)，第3节，《关键的和一般的交易》。

② 福尔曼：《效率与稀少性利益：剩余价值的经济与法律分析》，1931年，第100页。

③ 普累恩谈到“再现律”可适用于“作为再现消费收入的收益观念”，《美国经济评论》，1924年第14号，第1—2页。

殊问题。[①]

可是，递减效用的发现引起了另一种双重意义，使用价值的意义。各种商品，不管是土地、机器、劳动或食物，都受丰裕增加、效用递减的原则的支配。由于耗损、折旧、陈废和消费，它的使用价值也必然递减。两者的分别应该是明显的，可是，如果两者都用货币计量，这种分别就被模糊了。因此，使用价值或财富这个名词被赋予双重意义，既是物质的生产的程序，又是买卖的取得的程序。一种是物质的周转，用工时计量；另一种是所有权的周转，用美元计量。

使用价值和稀少性价值都决定于买户的需要。不满足需要的使用价值是没用的；如果生产量多于需要，也是没用。可是这是"无用"的一种双重意义。因此"需要"这个名词本身有一种双重意义，我们区别为"文明价值"和"稀少性价值"。弓箭已经不是使用价值，除了为了娱乐消遣。炸药和枪炮替代了它们。衬圈的女裙已经不是使用价值。贴合身材的裙子替代了它们。我们可以把这些文明价值上的变动，在发明和时式这两种意义下，分别为陈废。它们通过竞争的势力发生影响。发明创造新的使用价值，由于较高的效率或变化，使得旧的废弃无用。这些是文明上的变动，文明只是一切风俗习惯的总称。我们管它们叫文明价值，因为它们有一种心理的基础，文明上的变动是旧的使用价值的陈废和新的使用价值的发明。

构成文明的总变化的这些习俗上的变化不像那种继续存在了千百年的古老的习俗。它们可能是突然的和势不可挡的。据说卡内基[②]曾放弃一座刚刚造好六个月的价值百万元的鼓风炉，以便

① 参阅本书上册第 5 章(Ⅲ)，第 2 节。

② 安德鲁・卡内基(1835—1919 年)：美国垄断资本家，号称"钢铁大王"。——译者

代以新发明的连续生产法，把铁矿砂连续制成钢，不让它冷却下来作为生铁。以前的习俗在六个月内已经陈废，所有他的竞争者都不得不采用新的习俗，否则在产业中就不能立足。

在陈废以外，使用价值又由于折旧而减少，可是稀少性价值却由于丰裕而减少。折旧有种种不同的名目，按照使用价值的性质而定。它是机器的磨损，地力和其他天然资源的消耗。这是使用价值的逐渐“用光”，必须由人力加以补充。这种折旧、陈废和再造就是技术的周转的意义。

我们还是和平均数打交道。周转的率或速度是整个机构或全国的平均率。因此它可以被分为不同部分的许多各别的周转率，这些构成整体的平均率。人们用来表示这种区别的古典的和通俗的名词是流动资本和固定资本。流动资本是原料、半制成品和停止流动的制成品，因为它们已经到了最终消费者的手里。固定资本是地力、建筑物、机器、公路、桥梁等等。

可是，这样的分别不完全适合那程序。没有什么固定资本。一切都在流动，可是周转率不同。贮藏室里的一堆煤暂时是“固定的”。根据它的多少和在本机构里的用途，由出量加以消耗，由入量予以补充，它的周转率也许是每年十二次，或者每月一次。所有其他的流动资本物品都是这样。可是，建筑物或机器，由于折旧和陈废，可能需要在一年、十年、二十年或三十年中加以补充或更换。它的周转率也许是每三十年一次，或者大约每年百分之三。其他的固定资本也是这样。固定资本，由于折旧和陈废，平均周转率也许结果是十二年一次，或者每年百分之八。

折旧或陈废这一重要事实，在固定资本和流动资本的一般区别方法中——以及老派经济学家的区别方法中——受到了隐蔽。许多业务很好的合作化的电话公司，由农民自办并且对社员取费低廉，到了它的虚幻的“固定”资本由于折旧或陈废必须更换的时候，突然发现自己破了产。有些州郡往往发行期限三十年的债券来建筑可以维持十年的水泥路，然后又必须发行一次三十年期限的债券，为了另一个十年的周转。最后，那条路负担的债务三倍于该路的成本。往往有些公司付给很高的红利，而它们的财产却在折旧或是快要陈废，然后又发行债券或者新股票，错误地认为可以利用新资本来扩大他们硬说是兴隆的业务。

所有这种情况，他们的措施普通称为“将本付利”。可以更正确地说是付给红利而不结合着新发明来维持或提高效率。如果机器等设备的平均周转率由工程师发现是十年，那就必须设法从红利中每年扣出全部设备价值的百分之十。否则，红利就是从资本中付出，而不是从销货所得中付出的。铁路和公用事业公管的一项重要结果，是禁止这种“将本付利”的办法。这是大企业的所谓“资金周转法”的欺骗手段之一，可是只是金融家利用人们对于“固定资本”的错觉，一般地不了解资本设备的急速的周转。

另一方面，现代大公司组织的一项显著的优点是它对“折旧准备”的规定，以及董事会在公司有超额赚得时拒绝宣布超额的红利，而在折旧准备以外设立一种“公司盈余”，然后宣布所有权的“股份股利”，抵作为每年收益的年股利。我们将用“利润的垫层”①这个名称考虑近来的这种现象。

因此“固定资本”的周转等于折旧和陈废率。由于现代机器的高速度，特别是由于新发明而造成的陈废，机器里所包含的劳动工时，可能很快地用光。因此，如果仅仅用活劳动的工时为尺度，效率的增加是言过其实的。在上文所举的一个服装厂的例证中，

① 参阅本书下册第9章(Ⅶ)，第5(7)节，《利润垫层》。

活劳动的效率在十年中增加了百分之一百，或者，颠倒过来说，劳动入量减少了百分之五十。两者说法都有夸张。新的和改良的机器被采用了。夸张的程度决定于固定资本的工时量以及折旧和陈废率。我们仿效马克思的说法，把这种物化劳动和它的折旧率叫做用工时计量的“物化间接费用”。

这样，根据周转的比喻，我们把马克思的以工时计量的“不变的与可变的”资本改成一种运行中的设备，它的量值是那反复发生的可是会变化的劳动入量和财富出量。马克思的“可变资本”成为仅仅是劳动入量对劳动出量的可变的比率，这是设备的变化不定的效率。“固定”资本和流动资本（材料）合并成一种单一的平均周转率的概念——把自然的物质能量变成一种有用的出量那种活动中的平均周转率。设备的变化不定的效率是在固定资本和材料用完的平均时期内的总出量跟活劳动和物化劳动的比率。

这样，我们就能区别并且计量财富增加的程序和资产增加的程序。财富的增加是由于增加出量对入量的比率，资产的增加是由于增加收入对支出的比率。如果服装的套数（财富的出量）每工时增加百分之七十五，这效率的增加就是那种形式的财富增加的率。

一个农民的联合收割机、打谷机和装袋机，以工时计量，成本低于他从前所用的分开的马、收割机和打谷机；可是两个人每小时所打出的小麦多于从前二十个人的产量。效率利用积累的过去的脑力和体力，减少现在所用的人力。可是在专利权满期以后，没有人继承脑力上的财产权利。因此计量技术资本的量值所需要的工时，仅仅是创造此项资本实际所使用的工时。

由于对这些交易关系的误解和错觉，所以财富的周转和资产的周转的区别十分重要。它牵涉到资本这个名词的一种双重意义,它的技术上的意义和所有权上的意义。一种从前被叫做资本,另一种是资本化。可是资本化被企业家叫做资本。这是资产的意义的资本;另一种是财富的意义的资本。一种是稀少性价值,或者预期的收入;另一种是使用价值,或者预期的出量。这种混淆起源于采用同一个计量单位“美元”。美元本来是企业家的资本数值的尺度,这是资产(稀少性价值);现在又用作社会意义的资本数值的尺度,这是财产(使用价值)。固定资本和流动资本,用工时计量的时候,都是财富;出量对入量的比率的提高是效率增加。在用元计量的时候,两者都是资产和负债;和支出对比时,收入的速度增加,是企业的资产增长的速率增加。

## Ⅵ 能力和机会

### 1. 物质的和法律的占有

因此,我们得到能力和机会的区别。能力是行为的能力。机会是有限的可供选择对象,人们在行为中对它们进行选择。可是,能力向两方面发生作用,控制自然和控制其他的人,可以分别作为生产的能力和买卖的能力。因此那有限的选择对象是自然的机会和所有权的机会。

这种区别,虽然很明显,在经济学说中却被财富的双重意义所隐蔽:财富的意思,我们以前说过,既指物质的东西又指它们的所有权。可是,所有权这个名词因此也被赋予一种双重意义,既指物质上的占有又指法律上的占有。这种双重意义,布莱克使用如下:

“我们的许多欲望肯定与东西的所有权有连带关系,而不一定有关那东西本身的某种特性。在许多的时候，必须有所有权然后那东西才能适当地满足我们的欲望。拿衣服、牙刷或者可以放在膝上玩的小狗来说，没有人会不同意这一点。对于土地、房屋、汽车、书籍、图画、乐器，在很大的程度上也是这样。因此，占有实在必须被认为是一项第四条件，①决定一物满足欲望的能力。这种分类也可以适用于服务，和适用于物质的东西一样。”②

这里，所有权和占有这些名词被用于两种意义，那可以分别为物质的意义——把持着自然的物资，供自己在生产或消费中使用；以及所有权的意义，这在经济上恰恰相反，就是有权利排斥别人，不让他们取得他们所需要可是不占有的东西。③我们不能悄悄地在街上走过去或是走到邻人的田里，拣取我们为了生产或消费所需要的无论什么东西。我们必须和所有人谈妥条件。因此，占有的双重意义，像经济学里所用的，是物质上的控制和法律上的控制。在取得物质上的控制以前，人们必须谈妥法律上的控制。

这似乎是物质的和快乐主义的经济学家的疏忽。他们的意思总是指物质上的占有，不是指法律上的占有。这包含在他们把财富作为物资和所有权的双重意义里。可是，假使经济学家不事先取得法律上的占有，就企图生产或消费，他一定会吃官司。如果我们事先取得法律上的占有，那么，由于物质上的占有，我们就有机会增加财富的生产或消费。由于法律上的占有，我们就有能力排

① 他认为还有三个条件，即形式（包括物质），地点和时间。

② 参阅布莱克：《生产经济学》，第29页。参阅本书上册第8章（Ⅸ），《门格尔》，论及同样的双重意义。

③ 所有权和占有之间技术性的法律上的区别对于这里所研究的经济意义并不重要。两者都是指有权利不让别人不取得所有人或占有人的同意就进入（就是使用）财产。因为这种法律上的区别，我们使用“法律的控制”这比较总括的名词，意思是法律上的所有权或者法律上的占有。

斥别人，以及通过买卖，进行所有权的转移。物质的占有是持有，法律的占有赋予持有或把持不放的权利。一个是从自然的力量中选择的机会；另一个是从许多买户或卖户中选择的机会。

实际上，根据这种区别，我们不仅辨别物资和所有权，而且也辨别财富和资产，财产和财产的权利。财富是使用价值，由脑力、体力和管理的能力添加到否则无用的自然原料上面。可是，假如自然的物资非常丰裕，像空气那样，可以随便取得，它们当然就没有稀少性价值，也没有人会那么傻，要独自占有它们，作为自己的财产。空气虽然是一切自然物资中最有用的东西，却由于丰裕而没有价值，因此没有人要独自占有它。可是，假使空气变成稀少，像北方人工取暖的热空气或者南方人工降温的凉空气，或是无线电讯的波长，那就发生冲突的所有权的要求。甚至设立了一个无线电委员会，专管把有限的波长配给个人专用一个时期。波长是财富，可是法律上的占有是资产。

因此，我们区别财产和财产的权利。财产是有权控制稀少的或者预期会稀少的自然物资，归自己使用或是给别人使用，如果别人付出代价。可是，财产的权利是政府或其他机构的集体活动，给予个人一种专享的权利，可以不让别人使用那种预期稀少、对于专用会造成冲突的东西。这样，财产不仅是一种权利，而且是权利的冲突，可是财产的权利是管理冲突的集体行动。

当然，我们在这里区别分析和辩解。分析是讲稀少性、财产和财产权利的关系。对财产权利的辩解是为了维持或改变财产权利而提出的理由。这种辩解我们现在不管。分析的目的是要说明“占有”的双重意义。它在物质的意义上是控制自然力的能力。在所有权的意义上，它是集体赋予个人的能力，使个人能不让别人侵犯个人有权留归自己使用的东西。在一种意义方面，它是效率的必要条件；在另一种意义方面，它是买卖的能力的必要条件。①

## 2. 选择

可是，不管就哪一方面来说，能力总是归结为选择，选择是在稀少的机会中进行选择。在物质的意义上，选择是在自然的或物质的机会中进行选择。在所有权的意义上，选择是在不同的买户、卖户、借款人、贷款人、工人、雇主、出租人或承租人等等中间进行选择。是在所有权的让与和取得之间进行选择。在物质的意义上，选择有关于增加对自然力控制的能力。在所有权的意义上，选择有关于增加对别人控制的能力。一种是相对的效率，另一种是相对的稀少性。

在占有的物质意义方面，财富的生产或消费是通过在自然的机会中进行选择而实现。布莱克说，"选择"是一种"生产的形式"。布莱克的说法正确地把消费包括在他的生产的意义以内，如果我们所谓选择，意思是选择的行为，而不仅是对可能的机会作主观的估价，结果产生行为。

> "在吃能开始以前，"他说，"必须先决定或选择吃什么。……选择的对象可能是商品生产或者服务生产中所使用的物品或服务。……没有疑问，这些都是生产。可是为自己选择食物、衣服或娱乐同样肯定地是生产。"②

如果我们要研究怎样那选择的行为能生产财富，就必须比较仔细地考察在不同对象中进行选择的意义。它是一种方向和力量的选择，我们用这种方向和力量来使用我们的人力——脑力、体

---

① 财产和财产权利的分别，引申自麦克劳德的理论，参阅本书下册第 9 章(I)，第 3 节，《财产和财产权》。

② 布莱克：《生产经济学》，第 41 页。

力和管理的能力。根据这种意义来说，每一个选择，在它对自然物资发生作用的各方面上，是三重的。在选择的那一刻时间，它是履行、避免和克制，可以从下面的图式中看出。①

**选择的图式**

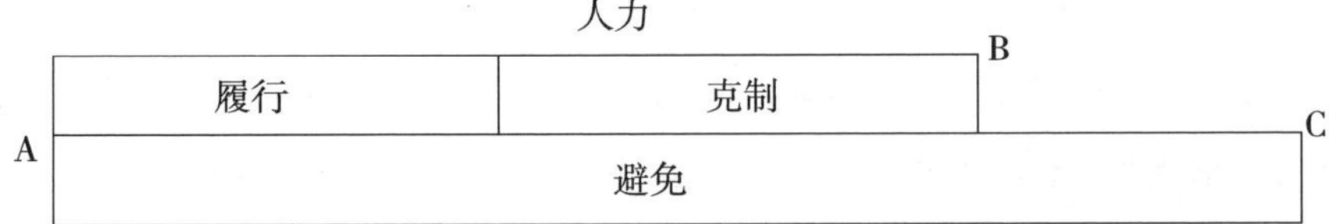


在一个方向，AC，人力或是控制自然力的能力，可能被认为大于在另一个方向，AB。可是，在那个方向，施展一个人的能力，被认为没有用。因此在两者之间作出选择。一个方向的放弃，我们称为“避免”；另一个方向的采取，我们称为“履行”。

可是，只有在危机的时期或者极度紧张的时期，“履行”才等于那个方向的全部人力。实际履行和可能履行之间的差额，我们称为“克制”。因此每一个选择是一种双重的可能对象的选择，“履行”的选择既受“克制”的限制，又受所“避免”的较次的一个对象的限制。履行是推动当时可供选择的因素之一的实际努力。避免是舍弃那些认为无益于所抱的目的的其他因素。克制是履行所做到的程度，不发挥全部可能的能力，而由意志力加以限制，因为发挥的能力太多，反而会达不到目的。

因此，每一个选择有三重的限制。第一，能力，就是**可能的**能力，不管是管理的或者身体的能力，都受着脑力的见识的指导。第二，使用多少力量的选择，就是，发挥较大或较小程度的力量，这时候履行少于那个方向中可能的能力。第三，方向的选择，就是，在一个方向履行而避免其他的方向。

① 康芒斯：《资本主义的法律基础》，第69页。

虽然这样完全归结于实际的人类能力的大小，我们还是有一种意志的指导，所以选择是生产的。我们称为“行动中的意志”。那是控制自然力量起作用的方向，决定人类力量在实行中使用到什么程度，克制过分的、不必要的使用，并且避免用在其他的方向。所以，选择是生产的，因为它是履行、克制和避免。

这种选择的行为的分析，使限制的和补充的因素的原则富有意义，作为财富的生产中对管理的交易的指南。如果精明的话，我们选择一种“履行”，受着“克制”的限制，根据当时当地的限制的因素，而暂时“避免”补充的因素，[1]尽管以后这些因素可能陆续被选为一时的限制的因素。这种对自然力的限制的和补充的因素进行选择的程序，我们区别为自然机会的选择，或者财富的生产。

然而，对于合理的、习惯的和偶然的选择，必须加以辨别，像布莱克所辨别的那样。[2]实际所作的选择也许不是真正限制的因素，若是那样的话，气力就浪费了。合理的或科学的选择（有别于习惯的和偶然的选择）所做到的程度，我们称为“及时”。它的范围是脑力和管理的能力。这方面的能力各人大不相同，而在纯粹体力劳动上达到最低的程度。因为“及时”是所用的人力发生效力的程度，由于所选择的可以变化的限制因素在时间、地点、形式和数量上都很正确。



因此，人们在自然的物质力量之间进行选择的三种限制的或关键性的因素，是人力、机会和及时。人力是脑力、体力和管理的能力。机会是自然力量中的限制的和补充的因素。及时是在正确的时间、地点、形式、数量和人力使用程度下履行、克制和避免。这种工程的选择的程序特别存在于管理的交易中，但它的原型是鲁

---

① 参阅本书下册第9章（Ⅸ），第3节，《关键的和一般的交易》。

② 布莱克：《生产经济学》，第41页。

滨逊，他只考虑物质的占有。用最高可能的效率作为尺度，它是在现有的能力、自然机会和对时机的判断等一定条件下所能做到的最小的工时入量或最大的使用价值出量。在对自然力的控制上，从这些方面选择的结果，我们称为效率。

可是很奇怪，这种多方面的选择在经济能力或者相对稀少性的范围内也存在，那是占有的所有权的意义。这里买卖的或讨价还价的能力的不同方面也是履行、避免、克制。我们称为“经济的或所有权的机会”，因为它们是提供机会的相对稀少性，而其他的是“物质的机会”，在那里相对的效率提供机会。机会是客观的一面，它的意志的一面是能力和选择。机会的选择的分析逐渐地才进入经济学说，虽然人们向来总认为是显然的，因此不需要研究，在这里我们将试行区分它的发展的阶段。因为机会的选择是价值的法律上的意义，不同于物质的生产成本的概念和快乐主义的苦乐的概念。

## 3. 机会

（1）服务的成本和产品的成本——在庞·巴维克对悉尼耳的节欲论的批评中①，开始了晚近的“效用成本”和“机会成本”的理论，后者的意义我们发现等于司法上的合理的服务成本的理论。庞·巴维克用快乐主义的说法，所谓从物质服务得来的快乐，就是，“效用成本”——这种说法我们很容易把它变成所有权的货币的说法，或者“机会成本”。

他区别两种幸福的损失，一种“正的”，在这里“我们使自己受到正的实在的损害、痛苦或麻烦”；一种“负的”，在这里“我们不取得否则可能得到的一种快乐或满足”。这种二中择一所避免的一面

① 庞·巴维克：《资本和利息》，1884年版，引文根据英译本1890年版，第275页。

是他的效用成本。

这两种量度成本的方法不是累积的。两者不能相加。它们是二中取一的选择。庞·巴维克说,“既然在今天的经济生活中,我们有无数的可能的途径,把我们的工作变成收益,”用劳动痛苦作为量度牺牲的标准,“差不多决不会实现”。现在“我们在绝大多数的情况下,不用工作的痛苦计算,而用我们所放弃的利润或利益计算”。①

这样,他改变他的经济哲学,从悉尼耳的节欲和稀少的经济,改变到丰裕的经济,人们只是在较大和较小的快乐之间进行选择。这一原则的普遍性没有疑问。我们选择较大的快乐而不选择较小的快乐(有些变化以后再讨论)。我们获得一种快乐的剩余。

这种放弃了的利益,庞·巴维克称为“负的成本”或“效用成本”那种自相矛盾的名词,而对于亚当·斯密和悉尼耳的牺牲、痛苦或麻烦,称为“正的成本”。然而,“正的”和“负的”这两个名词用在这里的意思和数学上的正负不同,因为在这里的意思显然是指在不同快乐之间进行选择那种意志的意义,所以我们用他的避免了的快乐的“效用成本”这个名词,和古典派的“正的成本”或正的痛苦作为对比,如果正的快乐的“收入”和正的痛苦的“支出”相抵冲的话,正的成本或痛苦产生净收入的观念。可是,如果所避免的快乐和所取得的较大的快乐相比较的话,效用成本的概念产生“剩余”的观念。

当我们从庞·巴维克的讲物资和快乐的自然经济转移到一种货币社会的所有权经济时,这一点会显得更普通。在这里每一种东西都归某一个人所有,个人必须先和所有人谈妥,然后才可能利用自然。因此我们把“效用成本”这心理的说法变成“机会成本”这

① 庞·巴维克:《资本和利息》,1884年版,引文根据英译本1890年版,第284页。

金钱的说法。这里，活动不是物质的，而是行为的。这里的行为是同意转移法律上的控制，①从而结束谈判。机会成本起源于有很多的卖的机会可以选择。这样，在我们的买卖的交易的公式里②，卖户S有两个机会可以卖给两个竞争的买户。他不能在一次交易中卖给他们两个人，因为在每一笔交易中，他只求售一种商品，不管怎样大小，因此他必须在两个买户之间选择一个。买户B出价一百美元，可是买户$B^1$只出价九十美元。如果卖户S不能诱使买户B出价多于一百美元，那么，S接受一百美元卖出他的商品，从而放弃$B^1$所出的九十美元。对S来说，这九十美元是他的机会成本——意义是“负的”，甚至似是而非的，因为它不是一种实在的支出的意义的成本，而是他所避免的、在现有的可以用钱购买的丰裕的物品中一种较小的份额。

可是S的正的成本也许是八十美元，这个数目他在以前的一次交易中以买户的身份付给一个卖户。因此“机会成本”和“正的成本”不是累积的。实际上它们是正的支出和可能的收入之间的差额。买户$B^1$代表S所有的可以卖货的一切所有权机会中第二好的一个机会，而买户B代表当时一切所有权机会中最好的一个。因为这个缘故，我们叫它机会成本。



因此，我们得到一种“剩余”和“净收入”应有的分别，可是通常人们不加辨别。净收入是S在两次交易中的总收入（从B处收到的一百美元）和他的总支出（付给以前一个卖户的八十美元）的差额——在这个例子里是二十美元。可是，在这个例子里，剩余是一次交易中两种总收入的差额，就是，B愿给S的收入一百美元和$B^1$愿给的另一种较少的收入九十美元的差额。在这个例子里，剩余是十美元。

① 参阅本书上册第2章（Ⅱ），第2(11)节，《谈判的心理学》。

② 参阅本书上册第2章（Ⅱ），第2(1)节，《买卖的交易》。

剩余和净收入不是累加的，若是累加就会是三十美元了。它们是两种量度价值的方法，一种用成本，一种用机会的选择。

若是“剩余”的时候，那剩余收入十美元是一种“不劳而获”的收入，或者“准地租”，起源于选择的自由，不费任何成本，在两种所有权机会中选择一种，这两种机会由同一时间同一市场上的两个所有人B和B[1]代表。可是，净收入是那二十美元的差额，是在不同时间两个市场上一笔正的支出八十美元和一笔正的收入一百美元之间的差额。换一句话说，剩余是在一次交易中两种售货机会的差额，可是，净收入是两次交易中正的支出和正的收入之间的差额。

我们将看到，法庭的合理的服务成本的概念系根据这种剩余的多少而不是根据净收入，系根据它作为机会成本的大小而不是根据正的成本。再说，这种区别，数理经济学家在他们对统计在理论上的运用中，才开始了解。①

然而，为了保持这种区别，必须有一种名词来表示正的成本，并且辨别它和机会原则的服务的成本。我们将称为“产品的成本”，而机会原则的概念是“服务的成本”。产品的成本是古典派的或者痛苦的成本观念，作为正的货币或痛苦的支出，换取正的货物或快乐的收入。可是，服务的成本是意志的避免了的另一种可能的收入，因为个人是受着限制的，不能同时有两种收入，因此选择较大的一种。因此，产品的成本是支出，可是，服务的成本是放弃了的另一种可能的收入。一切买卖实际上根据两者择一的收入或是服务的成本原则在进行，产品的成本只是“目标”中的一项因素，这种售价的目标，卖者尽可能争取达到。

最先陈述这种机会成本观念的，是格林和戴文波特。②戴文

---

①　摩滕在下书所作附录。伊利斯：《糖税》，罗利基金出版物，1932年12月版。

②　格林：《痛苦成本和机会成本》，《经济学季刊》，1894年第8号；戴文波特：《价值和分配》，1908年版；《企业经济学》，1913年版。

波特认为，格林虽然“第一个明确地陈述这种理论”，可是，他不是“第一个加以有系统的应用”。这一点由戴文波特做到了，他仔细地考查了古典派和快乐主义派的主要经济学家的学说，读者可以参考他的著作《价值和分配》一书。他发现庞·巴维克和奥国学派曾看出这种原则，可是没有“毫不犹豫地”加以坚持；后来个别的经济学家也曾说明或暗示这一原则，他们用了“排出成本”、“准地租”以及特别是马歇尔的“替代”成本。

我们依据戴文波特的详尽的分析以及和旧派理论的对比，把他的说法归结为前面所讲的那种交易的公式，仍然用他的名词“机会成本”、“分配的成本”或者“分配的份额”。这些名词十分恰当地说明每一个买卖的交易中发生的主动的选择过程。每一个卖户所选择的是许多买户愿意以货币形式付给他的种种不同数量的一部分社会总产品之中最大的一份。这一份代价可以叫做他的“分配的份额”，就是他接受的那一份。然而，在作出选择的时候，他放弃第二高价的买户所愿意以货币形式付给他的仅次于最高价的那一部分社会总产品。这是“分配的成本”，差不多等于替代成本、排出成本或者格林和戴文波特的机会成本那些概念。“分配的份额”是有权取得的一份社会产品，他实际收到作为“货币收入”的购买力。机会成本是可以取得他所放弃的那较小的一份的权利，因此这一份成为一种“成本”，从意志的意义来说，这是为了取得那较大的一份而放弃了的较小的一份。两者的差额是一种准地租、一种剩余、一种不劳而获的收入，得来不费成本，只费选择，可是作为组成部分之一，有助于增加他的净收入。

（2）服务的价值和产品的价值——可是，如果个人由于有机会在两种总收入中选择较大的一种，而获得一种剩余，增加他的净收入，那么，难道他不能由于有机会在两种总支出中选择较小的一

种，也增加他的净收入吗？我们在凯雷从1837至1847年的作品中找到这种分析的开端。他的分析被巴斯夏在1850年拿来加以宣扬，巴斯夏并不声明来源，甚至在文字上和例证上都不加改动。① 他们两人实际所做的工作是回溯到亚当·斯密的"省免的劳动"，按斯密的意思，这就等于"劳动成本"和"所支配的劳动"。② 他们两人都用斯密的"省免的劳动"的概念来推翻李嘉图的成本和地租的学说，可是，凯雷用它来支持保护税则，而巴斯夏用它来驳斥无政府主义者普鲁东和支持自由贸易。

凯雷和巴斯夏采用"服务的价值"这个名词来区别他们的"省免的劳动"的意思。我们考查了美国法院和买卖人的价值理论，发现这完全是他们的"价值"的意义。法律上的和资本主义的价值论是一种"省免的劳动论"，因而在古典或正统派经济学的"正的"成本价值论里不存在，在他们的共产主义、无政府主义、快乐主义或者非正统的信徒和反对者的理论里也不存在。

然而，"省免的劳动"是货币或货币价值的一种人化，那法律的一资本主义的理论是一种货币价值的理论。凯雷和巴斯夏撇开货币不谈，以便达成他们的"省免的劳动"的概念，可是，他们又把省免的劳动变成省免的货币。因此，我们说明他们的学说的来源，就是在说明法律上的和资本主义的价值论。然而，我们发现他们的理论包含在我们的交易的公式里，在那里显然是一种意志的、有关

---

① 凯雷：《政治经济学原理》，1837年版；《过去，现在与将来》，1847年版；巴斯夏：《经济协调论》，1850年版，引文根据《政治经济学的协调》，英译本1860年版。参阅凯雷对优先权的要求：《社会科学原理》，1858年，第1编第iii页。引文根据1868年版本。以下两书曾核实凯雷的要求。吉德与里斯特：《经济学说史》，英译本1913年版，第327页；汉尼：《经济思想史》，1911年、1930年版，第304页。

② 参阅本书上册第5章（Ⅲ），《劳动痛苦、劳动力、省免的劳动》。

机会的选择的理论。

巴斯夏，和凯雷一样，从一种和庞·巴维克相反的社会哲学出发。巴斯夏不谈机会的丰裕，从中我们选择最有利的机会，因而不管牺牲的痛苦；他从机会的稀少出发，因此也是从牺牲的痛苦出发，从中我们选择痛苦最轻的机会，并且不管正的货币或快乐的收入。他说得很对，这是由于普遍的稀少的法则，就是，欲望超过供给，因此需要劳动来生产供给。可是，既然劳动是讨厌的，产品的价值，对于在交换中取得这些产品的买户来说，不是按照他自己在生产中的劳动成本计算，而是按照假如他不向别人换取而自己从事生产所必须花费的劳动计算。因此，它们的价值是以亚当·斯密的省免的劳动为尺度，不是以李嘉图的劳动成本为尺度。他用劳动的形式来说，其实可以用货币的形式来说。

> "……价值，"巴斯夏说，"不必一定和作出服务的人所实行的劳动成比例，"像李嘉图以及后来马克思和普鲁东的劳动成本学说那样"而可以说是和取得这个价值的人所省免的劳动成比例。这种一般的价值法则，据我所知道的来说，没有受到理论家的注意，然而实际上普遍地流行。……它的原则和基础大半不在于自己服务的人的努力，而在于被服务的人所省免的努力。"①

因此我们可以把巴斯夏的"主观的价值"叫做一种"负的"价值，或者用矛盾的名词来说，一种"反效用"价值，就是另一种较重的痛苦的避免对自己的价值，正如庞·巴维克的负的成本或"效用成本"是自己由于放弃另一种较小的快乐而牺牲的成本。改用货币的说法，用专门名词来说，这是一种"反机会价值"，等于法律上的概念（也就是凯雷和巴斯夏的概念），服务的价值。

① 巴斯夏：《政治经济学的协调》，英译本1860年版，第114页。

这和一般所谓"障碍价值"的意义是相同的。障碍价值是一个人为了消除一种正在减少他的财产的价值的障碍,而付给另一个人的代价。这个名词已经获得法律的承认,从而否定了一种"好感价值"的要求。①

我们已经看到,这种专门术语上的反机会的价值,或者一般所谓障碍价值,是"分配性的"而不是负的价值的意义。它是由于有机会选择一种对别人较小的支出因而避免了一种较大的支出,对自己的价值。如果必须付出代价换取这个机会,那是一种障碍价值。这种情况可以在买卖的交易的公式里看出。②

在我们的公式里,买户 B 或 B[1] 有两个可以选择的对象。他可以用一百一十美元从 S 购买或者用一百二十美元从 S[1] 购买。作为一个买户,要从仅有的两种讨厌的对象中进行选择,他选择讨厌的程度较轻的一种,付给 S 一百一十美元。那差额就是一种障碍价值。这个一百一十美元的卖户因此对他做了一种服务——这种服务使他免于采取那次一级的更坏的对象,或者障碍,付出一百二十美元。服务的量值是因此而"省免了的"剩余,就是十美元,有助于增加他的净收入。这十美元是他必须付给 S[1] 的障碍价值,如果不能买得 S 的商品。在后一种情况下,它不是"非劳动收入",而是一种不劳而获的"节余",一种"准地租",起源于没有成本的自由权,可以在两种正的成本(支出)中选择较小的一种,这种成本是法律制度使他必须付出的代价,换取他所需要的可是供给有限并且属于别人所有的商品。

就是根据这种"两害相权取其轻"的概念,法院建立它们的"服务的价值"和"障碍价值"的概念。可是,例如在那另一种情况下,有两种价值的意义,预期的货币收入的正的价值或避免一种较高



① 参阅康芒斯:《资本主义的法律基础》,第 202 页。

② 参阅本书上册第 2 章(Ⅱ),第 2(1)节,《买卖的交易》。

的货币支出的负的价值，我们又需要一对名词来保持这个区别。就是“产品的价值”和“服务的价值”。产品的价值是古典派和快乐主义派的价值观念，作为正的货物或痛苦的支出所换得的正的货币或快乐的收入。可是，服务的价值是意志的避免了的较高支出，或是不能避免的障碍价值，因为个人的力量有限，不能同时忍受两种支出，因此选择较小的一种，或是付出障碍价值，如果他没有其他办法的话。这样，产品的价值属于收入，服务的价值属于另一种较高的支出。产品的价值是净收入的一项因素，另一项是产品的成本。可是，服务的价值是另一种意志的剩余，其他一种是服务的成本，两者都增加净收入。

这种服务的价值的概念在经济学说里不是什么新的东西——而是李嘉图的国际贸易中“比较成本”论的一种新的名称和新的应用。李嘉图曾说过，“在一个国家里调节商品的相对价值的同一法则，不能调节两个或更多国家之间交换的商品的相对价值[①]”。凯雷根据李嘉图的这“两种法则”建立他自己的保护税则的理论，跟李嘉图和巴斯夏的自由贸易相反。他说，在一个国家里，像美国实际的劳动量可以作为相对价值的尺度，像李嘉图所说的那样，因为一切劳动具有“相等的能力，支配自然的服务。纽约或费城的两个木匠的产品一般地能交换两个泥水匠的产品”。法国、英国或印度国内不同地区不同劳动者的产品也是这样，也是大致相等，按国内的劳动时间的比率互相交换。

可是，在国外贸易中却不是这样。“波士顿的一个劳动者的时间在价值上差不多相等于匹兹堡、辛辛那提或圣路易斯的另一个劳动者的劳动；可是，对一个巴黎或哈弗尔的劳动者的时间，就不

① 麦卡洛克编：《李嘉图文集》，1888 年版，第 75 页。

会给它同样的价值。……意大利人民一年的劳动，所得的价值不及英国人民半年的劳动①。"凯雷的这种说法是李嘉图的比较成本学说。

然而，如李嘉图在赞成自由贸易时所说，国外贸易是有利的，因为每一个国家输出它自己的劳动效率比较高的产品，输入自己的劳动效率比较低的产品。这样它节省本国高成本产品所需要的劳动，可以用来生产本国的低成本产品，供给出口。从这种学说不过再进一步，就像凯雷所说的，外国人的服务的价值的尺度就是国内"节省"的劳动量，这笔劳动否则需要用来生产输入的那些货物②。这种在两种劳动成本中选择较低的一种的观念，凯雷和巴斯夏加以扩大，成为一种普遍的价值法则，在国内和国外贸易中都能适用，因此，把李嘉图和马克思的实际劳动成本作为价值尺度的学说变成李嘉图的比较劳动成本作为价值的尺度，以及斯密的"省免的劳动"作为价值的尺度。由于称为"服务的价值"，用避免了的较高劳动成本为尺度，而不称为"产品的价值"，用它自己的劳动成本为尺度，他们把它作为一种普遍存在的东西，虽然李嘉图只看到它在国外贸易中存在。可是，这服务的价值把整个的价值概念从古典学派和共产主义的实际劳动成本改变到一种竞争的、在各种成本中选择的较低的成本。

很奇怪，戴文波特非常杰出地发挥了那机会成本理论，却没有同时发挥这种"反机会价值"的对偶的理论。可能是因为，像大多数经济学家那样，他认为凯雷和巴斯夏是文不对题的怪物，不加研究，因而只注意古典派和快乐主义的经济学家。他认为"反机会价

① 凯雷：《社会科学原理》，1868年版，第1编，第155页。

② 凯雷，在他早期的理论中，是一个自由贸易论者，可是后来他看到这种价值学说会支持保护税则，抵制外国的便宜的劳动。

值”的概念只是“竞争”。可是那另一个也起源于竞争。戴文波特却利用了凯雷的一项贡献，这是一切经济学家所立即采取的，就是，他用“再生产的成本”替代老派经济学家的“生产的成本”，[①]不过，他对这一点并不特别注意。实际上，凯雷的“再生产的劳动成本”是一种完全新的概念，不是仅仅等于而且相反于李嘉图和马克思“生产的劳动成本”。它根本不是一种劳动成本论，而是一种普遍的有机会从两种可能的劳动成本中选择较低的一种的学说。可是，经济学家和法院一般地加以接受，而不注意其中的差别，正如亚当·斯密没有注意劳动成本和省免的劳动的差别。然而，像一般使用的那样，它变成一种空想主义的意志的选择的概念，在想象中构成的一种“理想的类型”，[②]就是假使有自由竞争一定会发生的那种价格，不管以前的实际的生产的劳动成本，像李嘉图显然主张的那样。然而，它的普遍性是没有疑问的，在变成经济理论的根本单位买卖的交易的公式时更是显而易见，在这个公式里，竞争的四个参加者致力于选择，不仅作为卖户要选择两种总收入中较大的一种，而且也作为买户要选择两种总支出中较小的一种。

这使人想到戴文波特何以会忽略反机会价值的另一种原因。这是由于他始终不能利用总收入和净收入的分别。假使他时刻记住净收入的两个组成部分，总收入和总支出，那就需要有从两种总支出中选择较小的一种的概念，和需要有从两种总收入中选择较大的一种的概念一样。实际上，大概由于小心起见，他确曾说明机会成本（两种总收入的选择）不应该和我们可以称为职业成本的那种东西（两种净收入的选择）混淆不清，这两种净收入代表着两种不同的职业。他说，“……机会成本的理论，如果正确地了解，主要

① 戴文波特：《价值与分配》，第322页。

② 参阅本书下册第10章（VI），《理想的典型》。

地不是指在某种两者择一的职业或活动中可能获得若干利益的问题，而只是指在那职业或活动中必须获得若干利益……才能保证它继续进行。”① 换一句话说，选择不是改变职业，而是在光顾同一机构的买户中有所选择。卖户选取愿出较高价格的买户，被拒绝的买户代表对卖户的机会成本或服务的成本。可是，似乎忽略了同一个人，现在作为买户，所作的有关的一系列的选择，在这里他的选择对象是两个卖户。这些是例如原料的卖者或劳动的卖者，在这里那愿以较低价格出卖的卖户被选取，而被买户所避免的卖户代表“反机会价值”，或者服务的价值。

戴文波特似乎认为这是自明的竞争的事实，不需要研究。买户确实选择竞争的卖户们所要求的较小的价格，这一情况他叫做“竞争”，可是卖户同样地选择买户们所愿出的较高的价格，这也是竞争。根据戴文波特的说法，机会的选择不应该和竞争混为一谈，因为他把卖户看作竞争者，可是他的机会成本是一个卖户在两个买户之间的选择。然而，从公式中可以看出，这些买户同时也是竞争者。竞争是买户之间的争取，同样也是卖户之间的争取；买户在两个卖户中选择，正如卖户在两个买户中选择一样。竞争和机会在交易的两面出现。

研究一下法庭在合理的服务的成本和合理的服务的价值方面的判决，可以提供进一步的说明。这两种概念在法庭判决中都存在，对这些判决加以研究，就能看出它们不采取李嘉图和古典经济学家的实际生产成本和实际产品价值的观念，因为它们相信这些是私人的问题，除非在人们认为有了不公平的竞争或歧视，影响公众的时候。为了明确这种公共福利问题的大小程度，法庭采取比

① 戴文波特:《价值与分配》，第 92—93 页。

较的方法，用同一市场内其他的人所得或所付的另一种价格为标准，试图证明这是买户或卖户可能采用的合理的价格，假使他们在当时的供给、需求、习俗以及同样情况的人们的惯例等等条件下，可以自由选择这种价格的话。如果改用经济术语来说，这是李嘉图的比较成本、凯雷的生产成本和服务的价值，或是那比较专门性的反机会价值，以及戴文波特的机会成本或者服务的成本。这里，在法律的论坛上，这比较的和分配的概念，服务的价值，和那类似的比较的和分配的概念，服务的成本，同样地时常发生争论。①

关于服务的价值的概念何以被忽略，还有一种更可能的解释，就是凯雷和巴斯夏给它的那种荒谬的意义。对他们来说，这个名词是李嘉图留下来的一种老的说法，和他平常的一套学说十分矛盾，可是，突然发现它有利于巴斯夏的学说里的"资本主义"和凯雷的学说里的"保护贸易主义"。为了要找出这些谬误意义的来源，我们必须检查所谓在不同对象中进行选择那种意志的概念，它的合理的和真正的意思是什么。

（3）不能得到的选择对象——自由意志和自由选择——当巴斯夏说明他的服务的价值的概念时，他把那反对地租、利息和私有财产的普鲁东，带回"一种原始森林和一种邻近污秽沼泽的地方②"。他对普鲁东说，"这里的土地完全和最初开垦的人必须处理的情况一样。你爱拿多少就拿多少。……你自己耕种。你所能使它生产的一切都是你的。我只提出一个条件，你不要依赖社会，这个社会你说你自己是它的牺牲品。……一个劳动者，"他继续说，现在用十五天的工作取得若干物品，这同样数量的物品"他以前用

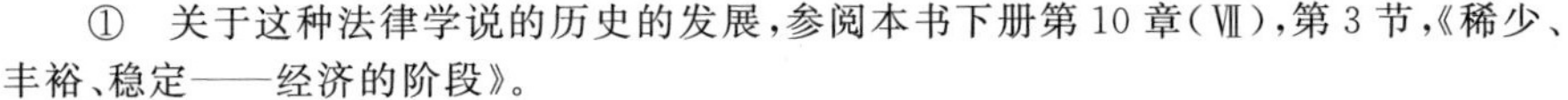

① 关于这种法律学说的历史的发展，参阅本书下册第10章（Ⅶ），第3节，《稀少、丰裕、稳定——经济的阶段》。

② 巴斯夏：《政治经济学的协调》，英译本，第1卷，第201页。

六百天的工作才勉强取得”。[①] 因此，六百天的工作是地主和资本家以食粮形式给予劳动者的“服务的价值”。实际的劳动成本，或者生产的成本，是十五天的劳动。这是李嘉图和普鲁东的价值的观念。可是那省免的劳动，“社会”从原始沼泽状态中所造成的较低的再生产的成本，是五百八十五天的劳动。劳动者付出再生产的成本，不是生产的成本。那差额——五百八十五天的劳动——是地主和资本家的服务对那劳动者的价值（这里地主和资本家作为“社会”的代表），为了报酬这种服务的价值，当然地租、利息或利润是一种微不足道的代价。

同样地，最初铁路运费的管理还很幼稚的时候，铁路公司的法律代表使农民回顾七十五年前的情况，辩说铁路的服务的价值是假使没有铁路，农民用马车在土路上拖运小麦所必须付出的费用。这样估计每吨英里的运费至少五十美分，而铁路运费不过每吨英里三美分左右。铁路对农民服务的价值因此是五十美分，而铁路只收取了微不足道的三美分，农民获得四十七美分的剩余。因此，如果减低他们的铁路运费，是不公道的。

这也是企业家的本能的理由，如果他们在说明他们自己由于供给就业，对劳动的服务的价值，或者宣传他们对消费者的服务的价值，强调“服务”而不讲减低价格。

理由很好，但是容易成为一种谬论，可以叫做不同时存在的选择对象，或者做不到的选择。实际上它是一种有关人类意志的谬论。意志局限于当地和当时。巴斯夏的劳动者不在现在的食粮成本和一千年前的成本之间进行选择。铁路线上的农人不在现在的铁路运输和五十年前的土路运输之间进行选择。这是一种对铁路

① 巴斯夏：《政治经济学的协调》，第201—202页。

和那做不到的用马车把小麦拖往市场的方法的选择。这不是“选择”。他不在一个在空间上可以达到的对象和一个在空间上不能达到的对象之间选择,也不在一个在时间上已经消逝于过去的对象和一个在时间上现时存在的对象之间选择。他在同时同地可以做到的两个痛苦最轻的对象之间选择。如果次一个对象是不合理的繁重或痛苦,那是他的不幸,可是,假如是这样的话,那就是在这种情况下的实际的服务的价值,虽然在常识上听上去感到奇怪。

因此,唯一的办法只有在理想上构成一种“伦理的典型[①]”,作为一种“合理的”服务的价值,这是想象的、在现有条件下由一条可供选择的可是想象的铁路所造成的“再生产的成本”。不久,人们就发现那铁路的说法,像巴斯夏的说法,是谬误的。它的谬误在于从常识来说,我们不选择不能得到的对象。它是一种自由意志的错误,不是自由选择的错误。那合理性也许是想象的,可是,它总是这样开始的。要彻底加以研究,也许需要作广泛的探讨。[②]

这种做不到的选择和不同时存在的对象的谬论,使凯雷和巴斯夏获得“乐观主义”派的名称。他们是乐观主义者,因为他们不讲一种有限的人类意志。巴斯夏的做不到的选择在理论上是不妥当的,比较妥当的是他对于做得到的选择的说明,这就是法庭的合理价值论所根据的价值学说。他说:

“我在海滩上散步,偶然发现一块灿烂的钻石。我就这样取得了一种巨大的价值。为什么呢?我将给人类造成一种重大的利益吗?我自己曾做了长时间的辛勤的工作吗?都不是。那么,为什么这块钻石具

① 参阅本书下册第10章(VI),《理想的典型》。

② 过去四十年有关服务成本与服务价值的这些学说的争论,尤须参阅里普利:《铁路:差率与条例》,1905年版,第167页;夏夫曼:《铁路条例》,1915年版;《美国铁路问题》,1921年版;《州际贸易委员会》,共2卷,1931年版;格累泽:《公共效用经济学大纲》,1927年版,参阅各书附录。

有那样大的价值呢？没有疑问，是因为我把钻石转移给他的那个人认为我对他做了一种重大的服务——因为许多的富人想要它，而只有我一个人能作出这种服务，所以，显得更重大。他的评价的根据也许可以辩驳——尽管这样。他的评价的基础也许是炫耀或虚荣心——又假定是这样。可是，这种评价却出于一个有意根据它采取行动的人，这就足以说明我的问题。"①

在这里我们的名词可以适用。有三种决定价值的方法。

(i) 钻石的价值是对卖的人的"产品的价值"，这是在供求的一切情况下他可以实际卖给一个买户的价格。对卖的人的"产品的成本"是发现这块钻石所费的微不足道的劳动。两者的差额是卖的人的净收入。这是古典的和正统的说法，讲"正的"价值，减去"正的"成本。它是一种净收入的概念。

(ii) 可是，对卖的人的"服务的成本"或"机会成本"是第二富人所愿出而卖的人所拒绝的那个较低价格，因为他有了较好的对象。两种价格的差额是卖的人所得的剩余。这是庞·巴维克、格林和戴文波特的说法。



(iii) 另一方面，对买户的"服务的价值"或"反机会价值"是他将不得不付出的较高价格，假如不是那发现钻石的人肯以较低的价格出售因而使他"省免掉"若干支出。这一次，两种价格的差额是买户所得的剩余。这是凯雷和巴斯夏的说法。

把巴斯夏的分析推进到他的下一步，虽然那发现钻石的人的"正的"成本只是在发现时所费的一步微不足道的劳动，却另有一种"反效用价值"，等于采掘钻石所需要的更大的劳动成本。这是巴斯夏比喻地可是郑重地说的那海滩所作的"服务的价值"——自然的许多"免费的服务"之中的一种——对钻石发现者的服务，因

① 巴斯夏：《政治经济学的协调》，前引版，第1卷，第113—114页。

为使他能省免掉采掘所需的更大的劳动成本。或者,可以适用于庞·巴维克,钻石的买户,没有疑问,从钻石上取得的满足(收入)大于从相等的食粮的消费中取得的满足。被放弃的食粮的"效用"是他选择享受钻石而不选择食粮所牺牲的"效用成本"。

做不到的选择或者不同时存在的选择对象的谬论,使人想起一种连带的有关服务的价值的谬论。据说,个人在选择痛苦最小的对象时,不仅拒绝一个"较差的"对象,而且拒绝所有的其他对象,从较差的一个直到"最差的"一个都包括在内。因此,对他的服务的价值是一切被避免的对象的总和,这种总和在想象上可能增长到无限大。

这种谬论可以叫做无限选择对象的谬论。只有一个无穷大的人能在同一时间和地点享受一切可能的选择对象:可是那样他就不必选择——他一定会同时全部接受,不管空间和时间。经济学家的有名的对自由市场的分析将纠正这种谬论。

做不到的、不同时存在的和无限的选择对象这些谬论使得凯雷和巴斯夏的"乐观主义"派不合理。可是,应用在经济学家的市场上的一些有限的人上面,他们的发现,像戴文波特的发现那样,成为对经济学说的一种值得注意的贡献。一个有限的人,一个经济学家所研究的人,在进行选择的那一刻时间,只限于世界上无数的可能性之中的一项。他可能认识错误,关于那是最好和次好或者较坏和"更坏"。那是他的错误。但无论如何,他在一个时间只能采取一个对象,虽然这一个对象的数值可能是大,如果他富有;或是小,如果他贫穷。他不能在同一时间和地点对两个对象都采取。

因此,他被逼入需要选择的苦境。在实行选择以前的心理作用中(这种作用我们称为谈判的心理,这种作用如果是本能的,就更加是这样)，他已经放弃了一切遥远的对象，把选择范围缩小到两个，就是他认为“最好的”或是“害处最小的”两个，从这两个里面，他以有限的资力只能取得一个。这里最后困难的解决以及谈判的结束，不是由于思想而是由于行动。这种行动是选择的行为它和以前的“心理的行为”或者“选择”的心理，人们必须加以区别。它是实际的选择的行为，从行为主义的观点来说，我们已经把它分解为履行、避免和克制。

这种在选择中的积极的利益的尺度，或者是他所放弃的次好的收入(因此这是他由于必须选择而牺牲的“成本”)，或者是他所避免的较大的支出(这是避免那较大的支出的机会对他的“价值”)。经济学上的有限的选择是行为主义的在两种可能得到的对象中选择较好的一种。由于避免或放弃两者之一，他把一切其他的机会留给广大的世界。

一种相反的谬论出现在庞·巴维克对悉尼耳的节欲论的批评里，上面已经谈到。庞·巴维克在经济理论中不考虑痛苦和牺牲，是由于他认为在现代条件下机会丰裕，因此人们不是在痛苦中选择，而是在快乐中选择。所以，在他看来，一切成本是效用成本——避免了的次好的可能的收入。可是，他所采取的方法，不是真正地排除正的痛苦和正的成本，而是用那通常的手段，假设它们是不变的，从而在实质上排除它们，正如巴斯夏在实质上(而不是真正地)排除正的快乐和正的收入，也是由于假设它们是不变的。我们认为，这种疏忽是由于不能看到净收入是两个可变数——总收入和总支出——的结果。由于假设支出是不变的，对庞·巴维克来说，那可变数就是效用的快乐或者总收入。可是，由于假设收入是不变的，巴斯夏的可变数就是反效用或者总支出。

戴文波特的机会成本显然也是同样的情况。他在实质上排除了支出或痛苦，作为不变的因素，以致他的选择是两种可能的收入之间的选择。

可是，这种实质上的排除只是一种心理的方法，替代那种真正排除的实验室的方法。实际上，在每一次转移中，对一方总有一个可变的总收入，这是对另一方的相等的总支出，因为它的所有权不过转移了一下。可是，一次交易是两种移转。若是其中的一种被认为是不变的，因而实质上等于加以排除，其他的就是可变数。在卖的重复中，被认为可变数的是总货币收入。在买的重复中，被认为可变数的是总货币支出。可是，两次交易中的两种可变数结合起来，就产生净收入的实际数额。

在这里，我们又想到以前说过的那第三种选择的概念，就是，两种净收入之间的选择。这种净收入的机会的概念和总收入的概念，大不相同。机会成本指的是一个卖户在两个买户所愿出的两种总收入之间所作的单一的选择，可是，净收入的选择是一个人又买又卖所作的两次选择，作为买户在两种总支出之间选择，作为卖户在两种总收入之间选择。因为这个缘故，我们把这种净收入的选择叫做职业成本，不叫做“机会成本”。因为，想象一下，一个人既从卖中取得总收入又从买中负担总支出，那是什么样的情况。他显然是一个占有一种地位的人，例如占有一种工作，或者甚至占有一种整个的营业的机构，从事于买进原料和劳动和卖出制成品的一切有关的活动。这种在社会结构中的地位是他的职业，因此“职业成本”必须是两种职业的选择，在这里那选择者放弃净收入较小的职业，而选择净收入较大的职业。他在不同职业之间选择，不在他的产品的购买人之间以及劳动和原料的出卖人之间选择。他改变他的职业——不是改变他的顾客或者工人或原料。

这种概念，对于一个人脱离一种工作改做另一种工作，或者一

个整个机构放弃一种业务，例如制造自行车，转移到另一种业务，例如制造汽车，虽然颇为适当，可是如果这个人仍然留在同样的职业里，这种概念就隐蔽事实的情况。这里发生的情况是讨价还价的社会现象以及卖者和买者的社会关系，需要判决的争端大多数是基于这些现象和关系。这样，“职业成本”隐蔽那作为服务的社会成本而付给的总收入，以及对别人服务的总支出。因此，它使得效用成本、机会成本或者法律上的服务成本的概念的分析，以及反效用价值、反机会价值或者巴斯夏和法庭的所谓服务的价值的分析，都不可能。只有在正的成本已经被合同关系排除，像合同规定的地租或合同规定的利息那样，因而总收入和净收入偶然相同的时候，总收入和净收入才偶然一致。因此，在这种时候，职业成本和我们所谓机会成本恰巧相符。可是，在所有像这种工作和营业机构中由总收入和总支出这两种可变数决定净收入的情况下，在理论上必须把买和卖分开，因为在实践中确实是分开的。[1]



我们现在有可能扼要地说明为什么庞·巴维克和戴文波特没有把他们的机会论贯彻到底。他们利用分配的成本(效用成本或机会成本)，排除了正的成本(痛苦或货币支出)，可是没有能排除正的价值(快乐和货币收入)，因此没有利用分配的价值(反效用价值或反机会价值)。原因是不能区别作为净收入的价值和作为总收入的价值。

在这一点疏忽背后有两种原因(前面已经提到)，何以反机会价值的概念没有被发掘，像被凯雷和巴斯夏所发掘那样。一种原因是乐观主义的假设，认为我们生活在一种丰裕的快乐经济中，因此不在痛苦之间选择。另一种是古典派学说的个人主义的假设，

① 参阅本书下册第9章(Ⅶ)，《利润的边际》。

认为我们追求最大可能的净收入，不管对别人的影响。第一种排除正的成本，由于假设它们是相等的，因而可以不加重视。第二种在个人主义的净收入观念里隐蔽了正的成本。可是，它们不是看不出的，如果我们不从个人而从社会的交易概念出发，所有劝说、强迫、购买力等等社会关系就显露出来了。

这是对机会和职业加以辨别的重要意义。这里所说明的机会的观念，使那被隐蔽的总收入和总支出的观念出现在人们面前。这揭露那被隐蔽的利益对立的问题，以及结果需要法庭或类似的处理纠纷的机构来造成一种合理的利益的协调。个人的概念是一种一个人从私人职业中取得净收入的概念。那是一种个人的问题，不涉及和其他个人的冲突，不涉及为他们判决争端的机构，不涉及公共利益的问题。

可是，交易的概念是两个人之间一方的总收入等于另一方的总支出，这里就有利益的冲突。卖户的总收入是一笔交易中买户的总支出，而净收入或损失只是一个人在两笔交易中总收入和总支出的差额。当同义的名词分别作为价值和成本来说的时候，也是同样的道理。对卖户的正的价值（就是总收入）是他卖出时所得的价格；对买户的正的成本（就是总支出）就是他在这笔交易中所付的价格。因此总收入上的增加，对卖户是一笔利得，对买户是一笔等量的损失。在每一种价格里，利益的冲突是抑制不住的。所以，在调和利益的冲突中，需要讨价还价、折中妥协以及国家的干预。



可是，净收入上的增加隐蔽买卖中这种利益的冲突。买卖是法律上的事实，为了转移对社会总产量中一部分商品和服务的合法控制权。因此，买卖包含谈判、在别人的讨价和出价中选择、部分地或完全地控制供求、劝诱、说服、强迫、威胁——总而言之，讨价还价。从魁奈的时代起，经济学说中惯用的名词，例如，货物的“流通”、所得的“流转”、“交换”等等，用物理学和工程学的类比推论出来，隐蔽这种讨价还价的经济行为和这种利益的冲突。这隐蔽的事实没有被注意到，部分地因为所有权的移转没有和实物的移交辨别清楚；部分地因为从个人主义的净收入观念出发，决定净收入的买卖却没有被包括在问题之内。

可是，由于从不断重复的总收入和总支出的观念出发，也就是从交易的重复而不是从自我中心的个人出发，买卖的以及管理的和限额的交易，以至因此而自然存在的利益的对立，都取得显著的地位，可以适当地计量。净收入的选择的观念，也就是个人主义的既是买者又是卖者的观念，隐蔽着讨价还价的活动，这些活动也许能也许不能调和那对立的利益；总收入或总支出的选择的观念，用“机会成本”或“服务成本”以及“反机会价值”或“服务的价值”来衡量，是利益和损失的尺度，这些利益和损失是在买卖的交易中一个人从另一个人身上得来的。利益的冲突在管理的和限额的交易中也存在，因为在这些交易中稀少性原则也起作用。

以上对买卖的活动的分析使我们能更完全地辨别好感和竞争的意义。如果消除买卖的交易中的一切使人迷惑的广告、欺骗、偏私、垄断和胁迫——以便达到一种愿买愿卖的价格概念，买卖双方因而各有选择的自由——我们就得到好感和公平竞争这两种概念。顾客的好感是自由的买户情愿付出同样的或者比别处较高的价格向某一个机构购取同样的服务，就是一种“公平的价格”。自由竞争是买户只愿付出同样的或者比别处较低的价格购取同样的服务，就是一种“削价”，甚至是破产大拍卖中的一种毁灭性的价格。这里，个人在相互交易中的损益的大小和它们的社会后果，越来越成为一种有关公众的重要问题。

因此，我们问，是什么历史上的情况引起了这些机会的选择的观念，替代古典派的生产成本的观念？这使我们必须讲到十九世纪前半期中有名的可是当时认为异端的那种转变——从个人转变到社会。

（4）从劳动的分工到劳动的组合和公共的目的——在十九世纪四十年代的十年间，“劳动的组合”风行一时。我们在其他的地方说过，这十年和前十年是“美国历史上高谈阔论的时期”。所有的经济学家、改革家和实际工作的人都开始考虑“组合”。[①]他们的说法，按照各创始人的不同倾向，采取种种不同的名称和形式。其中大多数人称为合作；无政府主义者称为“互助论”；欧文或马克思称为社会主义或共产主义；奥古斯特·孔德称为“社会学”；对于注重实际的企业家，那是组织结合的自由；对于劳工，那是工会主义；对于凯雷和巴斯夏，那是“劳动的组合”。对他们大家总的说来，那是“社会”，有别于政府。社会，而不是一种个人的集合体，生产了财富。

从这方面来说，这一时期不仅是亚当·斯密用来替代政府的重商主义的那种分工的一种反作用；也是斯密反对一切控制个人的各种形式的团体和组合的主张的一种反作用。斯密的分工使各个人成为独立的和唯一的财富生产者，同时他的组合的概念仅仅是把一个人的产品加到别人的产品上去，然后和别人交换。可是一个合作的社会的新的组合主义现在是生产财产，然后归各个人所有，相互转移。

从这些新陈说的社会概念中产生了种种天真的和不可思议的谬论。凯雷和巴斯夏把他们的社会看作一种无限的、从石器时代

① 康芒斯等：《美国劳工史》，第1编，第493页。康芒斯：《霍勒斯·格林利和共和党的工人阶级起源》，《政治经济学季刊》，1909年第24卷，第225页。

到现代为止所有过去的社会服务的积累，等于以土地、固定的改良和机器等形式积累所得的价值。可是，十分奇怪，他们认为社会就是资本家和地主，这两种人占有全部这种过去积累的财富。然而，据他们说，所有这种社会积累的价值都可以无代价地由那并不占有它的现在的工人享用，从而使他们能“省免掉”否则他们必须实行的劳动，作为个人在重复社会的过去的历史，以便取得现在的必需品和奢侈品。不管他们叫它社会财富，或者社会价值或者服务的价值，那没有关系，因为它的价值，和李嘉图和马克思所说的价值一样，是过去物化在它里面的劳动力的数量。这种由积累的社会价值省免掉的现在的劳动，几乎是无穷大的，例如，巴斯夏在前面提到的那个沼泽地的例证里，估计它的积累的价值六十倍于现在生产庄稼所需要的活劳动的数量。从现代任何人所可能做到的程度来看，实际上那是无穷大的。我们把它叫做一种无穷大的社会价值积累的谬论，如同我们以前从个人的观点，叫做不能达到的或者不同时存在的选择对象的那种谬论一样。

凯雷利用这错误的理论，驳斥李嘉图的不劳而获的地租和马尔萨斯的悲观的人口法则。在农业上，人口不是从较高的生产力边际扩张到较低的生产力边际，而是从较低的扩张到较高的。居住和垦殖从那种地力较次但是用原始工具容易耕种的山顶开始，向比较肥沃而需要大量资本设备的土地扩展，这些设备系过去的社会劳动力所创造，用于排水、筑路、伐除森林、深耕等等。这是社会创造的物质资本的累积，增加了控制自然的能力。这种肥沃的土地不可能由个别移民照它目前耕作的情况复制出来，因为，假使要复制，他个人就得经过他的祖先从古至今所经过的各种历史阶段。李嘉图所讲的不劳而获的地租增值，无论怎么大，也不及在人类历史上社会把所有人的土地培养到现在的生产力所花费的力量的价值。因此，凯雷和巴斯夏的理论，和马克思的一样，排除了地租、利息和利润的分别。社会产品的这些职能的分配，每一种各别地说以及各种合在一起来说，都显然不足，不能算是对社会在土地和资本的现在价值中的以往投资的公平报酬。①

可是，这种物质的社会的财富积累的概念，使凯雷和巴斯夏陷入一种他们的私有财产的新意义的矛盾，这种矛盾，洛克和斯密由于把个人作为他自己生产的东西的所有者而得以避免，马克思由于他的共有财产的观念而得以避免。按凯雷和巴斯夏的说法，个别的所有人不仅占有他所生产的东西，而且占有社会所生产的东西。洛克和斯密的说法不是这样，他们认为个人相互交换各人以前生产的东西，全部社会产品仅仅是所有的个人产品的总和。

显然，凯雷和巴斯夏对于新发现的劳动的组合的原则，作了天真的运用。正确的看法是，他们受了马克思的支配。他们的理论是一种谬误的特别辩护，为了要格外给现在的所有人实际收入的地租、利息和利润进行辩解，抵制新出现的社会主义者、无政府主义者和共产主义者当时的攻击，这三种人的理论系根据同样的社会生产，而不是根据个人的生产。

现代的经济学，从李嘉图时代开始，受了十九世纪四十年代的社会学说的比较深刻的刺激，越来越忙于怎样测量能力有限的个人和机构对社会总产量的有限的服务，并且比较它们的价值和个人因为这种服务从社会得到的现在的和延迟的报酬。揭露四十年代关于组合的谬论所需要的心理工具，是几种新的概念和方法，例如观念的累积，替代财富的累积；②运用会计的记录，说明单独一个

① 必须注意，凯雷、巴斯夏以及以前的经济学家都没有关于城市地租的理论。后来应用了机会成本的理论，才有这方面的学说。参阅本书下册第10章（Ⅶ），第5节。

② 参阅本书下册第10章（Ⅰ），《凡勃伦》。

机构的未得报酬的服务的净累积,[①] 而不讲无穷大的过去一切服务的总累积;以及财富的周转(由于折旧),而不讲财富的累积。[②]

凯雷和巴斯夏避免了他们自己的困难,由于用再生产成本替代李嘉图的生产成本,作为现代人对过去的服务所付的代价。除非为了硬要辩护私有财产,他们不可能认为无限的过去的社会服务被物化在一切土地和资本设备的现在的价值里。过去的服务,由于折旧与陈废,已经消失。换上了新的服务和对旧服务的改进,这些不是根据财富的积累,而是根据观念的重复和积累,加上财富的生产中大大提高的效率。因此,再拿我们的买卖的交易的公式来说,任何积累的财富的现在价值不能超过现在再生产这种财富的成本(一百一十美元)。显然这是因为任何过去积累的财富的购买者,不管生产时它的特殊的劳动成本多大或多少,现在可以另外从一个竞争的卖户(一百一十美元)按照现在再生产的成本买得同样的东西。这是凯雷和巴斯夏的服务的价值(或者反机会的价值)的基线,也是量度劳动的省免的标准,这种劳动的省免是由于有可能向另一个生产者购买,他按现在较低的生产成本出卖,因为他利用了有史以来社会效率(不是社会财富)的增加。

因此,凯雷的再生产的成本解救了他和巴斯夏,使他们免于他以前从伦理上为私有财产辩护、为人们占有社会(不是所有人自己)所生产的东西辩护的谬误。这是他对主张共同所有制的人们的答复,也是对他们利用李嘉图的生产成本的一种必要的纠正,因为他们利用了生产成本的概念来谴责私人占有社会生产的东西。可是,凯雷认为,私人所有者从社会财富中所取得或付出的,不多于或少于现在的再生产的成本。这同样地适用于地租、利息、利润

① 康芒斯:《资本主义的法律基础》,第 203 页。

② 参阅本章(V),《从流通到重复》。

以及工资。

因为，很明显的，根据他们所假设的自由、平等和敏捷的竞争，卖户所取的价格和买户所付的同样价格之间的平衡点是再生产的成本。因此，根据这些平衡的假设，后来庞·巴维克、格林和戴文波特的机会成本的理论，从卖户的观点，跟凯雷和巴斯夏的反机会价值的理论，从买户的观点，是一致的。表面上，在我们的买卖的交易的公式里，机会成本是买户一百元和买户九十元之间的差额，反机会价值是卖户一百一十元和卖户一百二十元之间的差额，然而，如果一百一十元是再生产的成本，如果自由、平等和敏捷的竞争使价格降低到这种再生产的成本，那么，对卖户的机会成本是九十元和一百一十元之间的差额，对买户的反机会价值是一百二十元和那同一百一十元之间的差额。各人从这笔以一百一十元成交的交易中获得利益，可是这利益不是苦乐经济学家的那种不能计量的心理利益——而是可以计量的经济利益，选择再生产的成本，而不选择次好的卖户所索取的价格一百二十元或者次好的买户所愿出的价格九十元。

然而，假使构成平衡论的基础的那三种假设——自由、平等和敏捷——被否定了，我们就会发现我们的公式适用于法律上的强迫的限度。[①] 我们拿“新古典派”或平衡经济学家的最高代表人马歇尔的学说，跟凯雷和戴文波特作对比，就可以看出这是怎么一回事。

(5) 代用的法则——当人们假设自由竞争的时候，机会成本或服务的成本以及反机会价值或服务的价值，可以相互代用，看不出它们的分别，这一点在马歇尔所谓“伟大的代用原则”中可以看

① 参阅本章(VI)，第 6 节，《强迫的限度》。

出，他说这一原则往往“有关竞争的作用”。①他陈述他的代用原则的两面，就是，“用一定的支出取得较大的结果，或者用较少的支出取得同样的结果。”我们了解，第一方面采取卖户的观点，就是戴文波特的机会成本。第二方面采取买户的观点，就是凯雷和巴斯夏的反机会价值。

马歇尔然后把这两方面作为同义的名词使用。他说，企业家“不断地比较那些可以用来取得同样结果的各种生产要素的效率和供给价格，以便发现一种配合，可以用一定数量的支出产生最大的收入；或者，换一句话说，他不断地应用代用的法则”。②

这是戴文波特的机会成本，在这里支出是不变的，收入是可变的。

可是，马歇尔接下去说：“所用的那些要素的供给价格的总和，通常少于可以用来替代的任何其他一套要素的供给价格的总和。当生产者发现情况不是这样的时候，通常就会立刻想法用支出较小的方法来替代。”③

这是凯雷和巴斯夏的反机会价值，或者“再生产的成本”，在这里收入是不变的，支出是可变的。

因此，结果是马歇尔的“代用法则”就是凯雷的“再生产成本”，和李嘉图的“生产成本”成为对比。布朗同样地认为戴文波特的机会成本和凯雷的反机会价值是同一的，④两者都等于“再生产的成本，”虽然后一种概念起源于凯雷，不是起源于戴文波特。

坚持马歇尔的代用法则的这些双重意义，也许似乎过于强辩，

① 马歇尔：《经济学原理》，1891年版，第401—402、414—415、554—559页。

② 同上书，第414页。

③ 同上书，第554页。重点是本书作者加的。

④ 参阅本书下册第10章（Ⅶ），第5节。

但是并不是强辩，如果我们从个人主义的观点转移到社会的观点并且转移到法庭的价值理论，这种法庭的理论势必要采取社会的观点。马歇尔在考虑个人企业家和他的净收入，这里没有利益的冲突，可是，法庭在比较某一个人（作为原告或被告）和一切情况相同的个人中的惯例。法官或仲裁人在问，如果在法律面前大家受到平等的待遇，各方面所可能得到的合理的选择是什么。[①]这就需要对当时和当地的惯例进行调查研究。合理的服务的价值是同样情况的其他买户为了换取这种服务所付的代价；合理的服务的成本是同样情况的其他卖户做出这种服务所得的报酬。马歇尔的自由竞争以及效用或利益的平衡边际问题（然而，这种利益在实际上可能是毁灭性的、强取豪夺的或者不公平的），让位给公平竞争、机会均等和合理价值。在这方面，当时和当地的一切惯例和机会被用来跟个别原告或被告的惯例和机会作比较，这原告或被告要求社会（以法官或仲裁人为代表）运用集体的力量，帮助他执行他的意志，控制那另一方或所有其他方面的意志。

可能又似乎是我们过于琐细地在强调经济学家们（像马歇尔所说的）已经认为显然是由于竞争的一些关系，可是实际上并不是这样，如果我们注意到，在情况和平衡论相反，竞争不是完全自由、平等和敏捷时，这种不同对象的选择所造成的非常重要的变化；再则，如果我们注意到这些机会的概念标志着一种过渡，从古典派的绝对的生产成本的观念和快乐主义的绝对的苦乐的观念，过渡到意志的不同对象的选择的观念。律师在大多数利益冲突的问题中代表制度的观点，他不问什么情绪和“原则”。他把一切事物归结到元和分。他问，我的诉讼委托人由于对方的行动所面对

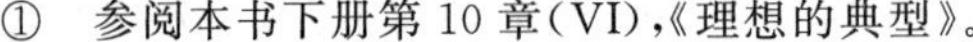

① 参阅本书下册第10章（VI），《理想的典型》。

的次好的选择对象是什么？损失的赔偿一定不能用情绪来计算，而是用货币计算，其数目须足以使他的当事人在财力上和对方相等，可以享受社会应该同样地给予一切成员的机会。假使像非制度主义者所运用的假设那样，竞争总是完全自由的，竞争和机会的选择之间就不会有显著的差别。可是，那律师，虽然比经济学家更“机会主义”，虽然“原则性”不及经济学家，却因此比较接近有关各种人不平等的日常经验。他直接和个人经验打交道，处理个人对其他个人所占有、控制或把持的社会机会的关系，这种关系发生在一个没有以再生产成本为平衡点的世界里，只因为没有完全自由、完全平等或者完全敏捷的竞争。因此，我们必须研究人们所面对的比较现实的另一方面的情况。这些情况我们称为强迫的限度。



（6）强迫的限度——这里我们接近买卖的交易的一个第三方面，我们叫它讨价还价的能力，不叫做再生产的成本。在我们的公式里，显然卖户 S 不能强迫买户 B 出价超过一百二十美元，因为超过这个限界，他的竞争者 $S^1$ 就会代替他作为卖方。买户 B 也不能强迫卖户 S 接受九十美元以下的价格，因为低于这个限界，他的竞争者 $B^1$ 就会向 S 去买。这些限度，一百二十美元和九十美元，在这个假设的交易里，可以叫做“强迫的限度”。在这种情况下，这两种价格是 S 和 B 有自由的可是不平等的机会的限度。

我们把这些限度放得距离很远，对那些惯于根据自由、平等和敏捷的竞争来考虑问题的人，也许似乎不合理，因为那种竞争使成本和价值都以再生产的成本为平衡点。可是这些极端的限度恰恰是人们在中世纪所面对的稀少性的情况，当时公开市场、行会和君主实行了他们的管理贸易的规则，这些规则继续可以作为典型，代表现代制定规则试图处理的许多能力较差的买卖者的情况。因为，在可能选择的对象所决定的这些强迫的限度以内，价格将被决定在那里呢？如果S是实力较强的讨价还价者，控制着一种供给有限的商品，而他的资力又非常丰裕，能够比买户B坚持等待较长的时期，那么，他就能使价格涨到实力较次的一个竞争者$S^1$提供给B的自由机会的限度。反过来说，如果买户B是实力较强的讨价还价者，他需要买不像S需要卖的情况那样迫切，那么，他就能使价格降到S可以自由地以九十美元另外卖给$B^1$的限度。在这些强迫的限度一百二十美元和九十美元之间的某一点，将发现卖户S和买户B双方同意的实际价格。这是自由竞争和平等机会的区别。

这里发生了两个问题，由于现代经济学的两种特点，这两个问题已经变得显著，就是，一致行动的产生和利润边际的缩小。过去三四十年中，这些问题开始以各种各样的具体案件闹到法庭，结果当局需要设立委员会，赋予法庭所没有的调查的权力。所涉及的一些问题是合理的或不合理的差别待遇、自由或公平的竞争以及合理的价格。问题可以从我们的买卖的交易来说明。

这些问题都跟劝诱和强迫的谈判心理有关，并且是研究怎样划分强迫和劝诱的界限。在我们的公式中，如果一家S公司卖给B取价一百美元而卖给$B^1$取价九十美元，那么就发生问题：那较低价九十美元是不是一种合理的服务的成本，因此从B那里取得剩余十美元是不是一种不合理的差别待遇，不利于B而有利于$B^1$。在这两种情况下，古典经济学家的生产成本问题和凯雷与巴斯夏的再生产成本问题，都不发生。或者，如果买户B对S给价一百一十美元而对他的竞争者$S^1$给价一百二十美元，所发生的问题是那一百二十美元是不是合理的服务的价值，那一百一十美元因此是不是一种差别待遇（十美元），有利于S而不利于他的竞争者$S^1$。我们将看到这种差别待遇和服务的合理价值或成本的经济的和伦理的争点，直到1901年美国最高法院才加以解决。①在经济上，它是确定合理的强迫限度的问题。在一切劳动的交易以及对借款人所取的利率等等问题上，也发生很多的类似的争论。这问题的研究也许采取实际生产成本的形式，作为需要考虑的因素之一，可是社会的问题是合理的和不合理的差别待遇。

或者，拿自由竞争和公平竞争那另一个问题来说，从我们的公式里可以看出，这个问题跟合理的和不合理的差别待遇是分不开的。任何一方面的变化会引起其他一方面的变化。这两种争点几百年前在商业习惯法和习惯法中早已存在，可是在现代大公司组织和利润范围窄狭的时代，达到极端的社会重要性。如果，在我们的公式里，卖户 $S^1$ 需要一百二十美元才能出售他的产品，可是诉说他的竞争者S不公平地削价到一百一十美元；或者，如果只能出价九十美元的买户 $B^1$ 诉说他的竞争者B出价一百美元在拉走他的工人或材料供给者，那么，在这两种情况下，都发生了自由竞争是不是公平竞争的问题。在卖户的竞争中，问题是一百一十美元或一百二十美元对那卖户是不是合理的服务的成本；在买户的竞争中，问题是一百美元或九十美元对那买户是不是合理的服务的价值。生产的成本或者再卖的价格都和问题没有关系，除了作为参考的证据，因为有关的社会问题是，在这一次交易中，竞争者彼此间所采取的行动是不是公平合理。

在这两种情况中，像我们说过的那样，存在着第三个合理价格的问题，因此这里发生了劝诱和强迫的谈判心理，这两方面可能由快乐主义经济学家加以调和，作为他们的苦乐原则的一种特殊情况。然而问题大不相同，以致快乐主义的概念是没有意义的。那是一种必须用“美元”计量的心理。劝诱和强迫之间必须划分界线，法

① 参阅本书下册第10章(Ⅶ)，第3节，《稀少、丰裕、稳定——经济的阶段》。

庭试图用“美元”和“美分”来划分这种界线的努力，又是“合理价值”的问题。如果以双方愿买愿卖所同意的一种价值作为“合理”的标准，就必须确定在哪一点可以说一方是劝诱另一方，因为，在这一点上双方当然都没有强迫对方。在这种问题中，采取社会观点的法庭所真正决定的，是一个人在社会总产品中所得的一份是不是太多，以及其他一个人所得的一份是不是太少，就是双方所得是不是符合各人的合理的服务成本和合理的服务价值所应得的程度。如果一方所取得的超过所应得的一份，他就是强迫对方，对方就是受到了强迫。一方的支出当然等于对方的收入。这是古典经济学的一种通常的说法。可是，社会的问题是，一方所付出的和对方因此所收入的一份社会产品，是不是大于或小于“合理的”标准。如果各人所得的一份符合自己的合理的服务成本和合理的服务价值，不管他自己的实际成本或实际收入是多少，那价格就是劝诱性的，价值就是合理的。

必须承认，劝诱和强迫之间这一点的确定和量度，是困难的和复杂的，而且部分地受感觉和情绪的支配，但主要地决定于讨价还价的能力的历史发展。因此它是重要的，因为，由于这样或那样地决定，司法的意见把价值亿万美元的社会产品，从某一个人或某一类人转移到另一个人或另一类人。实际上，由于对“合理价值”这个问题的一个决定，结果百亿美元以高昂运费的形式归于铁路公司，或是以低廉运费的形式归于千百万人民。

我们用了机会成本和反机会价值这些名词，以便区别成本和价值的种种不同意义，可是它们仅仅是一些术语，代表着买卖的交易所必有的谈判中熟悉的东西。一位薪俸五千美元的大学教授，因为有另一机构愿出薪俸九千美元争聘，开始和现在雇用他的大学谈判，希望增加他的薪俸。结果他决定仍按原薪五千美元留任教职。他留任的成本是什么呢？他的成本是四千美元，不是因为他支出的成本增加了四千美元，而是因为他选择留任，从而损失了可能获得的四千美元收入。

可是，他的服务对那大学的价值是什么呢？他的服务的价值是什么？除了和他能在别处得到的报酬比较而外，没有人说得出。大学以五千美元取得一种另一个买户认为值九千美元的服务。这些可以说只是谈判中的“谈判点”，因为除了金钱还有其他必须考虑的问题，那些也是谈判点。可是“谈判点”是谈判心理的要素的一部分。假使除了金钱就没有谈判点，像在普通的买卖的交易中那样，我们就只有金钱的考虑，可以用来计量服务的成本和服务的价值。那位教授“值”九千美元，因为他对学校所做的服务在别处值九千美元。学校获得一种剩余，因为它付给他的代价比服务的价值少四千美元。那九千美元，对于学校，是一种反机会价值，或者他的服务的价值。那位教授对于社会是不是值那么多，是另一个问题——合理的服务价值问题。

另一方面，那教授等于捐赠四千美元给学校，因为他决定留任教职，牺牲了这笔否则可能取得的收入。那九千美元，对他来说，是他的机会成本，或者他所做的服务的成本。

可以用其他的例证来说明。一个工资劳动者迫切需要立刻可以到手的现金，可是只有预期的工资二十美元两星期后才能收到。他于是用工资作担保向一家“收买工资”的信贷所借得十八美元。他实际付给贷款人的代价是二美元，换取十八美元的提前两星期使用，等于两星期利率百分之十一或者月息百分之四十左右。以年息计算，他所付的利息等于每年百分之二百四十到百分之二百八十。

根据小额借款人的这种或类似的经验，发生了合理的服务价值问题。人们想出了所谓“小额贷款法”，创立了特准设立的公司，准其对三百美元以下的贷款取月息百分之三又二分之一，或年息百分之四十二，利息不得预扣，小额贷款的利率高于此数者均属非法。这种法律由许多的州加以采用。它们对于贷款公司对穷困的小额借款人的服务的价值，以此为合理的标准。这里是有组织的社会试图给穷困的借款人提供一种解决困难的办法，这种办法他们的代言人（立法机关）认为合理。

然而，乍看起来，这些州是把高利贷合法化了。可是，考虑到这一种不能按一般合法利率向商业银行借款的人以前不得不采取的仅有的出路，月息百分之三又二分之一的负担却大大地轻于以前的那些办法。在上面引证的事例中，以前十八美元使用两星期的代价是二美元，现在按月息百分之三又二分之一计算，利息还不到三角二分。

这又是一种特殊情况的反机会价值，或者使一个人有机会避免另一种较高支出的价值。月息百分之三又二分之一，和商业银行向信用良好的人所取的利率比较起来，虽然很高，但是对于没有信用而需要迫切的穷人，这种利率肯定还低于他的其他更坏的出路。他的生活会比在借不到这笔钱的情况下较好；月息三又二分之一虽然使得他的牺牲确实很大，还是小于月息百分之十、百分之二十或百分之四十。①

我们在这里不需要再举例说明机会、竞争和价格的这些相互关系。那公式是一般的，适用于所有的情况。这些关系以种种不同的和错杂的情况反复出现，因为这三种因素在亿万的交易中都

① 关于小额借贷的法律，参阅瑞安：《高利贷和高利贷法》，1924 年版；金：《1929 年新泽西小额借贷的状况》，新泽西工业借贷业者协会，1929 年版；费希尔：《小额借贷问题：康内提克特的经验》，《美国经济评论》，1929 年第 19 号，第 181 页；《个人财政新闻》，美国个人财政公司协会出版；唐森，杰纳维夫：《威斯康星的消费借款》，1932 年版。

变化很大，然而公式对这种关系提示线索。我们进一步用古典派和快乐主义经济学家的假设的历史，逐渐说到公式。

(7) 从鲁滨孙到运行中的机构——从庞·巴维克的假设的历史开始，假设鲁滨孙独自在一个岛上。这是很好的方法，可以实质上消除社会。鲁滨孙必须工作，才能弄到东西吃。吃是效用，选择兔子而不选择鱼，是选择一种较高的效用(兔子)，由于牺牲较低的效用(鱼)。[①] 鱼的避免是选择兔子的效用成本，其中的差额是剩余效用。

把这个变成凯雷和巴斯夏的说法。鲁滨孙必须吃兔子，因为没有鱼。他捉兔子可以用陷阱诱捕或者追猎。他选择用陷阱诱捕，因为是比较容易的方法。他“省免掉”追猎的劳动。这种避免了的劳动的数值是用陷阱的那种比较容易的劳动对他的反效用价值，诱捕和追猎的差别是“省免掉”的纯剩余劳动。

可是，假设岛上有两个人——鲁滨孙和礼拜五。两个人都没有任何可以选择的机会，而必须和对方打交道，否则就用他自己的孤立的劳动应付生活。没有政府来执行权利或者保护自由。各人依靠自己的能力，各人保持着作为自己的产品的东西都是对方所需要的东西。

两种强迫可以想象得到，我们区别为胁迫和压迫。双方采取暴力。强者掠夺弱者。胁迫。后来，不用暴力，强者用暴力的威胁继续掠夺弱者。胁迫不仅是暴力——也是暴力的威吓。暴力是另一种，是诱因。那被胁迫的个人面对着对方提出的两种可能的出路，选择负担较轻的一种。我们可以说他“没有选择”。可是他有。

① 庞·巴维克：《资本与利息》，1922年版，第278页；《资本实证论》，英译本1891年版，第3编，关于《利息》部分。

他选择那较小的痛苦——工作的痛苦。那避免了的较大的暴力的痛苦，是鲁滨孙由于让他选择较小的、奴役的痛苦而做出的服务对他的价值。礼拜五获得一种剩余，境况比以前好了。

可是，假设双方的实力相等。两个鲁滨孙。暴力和暴力的威胁由于均等而变成无效。各人想要或需要对方所生产和持有的东西。各人具有相等的实力可以把持，不让对方取得。各人现在使对方不得不接受另外可能获得的一套不同的东西。现在另一种可能的情况不是暴力的胁迫，而是得不到他所需要可是对方把持不放的东西，因而造成的稀少性。

可是，稀少性的力量，和胁迫的力量一样，可能是不相等的。这是我们叫做"压迫"的情况。它决定于双方的相对的需要和资源。可是，既然资源不过是满足相应的需要的手段，既然需要的满足在相当时期内消耗资源，每一方面的决定交换比率的能力，决定于他们相对的等待的能力，等待对方屈服。资源较富或需要较少的一方，能等待的时期较长。他具有较大的丰裕的实力，因而有了较大的等待的能力，最后能使自己的产品获得较高的价值，换取较多的对方的服务。因此，如果把持的实力相等，如果没有可供选择的机会，那么，交换价值就决定于所有物的相对稀少性以及跟它成反比例的经济的等待能力。可是，无论哪一种情况，当交换最后实现时，一方对另一方的服务的价值，是他由于向对方让步实际忍受相当痛苦，因而避免了的那更大的痛苦。他所避免的这较大的痛苦，是一方对另一方的服务的价值。它是李嘉图的比较成本以及凯雷和巴斯夏的服务的价值。

可是，最后，假定和需要有关的资源彼此相等；彼此等待的能力相等；因此稀少性的经济能力由于均等已被抵消，正如胁迫的力量由于均等已被抵消那样。于是各方必须依靠我们称为"劝诱"的

那种道德的力量。各方必须向对方提供一种对方可以自由拒绝的服务,因此各方必须设法利用对方的选择的自由,尽量加以争取;必须依靠"好感";必须依靠劝诱;他们达到了法学上的"理想的典型","愿买愿卖"的双方"心意相合"。

可是,假设鲁滨孙和礼拜五的劝诱的能力不相等。一个的推销术比另一个高明。就还有进一步的不同程度的欺骗、作伪、无知、愚蠢。可以想象,这些也能由于均等而被消除,像骗子碰到骗子或者守财奴碰到小气鬼的时候那样。

这样我们已经一个一个地分析了心理学的四个阶段。第一是人类对自然力的关系的阶段,在这里效用成本和反效用成本这些名词似乎很恰当。第二是人对人的关系的阶段,在这里机会和反机会这些名词似乎恰当。可是,这表现为三种不同的人类能力的阶段:膂力、经济力量和道德力量。第一种我们称为胁迫,第二种称为压迫,第三种称为劝诱。胁迫是膂力或武力的直接的或可能的强制。压迫是经济力量的间接压迫。劝诱是道德的诱导的力量。

这些力量都会由于假设的均等而逐一地消除,因为,当它们由于假设的均等而应该达到平衡时,就不表现为武力、实力或压迫。

可是,为了达到这种理想的均等,我们必须离开我们的孤岛,再从头说起。假设鲁滨孙和礼拜五的周围有了人口,有一个政府管理他们。武力的胁迫现在被均等化了,不是由于假设而是由于有了政府。礼拜五也许是鲁滨孙的奴仆,不是因为鲁滨孙在膂力、经济或道德上优越,而是因为国家迫使礼拜五服从,国家的这一作用既免得鲁滨孙要依赖他自己的靠不住的优越能力,又使第三者不能对礼拜五提供其他的机会。鲁滨孙无论是劝诱、强迫或者鞭打礼拜五，都没有关系，因为礼拜五是一件东西，不是一个公民，他们之间的唯一关系是属于管理的交易的命令和服从，不是买卖的交易中的愿买和愿卖。

可是，假设国家赋予礼拜五人身的和财产的权利——通过第十三条和第十四条修正；把他变成一个公民。从经济的观点来说，国家所赋予的，是相等的、把持服务和产品的实际的能力。公民身份的平等和司法组织应该已经消除了暴力。私人暴力和私人暴力的威胁受到禁止，只有统治权用暴力威胁和实行暴力强迫。私人现在必须靠经济的压迫，等待对方屈服。

可是，国家不能实施经济压迫的平等。它最多只能规定高低的限度。为了实行经济的平等，就必须实行需要的平等、痛苦的平等甚至对于各物的价值意见相等。可以想象，国家可能通过共产主义的限额（代替私人的讨价还价），实行物资的平均分配，像苏维埃在实行的那样。可是，虽然物资可以被分得在数字上相等，可以用一种假设的记账的货币为尺度，但在心理上却不会相等，因为欲望和个人好恶的不同会立刻对各种东西赋予不同的价值，尽管在数量和质量上都应该相等。

国家即使允许私人买卖，也不能使劝诱平等化。劝诱是一个人用来支配另一个人的那种心理的力量，不用威胁或压迫，凭这心理的力量诱得对方按一种有利于我的交换比率对我服务。正如欲望和好恶在诱致行动的力量上有程度的不同，劝说的本领在诱致行动的力量上也有程度的不同。实际上，就是这些欲望、好恶和推销政策上的差别，构成各人的人格。国家不把它们平等化，而且实际上为了避免它们的平等化，以便扩大人格的范围，它可以规定强迫或欺骗的最高和最低限度，在这限度以外，不许用经济能力替代人格。如果一个国家不规定人格的劝诱和经济能力的压迫之间的这些限界，私人的组合就会在商业伦理、工会伦理、职业伦理、商事或劳工仲裁等等名义下，试图做到这样。[①] 如果法庭采取和施行这些规章准则，习俗惯例就变成习惯法。

因此，我们现在要谈到法官和仲裁人在有关买卖的交易方面的心理。这必然要采取一种历史的性质，而不是以前那种假设的性质。对于由利益对立而起的纠纷，必须迅速作出判决，不是为了取得公道而是为了避免无政府状态和暴力，从而保持交易进行不断。公道是一种事后的思想，从历史上和逻辑上来推论的。因此法官的心理遵循最有力的习俗和当时的实用性，像边沁反对布莱克斯顿那样，而不是追求幸福和公道。

从历史上来说，十七世纪在英国是一种斗争时期，人们争取使法官脱离国王的支配，以便他们可以自由地根据公共的观点来看问题，免得受当时人们认为是国王和近臣们的私人观点的控制；这种斗争在 1689 年获得胜利。从那时候起，在英国和美国，法庭代表的那种社会观点开始同我们研究过的经济学家的理论取得一致。这种观点，自从李嘉图以来，提出那经济问题，所谓个人或阶级所得的一部分社会产品（作为激诱个人出力的社会成本）是不是和那些个人或阶级对总产品的贡献相称；换一句话说，私人财富是不是和私人对公共财富的贡献相称。

然而，这种社会财富的分配需要司法的判决，主要是由于个人交易中所固有的利益的冲突。它的基础是假设的个人财产、自由和人格。因此法庭和仲裁人必然不顾个人所取得的**净**收入。因此，当这种强迫的问题发生时，他们必然要采取比较的方法，来确定那发生争执的交易中一方所取得的**总**收入或者所负担的**总**支出，是

① 参阅本书下册第 10 章(Ⅶ)，第 7 节，《人格和集体行动》。

不是和类似的交易中惯有的情况有相同之处。这样就产生比较成本和比较价值的原则，我们已经区别为反机会的价值和机会成本。这些以社会为标准的（有别于以私人为标准的）方法一经了解，就不显得它们好像不合理。再说，这种推理的方法，不是通过心理经济学家的个人苦乐的观念，也不是通过无政府主义者的伦理和公道的观念，也不是通过买卖人的净收入，而是通过以社会为标准的方法，客观地考察和确定合乎惯例的、最有势力的、因此是合理的东西。

如果法庭感到有必要为他们的意见陈述理由，像在英国和美国多少是那样，那么，他们的心理就等于要把他们本能地和直觉地认为适用于某一案件的公共福利原则，从理智上加以合理化、辩护和社会化。下级法庭因此就可以不必思考案件中所包含的社会问题，因为它们只需遵照前例和明确规定的根据，或者在有疑问的时候向最高法院提出建议。在美国这种情况发展得更进一步；立法机构和国会的一切法案是对最高法院的试验性质的建议，试探该院可能相信什么法案是符合公共利益的。这是因为，即使法院只需要决定立法的法案是否和最高宪法冲突，那成文的宪法还是伸缩性很大，很容易由于改变字眼的意义而加以改变，实际上人们常常这样做。

从法院的这种发生学的和制度的心理产生了某些概括、原则或原理，由高明的法律头脑经过反复尝试最后作系统的陈述，人们相信这些原则能调和几百年来人们为了随时解决纠纷所作的直觉的决定。其中最普遍的一项，人们认为调和买卖的制度下所产生的各种纠纷中的公私利益的一项原则，是那认为自由买卖是双方愿买愿卖、心意相合的原则。愿买愿卖这种名词又比照合于惯例的和最有势力的情况予以解释；可是一般地是指合理地消除当时人们认为是胁迫、压迫和不道德的劝诱。①

把这种推论的方法应用到我们的交易的公式上，如果卖户 S 卖给买户 B，取价一百美元，又以同样的商品卖给 $B^1$，取价九十美元，我们就可以推论到不平等的机会、不平等的自由权或者不平等的待遇。这也许有也许没有社会的意义，决定于它是不是合于惯例的。如果认为是合于惯例的，就给它平等机会的意义。

同样地，如果 S 取价一百美元出卖，而他的竞争者 $S^1$ 取价一百二十美元，我们就可以推论到不公平的竞争，它的社会意义又决定于人们认为合于惯例的是什么。如果人们认为是合于惯例的，它就取得公平竞争的经济名称。

在这两个例证里我们推论到两个名词，平等的和不平等的机会——平等的机会是合理的服务价值或者合理的服务成本，不平等的机会是不合理的服务成本或服务价值。

最后，如果 S 利用 B 的弱点，硬要他出价一百二十美元，因为这是可以由他选择的最好的机会，或者，如果 B 利用 S 的弱点，硬要他接受九十美元，因为这是他的最好的机会，我们就可以推论这里显然有压迫的情况，然而它的社会意义又是决定于人们认为最有势力的和合于惯例的交易是什么。

又可以看出，在我们的买卖的交易的公式里，有三种可变的方面。我们必须注意到这些包括有关合理性问题需要法庭解决的一切经济争点。这些是差别待遇，或者平等和不平等机会问题；自由竞争和公平竞争问题；讨价还价能力的平等或不平等问题。

又可以看出，在任何交易中，那四个参加者的任何一个都可能提出这三种争点的一种或全部。我们的卖户 S 可能以歧视或敲诈为理由控告B，以不公平的竞争为理由控告$S^1$，一切决定于交易的

① 康芒斯：《资本主义的法律基础》，第 57 页。

可变的三面中任何一面似乎冲突最明显的一点。其他的参加者也可能这样做。

又可以看出，如果对三个争点中任何一点作出决定，它会改变其他两点的经济数值。关于公平竞争的决定会改变歧视和价格，关于其他争点的决定同样也影响其他方面。我们以后从假设的说到真实的历史时，一个典型的交易的四个参加者以及价值的三方面之间的这种机能的关系自会表现出来。①

（8）买卖的或讨价还价的能力——联合的经济行动获得法律的支持以后，买卖的能力才作为经济学说上的一个特殊的问题出现。联合行动的两种主要方法是公司组织和管理规章。在公司组织的形式中，个人授权一个董事会和一个经理订立买卖契约，这种契约在法律上对股东有束缚力。个人的买卖被排除了。可是，在管理的方法中，个人或公司参加者都服从规章或法律，这些规章法律决定他们个人的或团体的买卖的或讨价还价的能力。个人的买卖继续存在，可是受到限制。

个人主义、共产主义和无政府主义经济学家的假设不包括这些关于买卖的能力的假设。亚当·斯密把他的经济学说建立在个人对自由、平等和财产的合法权利的基础上，竭力反对那两种联合行动，和联合行动对立。他提出一种自然神教的、类似机械的竞争，这种竞争在买卖上控制个人。② 受到非常激烈的批评的"公司"属于管理的一类，③——还有那对会员的个别买卖行为加以限制的行会。税则、奖励金以及政府的重商主义赐予个人或阶级的贸易特

① 参阅本书下册第10章（VII），第3节，《稀少、丰裕、稳定——经济的阶段》。

② 奈特：《现代资本主义问题中历史与理论的论争》，《经济与商业史杂志》，1928年11月号，第121页。

③ 以下称为工团主义资本主义，参阅本书下册第11章。

权,也是这样。它们使受惠的个人能免于国外竞争的损害,提高本国公民的个别的或联合的买卖能力。斯密的这种个人主义的和机械论的假设支配了古典派和心理派经济学家。这些假设被无政府主义者发展到极端,又被共产主义经济学家完全废除。他们的前提取消了个别的和联合的买卖,代以国家的限额,和买卖恰恰相反。

只要这些个人主义、无政府主义和共产主义学说盛行,就不可能有一种关于介乎个人和社会之间那种程序的科学理论,这种程序就是个人的联合的买卖能力。所有这种行动,被个人主义者和无政府主义者斥为垄断,被共产主义者斥为仅仅是缓和的手段。

可是,同时,在十九世纪五十年代的十年中,在英国和美国——出于斯密、马克思或普鲁东的意料之外,也出于后来的经济学家和法庭的意料之外——一种新的合法权利获得立法承认:普遍的社团法人的权利,在自由、平等和财产权之外的又一种权利。公司组织没有被禁止,像亚当·斯密和反垄断主义者所主张的那样。公司组织由一般的公司法加以普遍化,不需由立法机关专案批准设立。在这同一期内,在英国和美国,劳工组织放弃了它们的合作生产的观念或者社会主义,采取集体谈判的观念。

以上所讲的这种建立公司组织的权利,被规定为一切愿意从事于公司企业的人的平等的权利——不是因为这种方法会增加他们的买卖的能力,而是因为它用有限责任吸引资本,会增加他们的生产能力。工会被容许存在,直到二三十年后人们才发觉它们已经因此取得了新的讨价还价的能力。差不多同时,人们发现公司组织由于联合行动,也取得了同样的讨价还价的能力。因此,十九世纪末叶在美国,我们发展到反托拉斯法的时期,这种反托拉斯法被应用于公司和工会两种组织。

这些法律严厉地实行了一个时期以后,法院终于发现在努力根本消除这些联合行动的组织的同时，它们正是打击了财产和自由的基础——对于别人需要而没有的东西把持不放的权利。因此，在1911年，司法判决中采用了“合理的贸易限制”这种字眼，重演十七世纪中习惯法上的一种类似的变化。接着，在1911年合理性观念再生以后，当人们1920年在解散美国钢铁公司案件中发现该公司只是实行了合理的贸易限制时，买卖的或讨价还价的能力在法律上获得了承认。

这种承认，在坚持价格的问题中，得到了更明确的决定。人们察觉，如果禁止坚持价格，把这种禁止扩充到它的有效限度，就会使公司不得不把商品交给任何前来购买的买户，这样既会剥夺公司的自由，又会造成由政府规定价格。这在公用事业中已经实行。一方面收费标准由法律规定，另一方面政府也命令公用事业必须服务。可是，在维持价格的问题上，拒绝服务的权利，由于以合理的贸易限制为范围而受到限制。在工人的问题上，以前也曾发现过同样的情况。人们发现，即使工人签订了工作合同，用特别命令禁止他们拒绝服务，仍然是对美国宪法第十三条修正条款所保证的个人自由的一种否定。工商企业如果订立了交货的合同，可以强迫它们履行，不发生这种违反宪法问题。可是，除了作为公用事业而外，在法律上却不能迫使它们订立这种契约。这样，由于拒绝让与商品和服务的权利在法律上最后获得承认，合理的贸易的限制（符合法院的合理性观念，可是不合于反托拉斯法）终于在法律上有了地位；和它意义相等的买卖的能力或是无形的财产，终于在经济学上有了地位。因为贸易的限制是买卖的能力，合理的贸易限制是合理的买卖能力。

以往三十年这一段过渡时期，是合理的买卖能力的作用被引进法律和经济学范围的时期，在这一时期中，这种作用本身在产业

的稳定、价格的稳定、有组织的市场买卖、就业或生产的稳定这些名义下，取得了大众的赞许。这种稳定的计划投合人们反对无限制的个人讨价还价因而希望加以抑制的心意。“稳定”和“有组织的市场买卖”这些名词的含义，和劳动经济学中以前所谓“竞争区域内买卖能力的平等化”的含义相同。在这种情况下，目的是防止竞争的雇主和工人的个别讨价还价可能减低工资和增加劳动时间，不利于他们的付出较高工资或每天工作较少时间的竞争者。实际上，在这种情况下，是买卖的交易（个人的或集体的）给管理的交易树立规章法则，后者已经成为“科学管理”那种新科目专门研究的对象。

扩充到商业社会来说，在商业伦理这一类的名义下，目的是利用这种新获得准许的买卖能力来防止那种用削价暗中拉拢顾客或者用提高工资笼络劳动的竞争者的个别买卖。现在人们已经相信——早期经济学家所不肯相信的——公众的购买力和劳动力的供给都是有限的。因此，所谓“有饭大家吃”的新伦理学说表示，正当的行为不是个人买卖者那种竞争的办法，用跌价或抬高工资拉走竞争者的顾客或工人，而是只在那有限的购买力或有限的劳动力中取得合理的一份。这一点，没有稳定和合理的贸易限制，不能做到。这种合理的买卖能力的理论，系由上面引证的解散钢铁公司和坚持价格案件的判决给它开辟了道路。



因此，在美国，今天的实用的理论不是那些比较老的个人竞争、个人财产、个人买卖自由、自由竞争的机械论那些学说，也不是共产主义者禁止买卖的理论；而是“合理的买卖能力”学说。这些以四种问题的形式出现在经济学家和法庭面前，它们是：对个人买卖的歧视或者不平等的机会；公平竞争而不是自由竞争；合理的价格，而不是标准的或自然的竞争的价格；以及对各种买卖能力的平等或不平等的待遇，例如工人和雇主、农民和资本家等的讨价还价的能力不平等。

若是扼要地陈述这种合理的买卖能力学说的历史发展，就必须对合理性的这些经济方面的问题分别作类比和举例。将各种讨价还价的能力进行分类，注意一下这种学说的历史发展也就够了。劳工组织第一个以集体行动趋向这种合理的讨价还价能力的新学说，因为他们第一个感到有限的工作机会以及结果的不公平待遇和毁灭性竞争的压迫。其次是铁路和其他公用事业，由于法律的规定，不得不受这种学说的支配，因为它们的服务的供给显然是有限的，而它们的庞大的公司组织形式使它们能规定自己的章程，应用于运货人和旅客们个人的买卖。又其次是制造业进入这种理论的范围，它们的问题的争点在以上引证的案件中达到最高峰。然后一切产业中影响最广泛的一种行业——银行业——在联邦准备制度下也归入这种程序，联邦准备制授权八千个银行，在十二个联邦准备银行的指导下，采取一致行动，管理调节银行信用的价格和数额。然后农民，由于扩大合作的意义从合作的生产到合作的销售，努力争取通过他们自己的集体买卖的能力，在全世界的购买力中取得较大的一份。最后，联邦政府，通过“全国产业复兴法案”和一些农业方面的法案，以及有关的法规和章则，在总统的指挥下，整个地把通过集体行动取得合理性的原则扩充到差不多一切制造家和农业家身上。

在所有这些情况中，人们可以看出，在不同程度上，各方面从过去经济学家和法庭所拥护的为了增加财富的生产而采取的一致行动，逐渐转移到他们过去十分反对的为了限制财富的生产而采取的一致行动。因为，这是从生产的能力转移到买卖的能力，后者经过法律认可，就成为合理的贸易限制。就公司组织和工会来说，我们已经注意到这种转变。在上面提到的农民合作的意义的转变中——从科学的农业的改良转变到买卖能力的改良——也注意到同样的过程。联邦准备制度在1913年创立时是为了“便利企业和商业”；可是，在1922年，它转变为限制会员银行秘密交易中的自由贷款，这种自由权在1919—1921年间证实了危害重大。①

我们又注意到，转变到买卖能力的历史发展，不仅趋向公司形式的合并、托拉斯和控股公司，而且更趋向管理的形式，规定最高或最低标准，使个人和法人组织在买、卖、贷款、雇佣以及排除竞争的谈判中必须遵守。从这方面来看，在美国最先脱离古典经济学家的自由贸易学说的，是1842年的保护税则，它增加了制造家在国内的买卖能力。和这税则一致，可是发生在八十年后的，是对移民的限制，这种限制显著地增加了有组织的和无组织的劳动的买卖能力。

在这些问题中，那是积极的政府行动。在其他问题中，那是消极的政府行动——例如在联邦准备制度，或者对竞争的产业的稳定政策或者农民合作社和工会的集体买卖中——通过买卖的能力，消极地容许人们实行政府认为合理的或者无关紧要的事，同时积极地限制政府认为不合理的或者对公众有害的事。就那消极的、政府容许的一种来说，有效的私人的一致行动只有那种经济制裁，像利润的损失、市场上的排斥、失业等等，这些也许可以影响那些企图不守规则、独行其是的顽强分子。

1914年的联邦贸易委员会法案准许人们实行这些经济制裁，在附文中说明“应付竞争”不得认为非法。

在这种准许应付竞争或者甚至准许企图应付竞争的情况下，

① 参阅本书下册第9章(Ⅷ)，《世界范围的偿付社会》。

一个竞争者的独行其是的行为，比依照别人所遵守的惯例和价格行事，在经济上甚至会对他自己更加有害。根据这条附文，一切小竞争者“追随领袖”不算是不合理的贸易限制——那领袖取得领袖的地位或者由于具有威信或者由于具有经济实力，能把价格跌到小竞争者不能生活的程度。因此，集体买卖能力的经济的强迫性的制裁已经越来越有效力，即使不依靠法人组织形式，而仅仅运用稳定的方式。

由于加强他们的买卖能力而引起的其他办法，是统计预测那种新的更精确的方法，用这种方法个人可以更及时地和他们的竞争者一致行动，抑制或扩充生产。买卖能力的原则获得广泛的普遍的接受，这一点表现于保护税则已经差不多完全没有人反对，以及普遍地代以互利互助，通过互利互助，农民让制造家的买卖能力获得保护，换取对农民的买卖能力的高度保护。同样地，自然资源的保存可以有更多的人对它感到兴趣，如果人们了解新土地的开发或者新矿山和新油井的开采，减低自然资源的占有者的买卖能力。

还有其他的情况可以谈到。联合一致的买卖能力，连同它的经济压迫的制裁，发展到显著的程度，其内容的复杂和范围的广阔，超过以前人们所害怕的有暴力为后盾的政治权力，因为它实际上控制国家。实在，国家成为买卖能力的工具之一，或者由于它自己的直接行为，或者由于它所准许的一致行动。通过这种政治工具的运用，争取买卖能力的斗争达到显著的地位。根据自由、平等、自利心、个人财产和竞争机械论的前提，用演绎法推论出来的自由竞争和放任主义的经济学说，让位给实用主义的学说——无论如何，合理使用那份由个人、阶级或国家平均地或不平均地分享的买卖能力。

这些有关联合一致的买卖能力的学说，针对着不公平的差别待遇、不公平的竞争、不合理的价格，以及制造家、农民、工人、商人、银行家或其他的联合组织的买卖能力的不平等待遇，等等经济的、法律的和伦理的问题。这些由于买卖能力的新地位而发生的问题，近年来使得高级法院空前地注意有关价格、价值、惯例和交易的经济、法律和伦理的学说。①

## Ⅶ　李嘉图和马尔萨斯

在斯密以后，从马尔萨斯和李嘉图起，经济科学开始十九世纪的意见冲突，终于造成现今的稀少性和效率的区别。马尔萨斯和李嘉图是亲密的朋友，可是他们在每一点上意见不同。十九世纪政治经济学从滑铁卢战役后那一段萧条和失业时期内他们的谈话和著作中发展起来。

马尔萨斯曾被人们认为头脑不清；李嘉图曾被称为经济学里的最伟大的逻辑学家。可是，马尔萨斯之所以头脑不清，是因为他发现政治经济学是一种极其复杂的和矛盾的科目。李嘉图之所以很有逻辑是因为他避免复杂的部分，假定了一种单一的极其简单的原则，从这一原则可以推论一切。然而他的原则并不简单。它包含物资和所有权的矛盾。古典派经济学、共产主义经济学、工团主义经济学、单一税经济学，都是从这个矛盾中推论出来的。困难的问题是方法——怎样用一种简化的方法把马尔萨斯的复杂性和李嘉图的逻辑结合起来。各人都是一位具有新见解的天才；可是

① 约翰·戴维森：《议价的工资理论》，1898 年版，是构成买卖能力学说的第一部著名精辟之作。历史学派和制度学派的经济学家对这理论作了进一步的发展。参阅康芒斯：《资本主义的法律基础》。

各人的见解都受了他们惯于假设的不同的社会哲学的影响。马尔萨斯是一位牧师、人道主义者，因为他的时代的穷困和失业而感到痛苦。李嘉图由于在证券交易所巧于经营而成为百万资本家。马尔萨斯是有神论者，李嘉图是唯物主义者，他们从相反的角度看同样的事物。

他们的分歧发源于他们的地租学说，扩充到他们对价值、供求和失业问题的理论。两个人差不多同时发现各人的地租理论，可是，马尔萨斯在1815年发表他的理论，而李嘉图在1817年发表他的相反的理论。然后，马尔萨斯于1821年在所著《政治经济学原理》中予以答复。他们各人在同时代讨论这个问题，李嘉图1816—1823年致马尔萨斯的书信可以证明①。

他们的地租理论可以区别为马尔萨斯的"级差丰裕论"和李嘉图的"级差稀少性论"。它们结果实在是一样。可是，它们对供给和需求采取相反的见解——这种见解直到今天仍然存在。李嘉图的理论，经过马克思和工程师泰勒的手，变成了科学管理的效率论，经过亨利·乔治的手，变成了单一税。马尔萨斯的地租学说，经过心理经济学家以后，在克拉克手里成为他的特殊生产力论。

马尔萨斯的地租学说是由斯密和魁奈的学说引起的，诚如马尔萨斯所说，他们赋予地租一种垄断的性质。② 可是，马尔萨斯的兴趣在于维持对小麦的保护税则，有利于农业和地主，而李嘉图的兴趣在于免税输入小麦，以便减低制造家生产的工资成本。

马尔萨斯因此区别了三种垄断：人为的垄断，像一种专利品；自然的"全部的"垄断，像法国的某些葡萄园；局部的垄断，"相当地

① 马尔萨斯：《地租的性质与发展》，1815年版；《政治经济学原理》，1821年版；邦纳编：《李嘉图给马尔萨斯的信》，1887年版；麦卡洛克编：《李嘉图著作集》。

② 马尔萨斯：《地租的性质与发展》，第3—7、15—16、20页。

适用于地租”[①]。

马尔萨斯说，土地的稀少不足以说明原料品的高价格。这种高价格必须根据人口的原理来解释。地力生产的生活必需品多于维持土地上从事劳动的人所需要的数量；这些必需品具有从他的人口论推论出来的那种特殊的能力，能“比照所生产的必需品的数量，产生若干的需求者。”

地力的这些特质因此和一切人为的或完全自然的垄断的性质不同，因为后者自己不创造需求，而地力却自己创造。因此，垄断者所得的价格随着丰裕而减少，随着稀少而增加，因为“需求是在生产以外的，和生产本身不发生关系的”。可是，“就严格的必需品来说，需求或需求者的存在和增加，必须决定于必需品本身的存在和增加。”因此，食粮和其他必需品超过生产成本的高价的原因，“在于它们的丰裕，而不在于它们的稀少”，并且，因此“跟人为的……和自然的……垄断所引起的高价根本不同”，后者的原因是稀少而不是丰裕。

马尔萨斯根据这一重大的区别，提出问题，他问：是不是地租不是一种垄断，或者名义价值，或者仅仅一种移转，而“相反地是一种显明的指标，表示上帝赐予人类的一种最难估量的土地的特质——它能维持比耕种土地所需要的人数更多的人？”[②]

马尔萨斯承认了一个第三种特殊性质，也是从他的人口论引申出来的——比较肥沃的土地的“比较稀少性”或者“局部的垄断”。这是由于人口的扩张而起，人口扩张使人们不得不耕种到生产力较差的土地。他说：

① 马尔萨斯：《地租的性质与发展》，第 8 页；重述于马尔萨斯：《政治经济学原理》，第 110 页。

② 同上书，第 12—16 页。

> “肥沃的土地丰裕的时候，当然没有人会向地主缴纳地租。可是……土壤和地点的不同，在任何国家，都必然会存在。……资本的积累超过了可以在最肥沃的土地上适当使用的程度，超过了最有利的地点所能吸收的程度，必然要减低利润；同时人口增加超过生活资料的增加，经过一定的时期，必然要减低劳动的工资。”结果，“生产的费用将因此减少，可是生产物的价值，就是它所能支配的劳动的数量，以及谷物以外其他劳动产品的数量，不会减少，而会增加。”①

因此，对于最后耕种的一部分土地不会缴纳任何地租，虽然这部分土地上的工资和利润都低。可是，既然食粮的价格（依据在交换中“支配”劳动的能力计算）已经增加，这种价格由比较肥沃的土地的耕种者收入，他就或者向一个地主缴付地租，或者不再做“单纯的农民”，而变成既是地主又是农民，“一种很普通的双重身份。”

然而，即使地主们在地租的名义下取得的这些“局部的垄断”，“既不是一种单纯的名义（稀少性）价值，也不是一种不必要地和有害地从一类人转移给另一类人的价值，”像在全部的垄断中那样。它们是“全国财产的全部价值中最实际和最必要的一部分，由自然法则安排在土地上，不管那土地归谁占有，不管所有人是地主、君主或是耕者”。②



这样，马尔萨斯根据稀少原则说明人为的和自然的全部的垄断，他说明地租的部分的垄断，却根据一种级差丰裕的原则：级差的丰裕只应用于地力。地力创造人口，可是垄断不创造。他的人口原则用来说明食粮的高价系由于不得不趋向较低的耕种边际；可是上帝的恩惠却说明了比边际土地较好的土地上所缴付的地租。

李嘉图读到马尔萨斯的地租理论以后，马上就写信给马尔萨

① 马尔萨斯：《地租的性质与发展》，第17—18页。

② 同上书，第18—20页。

斯说：

“我认为……地租绝不是一种财富的创造；地租总是已经造成的财富的一部分，人们享受地租必然会影响资本的利润，可是并不因为这点就对公共利益不利。……那些主张谷物自由贸易的人的理由至今还仍然有力，既然地租总是从资本的利润中抽出的。”①他又写道，“地租总是一种财富的移转，决不是财富的创造——因为在它作为地租付给地主以前，一定先构成资本的利润，其中一部分付给地主，只因为有人耕种了质量较差的土地。”②

因此，马尔萨斯利用农业中报酬递减的事实，使地主的利益和公共的利益在维持较大的人口这一点上趋于一致，而李嘉图后来(1817 年)在著作中使

“地主的利益……和消费者与制造家的利益总是对立的。……所有的人……除了地主，将由于谷物涨价而受到损害。地主和公众之间的交道不像贸易上的交道那样，卖方和买方可以说是同样获得利益，而是损失完全在一方面，利益完全在另一方面。”③

同时，李嘉图着手创立他的价值和地租的理论，要能配合他自己和马尔萨斯的这种分歧。他不得不发明一种新的“地租”的定义。他区别了土壤的用得尽的能力和“原有的和不灭的”能力。用得尽的能力不是马尔萨斯假设的神对人的无代价的恩赐——而必须由构成土地改良的那种同样的劳动加以补充或恢复。用不尽的能力似乎是像那些法国的葡萄园那样，它们的地力需要补充恢复，可是它们的日光、地形和地点是用不尽的。地租应该适用的只是这些用不尽的能力；这些应该认为是马尔萨斯的所谓“局部的垄断”。两者的区别在于马尔萨斯认为地租是对神造的地力的一种

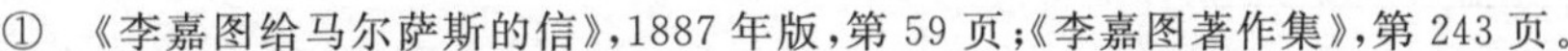

①　《李嘉图给马尔萨斯的信》，1887 年版，第 59 页；《李嘉图著作集》，第 243 页。

②　《李嘉图给马尔萨斯的信》，第 155 页。

③　《李嘉图著作集》，第 202—203 页。

报酬;可是李嘉图认为土地生产力是人造的,它的报酬是利润和利息。可是,李嘉图的地租不是人造的。

因此,李嘉图认为,马尔萨斯在价值论上是错误的。他的价值论实际上是当时"流行的"观念,把价值的起源放在消费者的欲望里。可是,现在李嘉图把它的起源放在劳动的努力里。所以马尔萨斯以商品在交换中支配劳动或货币的能力为价值的尺度;可是李嘉图认为价值是生产商品中物化的劳动成本量。马尔萨斯的地租以它所能支配的货币或劳动量为尺度;李嘉图的地租以它的生产所费的劳动量为尺度。李嘉图说,那流行的观念混淆了价值和财富,并且

> 引起那矛盾的说法,所谓"减少商品的数量,也就是减少人类生活的必需品、便利品和享受品的数量,可以增加财富"。可是,如果你"把效用的数量……亚当·斯密所谓使用价值的数量增加一倍",你并"不使价值增加一倍,如果它的生产所需要的劳动量并不较多"。然后他继续说,"一国的财富可以用两种方法来增加:……使用较大一部分收入,来维持生产的劳动,那不仅会增加全部商品的数量,而且增加它的价值;或者,不增加所使用的劳动的数量,而使原有的劳动提高生产力,这样将增加商品的数量,可是不增加商品的价值。"①

李嘉图在这里对一方面"价值"和另一方面"效用"、"使用价值"及"财富"所作的区别,曾使某些经济学家感到不安,以致他的"价值和财富"那一章似乎混淆不清。可是,麦卡洛克却认为这种区别是李嘉图对经济科学的一项重大贡献,我们认为人们一般地也承认这一点。实际上那是作为私人资产的财富(不是公共财富)和作为生产的劳动成本的价值(不是在交换中支配劳动的能力)之间的区别。

① 《李嘉图著作集》,第166—169页,《价值和财富》一章。

> “这区别的发现，”麦卡洛克说，“在以前几乎无法了解的神秘问题上放出了一片光明。……洛克和斯密的研究为财富的生产所做的工作，李嘉图的研究把它放在财富的价值和分配上面去做。”①

李嘉图在这种分析中企图达到的目的，是价值作为使用价值和稀少性价值的一种倍数的意义。可是，他的稀少性价值是自然对劳动的生产力的抗拒，而以前价值的意思是消费者的欲望。他认为，按照亚当·斯密的意思，“使用价值”是指效用；它的意义是国家的财富的丰裕，因为，若是你把使用价值的数量增加一倍，就是把必需品和便利品的数量增加一倍。因此，使用价值和物质的数量成正比例，譬如两百万蒲式耳小麦的使用价值比一百万蒲式耳的使用价值多一倍。使用价值的意思是必需品和便利品，它们构成国家的财富。

可是，李嘉图的两百万蒲式耳的“价值”仍然不变，如果生产它的仍然是同样数量的劳动。若是这样的话，一蒲式耳的**价值**就降低了一半，因为只需要一半的劳动来生产它；因此它只能换得一半那些价值没有变动的其他的东西。虽然它的使用价值不变，它的交换价值已经降低了一半；或者，反过来说，虽然它的交换价值不变，它的使用价值已经增加了一倍。因此李嘉图的“价值”不是单独的使用价值，也不是单独的交换价值。它是用蒲式耳计量的使用价值量**乘以**用劳动力计量的单位交换价值的一种倍数。

李嘉图的交换价值的概念，和马尔萨斯的相反，发源于他的“自然抗拒人类的劳动”的概念。他从马尔萨斯本人获得这种观念，可是他在逻辑上贯彻了马尔萨斯的人口过剩的学说，把自然的哲学从“丰裕”改变到“吝啬”。这里显然马尔萨斯是头脑不清，因为

---

① 麦卡洛克编：《李嘉图著作集》的序言，XXIV—XXV页。

他想要调和神的恩惠和地租。可是，李嘉图是合乎逻辑的，因为他是一个唯物主义者，认为稀少性和“自然抗拒人类的努力”是同一回事。

像李嘉图那样，我们可以说，在自然阻力较大的地方，所需要的(或者马克思所谓“被物化的”)劳动力，比在自然阻力较弱的地方所需要的劳动力较多。或者，我们可以说劳动的生产力和自然的阻力成反比例。如果生产力增加一倍，那意味着自然的阻力减少了一半。那么，也同样可以像李嘉图那样说，交换价值和劳动的生产力成反比例，或者和自然的阻力成正比例。

结果，李嘉图除了把价值作为“使用价值数量乘以交换价值”的一种倍数的概念以外，同时又有把劳动作为“劳动力的数量乘以自然阻力”的概念——或者，如他自己所说，作为劳动力的数量乘以劳动生产力的反数。因此，一种全部产品——例如一百万或二百万蒲式耳小麦——的“价值”，可以说成是它的使用价值乘以它的交换价值的一种倍数(不管消费者的欲望和一切供求的问题)，或者是工人的数目乘以自然对他们的劳动力的阻力。这种阻力的尺度成为克服阻力所需要的劳动时间，因为某一种劳动力和生产某一种产品所需要的时间成反比例。

李嘉图这样想出来的价值的概念，丢开消费者的欲望和对商品的供求不谈，显然不是一种价值的概念——它是一种效率的概念，因为效率是使用价值的出量对劳动力工时的入量的比率①。因此，对李嘉图来说，效率是稀少性的一种人格化。斯密和马尔萨斯曾把稀少性人格化为劳动痛苦，作为在一个丰裕的世界中对罪孽的惩罚；李嘉图却把稀少性人格化为在一个稀少的世界中自然对

① 参阅本书上册第322页，《入量—出量，支出—收入》。

劳动力的抗拒。这两种人格化恰恰相反。能力增加，痛苦就减少。如果由于人口的压力不得不趋向较低的生产边际，因而自然资源稀少，那么，克服自然阻力的，是劳动力，不是劳动痛苦。这不是因为罪孽而向上帝偿付的代价，而是因为稀少性而向自然偿付的代价。因此，克服自然阻力所需要的劳动力的数量，是商品的"自然"价格。拿水或空气来说，自然的阻力很少，或者完全没有阻力，可是拿小麦或黄金来说，自然的阻力就较大。这种对劳动力的相对的阻力是李嘉图的"自然的"交换价值。

李嘉图，像斯密，不像马尔萨斯，必须脱离重商主义——一种以货币及垄断和贸易限制那些人为的稀少性为基础的政策。因此，他不谈人为的稀少性，而像斯密那样，代以自然的稀少性，可是，和斯密不同，他用自然的阻力代替斯密的人的罪孽。依照孔德的科学的发展系统来说，他从神学的阶段过渡到形而上学的阶段，或者，像我们应该说的那样，从人格化过渡到唯物主义。

这是两种稀少性的人格化。马尔萨斯所效法的斯密考虑可能购买的劳动痛苦的数量，可是，李嘉图考虑生产产品所需要的劳动力的数量，然而都作为一种"自然的"价格，不是"人为的"价格。可是，既然价格是每单位的价格，价值是一种产品所有单位的价值的总和，因此，李嘉图认为"价值的量"是由两方面复合构成的——使用价值的数量和每单位的劳动力。后者是他的劳动价格。两者的倍数是价值。

因此，"生产力加一倍"的意思是使用价值（快乐、财富）的数量加一倍——而劳动力的数量仍然照旧。拿货币来说：如果小麦的数量从十亿蒲式耳增加到二十亿，世界上在这项商品方面的财富或快乐增加了一倍；可是如果价格因此从每蒲式耳一美元降低到五十美分，因为劳动的生产力增加了一倍，那么，"价值的数量"仍然和以前一样。这是对消费者的财富的增加，而不是对生产者的价值的增加。

可是，李嘉图排除那量度相对稀少性的货币，代以量度相对阻力的劳动力，因而混淆了稀少性和效率，并且实际上人格化了价格作为和自然的交换，其实价格是和人的交换。

然而，李嘉图的发现引起麦卡洛克的极大兴奋，也不足为奇。在当时经济学的神学和形而上学的阶段，实际上那是革命性的发现。他把稀少性人格化为等于生产中的劳动力，有助于驳斥马尔萨斯以及从重商主义留传下来的谬论，后者人格化了价值，作为和交换中可以支配的劳动痛苦成反比例。

这种稀少性的观念曾被人们和重商主义的垄断联系在一起。李嘉图在罗德戴尔和马尔萨斯这种人的著作里看出同样的观念。据李嘉图记述，罗德戴尔曾说如果水成为稀少的并且由某一个人绝对占有，你就会增加他的财物，因为那一来水就有了价值：如果财富是个人财物的集合体，你这样做也就增加财富①。这恰恰是重商主义的谬误，李嘉图的答复，像我们已经指出的那样，是区别垄断稀少性和自然稀少性。垄断是人为的稀少性，而自然资源的稀少性是自然的。就垄断来说，个人垄断者一定会以较高的价格出售同样的供应品，从而变得比较富有，可是别人就会变得比较贫穷，因为“所有的人‘必须’牺牲一部分财产换取水的供应，这种供应他们以前不花钱就可以取得②”。同样地，在没有被垄断的水普遍稀少的时候，所有的人都会受到损失，并且他们必须用一部分劳

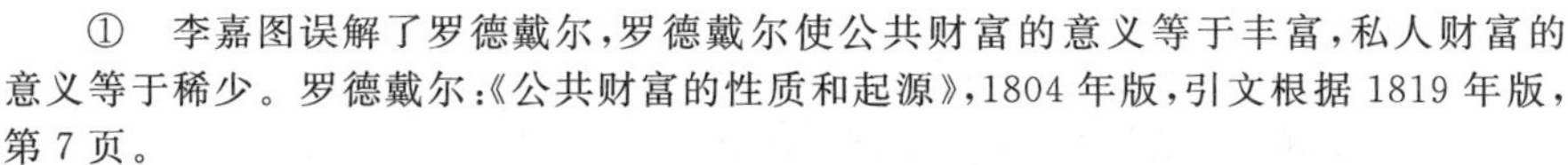

① 李嘉图误解了罗德戴尔，罗德戴尔使公共财富的意义等于丰富，私人财富的意义等于稀少。罗德戴尔：《公共财富的性质和起源》，1804 年版，引文根据 1819 年版，第 7 页。

② 《李嘉图著作集》，第 167 页。

动来取水，因此只能生产较少的其他商品。“不仅财富的分配会因此不同，而且会有实际的财富的损失[1]。”就是说，在普遍稀少的时候，水的价值会较大，因为取水需要用较多的劳动，可是社会的财富会减少，因为较大数量的劳动生产了较小数量的使用价值。这是使麦卡洛克感到兴奋的“一片光明”。

这样我们可以看出所谓李嘉图在他的“价值和财富”一章中所造成的混淆，发生于两种来源。第一是李嘉图把货币和稀少性人格化为劳动力，而不作为它的真正的效率的意义。第二是硬把后来效用递减的意义加入李嘉图的效用的意义，其实他和斯密的所谓效用的意义是东西的物质的或技术的特质，用吨或蒲式耳这种物质的单位计量，每单位的这种特质因此并不随着需求的减少或者供给的增多而递减[2]。这种效用的意义，作为使用价值（庞·巴维克称为“物质的服务[3]”），是财富。它在价值上确实也会减少，可是，那种减少是物质的耗损，应该区别为物质的“折旧”，不是主观的“递减的效用”。



然而，也有以前提到过的甚至这种物质的“使用价值”的主观的意义，就是，“人类生活的必需品、便利品和享受品。”可是像李嘉图和斯密所用的这种意义，我们曾称为“文明价值”或“文化价值”，因为它不是随着供求变化，而是随着文明上的变化而变化——例如从箭到炸药，从马到汽车的变化。

这种效用作为使用价值的意义，也被边沁认为和“幸福”相同，因为，即使在边沁手里，幸福还没有达到受供求增减影响的“递减的效用”的意义。效用的数量增加就是幸福的数量增加。因此，在

---

① 参阅本书上册第5章(II)。

② 参阅本书上册第211页，《心理平行论》。

③ 庞·巴维克：《资本和利息》，第223页。

斯密、边沁和李嘉图看来，效用的意义是一种文明价值，随着发明而增加，随着折旧而减少。因此，它的增加就是财富和幸福的增加。这是李嘉图的意思，他说：如果你加倍效用的数量，就是加倍财富的数量。这和边沁的加倍幸福的数量意义相同。这种效用的意义我们区别为使用价值；也可以区别为丰裕价值，因为每单位这种价值不随着数量的增加而减少。

李嘉图显然把这种文明的效用概念(斯密的"使用价值"或"丰裕价值")看作一种主观的评价。他和亚当·斯密意见相同，认为"由生活必需品、便利品和享受品构成"的财富是主观的，因此不能量度。李嘉图说，"一种必需品和便利品不能和另一种比较；使用价值不能用任何众所周知的标准来量度；各人所用的标准不同。"①

可是，李嘉图有一种方法可以把一切使用价值归纳到一种共同的标准。那不是用量度人为稀少性的货币；而是用量度自然稀少性的劳动力。可是，采用这种比喻性的计量标准，所量度的对象不是财物或财富——而是价值。交换价值成为和自然的交换，它和生产被交换的数量所需要的劳动力成反比例。

商业中实际使用的一种简单得多的方法，一种不用人格化和比喻的方法，是用物质的单位和技术的特质——例如一蒲式耳一级或二级小麦。似乎奇怪，李嘉图和所有的物质经济学家，他们都是有常识的人，却不用这种常识的方法来客观地量度使用价值，而求助于劳动力或劳动痛苦，甚至货币②。物质的计量单位近在眼前，到处可以看到。可是，他们想要深奥。他们一定被理性时代的形而上学所苦，它不区别原因和计量标准。实际上劳动力是一种

① 麦卡洛克编：《李嘉图著作集》，第260页。

② 参阅本书下册第9章(VI)，《交易的货币和价值制度》。

原因;使用价值是它的效果。可是,它们各有一套计量的制度,效果(使用价值,出量)的度量单位和原因(劳动力,入量)之间的比率,不是价值的尺度,而是效率的尺度。差不多经过一个世纪,直到科学管理产生以后,才消除了李嘉图的形而上学。

可是,就他的时代来说,李嘉图的理论是一种新颖的识见。他看出以前经济学家的自然的"丰裕价值"和马尔萨斯的由于自然抗拒劳动的"稀少性价值"之间的区别。他在价值的意义上的变化确实是革命性的。它不仅改变了劳动和生产力的意义,而且也改变了政治经济学上所用的一切名词;或者它造成一切名词的一种双重意义,到今天仍然存在。

它根本改变了自然的意义。马尔萨斯由于他的人口过剩学说开始了这种变化。可是,他没有始终一致地贯彻那种学说,因为他在地租的学说中保留了神学的恩惠和丰裕的原理。可是,李嘉图是唯物主义者、悲观主义者和演绎的经济学家。他从逻辑上贯彻了"自然的吝啬"的学说。因此产生了地租的双重意义,继续存在到今天。李嘉图不谈地力,那是马尔萨斯学说的主要部分。马尔萨斯看到,生产力较大的地力,用每工时劳动产生的出量,大于边际地力的出量;可是李嘉图看到,生产力较大的一种自然阻力,需要的劳动入量,小于边际土地的需要。

第二种主要区别系由于地租理论上这种区别而来。那是供给、需求和市场的意义上的区别。李嘉图在1814年写信给马尔萨斯说,"我有时候怀疑,我们对于'需求'这个名词的了解不是一样。如果谷物的价格上涨,你也许认为是由于较大的需求。"马尔萨斯确实如此,因为他认为是由于人口的增加。"我却认为是由于较大的竞争,"李嘉图说,所谓"较大的竞争"意思是较大的劳动生产力。

"我认为,不能说是需求增加,如果消费的数量有了减少,尽管需要用多得多的钱去买这较少的数量。假如要问,1813 和 1814 年英国对红葡萄酒的需求是什么情况,而答复是 1813 年输入五千桶,1814 年输入四千五百桶,我们大家能不一致认为 1813 年的需求较大吗。然而实际情况可能是四千五百桶所付出的货币数量反而多了一倍。"①

实际上,这是马尔萨斯和李嘉图的区别。是生产和买卖的区别。马尔萨斯认为,价值是由买卖决定的稀少性价值,它的根本诱因是消费者的需求,它的尺度是价格。可是,李嘉图认为,由买卖决定并且由货币计量的稀少性价值,只是一种"名义的价值"。那"真实的价值"是使用价值的数量,以所生产和买卖的酒的劳动成本为计量标准。对李嘉图来说,买酒的高价是一种名义价格,在这里稀少性价值等于"名义价值"。马尔萨斯的兴趣在于由供求决定的价格本身,相信数量自会跟着价格增减。可是,李嘉图的兴趣在于数量和数量的劳动成本,不管价格怎样变动。对李嘉图来说,从四千五百桶增加到五千桶酒(使用价值)是一种财富的增加,虽然价格也许从二美元跌到一美元。可是,对马尔萨斯来说,价格的跌落是一种财富的减少,因为它使引起财富生产的诱因从而减少。

结果所有的区别成为生产财富的能力和诱致财富生产的能力之间的区别。

"我们同意,"李嘉图说,"有效需求包含两种成分,购买的能力和意志;可是我认为在有能力的地方,很少缺乏意志的,因为想要积累的欲望会引起需求,和想要消费的欲望同样地有效;它只是改变需求发挥作用的对象。如果你认为资本增加,人们就会变得对消费和积累都不感兴趣,那么,你就不妨反对穆勒先生的观念,所谓就一个国家来说,供给永远不会超过需求。"②

① 《李嘉图给马尔萨斯的信》,第 42 页。

② 同上书,第 43—44 页。

李嘉图所引证的詹姆士·穆勒发挥了斯密从不递减的使用价值推论出来的观念，所谓创造有效需求的是生产，不是消费也不是货币。①

> “我比你更要进一步认为一切效果是由于人类的欲望和爱好；我相信欲望和爱好是无限的。只要给人们购买的手段，他的种种欲望是不能满足的。穆勒先生的理论以这一假设为基础。”②

可是，马尔萨斯认为欲望是有限的。他说，“没有疑问，财富确实产生欲望；可是还有一种更重要的真理，就是欲望产生财富。”③

因此，马尔萨斯和李嘉图的区别是，前者讲一种日益增加的人口的日益增加的欲望，从而维持稀少性价值，而后者讲一切生产者的日益增加的生产力，从而增加一切使用价值的数量。

这两种需求和供给的概念之间的争论，随着拿破仑战争以后的广泛的萧条、失业和物价下跌而发生，引起了马尔萨斯和李嘉图之间的这一番探讨。马尔萨斯需要实际的需求，以便增加一个国家的财富，不管这种需求起源于货币的占有，或者劳动力的占有，或者人口的增加，或者地租的占有，或者甚至对谷物的保护税则，这种税则增加了购买力，因而增加了地主对劳动的需求。没有这种需求，就不会有任何东西生产出来，他认为当时的萧条和失业是由于需求的减少，或者消费者的购买力的衰弱。

因此，马尔萨斯不因**利润**的低落而感到不安。他因价格的低落而感到不安。如果利润太高，就会生产太多，超过当时的需求。必须有一种足以维持价格的消费增加，不是一种足以增加竞争和

① 参阅詹姆士·穆勒：《为商业辩护》，1807 年版；又本书上册第 5 章，《亚当·斯密》。

② 《李嘉图给马尔萨斯的信》，第 49 页。

③ 马尔萨斯：《政治经济学原理》，1821 年版，第 363 页。

减低价格的生产增加。因此，马尔萨斯主张增加税收和公共工程，从而增加消费，作为对失业的一种补救方法。可是，李嘉图写道，“我抗议这种……理论，予以坚决的反对。”①

马尔萨斯为了增加消费而建议要做的事情，是增加税收、增加小麦的税率、扩张公共工程、要富人在他们的产业上增加费用，这一切都是“不生产的消费”，因为它不生产那种到市场上来减低价格的商品。

一百年后，在另一次世界战争以后，这差不多完全是一个“全国失业会议”所建议的补救办法，这次会议系哈定总统召开，在国务卿胡佛的主持下进行的。会议主张在失业期内增加公共工程，吸收私营企业中所裁减的一部分劳动。② 哈定会议是马尔萨斯的经济学，和李嘉图的经济学相反。马尔萨斯一定会把他们的建议叫做“不生产的消费”，可是，他的意思和会议所谓公共工程的意思是相同的，公共工程生产一种不出卖的产品。它是“不生产的”，因为它不创造一种参加市场买卖的产品，因此不会减少私人雇主所得的价格，从而增加现有的失业。

李嘉图也需要实际的需求来增加一个国家的财富，可是他的需求，和马尔萨斯相反，必须来自资本家在较低的物价水平上增加生产，当资本家在那种低水平上不能获利时，这种生产的增加就受到阻碍。因此，当时失业的原因不是需求减少所引起的价格下跌——而是高地租、高捐税和高工资，后者是由于劳动的固执而起。“工人劳动所得的报酬过分，他们就必然成为国家的不生产的消费者。”若是工资减低了，“所生产的商品不会有什么减少；只是

① 《李嘉图给马尔萨斯的信》，第 186 页。

② 《美国劳动评论月刊》，1921 年 11 月号，第 129—132 页；《总统关于失业会议的报告》，政府印刷局 1921 年版，第 89—107 页。

分配会不同;归于资本家的会增多,归于工人的会减少。”①

这样,马尔萨斯和李嘉图陈述了资本家通常提出来作为失业救济办法的两种议论。马尔萨斯主张提高税则和增加公共事业雇工;李嘉图主张减低捐税和工资。

从同一效率比例的相对的项目出发,他们把这种项目变成了供给和需求的相对的概念,并且因此变成了国家财富以及失业和生产过剩的救济办法两种相对的概念。马尔萨斯认为购买力的丰裕会增加对生产的需求,因而增加国家财富。可是,这种购买力被地主和富有的纳税人所把持。他们应该改良他们的产业并且建设公共工程,那样就会创造对劳动的需求,而不减低物价。

可是,李嘉图认为对劳动的需求是由生产的能力创造出来的;高地租、高捐税和高工资使资本家不能获得刺激生产的诱因。

马尔萨斯认为,发生普遍的生产过剩、物价低落和失业,是因为需求有限。李嘉图认为,需求没有限制,而生产过剩的现象是由于资本家在低物价、高工资、高捐税和高地租的条件下不能赚得利润。



因此,马尔萨斯和其他的人认为财富的意思是那决定于消费者的欲望和需求的稀少性价值,而李嘉图认为财富的意思是生产者所供给的使用价值的总数量。可是,矛盾的关键在于需求和供给的两种意义,这些意义一直留存到现在。马尔萨斯的需求增加的意义是**较高的价格**、较高的捐税、较高的税则、较高的工资、较高的地租,这一切都意味着较大购买力所造成的较大的消费。李嘉图的需求增加的意义是**较大数量**的生产,由于较低的价格、较轻的捐税、较低的税则、较低的工资和较低的地租、可是较高的利润,以

① 《李嘉图给马尔萨斯的信》,第189页。

便诱引资本家雇用工人。这两种意义发展到一种难以解决的地步，百余年来一再发生僵局。那是较大一份的国民财富归于消费者和较大的利润归于资本家这两者之间的矛盾，两者都是作为失业的补救办法。[1]

这种需求和供给的双重意义的最后关键在于市场和交换的一种双重意义。李嘉图认为市场买卖和交换是一种生产程序。马尔萨斯认为它们是一种讨价还价的买卖程序。如果买卖和交换是一种生产程序，那么它是一种劳动程序，一直到最后消费者为止。如果买卖和交换是一种讨价还价的程序，那么它是一种低价买进高价卖出的所有权的程序。可是，马尔萨斯和李嘉图都不用货币为价值的尺度，而代以劳动作为价值的尺度。因此，他们必须有两种“劳动”的意义，这两种意义霍兰德曾正确地区别为“所支配的劳动”和“物化的劳动[2]”。

可是，在霍兰德的区别的背后是市场作为实际交货的生产程序和作为买卖的稀少性程序那两种不同的意义。霍兰德似乎认为李嘉图的使用价值的意思包括稀少性在内，[3]可是这种解释硬把后来的效用递减的观念加在李嘉图身上，其实这种观念在奥国学派快乐主义经济学家以前并不存在。斯密、马尔萨斯、边沁和李嘉图都不把使用价值和递减的效用或者稀少性联系在一起。对他们来说，使用价值的意思是指财物的丰裕以及所引起的心理的效果——快乐——具体地用吨和蒲式耳计量。如果是这样，那么，斯密和马尔萨斯的“所支配的劳动”就是他们的人格化的、买卖程序

① 参阅本书下册第 9 章（VII）。

② 霍兰德：《李嘉图的价值学说的发展》，《经济学季刊》，1904 年第 18 号，第 455 页。

③ 同上书，第 458—459 页。

里的稀少性的尺度，用所支配的劳动为计量的标准；可是李嘉图和马克思的“物化的劳动”是他们的人格化的尺度，用来量度劳动克服自然阻力的生产能力上的稀少性。

虽然斯密的意义是根据劳动痛苦的数量，马尔萨斯的意义是根据消费者的需求，而马尔萨斯在“所支配的劳动”的概念上却效法斯密，这一事实可以由需要的数量和可能利用的数量之间的稀少性比率的两面来解释。如果价值的意义是稀少性价值，那就是需要的数量（需求）和可能利用的数量（供给）之间的一种社会的关系①，这种关系可以表现为两种数量的比率。这种稀少性比率可以由改变供给或者改变需求而加以改变。斯密和李嘉图一样，假设需求是无限的，因此他的稀少性的原因、调节者和尺度是劳动痛苦，它限制稀少性的供给方面。可是，马尔萨斯坚决认为需求受现有食粮供给或者土地或货币的占有所能维持的需求者人数的限制。因此，他注意稀少性的需求方面；他的原因、调节者和尺度是消费者的“意志和能力”，它们增加或减少需求。这样，斯密的稀少性价值的调节由于改变供给方面，马尔萨斯的调节由于改变需求方面，它们是同一供求的稀少性比率的两面。

他们各人注意同一稀少性关系中各人自己认为是限制因素的一面。在马尔萨斯看来，稀少性价值的原因是消费者需要供给增加的需求；在斯密看来，是那限制供给的劳动痛苦。对马尔萨斯来说，价值的调节在于集体地通过人们的意志在各种职业中间适当地比例支配对劳动的需求；对斯密来说，价值的调节是由于各个人个别地在各种职业中间自动地支配劳动痛苦。对于马尔萨斯和斯密两人，人格化的稀少性价值的尺度都是那可以用商品或货币购



① 参阅本章（IX），《门格尔、维塞尔、费希尔、费特》。

买的劳动的数量。因此,“所支配的劳动”,一种特殊的买卖能力,对于斯密和马尔萨斯,成为稀少性价值的尺度,不管那稀少性的原因是斯密的生产者的劳动痛苦,或是马尔萨斯的有限的消费者的需求。

可是,李嘉图的稀少性价值的原因不是消费者的需求,这种需求他认为是无限的。他的稀少性价值的原因是自然的阻力,这种阻力和克服阻力所需要的劳动量是同一的。因此“物化的劳动”成为他的“自然”稀少性价值的尺度。可是物化劳动和劳动的生产力成反比例。因此,对李嘉图来说,使用价值的数量由劳动生产力调节,稀少性价值的程度和劳动的生产力成反比例。劳动生产使用价值,可是劳动的“不情愿”产生稀少性价值。它是市场的双重意义,具有稀少性的双重人格化。如果买卖是讨价还价,所支配的劳动就是稀少性的尺度。如果买卖是生产,物化劳动就是效率的尺度。

李嘉图,和后来马克思一样,认为市场是整个生产程序的一部分,不是一种买卖的程序。市场存在于一种劳动程序,从原料的开采、制成新的形式、运输、实际交货给批发商换取另一种货物的交货,直到最后由杂货店店员把制成品交给最终消费者,他本人是另一个劳动者,从事于具体地生产或交出他自己的商品或服务,作为报答。货币也是这种可以实际交货的物质商品之一,和其他商品没有什么不同。

在比较现代的术语中,这种市场买卖的意义,作为转运来说,是由劳动创造“地点效用”,和劳动的创造“形式效用”,并无差别。可是效用,在这种意义上,是物质的使用价值。劳动不是真正地“创造”任何东西。它只是改变自然所供给的基本物资的形式和地点,变成使用价值。因此,买卖和交换是一种劳动程序,增加物资的使用，直到最后交到最终消费者手里为止。市场机构的这种技术的程序，作为生产使用价值程序的一部分，我们区别为市场买卖的专门技术。另一种意义是买卖的制度。这些意义是管理的交易和买卖的交易之间的区别。

因为，买卖不是一种物质的交货和交换的程序。它是一种有关价格和以后由劳动程序来实际交货的数量的商业的谈判程序。在这种商业的买卖程序中所交付的东西，不是具体的商品，而是法律上的所有权。因此，我们区别了通过劳动的实际上的交货和通过谈判的法律上的交货；市场和交换的双重意义是交付和交换使用价值的劳动程序，以及同意稀少性价值并且按照这种价值交割所有权的买卖程序。

这种买卖和交换的双重意义是马尔萨斯和李嘉图的区别的根源。它在现代经济学中仍然存在，产生着实际的结果。一种是市场的技术，另一种是对市场的定价和估值。它的关键在于使用价值和稀少性价值的区别。那双重意义在马克思和普鲁东的辩论中普遍存在，并且在过去一百年关于合作买卖的讨论中产生一种双重意义。在合作买卖的技术的意义上，目的是由一个归合作组织所有的买卖机构来替代和排除中间人。在买卖谈判的意义上，合作并不排除中间人，而是和他们进行集体谈判。农民的“合作社”正在经历区别合作买卖和集体谈判的过程，正如劳工合作组织在八十年前忽然从企图排除资本家的社会主义的合作生产和合作买卖，转变到比较缓和的集体谈判，和资本家谈判工资、工作时间和工作条件。农民的地位不同，因为他们需要贮藏粮食的仓库，因此他们实际上排除中间人。可是，两种程序是可以辨别的。在市场买卖和交换的第一种意义里，像李嘉图和马克思所用的那样，这两个名词表示财富生产中的最后一步——实际的交货和实际的交换，它增加使用价值的数量，因而增加了财富的**数量**。在第二种意义里，像斯密、马尔萨斯和普鲁东所用的那样，市场买卖是交易谈判的第一步，双方议定价格，从而改变财富的所有权。

## Ⅷ　马克思和普鲁东

应该已经看出，李嘉图的名词所有的双重意义的关键在于他假设货币的购买力是稳定的。他所举的例证都是用货币来说的，其所以可能这样做，是因为他假定货币的购买力对每种特殊商品都是稳定的，从而实际上排除了货币。这样，他实际所做的工作，不是完成一种价值论，而是完成一种效率论。他的计量单位是一种人力的单位，象征性地用英镑作代表。马克思用工时替代李嘉图的工日、工月和工年，然后创立了他也认为是价值论的东西，可是那是一种效率论。

同时，李嘉图的劳动价值论逐渐地从政治经济学里不见了，除了有麦卡洛克死后的喘息。[①] 约翰·穆勒于1848年悄悄地用货币成本替代劳动成本，并不了解他这样做的后果；这一来劳动价值论真正地被埋葬了。[②] 可是，一方面这种理论却在马克思手里完成了奇妙的复活，他正确地宣称他自己是真正的李嘉图派。我们从转化的黑格尔派哲学家马克思身上，[③]对于朴素的买卖人李嘉图的混淆的说法，获得最清楚的了解。

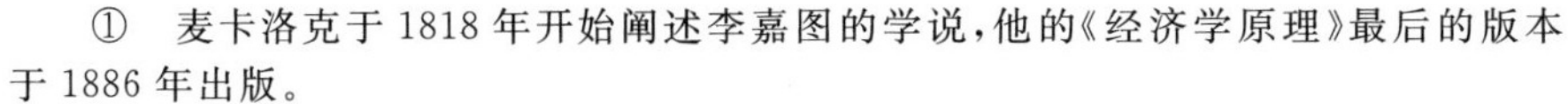

① 麦卡洛克于1818年开始阐述李嘉图的学说，他的《经济学原理》最后的版本于1886年出版。

② 穆勒：《政治经济学原理》，1848、1897年版。

③ 胡克，悉尼：《对于卡尔·马克思的理解》，把现代的实用主义学说说成是马克思的学说。他充分地发挥了这种看法。但是，如果马克思在行动上是实用主义的，他在理论上就是黑格尔主义的。

马克思在他和另一个黑格尔派哲学家普鲁东的辩论中完成了他的分析。这一场讨论第一次把李嘉图的价值论分裂为无政府主义和共产主义。在他们的讨论以前，甚至以后在十九世纪五十年代中，无政府主义和共产主义被认为是同样的东西，社会主义。讨论的结果是马克思用在普鲁东身上的“空想社会主义”，和马克思用在他自己身上的“科学社会主义”。可是，两者都是空想的，都不是科学的。[①] 它们都是黑格尔派的形而上学。

黑格尔派的方法论不是包括假设、调查、实验、证明的科学方法，不能适合不断变化的观察的事实；它是那种哲学的方法，从一个预先注定了将来必须实现的大观念开始，然后把它分析为若干一定会发展到那大观念的小观念。这种辩证法表现为两种方法：分析的，被普鲁东所采取；发生论的，被马克思所采取。这是同一宇宙观念的两种说法。分析的方法是包括正题、反题和合题的心理程序。发生论的方法是历史上文明的发展趋势，从正题原始共产主义到反题十八世纪的个人主义，又回到必然的合题——未来的共产主义。实际上这是黑格尔的世界精神观念的一种转化。黑格尔的“精神”结果会产生一个未来的德意志帝国，马克思的唯物主义结果会产生一种世界共产主义[②]。

可是普鲁东，像斯密和李嘉图那样，从一个为自己生产使用价值的个人的观念开始；这一个人然后去找其他的个人，建议拿他自己不需要的剩余来交换。因此，普鲁东把为自己的生产和跟别人进行买卖分开，把使用价值说成和稀少性价值对立的相反的东西。

① 参阅马克思和恩格斯：《共产党宣言》，1848 年版。

② 关于黑格尔的形而上学，参阅《黑格尔哲学》一文（《英国百科全书》，第 14 版）。关于“左翼”黑格尔主义，参阅《社会科学大全》，第 6 卷，第 21—22 页，关于费尔巴哈一文。

因此,他的“经济的矛盾”这个名词,是他的哲学的基础。普鲁东的“效用价值”是斯密和李嘉图的物质的使用价值,它随着丰裕而增加并且是劳动所生产——普鲁东认为是“一切自然的或产业的产品所具有的有益于人类生活的能力”。因此,它的意义和边沁的“幸福”相同。普鲁东的交换价值是随着丰裕而减少的稀少性价值,被解释为同样产品“所具有的可以相互交换的能力”。这种能力因此决定于买卖程序中两种使用价值的相对稀少性。因此,他的使用价值是正题;他的稀少性价值是反题;他的把两者统一起来的“综合的价值”,就是他叫做“构成的价值”那种东西,决定于他的所谓“意见”。可是,他的“意见”的真正的意思就是我们所谓谈判的心理,就是人们在一件自由的买卖的交易中怎样对于价格、数量和交货时间,双方意见一致。

这种买卖的交易应该不受政府的一切暴力的强迫,不受“财产”的一切经济的压迫。既然财产本身是政府创立的,他要破坏财产就得破坏政府。普鲁东认为“财产是掠夺”,因为它是用暴力来支持经济的压迫。这种财产的压迫必须予以消除,然后关于价格和数量的买卖的协议才能完全出于买卖双方自由的和平等的“意见”。

因此,普鲁东和马克思的区别是买卖和限额的区别。普鲁东想要消除政府,从而达到自由的和平等的买卖;马克思想要消除买卖,从而达到完全的限额。

普鲁东的自由的和平等的买卖,不过是和英美习惯法中所要做到的“合理的价值”相同的概念。他的“构成的价值”是法庭的所谓合理的价值,因为它是“愿买愿卖”的双方所同意的一种估值。可是,普鲁东,不熟悉历史上的习惯法的理想,不得不把它黑格尔化,作为“综合的价值”或者“构成的价值”,这种说法调和了使用价值和稀少性价值的对立，如果买卖双方是完全自由的。①

可是，为了在愿买愿卖的基础上调和这两种价值，普鲁东必须消灭国家执行财产权利的权力，这种财产的权利可以掠夺买方和卖方。这种掠夺，在买卖的交易中，作为不是产生于当事人自己的劳动的各种形式的货币所得而出现，例如利息、利润、地租、资本家所取的高价以及太高的薪俸。这些是财产，这些是掠夺。

因此，必须了解，普鲁东把财产作为“掠夺”的意思，不是指一个人由于他自己劳动或者由于和其他也是由于自己劳动而占有财产的人进行自由谈判而取得的那种个人的财产。他不是要废除这种财产，可是他认为假如政府废除了，这种财产一定还会存在。实际上，无政府主义意味着最最不能让与的、可以交换的和个人的财产，只要它的基础是劳动以及自由和平等的买卖。著名的俄国无政府主义者克鲁泡特金在艾奥华州的农场和市集中发现了一种无政府主义的理想典型。② 经济学家们对于地租、利润（包括利息）和工资的区别，对他没有意义，正如这种区别对艾奥华的农民没有意义一样，如果那农民只是靠他一家人的共同劳动的使用价值维持他的家庭，然后在市集上通过自由和平等的买卖出售他的剩余。经济学家们不可能把那农民的使用价值的收入分成地租、利润（利息）和工资，这种收入，对普鲁东来说，和对于那农民一样，只是那农民因为他的联合所有权、联合管理和联合劳动而获得的联合报酬。如果他能和其他农民在市集上对于他们的剩余的交换价值达成协议，双方都不受任何强迫，那么，这样“构成的”交换价值，就是他的所谓“综合的价值”。可是，用习惯法的语言来说，它就是所谓双方

① 普鲁东：《经济矛盾体系；或贫困的哲学》，共2卷，1846年版，1850年再版，第1卷，第2章。

② 克鲁泡特金：《田园，工厂，手工场》，1901年第2版，第75页。

愿买愿卖的“合理的价值”。

原因在于普鲁东的理论是根据商业资本主义和地主经济，马克思的理论是根据工业资本主义。支配法国的是商业资本主义和它的商业金融；支配欧洲其余部分的是地主经济和佃农制度。这种区别，在美国，渐渐地被认为是“自耕农”和“地主农”的区别，以及“小企业”和“大企业”的区别。普鲁东代表自耕农和小企业。他的立场是反对商业资本家和银行家，这两种人控制了市场的机会，从而使小企业沦于一种血汗工厂竞争的情况；他又反对向佃户勒索地租的地主。针对着这些，普鲁东把财产解释为掠夺行为——不是针对那被压榨的自耕农、雇主、工匠和零售商的小财产。1849年，他在他的报纸“人民报”上说，“我们愿望人人应该有财产。我们希望不带有重利盘剥的财产，因为重利盘剥阻碍财产的增长和普遍化。”所谓重利，他的意思不仅指高利息，而且指一切太高的价格、利润、地租和薪俸。1848年革命中人们准备他的补救办法，设立他的“人民银行”时，才弄清楚他所主张的一切原来是自愿的合作买卖和合作信用（比较新近组织的“信用协会”），可是，连合作生产都不是，因为那就必须使个人生产者服从合作生产者。[①] 普鲁东的无政府主义是他要在世界范围内把个人财产和自动的合作买卖和借贷结合起来。因此，他的正题是随着丰裕而增加的使用价值；他的反题是随着稀少而增加的交换价值；他的综合价值是买卖的交易中平等和自由的合理价值。为了这些革命性的主张被监禁了三年以后，普鲁东接受政治家拿破仑三世；那不算他的矛盾，因为拿破仑三世放他出狱，并且把普鲁东的自由和平等用作他自己

① 参阅帕尔格雷夫：《政治经济学辞典》，1923年版，《普鲁东》条；查尔斯·丹纳：《普鲁东和他的人民银行》一文，1850年著，见亨利·寇因编：《普鲁东的社会问题的解决》，1927年版。

的独裁政治的标语。

可是，马克思把雇主看作资本家，而普鲁东把商人和银行家看作资本家。马克思注意英国的工厂制度，普鲁东注意法国的手工业制度。马克思预期地主经济变成一种工厂制度。普鲁东希望把地主经济（在法国以外的其他国家）分裂为小农所有制。在马克思在英国看到的工厂制度里，雇主已经把普鲁东的自营业务的工匠改变为工头，把工资劳动者改变为一群性质相同的劳动。① 因此，普鲁东要用自愿的合作和个人买卖排除批发商人和他们的银行家，马克思却要用共同所有制和政府管理排除工厂里的雇主，用共产主义的限额制度废除讨价还价的买卖。当地租、利息、利润和工资付给小生产者的时候，普鲁东对它们不加区别。它们被混合在一起作为对劳动的一笔报酬。马克思对社会化的生产者也是这样。不仅李嘉图的地租，而且他的雇主资本家的利润以及付给银行家和投资者的利息，都被混合在一起作为一笔总的由财产所有者剥削的共同基金；这样，劳动力所生产的使用价值从劳动者手里被人夺取，不是通过买卖的程序（像普鲁东认为的那样），而是在生产的程序中完全由于物资的所有权关系。普鲁东是李嘉图的无政府主义化；马克思是李嘉图的共产主义化。马克思把他的社会劳动力比做一窠蜜蜂，把雇主资本家比做蜜蜂的所有者，通过他们对政府的控制，取得蜂蜜；普鲁东把他的千百万个体劳动者自己说成财产所有人，而商业资本家、银行家和地主是他们的掠夺者，由政府帮助，在买卖的程序中剥削他们。

因此，谈到普鲁东的对偶问题生产和交换以及相应的对偶问题使用价值和稀少性价值时，马克思同时否定了那对偶问题和综

①参阅本书下册第10章（Ⅶ），第2节，《商业资本主义、工业、金融资本主义——产业的阶段》。

合的需要。普鲁东建议一种自由和平等的买卖制度，马克思建议强迫的限额。前者是无政府主义；后者是共产主义。

他们的区别一部分是在市场买卖的双重意义上。在马克思看来，市场买卖本身是一种生产程序，通过这一程序，社会劳动力加上那比较新近的“地点效用”（使用价值），直到商品到达最终消费者为止。在普鲁东看来，市场买卖意味着讨价还价的能力，通过买卖，由于经济压迫的作用，能力强弱不等的双方对于商品和货币的稀少性价值达到协议。在马克思看来，商品的生产是为了交换——正如斯密、马尔萨斯和李嘉图的意思一样，他们辨别“生产的”劳动，其产品最后是为了交换的劳动；和“不生产的”劳动，其产品最后是为了生产者自家的消费。马克思利用了这种“生产的劳动”的意义，使它在现代工厂和运输的制度下普遍化，在这种制度下，没有人消费他自己生产的东西，而总是消费别人生产的东西，因此出产品不归它的生产者所有。

因此，马克思认为没有那种超出自家消费的剩余产品，像普鲁东把生产者自己的生产过剩转变为一种卖给别人的剩余时所假设的那样。那产品现在是“社会的”使用价值，不是个人的使用价值；社会的使用价值包括运输、批发、零售和实际交货给消费者，运用一切社会劳动力，通过生产、运输和实际交货把全世界结合在一起。① 生产和交换（后者是实际交货的意思）是同一劳动的生产程序。在没有想到交换以前，生产不算结束，可是交换本身是两种物质商品的两笔实际交货的劳动程序，包括那种仅仅对商品增加使用价值的“服务”。

这是因为分工的缘故。可是，马克思从分工得到共产主义，而

① 马克思对于运输是否总是“生产的”，感到相当的疑难。可是，这是因为他没有那种比较新近的增加地点效用（使用价值）的观念。

斯密得到个人主义。这两种情况都意味着和“交换”同样的东西。马克思说，“既然预先设定不止单独一个人底帮手来进行生产，那就已经预先设定了一个全部的、建筑在分工上面的生产，”①因此就是建筑在实际交货的交换上面。其他的个人实际上是“共同劳动者”，如普鲁东效法斯密所提出的那样。可是，他们不是普鲁东或斯密的那种自愿的共同劳动者，后者的合作在于他们的买卖的交易。这种所谓共同劳动是强迫劳动者配合生产技术系统，结果各人的劳动成为仅仅是一种世界范围机器程序的一个组成部分，这种程序是在“交换”的名义下相互交付所获得的使用价值。② 因此，马克思说，“共同劳动者们，各种不同的职业、分工以及分工内部已经包含的交换等等都有了。……他也就已经预先设定了交换和交换价值。”③

马克思怎样创立这种社会分工，从而消除了普鲁东的买卖，可以从他的有名的价值公式图解里看出。④ 在这里他用黑格尔的方法，区别了“价值的实体”、“价值的形式”和“价值的种类”。“实体”只是劳动力乘劳动时间。价值的“形式”是它的交换价值，具体化在那没有使用价值的货币里面。价值的“种类”是通过货币的媒介而交换的商品的种类。

在图5里，横地量度，每种生产里的“劳动时间”是十小时。直地量度，劳动力是劳动的效率，和自然的阻力成反比例。时间和效率的倍数是价值的“实体”。

这种实体在交换程序中取得“形式”，这种交换，按照马克思的



① 马克思：《哲学的贫困》，人民出版社1953年版，第32页，这是马克思对普鲁东的《贫困的哲学》的答复。

② 这种观念被凡勃伦采取，作为“机器程序”。参阅本书下册第10章(I)，《凡勃伦》。

③ 马克思：《哲学的贫困》，前引版，第33页。

④ 参阅本书上册第5章(Ⅲ)，图5。

交换的意义，是产品的实际交货，不经过买卖。在这种实际的交货中，相等的价值换取相等的价值，不管在帽子、货币和皮鞋的数量上差别多么大。货币没有使用价值——它完全是实际交货的交换程序中价值的“形式”。

可是，这价值的“实体”由资本家和工人分享，这种分配在生产程序中实现，而不是在市场上的买卖程序中实现。这里是“剥削”出现的地方，因为资本家占有一切设备，出产归他们所有，甚至在工人对原料加工以前就已经归他们所有。

这样可以看出，资本家的剥削所得（就是马克思的“剩余价值”）怎样由两种方向增加——较高的效率和较长的时间。较高的效率可以从新的机械化或者从增加工人的劳动强度中取得。这扩张那代表劳动力的直线。可是较大的数量也可以从较长的时间中取得。这扩张那横线。两者的倍数扩大那完全归于资本家的剩余价值，因为工人没有讨价还价的能力，只能取得最低限度的生活。实际上这是李嘉图的理论的必然结果，也就是现代的问题：什么人取得产业进一步机械化的利益呢？

那么，我们所发现的是马克思在构成一种效率以及工人作为一个阶级和一切资本家作为一个阶级怎样分享效率的利益的公式。劳动力的数量不仅是活劳动的数量——也是“物化”在资本家所有的固定资本里的劳动的数量。他因此避免了现代只根据活劳动来计算效率的那种谬误。他创造了一种效率的公式，由于在他的社会劳动力的意义里同时包括活劳动和物化劳动的“总开销”。

因此，普鲁东和马克思之间的辩论，像马尔萨斯和李嘉图的辩论那样，关键在于效率和稀少性的分别；他们的互有关系的使用价值和稀少性价值，是分别从斯密的劳动力和劳动痛苦传流下来的。就李嘉图和马克思来说，稀少性被预先假设为一种不变的因素，因而丢开不谈；可是，就马尔萨斯来说，消费者的需求被作为支配的因素；就普鲁东来说，效率和稀少性被说成彼此对立的东西。

普鲁东，由于使马克思不得不揭穿他的隐蔽的稀少性原则，逼得他实际上放弃他的以劳动力为价值根源的理论。马克思说，"什么东西……增加普鲁东先生的头昏眼花呢？很简单，他忘记了需求，一个东西全看它是否有人需要，才算它是否丰裕或稀罕。一丢开需求，他就把交换价值和稀有性并把使用价值和丰裕弄成相等。"①他说李嘉图在他的价值的意义里明白地假设了稀少性。因此普鲁东，他说，把交换价值和稀有性以及把效用（使用价值）和丰裕弄成同等以后，"简直慌了，他既不在稀有性和交换价值中发见使用价值，又不在丰裕和使用价值中发见交换价值。""只要他始终忽视着需求，"他决不会发现它们在一起。普鲁东的"丰裕"好像是"自然而然生成的。他完全忘记了，世界上有许多人生产着这个丰裕（财富），并且在他们底利害关心里面，眼睛决不会离开需求"。②

换一句话说，马克思的"生产者"不仅生产使用价值，而且生产有限的数量，以便预期的需求给它交换价值。由于在生产程序中（包括实际的交货作为整个程序的一部分）抑制或扣留供给，他的使用价值已经是一种稀少性价值。

我们认为，这种数量有限的生产就是马克思所谓社会"必要"劳动力的意思。"必要"一词的意思是指供给消费者的需求所必要。在这里，马克思把那对立的买卖能力的意义（它的原则是稀少性）加入了他的劳动力的概念（它的原则是效率）。我们的方法不同。我们"实际上"排除其中的一面，从而把另一面分开，然后根据限制的和补充的因素的原则，把它们结合起来。因此，就我们来说，工

① 马克思：《哲学的贫困》，前引版，第41页。

② 同上书，第42页。

程师本身无限地增加生产，不管它的价格，可是企业家限制或者调节生产，以便维持它的价格。这两者是限制的和补充的因素。①

马克思和普鲁东的矛盾又是物资和所有权的矛盾，在比较近的年代由凡勃伦所指出，他区别工程师为物资和效率专家，企业家为所有权和稀少性专家。

它的关键在于历史上使用价值的双重意义。马克思在他和普鲁东辩论的二十年后说，“……任何一物，要不是使用对象，就不能有价值。如果它是无用的，其中包含的劳动也就是无用的，不算作劳动，并从而不形成任何价值。”②

在这里发生问题：它所以无用，是因为它的物质特性不能有用——像烂苹果——或者它所以无用，是因为生产的数量超过需要的数量呢——像太多的好苹果？它是作为已经损耗的使用价值而无用，还是作为递减的稀少性价值而无用呢？

前者是普鲁东的使用价值的意义——后者是他的交换价值的意义。正如我们刚刚说过，马克思甚至有一种使用价值的双重意义。他在仿效李嘉图的时候，在使用价值里不包含任何稀少性的意义。使用价值用物质单位计量，例如“表几打，布几码，铁几吨”。在这方面，他重复了李嘉图的价值和财富的区别，他说，“交换价值和财富（使用价值）之混同才使人家起来主张说：减少那些对生活必需的有用的或方便的东西就可以增加财富。”③

这又恰恰是普鲁东的说法，他区别使用价值作为“丰裕”，那增加社会财富，区别交换价值作为“稀少性”，那增加私人财富（资产）。

① 参阅本书下册第 9 章（Ⅸ），第 3 节，《关键的和一般的交易》。

② 马克思：《资本论》，人民出版社 1957 年版，第 1 卷，第 13 页。

③ 马克思：《哲学的贫困》，前引版，第 39 页。

可是，马克思还有另一种使用价值的意义，其关键在于物质的计量单位，例如吨和码。使用价值，“是和它的效用性质的占有，要费人多少劳动这件事无关。”“商品的使用价值，供给一种专门训练的材料，那就是商品知识。”“商品的交换价值……表现为完全与它们的使用价值无关的东西。”“使用价值只在使用或消费中实现。”①

换一句话说，使用价值的意义在这里成为不是劳动或技术的产品，而是商品的物质计量的一种属性，为了进一步的制造或者为了消费。可是，如果是这样，使用价值显然就是劳动以及工程师对于制造家和消费者所需要的物质上有用属性的知识的一种产品。工人和他们的经理们不制造对于生产连锁中下一个生产者无用的东西。劳动不过对物资增加有用性(使用价值)，不管它是下一个使用者所需要的形式、时间或者地点效用。马克思在这里离开了斯密在他对魁奈的批评中所规定的劳动力的意义。劳动不生产物体——它对物体增加效用(使用价值)。



然而，马克思其实不需要把用物质单位计量的使用价值和他的“劳动力”分开。劳动所生产的东西是用物质单位计量的使用价值。他只需构成一种使用价值量(作为出量)和工时量(作为入量)的比率。

使用价值确实是一种技术的概念，并且在政治经济学里不包括技术和使用价值的，不仅是马克思一个人。差不多所有的十九世纪经济学家都把技术和它的使用价值的出量排斥在政治经济学以外。凡勃伦在“做工的本能”的名义下使它回到政治经济学以内。我们用效率的观念使它回到政治经济学以内，这种观念包括

① 马克思：《资本论》，前引版，第1卷，第7、10页。

出量、入量、使用价值、管理的交易、限制的和补充的因素等等。

我们认为，这种不包括技术在内的根本原因在于经济学的心理的和唯物的——不是意志的——基础。从心理学或唯物主义推论出来的，是那种把整个一种经济学体系，甚至整个一种社会哲学，建立在一个单一的原则上，例如劳动或者欲望；而所研究的对象却是许多原则的合成体。现代经济学大部分从事于研究一切工业和农业的技术或工艺。这并不是说经济学家因此就是化学家或者物理学家。它的意思只是经济学家把科学家和工程师的活动包括在内，作为对使用价值或财富的生产的主要贡献，从而明确他们在那复杂的整体中的地位。从历史上来说，他们的贡献是累积的。他们在十八世纪从自然科学开始；然后在十九世纪继续从事于化学；然后在二十世纪在生产能力和运输能力方面做出惊人的发展；他们最后达成人事管理的心理科学，为管理的交易提供一种基础。在最后这管理的交易的范围内，工艺学挤进了经济学的领域，科学管理的倡议者正确地批评了经济学家对于如何解决他们的管理问题毫无贡献。

上文曾引证，马克思说使用价值在政治经济学的范围以外，属于“商品知识”的一种特殊研究，实际上他这是陈述十九世纪经济学家的见解。可是，如果使用价值是管理的交易的出产，如果这些和买卖的交易是有区别的，那就不仅是一个商业知识的问题——而是很实际的工程程序，控制自然的力量和人类的劳动力，从事于使用价值的创造。这种程序可能受企业、金融或劳工的利益的阻碍；可是正因为这种矛盾，所以需要把管理的交易、工艺学和使用价值包括在非常复杂的全部研究对象之内。

马克思说，同一使用价值可以有不同的方法加以利用。可是，它的可能应用的范围却受它的特殊的属性所限制。再则，它因此所受的限制，不仅在质量上而且在数量上也是这样。①

马克思所谓“质量”的意思只能是使用价值的不同种类和等级；所谓“数量”，他的意思显然不是人们所供给或需求的数量，而是技术上的数量——例如，是不是一辆马车能用五个车轮或是只需要四个车轮。显然，在这种时候，车轮的使用价值和它们的稀少性价值之间，有一种相互依存的关系。可是，两者总是有区别的。车轮的稀少性价值是它们的用货币为尺度的价格；可是，用它们所包含的劳动力的数量为尺度时，那是效率。可是，这种车轮的使用价值是它们的文明价值——李嘉图认为不能量度因为是主观的，可是，马克思的计量方法是作为三轮、四轮或五轮，决定于在当时的运输技术阶段那种车辆或汽车所需要的轮数。这种概念属于限制的和补充的因素的理论。②

然而，马克思比李嘉图有两点改进，因此给现代的效率学说提供了一种基础。他排除了斯密和李嘉图的主观的、因而不能量度的使用价值，代以一种客观的、因而可以用蒲式耳、码、吨以及若干只表或若干只车轮来计量。并且，他明确了劳动力的两方面：劳动强度、力量或能力以及它运用的时间。他的劳动力的单位是一个劳动小时的简单的不需要熟练的劳动，因此他所谓劳动力或劳动时间，意思完全是一样的。③ 可是，这种和劳动时间入量成比例的使用价值出量是效率的尺度。

情况必然是这样，因为效率和稀少性是相互有关的限制因素。可是，既然交换价值具有买卖和实际交货的双重意义，马克思要把使用价值排除在经济学以外就感到困难。像上面所引证的，他说

---

①　《资本论》，前引版，第1卷，第10页。

②　参阅本书下册第9章（IX），第3节，《关键的和一般的交易》。

③　《资本论》，前引版，第1卷，第6—7、10页。

得很对，商品的交换价值（买卖）“表现为完全与它们的使用价值无关的东西”。使用价值“是和它的效用性质的占有，要费人多少劳动这件事无关”。

因此，马克思由于仿效李嘉图可是把金属货币变成生产的劳动成本，混淆了后来区别得比较清楚的效率和稀少性。他准备了创立一种效率学说所需要的一切概念。可是，他给予“生产力”这个名词一种双重的意义，使用价值（财富）的生产和价值的生产，这种价值以劳动量为尺度；前者他认为属于工艺学的范围，后者是政治经济学的研究对象。一个是使用价值的生产，由于增加供给；另一个是对立的稀少性价值的“生产”，由于自然的阻力而限制供应。我们避免这种双重意义，用效率这个名词替代生产力这个名词，并且区别买卖的交易和管理的及限额的交易。

可是，为了要把马克思所用的名词变成可以适用于效率的名词，我们必须，像上面所指出的，区别出量与入量这两个名词和收入与支出这两个名词。出量与入量是使用价值和劳动力的技术上的名词，作为量度效率的标准。收入和支出是买卖的名词，等于法律的名词取得和让与，以及财政的名词货币收入和货币支出，或者它们的同义的说法：按货币价值计算的商品收入和商品支出。这是财富和资产的区别。



## Ⅸ　门格尔、维塞尔、费希尔、费特

以上的论述似乎已经预先说到心理经济学家那一派。虽然戈森在 1854 年、哲逢斯在 1862 年、门格尔在 1871 年以及瓦尔拉在 1874 年各自独立地创始了心理的或者边际效用的价值论，我们选择奥国学派初期门格尔的解说，因为他的心理的分析是用数量的客观名词陈述的。[①]

门格尔认为一件物质的东西必须具备四项条件，才能成为一种有效用的经济物品，就是：

（1）关于一种人类欲望的知识或预期；

（2）一种物质的属性使它合宜于满足那欲望；

（3）对于这种合宜性的知识，正确的或错误的；

（4）对这件东西或其他东西（作为工具）的控制，以便取得这件东西，用来满足欲望。

这些必要条件的第一和第三两项，我们已经用“意义”这个名词指出，因为它们所表示的不是精确的知识，而只是感情的程序，对于一物对人类的用途赋予相当的重要性。第二项我们称为使用价值，因为它是一种物质的属性，不随着丰裕而减少，也不随着稀少而增加，并且和李嘉图及马克思的财富的意义相同。第四项我们区别为物质的控制（门格尔认为等于技术），或者所有权的控制（他认为等于经济制度）[②]。

到这里为止，稀少性的概念没有在门格尔的必要条件中出现。他用欲望和需要量的区别引入这种概念[③]。欲望是完全主观的，而需要量是客观的。欲望是纯粹的感觉，强弱的程度不同。需要的数量是对环境的适应。需要的数量是在当时和当地所需要的一种特殊的使用价值。因此，它总是某一个人或某一个社会在特殊的时间和地点所需要的一种有限的数量。门格尔说，以前经济学家认为欲望是无限的，他们的错误在于不能区别种类、时间和地

① 门格尔：《国民经济学原理》，1871 年版。他的儿子编辑的第 2 版，1923 年版，保留着原来的分析，但加入了门格尔对批评家的答复。

② 门格尔：《国民经济学原理》，第 1 版，第 3 页；第 2 版，第 11 页。

③ 同上书，第 1 版，第 32 页；第 2 版，第 32 页附注。

点。各种欲望，总的来说，也许是无限的，可是当时和当地所需要的某一种的数量却是有限的。①

门格尔用了很多的篇幅说明他的新的“需要量”概念既是一种熟悉的概念，又有一种客观的量的意义。欲望本身完全是不同程度的感觉，对于所需要的客观的数量没有理智的关系，这种数量在一定的时间和地点，对当时环境下的某一个人，总是一种有限的数量。所需要的数量和实际认可的需要有关，那不是无限量的需要，而是只要取得一种有限的数量，当时必须拿较大和较小的数量跟所需要的其他东西的较大或较小的数量权衡比较，并且还要考虑在当时当地取得一定数量所需要的一切东西的有限的能力。我们在某一餐中不需要无限量的牛排——我们只需要适当数量的适当的牛肉，并且需要几种其他的东西和它一道吃。制造家在一时一地不需要无限量的生铁——他只需要适当的数量，配合他能以有利润的价格售给顾客的辗钢产品的数量。

可是，门格尔所研究的比个人更进一步。他的需要量是社会需要的数量。他的可能获得的数量是由社会供给的。两种数量的关系是他的稀少性的“社会关系”。用数学的名词来说，这是社会需要量和社会供给量的比率。这种比率是价格。那社会关系的两面可以各自独立地变化。如果需要量增加，价格就上涨；需要量减少，价格就下跌。如果供给量增加，价格就下跌；供给量减少，价格就上涨。

当然，这就是人们熟悉的供求的社会关系。门格尔认为这是和经济学有关的唯一的社会关系，并且用演绎的方法从而引申一套政治经济学的理论。他的独到之处在于把它和个人的主观感觉

① 门格尔：《国民经济学原理》，第1版，第35页；第2版，第32页；特别是第32页的附注。

联系起来。

这些事实极其平常和熟悉，可是门格尔和戈森、哲逢斯或瓦尔拉的不同，在于他就用他从而推论出主观感觉的说法的这些数量的说法，陈述了这个问题。两者确实是分不开的，他们的说法和门格尔的说法同样的熟悉和平常。可是，他们得到他们的概念是通过边沁——他想象感觉可以分裂为快乐的单位和“若干量”，但完全没有发现这些快乐单位的强度随着物品数量的增加而减低，或者相反地，随着物品数量的减少而增高。他们因此从那决定于数量的主观感觉出发，而门格尔却从感觉所依赖的数量出发。实际上，两者都是感觉和数量相互依存的一种机能心理学，可是，他们的是主观的一面，门格尔的一面是客观的。

然而，甚至门格尔的数量也不是直接可以量度的。它们可以间接地量度，从量度它们的效果着手。它们的效果是构成他的经济学的研究对象的社会关系，就是，某一种商品的需要量和供给量的关系。显然这种关系就是稀少性的关系，或者价格。



因此，门格尔的经济学的题材是稀少性而不是感觉。他用了“效用”这个含糊的名词（这一名词别人用边沁的快乐的意义来解释），因而隐蔽了门格尔的真正贡献，使得人们注意个人主义的、随着所需要的东西的数量增加而递减的欲望的强度，其实他真正在建立社会的递减或递增的稀少性的观念，这种稀少性决定于两项可变数——社会所需要的数量和社会所能有的数量——的不断变动的关系。因此，他不过是对那旧的以货币表示的需求、供给和价格的公式，给予一种较为特殊而又较为普遍的意义，适用于一切物品，可是，不利用货币。他的所需要的数量是“需求”，他的所能有的数量是“供给”，他的边际效用是“价格”。边际效用是社会需要量和社会所有量之间可变的关系的不断变动的影响，这种影响在货币经济中是需求和供给的不断变动的关系所产生的价格。在货币经济中，和在门格尔的商品经济中一样，需求和供给不能直接量度，可是，被量度的是它们变化的影响。这种影响的度量标准是价格，因此价格是稀少性的变动的关系的尺度，也就是他的边际效用，由货币来表示。

这确实是一种重大的和新颖的识见。它把心理学从“快乐”改变到“稀少性”。

维塞尔区别了快乐主义者的递减的感觉的强度和门格尔的需要量与所有量的关系之间的机能的关系。他承认他所澄清的只是门格尔以前已经发现的东西，可是，他由于使用“效用”这个含糊的名词，也迷惑了奥国学派的信徒。假如他和门格尔使用“递减的稀少性”这个名词而不用“递减的效用”，使用“价格”这个名词，而不用“边际效用”，那么，他所做的工作显然就是陈述一种完全客观的和可以量度的稀少性的学说。

维塞尔对门格尔的分析的解说，关键在于价值和价格的区别以及他关于它们的机能关系的观念，这种观念他称为“价值的反论”。[①] 在价值的概念里有两种可变的因素，像我们已经在李嘉图和马克思身上看到的那样。然而，维塞尔认为，一种是递减的欲望的感觉，叫做递减的效用。另一种是所需要的东西的递增的数量。每单位的效用随着所有量的逐步增加而继续低减，结果，假如单独考虑效用，它会递减到零点，甚至会成为反效用——一种讨厌的东西。这样他采取了“效用”的改变了的意义，从使用价值改变到稀少性价值。

可是，在另一方面，所有量（效用）有它自己独立的变化性。把

① 维塞尔：《自然价值》，1889 年版，英译本 1893 年版。

两种可变数结合起来，如果每单位效用的减少不如所有量增加得快，那么，在增加中的数量的价值就增高。可是，如果每单位的效用的减少比所有量的增加较快，那么，在增加中的数量的价值就减低。

这是“价值的反论”，因为价值是每单位效用和单位的数量的倍数，两者可以各自独立地变化。

如果现在我们回到以前讨论过的效用的双重意义，我们发现每单位递减的效用只是价格的人格化，它的意思完全是递减的稀少性，就是，递增的丰裕，以递减的价格为尺度。可是，效用的另一种意义是物质的使用价值，不随着丰裕而每单位递减，也不随着稀少而每单位递增。因此维塞尔的“价值”是以货币计量的稀少性价值和以吨、蒲式耳等计量的使用价值之间的机能的关系。它是一切职业、产业和农业中常见的价值的反论。

显然，这种边际效用可以折合为美元和美分，这种使用价值折合为若干蒲式耳小麦。一批小麦收成的价值是两种可变数的函数，这两种可变数是它的以价格(边际效用)计量的稀少性价值和以蒲式耳计量的使用价值的数量。若是没有收成，它的价格象征性地上涨到无穷大，可是它的价值落到零。如果数量是十亿蒲式耳，价格落到一元，收成的价值就上涨到十亿美元。如果收成增加到十五亿蒲式耳，价格落到八十美分，收成的价值就进一步上涨到十二亿美元。如果，最后收成增加到二十五亿蒲式耳，价格落到四十美分，收成的价值就减低到十亿美元。

这确实是一种反论，可是自从两百年前格莱戈里·金时代以来很常见的一种矛盾的说法。[①] 维塞尔本人指出，正是这种反论使

---

① 参阅帕尔格雷夫:《政治经济学辞典》，格莱戈里·金条目。

普鲁东作出他的关于价值的自相矛盾的理论。[①] 可是，普鲁东把它说成黑格尔式的正题、反题和合题，维塞尔却说成效用和数量的机能的关系，然而这是价格和数量的机能的关系，这又是稀少性价值和使用价值的机能的关系，它们的互相依赖的变数是价值。

两种因素的这种变化性可以用另一种方法描写[②]，像那些效法戈森和哲逢斯，而不效法门格尔和维塞尔的人所描写的那样。

代表效用的曲线从一种假想的完全没有供给的状态开始——例如在无水的沙漠里的水——然后陆续表示单位的增加和它们递减的效用。在完全没有水的地方，每个单位确实有无限的效用，因为那是一种生死的问题。可是，水的使用价值的不断增多，就是每单位的效用递减。在某一点上是边际效用。在那一点，全部水的价值是边际效用乘水的总量。

显然，这不过是一种简便的公式，表示“稀少”和“丰裕”的显而易见的意义。丰裕的增加和稀少的递减是同样的东西。用价值来说，使用价值的增多就是每单位稀少性价值的减少，使用价值的减少就是每单位稀少性价值的增加。效用这个名词显出它的稀少性和使用价值的双重意义。稀少性价值可以量度，作为价格；使用价值可以量度，作为若干加仑；价值可以量度，作为若干加仑乘每加仑的价格。



现在我们可以根据边际效用或价格和商品数量或使用价值的倍数，看到和李嘉图及马克思描写为“劳动时间乘每小时自然阻力”相同的价值的意义。价值，根据以货币为尺度的稀少性来说，是价格乘商品的数量。价值，根据递减的效用来说，是边际效用乘商品的数量；价值，根据劳动力来说，是工时数乘自然阻力。可是，

① 维塞尔：《自然价值》，第55、237页。维塞尔说：“交换价值的自相矛盾。”

② 参阅本书上册第207页，图3。

后者是效率；前者是稀少性。

关于维塞尔的“价值的反论”的比较新近的讨论，是费希尔和费特对于价格的定义的辩论。[①] 费希尔曾区别维塞尔公式中的价格和价值，然而他用“价格”而不用边际效用，用财富而不用使用价值。他所用的价格的意思是在交易中双方同意的一种每单位的价值，他所用的“价值”是作为“由于用价格乘数量而得的一定数量的财富”（我们应该说资产）。他说，“这种价值的定义，作为应用于财富的集合体（资产），而不是应用于一个单位，似乎违反经济学上的习惯用法；可是，非常接近企业家和实际统计家的习惯。”费希尔在评论了经济学家们所提出的各种主观和客观的意义以后，接下去说：

> “似乎最好要使我们的价值和价格的定义尽可能符合商业上的习惯，这种习惯用法本能地和一贯地把‘价格’这个名词用于个别单位，把价值用于集合的总体。”[②]



他因此取得“财富的数量、价格和价值”三种数值，意思等于维塞尔的数量、边际效用和价值以及我们的使用价值、稀少性价值和价值。

费特从心理学的观点批评费希尔，他说：

> “……在这里‘价值’被变成一种已经满足的用途。物品的价格或数量的任何单位都是武断的，凡是说到一种价格的时候，总必须明白地指出或者含蓄地暗示；例如价格以分计或者以金银若干盎司计，按每蒲式耳、每车、每吨的谷物、棉花、铁等等计算。反过来说，集合体这个名词是

① 费希尔：《资本与收益的性质》，第 11—16、45—47 页；费特：《价格的定义》，《美国经济评论》，1912 年第 2 号，第 783—813 页。

② 费特在《价格的定义》一文中引用，论文载《美国经济评论》，1912 年第 2 号，第 797 页。

一个武断的名词，而且可以认为是一个单位，如果人们喜欢的话。这样，一蒲式耳小麦不过是许多粒小麦的集合体。因此，价格这个名词，不论用在惯例的所谓单位上或是单位的集合体上，都可以不致引起混淆，新的定义完全没有益处。另一方面，如果使价值这个名词脱离那不能缺少它的主观的用法，专门词汇的损失就重大了，因为那一来就使得人们不可能了解晚近关于价值的讨论。”①

费特的批评的关键在于“武断的”、“集合体”和“惯例的”这些词汇的**习惯的**意义，作为和**个人主义的**意义相对比。计量的单位确实是“武断的”，例如吨、公尺、码、美元。一个国家的单位和其他国家的单位不同。然而，当一个**国家**是“武断的”或者一种办法是“惯例的”时候，我们称为习俗、习惯法或者成文法。实际上，一切制度都是惯例的甚至武断的，因此边沁在经济理论里不谈它们，费特在“晚近的关于价值的讨论”里也不谈。可是它们是武断的和惯例的，不是在个人主义的意义上，而是在集体的意义上，因为法庭将用它们来判决利益的冲突，并且因此买卖人或工人如果让他自己的意志反抗集体的法定的单位，企图按照他自己的主观的计量单位来经营他的业务或者取得报酬，他就没法继续营业或者得到工资。经济学家可以说它们是武断的，如果他忘却了习俗和法律，因而把他自己和那在交易中支配个人的惯例分割开来。对经济学来说，“惯例的”意思是指习俗、习惯法和成文法。

维塞尔的“价值的反论”满足费特的心理的解释的需要。在那种说法里，“价值”这个名词被给予“一种主观的用法”，事实上是对于“了解晚近的关于价值的讨论”的一项重要贡献。维塞尔的“递减 的效用”是主观的；他的“边际效用”是主观的；他的效用对数量

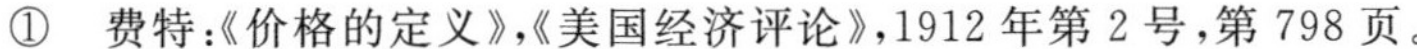

① 费特：《价格的定义》，《美国经济评论》，1912 年第 2 号，第 798 页。

的机能的依存关系是主观的；他的结果的"价值"是主观的。困难在于它们像费希尔的"数量、价格和价值"的数值那样，既不能测量又不能用法律执行。它们不符合法律上可以执行的、一切交易赖以获得准确和安全的计量单位。当"边际效用"变成价格的时候，大多数人感到那是他们的特殊交易中供求的结果的尺度；对经济理论来说，这是稀少性的原则。当若干数量的物品被生产出来或是被把持不卖的时候，人们一般地认为是若干数量的社会效用或者经济学家的使用价值被增加或者被把持了。当一千吨生铁每吨售价二十美元的时候，一般的说法是这一批生铁的价值是二万美元。这是交易的、习惯的和习惯法的看法。

没有疑问，从历史观点来说，经济理论必须经过心理学的快乐主义阶段，才能脱离李嘉图和马克思的唯物主义。那一番讨论在使用价值和效用的意义上引起了革命性的变化，和进一步了解人类对自然的依赖。可是，我们回顾一下，就看出那是各种科学都经过的"万物有灵论"。它的数量和力量被人格化了，因此没有量度。拉伏西尔去掉神灵而测定数量，炼金术就变成化学。神灵观念变成牛顿的动律时，占星学就变成天文学。同样地，当费特的主观效用或边际效用变成价格，费希尔的价值变成资产，以元、蒲式耳、规定的等级为尺度，并且由习俗和法律来执行时，经济学上的人格化就变成经济科学。

## X　从绝对论到相对论

稀少性和效率因此是两种不断变化的比率，经济科学就是从这些比率开始。它们可以区别但是分不开，因此需要另外的比率，量度它们相互间变动的关系。稀少性概念来自斯密和马尔萨斯，效率概念来自李嘉图和马克思。它们的相对关系由马歇尔的新古典主义用演绎的方法详细推论。

古典派、共产主义者和奥国学派,用他们的自明的定理,排除了这些比率的对立项之一,由于假设它的大小随着其他一项的变化而比例地变化。这成为一种绝对论而不是相对论性质的概念,有些类似物理科学中的欧几里得而不是非欧几里得的空间和时间的概念。

斯密和李嘉图排除了消费者(买户)的欲望,由于假设这种欲望随着消费者在他们作为生产者(卖户)的作用中所提供的物资或服务同样地扩大或缩小。因此,在他们的概念中,决定性的可变因素在斯密是劳动痛苦,在李嘉图和马克思是劳动力。

奥国学派(门格尔,维塞尔)同时排除了生产者(卖户)的劳动痛苦和劳动力,由于假设一种"快乐"经济,那等于斯密假设丰裕。可是,这种快乐,他们认为和消费者(买户)的需要的递减的强度同样变动,结果欲望是他们的概念中的决定性的变数。

可是,马歇尔统一了那两派,由于采取相对论的概念,研究两种对立的变动的数量之间的变动的比率——消费者(买户)所需要的数量和生产者(卖户)所供给的数量——这两项都是各自独立地变动。

但是,还有这一切学派所共有的另一种定理,那使得从斯密到马歇尔所有的学说都成为绝对论的而不是相对论的。这是从通常的有形体财产概念引申出来的那种假设,认为一切有价值的东西都被人所有,因此所有权是一种不变的因素,完全随着所有的物资的数量而变动。因此,所有权,像物理科学中的空间或时间那样,成为一种绝对的"骨架",不能由它自己主动地变化。因此,他们认为,所有权对物资的关系中决定性的变数是那可变的物资的数量。

这种把所有权撇开不谈，从他们暗示地（奥国学派）或者明确地（古典派）假设生产等于卖以及消费等于买那种说法中，可以看出。一切生产的东西都是卖的，一切消费的东西都是买的。这同一性的假设被隐蔽在他们的“交换”这个名词的双重意义里。如果这个名词的意思是卖和买，那就指一种法律程序，让与和取得所有权。如果它的意思是交出和收进物资或服务，那就指一种生产程序，在自然力上增加“地点效用”。因此，如果所有权的移转（合法控制）本身变动性很大，可以离开所占有的物资（或服务）的交换来进行，然而又和物资的交换分不开，那就必须构成另一种相对论者的概念，这种概念我们称为交易，受转移所有权的集体行动的业务规则所支配，不管是不是交换物资。

还有另一种完全产生于法律控制的、独立的可变因素，货币和信用，由于人们假设价格是稳定的，被排除于古典的和快乐主义的理论之外，结果货币和信用价格上的一切变动等于是劳动痛苦、劳动力或者苦乐上的变动。货币变成一种绝对的“骨架”，它本身不会变动，所有的变动发生在产品的生产、交换和消费中。



稀少性和效用，从相对论的观点，可以看作能变的社会“力”在起作用，决定人类的交易。稀少性根本上可以区别为控制别人的能力，效率可以区别为控制自然的能力。如果它们是力，它们对每次交易的力的程度就不同，上面所讲的不同的比率测量程度的差别，归结到它们的最简单的成分，这些是买卖的交易中收入对支出的稀少性比率，管理的交易中出量对入量的效率比率。结果经济学里使用两种计量系统，物资、服务、劳动、货币、债务等数量的计量标准，以及力的程度的测量标准，作为不同数量的比率。在这些社会“力”的程度的测量标准中，我们将发现“合理的价值”问题。

寇因从一种比较广泛的、哲学的观点，把以上的相对论的学说表达为“两极性的原则”。[1] 他应用这一原则于个别的科学和哲学，特别应用于各种“社会哲学”。一般说来，它的意思是“对立的范畴”，例如个性和一般性、唯名论和实在论、个人主义和社会主义、世界主义和国家主义等，“总必须联系在一起，虽然决不能认为它们相同。”它们不是“互不相容的二中取一的东西”，而是应用于具体问题的时候在着重的程度上的差别，因此是“价值”上的差别，不是“真正的矛盾”，像人们在“传统的哲学的争论”中所想象的那样。这种两极性的原则，我们认为是一种相对性的原则，它否定以前那种用假设、定理或者“认为当然的”事物来撇开某些因素的方法，而发现它的经济的具体问题在于“合理的价值”的概念，在于一种组织机构，在那里一切事物由于它们自己的力量不断地变动，并且彼此互有关系。

我们曾暗示以上这经济科学史概略有点像自然科学史上从欧几里得到非欧几里得几何学的发展。可是有重要的区别使得“欧几里得和非欧几里得经济学”的说法会引起误解。如赖兴巴赫所指出，非欧几里得物理学从事于研究宇宙的“肉眼看不见的”和“肉眼可见的”关系，这些关系影响基本的空间和时间的概念。可是，经济学从事于研究人类的日常普通经验，在“中等大小的”世界里，介于物理学的问题的这些极端之间。[2] 我们的类比只有在经济科学从所谓绝对论过渡到相对论观点的范围内才适用。经济学里所使用的习惯的空间和时间概念，不是依靠显微镜或望远镜的。



我们的意思不是说早期的经济学派没有使变动成为他们的理论体系中的重要因素。实际上，他们所要说明的正是美洲发现以

① 寇因，摩里斯：《理智和自然》，1931 年版。

② 赖兴巴赫，汉斯：《原子和宇宙》英译本 1933 年版，以通俗的方式说明了这种区别。

来货币、工业、经济和政治革命所造成的种种变动。他们的绝对论在于他们在整个经济学体系中使变动只在许多互相矛盾的和同时的或先后的变动之一种里面发生。

还有另一种可变因素，表现为客观的东西，可以用适当的单位来量度，不是主观的和个人主义的、因而没法量度的和绝对的东西，我们用它的最抽象的形式，扼要地加以解说，作为“未来性”的原则和稀少性及效率的原则在思想上可以分开，可是在事实上是分不开的。

时间的概念，在和自然科学不同的经济科学里，已经从古典派的共产主义学说的过去时间，转移到快乐主义学说的现在时间，终于在变成等待、冒险、目的和计划的未来时间。这些都是未来性的问题，未来性是另一种经济的“力”，自然科学里没有，可是在各种各样的合理价值中却差不多可以量度。从后天性到未来性的过渡，并不包含矛盾。它是寇因的“两极性”的另一种实例，或者各派经济哲学在着重的程度上的差别。

**图书在版编目(CIP)数据**

制度经济学.上册/(美)康芒斯著;于树生译.—北京:商务印书馆,2017
(汉译世界学术名著丛书:120年纪念版:珍藏本)
ISBN 978-7-100-14156-7

Ⅰ.①制… Ⅱ.①康… ②于… Ⅲ.①制度学派 Ⅳ.①F091.349

中国版本图书馆CIP数据核字(2017)第139030号



汉译世界学术名著丛书
(120年纪念版·珍藏本)
**制 度 经 济 学**
上册
〔美〕康芒斯 著
于树生 译

商 务 印 书 馆 出 版
(北京王府井大街36号 邮政编码100710)
商 务 印 书 馆 发 行
南京爱德印刷有限公司印刷
ISBN 978-7-100-14156-7

2017年12月第1版 开本710×1000 1/16
2017年12月第1次印刷 印张29¼
定价:138.00元